D1604235

LÁZARO CÁRDENAS

UN MEXICANO DEL SIGLO XX

RICARDO PÉREZ MONTFORT

LÁZARO CÁRDENAS

UN MEXICANO DEL SIGLO XX

TOMO 1

Lázaro Cárdenas
Un mexicano del siglo XX

Primera edición: febrero, 2018

D. R. © 2017, Ricardo Pérez Montfort

D. R. © 2018, derechos de edición mundiales en lengua castellana:
Penguin Random House Grupo Editorial, S. A. de C. V.
Blvd. Miguel de Cervantes Saavedra núm. 301, 1er piso,
colonia Granada, delegación Miguel Hidalgo, C. P. 11520,
Ciudad de México

www.megustaleer.com.mx

ISBN: 978-607-315-764-3

Impreso en México – *Printed in Mexico*

El papel utilizado para la impresión de este libro ha sido fabricado a partir de madera procedente
de bosques y plantaciones gestionadas con los más altos estándares ambientales, garantizando
una explotación de los recursos sostenible con el medio ambiente y beneficiosa para las personas.

Penguin
Random House
Grupo Editorial

Índice

Introducción

"Nuestras historias del pasado son como los restos de
un naufragio en la playa…"

CAROLINA HERSCHEL, 1879

Lázaro Cárdenas del Río vivió poco más de 75 años; de mayo de 1895
a octubre de 1970. Su vida transcurrió desde finales del siglo XIX hasta
el inicio de la década de los setenta del siglo pasado, periodo durante el
cual México y el mundo se transformaron radicalmente. En el primer
cuarto de siglo el país vivió una violenta revolución y una larga etapa de
reconstrucción que duraron hasta los primeros años treinta. El intento
de reorganización de las instituciones, de redistribución de sus riquezas
y el armado de su nueva organización política, social y cultural caracterizó a los años siguientes. En la segunda mitad de los cuarenta los militares revolucionarios entregaron el poder a una primera generación de
civilistas, que orientaron el desarrollo de la nación por el rumbo de la
inversión privada y la continuación del control corporativo de las fuerzas productivas. Con una economía íntimamente ligada a los designios
de su vecino del norte, México llegó a la década de los años sesenta con
un crecimiento sostenido que fue llamado eufemísticamente "el milagro
mexicano". La distribución equitativa de la riqueza, la justicia social y la
conciencia revolucionaria se habían quedado en el camino y sólo aparecían con alguna frecuencia en discursos o aniversarios. A finales de los

9

sesenta un sistema autoritario, unipartidista y defensor de los privilegios de políticos, empresarios y hombres de negocios se había adueñado del país, y de aquella revolución, que había prometido tanto y logrado tan poco, sólo quedaban pocos remanentes.

A lo largo de aquellos 65 años la situación internacional entró dos veces en crisis bélica con proporciones jamás imaginadas por la humanidad; varios imperios se derrumbaron y otros emergieron vigorosos y arrogantes. El fascismo, el comunismo y el capitalismo se disputaron tanto las conciencias, como las organizaciones sociales y los recursos económicos de los cinco continentes, quedando al final de aquella contienda el mundo dividido en dos grandes bloques comandados por los países más poderosos en materia militar e ideológica. Derrotado el nazi-fascismo a partir de 1945 y con el fin de la Segunda Guerra Mundial, Estados Unidos de Norteamérica y la Unión de Republicas Socialistas Soviéticas, cada uno con sus aliados y satélites, surgieron, como las dos grandes potencias confrontadas en lo que se daría por llamar la Guerra Fría. Una escalada armamentista protagonizada por estos dos estados, que también derivaría en una competencia por la supuesta conquista del espacio, caracterizaría aquel inicio de la segunda mitad del siglo XX. Los conflictos no cesarían, y el aumenta en la tensión internacional surgiría principalmente en el continente asiático hasta bien avanzada la década de los setenta: primero en Corea, luego entre la URSS y China, y finalmente en Vietnam. En Europa los remanentes de la Segunda Guerra Mundial dividirían a Alemania, identificándose al muro de Berlín como símbolo de la intransigencia desatada por la bipolaridad mundial. Igual en América, fuertes tensiones se vivirían durante la crisis de los misiles entre Estados Unidos, Cuba y la URSS. No tardaría en mostrarse la continuidad de intolerancia norteamericana ante la posible propagación del comunismo en el Caribe y en otros países del Hemisferio Occidental. En 1965 la ocupación de la República Dominicana por parte de los marines trató de mandar el mensaje imperial estadounidense a todo el continente.

Para entonces, y ya recuperados Europa y Japón de la enorme destrucción suscitada durante la Segunda Guerra Mundial, cierta distensión pudo percibirse en algunas áreas que antiguamente se disputaban los dos bloques. Sin embargo hacia finales de la década de los sesenta, al interior de cada una de sus áreas de influencia, la inquietud se dejó sentir de manera palpable. El año 1968 marcó un hito, tanto dentro del mundo socialista como al interior de las sociedades capitalistas de occidente. La primavera de Praga, el mayo de París, y las movilizaciones juveniles en México y en Brasil, en los campus universitarios norteamericanos y canadienses, y los afanes anti-imperialistas del llamado Tercer Mundo, mostrarían que el orden internacional que hasta ese momento imperaba se estaba agotando.

Como hombre de su tiempo, Lázaro Cárdenas del Río, participó en la Revolución Mexicana y logró ascender rápidamente los peldaños del poder militar. Sobre la marcha aprendió y contribuyó a trazar las formas y los estilos de los actores políticos posrevolucionarios. De ser un alfil y operador político del grupo sonorense pasó a ser unos de los militares más influyentes del país en poco más de un lustro. A la hora de transitar de finales de los años veinte a los inicios de los años treinta además de jefe militar de varias zonas del país, fue gobernador de su Michoacán, presidente del Partido Nacional Revolucionario, Secretario de Gobernación y Ministro de Defensa. Muy poco tiempo después se convirtió en el primer presidente de la República Mexicana en cumplir un periodo sexenal que duró de fines de 1934 a diciembre 1940. Durante esos años se revitalizaron algunos principios establecidos por los actores revolucionarios y consagrados en la Constitución de 1917. Una mayor distribución de la tierra y de la promoción colectiva de su explotación; la organización de los campesinos y los trabajadores; la afirmación del estado como el regulador de la vida económica, social y cultural del país; así como el impulso a la educación "socialista", el fortalecimiento del partido "oficial" y del poder presidencial; la restitución de las riquezas nacionales para el supuesto beneficio de las mayorías y el intento de integrar a las comunidades indígenas al desarrollo del resto del país, fueron algunos de los logros y propuestas que se identificaron con el proyecto cardenista. Su presidencia se convertiría muy pronto en una referencia imprescindible en la historia del siglo XX mexicano.

La conciencia sobre la situación de México en el contexto internacional de aquellos años también adquirió una relevancia particular en aquel michoacano, que había saltado del Occidente provinciano y del Norte bravo a la palestra cosmopolita de la Ciudad de México en menos de dos décadas. La voracidad del imperialismo yanqui, la crueldad con la que el fascismo se cebó sobre la población civil durante Guerra Civil Española y la cruentísima capacidad destructiva que la humanidad vivió durante la Segunda Guerra Mundial, fueron lecciones que Lázaro Cárdenas incorporó a su bagaje intelectual y político desde finales de los años veinte hasta avanzados los años cuarenta. También conoció las propuestas del mundo socialista y no desdeñó los beneficios masivos de un estado preocupado por el bienestar de los diversos sectores que componían su enramado social. Pero igualmente supo del totalitarismo y la intolerancia como enfermedades que afectaban tanto a izquierdas como a derechas.

Con cierta condescendencia y la convicción de que su peso político no era menor, y tal vez tratando de aguzar una mirada crítica, Lázaro Cárdenas siguió presente en los avatares del México de la posguerra. Colaborando con las administraciones que siguieron a la suya, de manera cautelosa, subrepticia y a veces indignada, vio como poco a poco se fueron desmontando o desvirtuando algunos de los proyectos y logros suscitados durante su periodo presidencial. Sus convicciones nacionalistas y su prestigio militar fueron aprovechados por el gobierno mexicano durante los años que el país se vio involucrado en la Segunda Guerra Mundial. En el México de los años cuarenta y cincuenta se comprometió con una de las propuestas del gobierno central para tratar de aprovechar los cauces pluviales y la construcción de

12

presas en las tierras calientes de Occidente en beneficio del desarrollo de algunas regiones menos favorecidas por los proyectos que todavía se decían revolucionarios.

Durante la Guerra Fría, el general Cárdenas fue una especie de pararrayos en cuya persona se concentraron múltiples diatribas anti-comunistas y conservadoras que todavía imperaban en buena parte de la sociedad mexicana. No sólo se le acusó de pro-soviético y antiyanki, sino que las asociaciones de su prestigio o de su liderazgo político con los movimientos de oposición a los regímenes priistas se hicieron prácticamente de manera automática. Justo es decir que sí se preocupó por los maestros, los ferrocarrileros y los estudiantes que, a fines de los años cincuenta y principios de los años sesenta, encabezaron las luchas contra el autoritarismo del régimen. Pero también es cierto que no se distanció demasiado del partido en el poder y, de alguna forma, mantuvo su posición como un hombre "de izquierda" dentro del sistema.

A nivel internacional, Cárdenas se manifestó reiteradamente en contra de la intervención norteamericana en Guatemala, la República Dominicana y la guerra de Vietnam. También declaró abiertamente estar a favor de la Revolución Cubana y fue notable que, en medio de la andanada de la mayoría de las representaciones de los países latinoamericanos a favor de la política de agresión yanki a la isla, él se dijera amigo de Fidel Castro y admirador de Nikita Kruschev. Al suscitarse la rebelión juvenil de 1968, también tuvo a bien estar cerca de los jóvenes y en contra de la represión. Todavía tuvo tiempo, en octubre de 1970, de redactar un documento que se ha dado por llamar pomposamente "El testamento político de Lázaro Cárdenas". En dicho texto, no sólo aparecía un reconocimiento a la juventud por "su generosa disposición [...] por la suerte de sus semejantes", sino que veía con optimismo que México "por sus antecedentes históricos y la proyección de sus ideales" podía contribuir a la "fraterna decisión de los pueblos de detener las guerras de conquista y exterminio, de terminar con la angustia del hambre, la ignorancia y las enfermedades; de conjurar el uso deshumanizado de los logros científicos y tecnológicos y de cambiar la sociedad que ha legitimado la desigualdad y la injusticia".[1]

Después de su muerte, su figura continuó conformando una dimensión mítica entre varios sectores de la población, tanto en círculos oficiales como de oposición. Organizaciones políticas, de trabajo y campesinas recuperaron su afán progresista y decidieron llamarse cardenistas. Durante los años setenta y ochenta, a Cárdenas todavía se le identificaba en libros de texto y aniversarios, no sólo como uno de los forjadores del México moderno, sino también como uno de los principales defensores del patrimonio de los mexicanos. Su imagen surgía con frecuencia en las evocaciones nacionalistas, sobre todo en aquellas que tenían que ver con los asuntos petroleros o campesinos, y muchas pequeñas y medianas poblaciones, infinidad de calles, avenidas y escuelas se asociaron con el nombre de Lázaro Cárdenas.

Su vida y sus logros también fueron tema de estudio tanto de especialistas mexicanos como extranjeros. Sus *Apuntes* fueron publicados en cuatro grandes tomos por la UNAM y otras editoriales reunieron la mayoría de sus discursos, entrevistas y documentos políticos, para convertirlos en volúmenes de consulta, de análisis y de evocación. Y hasta hoy el legado cardenista ha continuado vigente en centros de enseñanza e investigación, en movimientos políticos y sociales, y desde luego en la memoria de amplios sectores de la población mexicana.

Pero la relevancia del quehacer revolucionario y político de Lázaro Cárdenas y sus secuelas a lo largo del siglo XX y las primeras décadas del siglo XXI en México también ha sido muy cuestionada y discutida. En diversos ámbitos conservadores se ha tildado al cardenismo de "corporativista" o "populista" sin considerar que tales adjetivos tuvieron un significado distinto en los años veinte y treinta del siglo XX que el que hoy en día se les atribuye. Igualmente se le ha criticado como fundador

---

[1] Lázaro Cárdenas, *Palabras y documentos públicos de mensajes, discursos, declaraciones, entrevistas y otros documentos, 1941-1970,* vol. III, Siglo XXI Editores, México, 1979, p. 304.

del sistema presidencialista mexicano, sin tomar en cuenta que la misma Constitución de 1917 concentró una enorme preponderancia en el poder ejecutivo. Se le acusó igualmente de filo-comunista o de "socialista", como si se tratara de un estigma señalado especialmente por los defensores de la iniciativa privada y la moral católica.

Sin embargo, justo es decir que, aun reconociendo sus momentos de contradictoria actuación política, así como cierta ambigüedad en su propia trayectoria personal y en no pocas de sus declaraciones y manifiestos, dentro del repertorio de actores trascendentes de la historia mexicana del siglo XX, la figura de Lázaro Cárdenas resulta bastante excepcional. Su talento y su astucia como estadista, su habilidad para estar y actuar en los lugares y ambientes precisos, y su capacidad para encausar proyectos de transformación relevantes en beneficio de las mayorías, lo destacan como un verdadero hombre de su tiempo que intervino directamente en el futuro de la gran mayoría de sus contemporáneos. Y tal vez por eso mismo se justifica plenamente la propuesta de hacer un estudio biográfico del general Lázaro Cárdenas, de esa personalidad que permeó gran parte del siglo XX mexicano y que sigue siendo materia de inspiración política, estudio y polémica.

★

> El biógrafo es una especie de vagabundo que siempre llama a la ventana de la cocina y espera en secreto que lo inviten a cenar…
>
> RICHARD HOLMES, 2016

El libro que el lector tiene en sus manos es pues un intento de ensayar una biografía del general Lázaro Cárdenas del Río. Pero, más que pensar en recrear una dimensión individual que puede ser la imagen del espejismo del poder, este ensayo biográfico de Lázaro Cárdenas quisiera entenderlo más como ese hombre de su tiempo que fue. Cierto que el individuo termina siendo también uno más en el maremágnum humano del cauce de la historia. Sin los demás que lo rodearon, que lo influyeron y lo escucharon, sin aquellos a los que obedeció y a los que comandó, sin esos que vivieron junto con él aquellos tiempos sociales, económicos, políticos y culturales, su inteligencia y sus dotes personales perderían su sentido. No se desdeña la carga individual que puede incorporar su impronta en los aconteceres históricos. Pero también resulta que sin considerar esas dimensiones temporales e históricas que hacen a una sociedad aparecer dentro de un marco concreto, social y culturalmente determinado, el quehacer político, militar, o personal del individuo puede perderse en la anécdota, el adjetivo o el prejuicio.

Pensar que Cárdenas fue sólo un general-misionero, un demócrata mexicano o un presidente comunista revelaría más un afán de reducción o de simplificación, que un intento de entender a un hombre que se transformó conforme fue viviendo sus propias circunstancias históricas. Estas hicieron posible tal transformación. Él pudo haber contribuido a cambiarlas, a usarlas a su favor o en contra de sus enemigos o congéneres; pero para que ese hombre existiera e hiciera todo lo que fue capaz de hacer, su entorno, su tiempo y su propio contexto histórico tuvieron que presentar condiciones que fueran capaces de permitirle hacer aquello que lo distinguiría del resto de sus semejantes.

Por ello para comprender a un sujeto actuante en la historia, y especialmente en el México y el mundo de los primeros tres cuartos del siglo xx, es necesario insertarlo cabalmente en medio de los aconteceres más relevantes que lo rodearon. Pero una vez hecho esto y con el fin de no abandonarlo a la deriva de todo aquello que aconteció en su exterior, también ha sido necesario escudriñar en su propia vida, tanto en sus cotidianidades como en sus intimidades. Sin embargo, como bien diría el biógrafo inglés Richard Holmes, "la recreación de la textura cotidiana de una vida concreta [...] es prácticamente lo más difícil de una biografía; y cuando se consigue, lo más cautivador".[2] Y justo es decir que

---

[2] Richard Holmes, *Huellas. Tras los pasos de los románticos*, Turner Publicaciones, Madrid, 2016, p. 148.

en el caso de Lázaro Cárdenas, precisamente por tratarse de un hombre cuya historia ha estado plagada de solemnidades, de dimensiones ejemplares y heroicas, de declaraciones y testimonios trascendentes, de panegíricos y críticas, inmiscuirse en su vida personal y privada ha sido una tarea ardua que ha generado poco detalle y cierta especulación. Mucho se ha quedado en el chisme y en la acusación banal, y poco ha trascendido las fronteras de los ceremonioso y adusto. La sensación de apenas atisbar en los impulsos profundos de sus propuestas políticas y económicas, de sus actos sociales, de sus reflexiones personales y de su bastante controlada pasión, ha sido una constante a la hora de revisar papeles, libros, fotografías, documentales y testimonios de la más variada índole. No en vano recibiría Lázaro Cárdenas el mote de "la Esfinge de Jiquilpan." La representación de su carácter firme, serio y un tanto hierático, lo alejó bastante de las simplezas del ocio o de la ruidosa carcajada. La mayoría de quienes se han acercado a su vida, a sus andanzas, a sus logros y a sus memorias, lo han hecho reafirmando esa condición de fortaleza y tenacidad, de circunspección reservada, que desde luego ha mostrado una cara amable y bondadosa, pero discreta y retraída. Parece haber un consenso en que se trató de un hombre muy respetuoso de la dignidad y de las prerrogativas de sus semejantes. Fue un estadista y un militar firme que tomó con mucha seriedad sus responsabilidades y compromisos. Pero también fue un esposo, un padre y un abuelo cariñoso y dedicado, en quien parecía coexistir un balance entre la discreción y la bonhomía. Poco proclive al escándalo, su carácter tendía a la cautela y a la reserva, a escuchar al prójimo y a la actuación segura y juiciosa.

No obstante hay que reconocer que a lo largo de la revisión de 75 años de su vida pública y privada, de pronto sí salta uno que otro momento personal que permite conocer algo de los tejidos recónditos de sus predilecciones y de su sentir. Si bien se intentó no ceder ante demasiadas especulaciones y pareceres de opinión, en varios instantes de reflexión durante la elaboración de este ensayo biográfico sí hubo la intención de escudriñar en qué estaría pensando o sintiendo el general

Cárdenas frente a tal o cual situación. Fue así como se trató también de reconstruir esa "textura cotidiana". Mal que bien algo que va enseñando la historia y su relación con los individuos concretos es que cada paso puede aparecer como excepcional, más aún si se piensa que el pasado y los acontecimientos no están sólo "allá afuera" sino que existen y viven también en el interior de quienes los experimentan, los interpretan y los expresan. Así, esta biografía de Lázaro Cárdenas no es sólo la historia de un hombre y su trascendencia en la construcción de un país y un tiempo, sino que pretende dar cuenta también de las transformaciones sociales, económicas y políticas de quienes formaron parte de sus múltiples contornos, cómo los vivieron y los significaron. El interés no está sólo fincado en el individuo y su primer círculo, sino que también se interesa por quiénes lo influyeron o fueron impactados por sus acciones, directa o indirectamente, durante las épocas que compartieron o en años posteriores. No se deja de lado a aquellos que interpretaron tales aconteceres, ni tampoco a aquellos que los convirtieron en tema de su pensamiento y su creación. Se podría pensar entonces que buena parte de la pretensión de este trabajo sería poner sobre la mesa una especie de historia política, social y cultural del México en el que vivió Lázaro Cárdenas, cómo lo entendió y lo percibió, cómo lo trató de cambiar, y como ésa historia lo transformó a él y a sus colaboradores más cercanos, cómo incidió en la sociedad y la política de su momento, y cómo y quiénes lo recuerdan de una u otra forma. Es, pues, no sólo una historia de Cárdenas y su tiempo, sino también un recuento de los acontecimientos que política, social y culturalmente construyeron el contorno histórico de aquellos setenta y cinco años de vida del General.

★

Una anécdota de la vida compartida por los generales Francisco J. Múgica y Lázaro Cárdenas, sabiéndose amigos y políticos que habían forjado gran parte de su carrera durante la Revolución contaba, a manera de lugar común, lo siguiente:

Un día, probablemente entre 1937 o 1938, Múgica, entonces Secretario de Comunicaciones del Gobierno Federal y Lázaro Cárdenas, Presidente de la República Mexicana, paseaban por las orillas del Lago de Pátzcuaro, después de alguna reunión de trabajo con campesinos o trabajadores de la región. Mirando el horizonte transparente y húmedo, el general Múgica le dijo a Cárdenas:

—¿Se da Ud. cuenta, General, que de no haber sido por la Revolución Mexicana, yo probablemente sería un simple maestro de escuela y Ud. un humilde rebocero?

—Tiene Ud. razón, General, resulta increíble lo que un proceso de tanta violencia y tanta conmoción social pudo hacer de nosotros.

En efecto, para mediados de los años treinta del siglo xx la Revolución había influido directa o indirectamente, y tal vez hasta cambiado radicalmente, la vida de por lo menos tres generaciones de mexicanos. Según la "ronda" de las progenies, los nacidos en las décadas de los años setenta y ochenta del siglo xix, los que vieron su primera luz en los noventa y al mediar la centuria, y aquellos que vinieron al mundo durante el propio conflicto armado entre 1910 y 1920, estaban, si no en activo, por lo menos presenciando grandes transformaciones en múltiples áreas de la reconstrucción nacional. La Revolución Mexicana fue para la gran mayoría de los habitantes de aquel país y aquel tiempo el gran acontecimiento de su vida y el proceso de cambio social, político, económico y cultural más relevante de su historia particular.

Y como representante genuino de esa época, el general Cárdenas fue un claro ejemplo de cómo aquel proceso revolucionario trocó y reelaboró sus circunstancias vitales en poco más de cuatro lustros. El repaso de su ascenso al poder político, es decir de los primeros quince años de su vida revolucionaria, es sin duda revelador a la hora de tratar de entender la calidad y la velocidad de los cambios suscitados a lo largo de este periodo que va de 1913 a 1928. En tres lustros Cárdenas pasó de ser un jovencito tinterillo y ayudante de imprenta clase-mediero de la provincia mexicana a gobernador electo de su estado natal, destacándose dos veces como gobernador interino, y por lo menos seis veces como jefe de operaciones militares de diversas regiones del país. Durante ese tiempo recorrió los estados de Michoacán, Sonora, Chihuahua, Sinaloa, Nayarit, Jalisco, Tamaulipas, Nuevo León, Querétaro, Guanajuato, Veracruz, Puebla, Guerrero y Oaxaca. En diversas ocasiones visitó la Ciudad de México y estuvo a punto de perder la vida por lo menos en una dramática ocasión. Durante esos años combatió contra las fuerzas de Francisco Villa y Emiliano Zapata. Participó también en la campaña del yaqui en Sonora, en la pacificación del Istmo de Tehuantepec y en la defensa de los intereses nacionales en las Huastecas petroleras. Pero sobre todo, fue un militar que ascendió hasta los peldaños más cercanos a la cima del poder político, tejiendo redes, aprovechando posicionamientos y sufriendo varias derrotas.

Cuatro grandes regiones fueron los escenarios por donde Cárdenas tuvo la oportunidad de tratar de entender a la propia Revolución Mexicana: El Occidente de México, particularmente Michoacán y Jalisco; el Noroeste fronterizo por los rumbos sonorenses de Agua Prieta, Cananea y Nogales, así como de la sierra y los desiertos de Chihuahua; el Istmo de Tehuantepec en los límites entre Oaxaca y Veracruz, y finalmente las Huastecas veracruzanas y tamaulipecas. En cada una de estas regiones, Cárdenas fincó sus reales, construyó relaciones, obedeció órdenes militares, instrumentó alianzas y como es lógico, también se hizo de no pocos enemigos. Así este joven militar aprovechó la etapa armada de la Revolución y la primera década posrevolucionaria en favor de su propia promoción política y del encumbramiento que finalmente lo llevaría a la gubernatura de su estado natal en 1928 y de ahí a la presidencia de la República en 1934. Este primer volumen de su biografía pretende dar cuenta de aquellos años, desde su infancia jiquilpense hasta la antesala del poder ejecutivo de la nación. Un segundo volumen se hará cargo de contar el resto de su vida y aconteceres de 1934 hasta su

muerte en 1970. El tema, pues, será Lázaro Cárdenas del Río, una vida
en el México del siglo xx.

★

> La historia es objeto de una construcción cuyo lugar
> no es el tiempo homogéneo y vacío, sino el que está
> lleno del "tiempo de ahora".
>
> WALTER BENJAMIN

La idea de hacer esta biografía del general Lázaro Cárdenas del Río se
fue convirtiendo poco a poco en un cauce a partir de muchos afluentes,
que se remontan probablemente hasta finales de los años setenta del siglo
xx. Tal vez mis primeros acercamientos a su personalidad y sus tiempos
se suscitaron gracias a un temprano vínculo con el estado de Michoacán. Desde finales de los años setenta tuve la oportunidad de conocer
y estar cerca de algunos movimientos de resistencia política que se suscitaron en las orillas nor-orientales del Lago de Pátzcuaro, particularmente en Santa Fe de la Laguna y Quiroga. Ahí apareció la figura de
Cárdenas como referente histórico, muy ideologizado, pero también
muy presente. Poco después aquel interés por el personaje se fortaleció
debido al encuentro que tuve entonces con los papeles de la oposición
de las derechas al propio proyecto cardenista. En ese época pretendía
estudiar la influencia del nazi-fascismo en la sociedad mexicana de los
años treinta, como parte de una investigación sobre los alemanes en
México, dirigido por la doctora Brígida von Mentz, en el entonces
Centro de Investigaciones Superiores del INAH (CIS-INAH). Dicho trabajo me llevó a revisar el archivo del general Francisco J. Múgica, que
se encontraba bastante desordenado en la granja de la Tzipecua, a orillas del Lago de Pátzcuaro. Muy poco tiempo después dicho archivo fue
llevado al Centro de Estudios de Historia de la Revolución Mexicana
Lázaro Cárdenas, A. C. (CEHRMLCAC) en Jiquilpan, Michoacán, cuyo

director, el Lic. Luis Prieto Reyes, tuvo a bien disponer su clasificación y catalogación, dejándola en manos de Juan Ortiz Escamilla y de otros dependientes de aquel centro. Dicho lugar también albergó el Archivo del propio general Cárdenas, de Eulogio Aguirre y eventualmente de otras personalidades importantes vinculadas al General.

A partir de entonces, no sólo pude consultar con mucha mayor facilidad los documentos mugiquistas, sino que una particular amistad se fue tejiendo entre Luis Prieto y un servidor. Gracias a su bonhomía y a su interés, me fui incorporando a esa especie de tribu que año con año se reúne en las Jornadas de Occidente, que se llevaban a cabo hasta el 2005 en el CEHRMLCAC. A partir de entonces aquel centro fue convertido en la Unidad Académica de Estudios Regionales de la UNAM y que es ahora la sede de dichas reuniones que dan pie a la presentación de avances de investigación, ponencias y pláticas sobre temas relacionados con la propia historia mexicana y latinoamericana, desde múltiples ángulos y perspectivas. Como aquellos encuentros tenían lugar entonces y aún hoy siguen realizándose en Jiquilpan, la ciudad natal de Lázaro Cárdenas, resultaba lógico que ahí se concentrara y se siga concentrando una buena cantidad de información sobre el propio General. Fue también en Jiquilpan en donde conocí a Cuauhtémoc Cárdenas y a doña Amalia Solórzano de Cárdenas, quienes fueron y han sido particularmente generosos y considerados conmigo. Ahí también volví a ver a doña Carolina Escudero viuda del general Múgica, a quien ya había conocido en la Tzipecua, y con quien tuve varias conversaciones sumamente interesantes sobre ambos generales. Con Luis Prieto también llegué a visitar al hermano del General, José Raymundo, quien un día durante la década de los años ochenta amablemente nos recibió en su casa de Jiquilpan.

Pero volviendo al CEHRMLCAC, es necesario reconocer que Luis Prieto desde aquellas primeras reuniones, con el muy importante apoyo de Carmelita Hernández y de Lupita Ramos, ha tenido la habilidad de convocar a un grupo de estudiosos de la más variada índole y de quienes he podido aprender y acercarme paulatinamente a varios aspectos de la vida de Cárdenas. En esas Jornadas de Occidente celebradas en Jiquilpan tuve la oportunidad de conversar con el sabio Juan Brom, con mis maestros Alicia Olivera de Bonfil, Ernesto Lemoine e Ignacio Sosa, con el admirado Luis González y González, y con mi querido amigo Álvaro Ochoa Serrano. También ahí coincidimos en muchas ocasiones con Margarita Carbó y sus hijas Anna y Eulalia Ribera, con Antonio García de León, Lina Odena Güemes, Mercedes Escamilla y Leonel Durán, con Juan Ortíz Escamilla y Raquel Sosa, con Begoña Hernández y Lazo, José Rubén Romero, Marcia Castro Leal, Mario Alberto Nájera, Carmen Nava, Alonso Torres Aburto, Héctor Madrid, Olivia Gall, Rubén Ruiz, Francisco Pineda, Marcela Briz, Pedro Castro, Luis Barjau, Jaime Olveda, Salvador Rueda, Iván Comezcésar y muchos más. De todos ellos aprendí una gran cantidad de aspectos de la historia nacional y regional en momentos que, de una u otra forma, se relacionaban con la vida del general Cárdenas. Y gracias a esas Jornadas de Occidente pude ir acercándome poco a poco a algunos temas que me interesaban especialmente en materia cardenista, sobre todo aquellos ligados a las expresiones culturales o a la visión latinoamericanista de la política exterior del General. Estoy seguro de que gracias a las contribuciones de todos los anteriormente mencionados, y en especial del entusiasmo y la particular ironía de Luis Prieto, hemos podido avanzar de manera puntual en el conocimiento histórico de muchos aspectos locales y de momentos específicos que pueblan al México que le importó y con el que se vio involucrado el general Cárdenas.

Para aquellas Jornadas de Occidente escribí varios artículos que abordaron diversas cuestiones que me interesaron sobre el sexenio cardenista o sobre algunos temas en los que el general Cárdenas tuvo mucho qué decir. En un principio trabajé fragmentos de la historia de la oposición de derecha al cardenismo, en seguida me interesaron las expresiones populares y su interpretación de la expropiación petrolera. Después me llamaron la atención la vida cotidiana en la Ciudad de México durante el sexenio cardenista y las ideas sobre la Soberanía Nacional que inspiraron al

General durante la Segunda Guerra Mundial. También escribí algo sobre diversos aspectos del nacionalismo, el ejército y la cultura musical durante los años treinta y cuarenta, todo ello salpicado con algunas digresiones que me orientaban más hacia el fin del porfiriato, la propia Revolución y sus principales caudillos o los procesos electorales posrevolucionarios.

Al mismo tiempo en que asistía año con año a las Jornadas de Occidente, desde por lo menos 1984, poco a poco empecé a impartir cursos y seminarios cuya temática general era la historia del siglo xx mexicano. Muchas de aquellas sesiones fueron dedicadas a la Revolución Mexicana, a la llamada Era de los Caudillos (1920-1929), al Maximato (1928-1935) y desde luego al periodo presidencial de Lázaro Cárdenas (1934-1940) y a México y la Segunda Guerra Mundial (1940-1946). Los cursos los impartía en la Facultad de Filosofía y Letras de la UNAM, tanto en licenciatura, como en maestría y doctorado, aunque también me incorporé a la planta de maestros del Centro de Investigación y Docencia en Humanidades del Estado de Morelos, en Cuernavaca. Sólo hasta finales de los años noventa me atreví a dar un seminario concentrado en el cardenismo, y fue entonces que me encontré decidiendo si realmente estaba listo para emprender la investigación con el fin de escribir una biografía del General Cárdenas. Sin embargo en las asignaturas impartidas durante los años ochenta y noventa conocí a varios alumnos que colaboraron conmigo en algunos proyectos de difusión que me involucraron como historiador y cineasta.

A principios de los años noventa coordiné a un grupo de jóvenes para llevar a cabo la investigación que debía sustentar la continuación del proyecto de las "Biografías del Poder" de Enrique Krauze. Revisamos una gran cantidad de materiales de archivo y documentales, y realizamos una larga serie de entrevistas sobre la vida y los sexenios de los presidentes Manuel Ávila Camacho, Miguel Alemán Valdés, Adolfo Ruiz Cortines, Adolfo López Mateos, Gustavo Díaz Ordaz y Luis Echeverría. Durante esos trabajos, fui reuniendo múltiples referencias tanto fotográficas, documentales y testimoniales que surgían sobre Lázaro Cárdenas a lo largo de los años cuarenta, cincuenta y sesenta del siglo XX. Finalicé mi vinculación con este proyecto hacia 1998 y 1999, pero mantuve una muy buena relación con aquel grupo de jóvenes, especialmente con Álvaro Vázquez Mantecón, Greco Sotelo, Xavier Bañuelos, Tania Carreño, Ana María Serna, Carla Zurián, Eduardo Rojas, Angélica Vázquez del Mercado, Carlos Calderón, Beatriz Alcubierre y Daniela Gleizer. Casi todos se convirtieron en historiadores muy solventes, destacándose dentro de su generación para seguir carreras exitosas en la academia y en la divulgación de la historia. Con relación a mis investigaciones sobre Lázaro Cárdenas, Greco Sotelo y Xavier Bañuelos tuvieron una especial contribución, ya que ellos continuaron trabajando conmigo cuando recibí la primera propuesta editorial de escribir una biografía del General. René Solís, de la entonces editorial Panorama, fue el incitador primordial de esta idea. Para apoyarme en la realización del que sería el inicial intento serio de sintetizar mis trabajos sobre la vida y el sexenio de Cárdenas, dicha editorial me sugirió que reuniera a un pequeño equipo de apoyo con el fin de entregarle en el transcurso de un año un manuscrito sobre dicho tema. Greco y Xavier revisaron conmigo algunos archivos y bibliotecas, y el primer esbozo de la biografía cardenista lo pude hacer gracias a muchas de sus contribuciones. Pasaron varios años y René se jubiló, dejando a Jesús Anaya y a Margarita Sologuren como encargados para seguir impulsando el buen fin de aquel proyecto; pero tengo que reconocer que la mayor parte se me quedó en el tintero, y aquella primera propuesta naufragó.

Sin embargo, mis pesquisas sobre Cárdenas siguieron por otros rumbos. Durante la segunda mitad de la última década del siglo XX, colaboré con la Filmoteca de la UNAM en una serie de documentales que hacían un trasiego de la historia mexicana y mundial de aquel siglo, que inicialmente titulamos *Los lustros*. Empezando con los primeros materiales que se filmaron en México y en el mundo, dicha serie dividía la centuria en 18 fragmentos de cuatro o cinco años hasta llegar a los años noventa, dándole a 18 realizadores la responsabilidad de dirigir un documental de

25

media hora a cada uno. Tuve entonces la oportunidad no sólo de ser el asesor histórico de toda la serie, sino también de dirigir el lustro correspondiente a 1935-1940. Titulé a mi documental *Cuando la sombra de la duda se cruza en el camino*, que es una frase de una canción de Chucho Monge que aparece al final de aquella crónica cinematografica cantada por Sofía Álvarez y tomada de la película *Carne de cabaret* (1939) de Alfonso Patiño Gómez. Para la elaboración de dicho documental pude revisar una gran cantidad de películas y cortos producidos durante el sexenio cardenista, con la cual amplié mi interpretación del mismo, sin olvidar algunos materiales de los años veinte y treinta, que también sirvieron para darme una visión más completa de las imágenes mexicanas e internacionales de la época. Aquella especie de reportaje histórico lo realicé durante los años de 1991-1992, poco tiempo después de las muy controvertidas elecciones de 1988, y mientras se seguía organizando la oposición al PRI, encabezada por el Ing. Cuauhtémoc Cárdenas. De ahí también el título del documental, que no sólo pretendía ser un recuento del sexenio cardenista, sino también una reflexión sobre lo que estaba sucediendo entonces en el país. Con cierta incertidumbre traté de aplicar aquella sentencia de Walter Benjamin que indicaba que "articular históricamente el pasado no implica conocerlo tal como verdaderamente fue. Significa apoderarse de un recuerdo tal como éste relumbra en un instante de peligro".[3]

Mi colaboración en la Filmoteca con relación al mundo cardenista no terminó ahí. Gracias al apoyo de su director, el biólogo Iván Trujillo, pudo recopilar una buena cantidad de documentales sobre Michoacán, que iban desde 1908 a 1970, para hacer una pequeña colección que editó la UNAM y que se tituló "Imágenes de México: Michoacán". Cinco de los 16 cortos que aparecen en esta colección se refieren a las administraciones del general Cárdenas, tanto la de su gobierno estatal,

---

[3] Walter Benjamin, *Tesis sobre la historia y otros fragmentos,* traducción y presentación de Bolívar Echeverría, Contrahistorias, México, 2005, p. 20.

como la del gobierno federal. Las fiestas patrias celebradas en Zamora en 1929, mientras era Cárdenas era gobernador de Michoacán; y el Centro de Educación Indígena Kherendi Tzitzika en Paracho, los llamados Niños de Morelia y la Mina Dos Estrellas de Tlalpujahua, fueron los temas que abordaron aquellos documentales realizados durante su sexenio. Independientemente del propio valor histórico de su imágenes, tengo que reconocer que la hechura de aquella colección volvió a servir como acicate para emprender la tarea de reconstruir la vida mexicana ligada al cardenismo.

Pero mientras esto sucedía, es decir: desde la segunda mitad de los años setenta hasta finales de los ochenta, varios textos relevantes de investigaciones sobre la vida y los años de Lázaro Cárdenas en México habían visto la luz pública. Muchos contribuyeron a ampliar la visión y las interpretaciones sobre todo del sexenio cardenista, más que sobre la vida del General. Tal vez, para mí, los más notables fueron el de Tzvi Medin, *Ideología y praxis política de Lázaro Cárdenas* (1972), el de Arnaldo Córdova, *La política de masas del cardenismo* (1974), el de Octavio Ianni, *El estado capitalista en la época de Cárdenas*, (1977), el de Ariel José Contreras, *México 1940: industrialización y crisis política* (1977), el de Jorge Basurto, *Cárdenas y el poder sindical* (1983) y el de Enrique Montalvo *El nacionalismo contra la nación* (1986). Mención aparte merecen los tres volúmenes dedicados al sexenio cardenista que se integraron a la *Historia de la Revolución Mexicana Período 1934-1940* editados por El Colegio de México: el libro de Luis González *Los días del presidente Cárdenas* (1981) el de Alicia Hernández, *La mecánica cardenista* (1979) y el de Victoria Lerner *La educación socialista* (1979). Estos trabajos indicaban que una especie de auge en los estudios cardenista adquiría particular relevancia en la historiografía del siglo XX mexicano. Sin embargo debo reconocer que hubo algunos que me parecieron mucho mejores que otros, aunque la mayoría sí logró enriquecer el panorama bibliográfico sobre la segunda mitad de la década de los años treinta.

A principios de los años noventa participé como sinodal en el examen de doctorado de Adolfo Gilly, quien había escrito su tesis *El cardenismo: Una utopía mexicana* (1994) para graduarse en la Facultad de Ciencias Políticas y Sociales de la UNAM. Después de leer este magnífico trabajo, con sus novedades documentales y sus muy sugerentes reinterpretaciones, me pareció que ya casi nada tendría yo que aportar al conocimiento de aquel sexenio. Muy poco tiempo antes habían aparecido otros dos textos fundamentales, el de Carlos Martínez Assad, *Los rebeldes vencidos. Cedillo contra el estado cardenista,* (1990) y el de Olivia Gall, *Trotsky en México 1937-1940* (1991). Ambos revisaban temas y personajes de singular relevancia, contribuyendo a ahondar el conocimiento de aquel periodo y de circunstancias concretas que tuvieron cierto significado en la vida del General.

Sin embargo fue el propio Adolfo Gilly, quien finalmente me convenció de que emprendiera nuevamente los trabajos para concluir mi ensayo biográfico, y él mismo me recomendó con el Ing. Cuauhtémoc Cárdenas para que retomara y le presentara mi proyecto. Supe que originalmente se tenía la propuesta de pedirle a Friedrich Katz que hiciera la biografía de Cárdenas que, dadas las circunstancias políticas del momento, parecía una tarea necesaria frente a la vigencia que rápidamente estaba recuperando su figura y su pensamiento. Un par de veces me reuní con el Ing. Cárdenas para mostrarle el esbozo de la biografía que nunca terminé para la Editorial Panorama, y amablemente me conminó a que la terminara. Sin embargo, una vez más otros proyectos se me atravesaron en el camino y tuve que posponer su escritura para cuando tuviera una nueva ocasión de orientar mi atención en dicha dirección.

Pero si bien es cierto que durante los primeros dos lustros de la presente centuria dediqué mis labores a otros intereses, desde el 2003 tuve el privilegio de contar con el apoyo de un par de estudiantes excepcionales que me ayudaron a continuar con las pesquisas preliminares de la proyectada biografía del General. Nayeli Cano fue conmigo al Fideicomiso Archivos Plutarco Elías Calles y Fernando Torreblanca, y gracias a ella pude reunir materiales de los años revolucionarios y posrevolucionarios, tanto de los sonorenses como del michoacano. La directora de dicho Fideicomiso, Norma Mereles de Ogarrio, nos facilitó muchísimo la revisión de aquellas fuentes, y en varias ocasiones me invitó a presentar alguna ponencia en sus reuniones y boletines. Nayeli también me ayudó en la Hemeroteca y en el Archivo General de la Nación, pero a los pocos años decidió continuar su vida. Sin embargo debo reconocer que estoy en deuda con ella y le agradezco enormemente su apoyo donde quiera que esté.

Por su parte, mi muy querida alumna Celia Arteaga continuó las pesquisas en los Archivos de Plutarco Elías Calles, Fernando Torreblanca, Joaquín Amaro y Abelardo L. Rodríguez, así como en el Archivo General de la Nación. Su trabajo invaluable en el Archivo de la Secretaría de la Defensa Nacional me recuerda que tengo con ella una gran deuda y por lo tanto no puedo más que agradecerle siempre que vuelvo a los expedientes de todos aquellos militares que tuvieron alguna relación con el general Cárdenas, desde los más cercanos como Francisco J. Múgica o Manuel Ávila Camacho hasta algunos más complicados como Saturnino Cedillo o Miguel Henríquez Guzmán. En gran medida gracias a las pesquisas de Celia la biografía de Cárdenas se fue me convirtiendo poco a poco en una compleja red de vinculaciones más ligada a la historia social que a una historia de vida. Mi agradecimiento hacia ella nunca será suficiente.

Y además de todas las personas, los archivos e instituciones antes mencionadas es también preciso reconocer el apoyo de dos centros de trabajo que me han permitido continuar con este trabajo en medio de muchas otras actividades tanto académicas, como administrativas burocráticas y hasta personales. Desde hace más de siete lustros el Centro de Investigaciones y Estudios Superiores en Antropología Social (CIESAS) ha sido la instancia a la que pertenezco como profesor e investigador de tiempo completo. Las diversas direcciones que desde los primeros años ochenta hasta hoy lo han encabezado han permitido que el CIESAS sea un lugar en el que he gozado de plena libertad para desenvolverme en diversas áreas de las ciencias sociales, desde la investigación básica hasta la divulgación. Gracias a dicha característica he podido trabajar simultáneamente en varios proyectos y colaborar con diversos colegas tanto del propio CIESAS como de otros centros de investigación y docencia. Si bien la biografía del general Cárdenas no ha estado en la lista oficial de las indagaciones que me ha patrocinado esta institución, no cabe duda que sin su soporte me hubiera sido imposible emprender dicha tarea. Por ello no puedo más que agradecer tanto al personal académico como administrativo de ese, "nuestro centro de trabajo" y el apoyo que he disfrutado de su parte desde hace tanto tiempo. En especial debo agradecer en el CIESAS el aliento de mi querido alumno y colega Isaac García Venegas con quien me unen ésta y muchas otras aventuras.

La otra institución a la que debe mucho este ensayo biográfico sobre el general Cárdenas es el Instituto Latinoamericano (LAI) de la Universidad Libre de Berlín, Alemania (FU). Desde el año de 2009 se formó el Colegio Internacional de Graduados (CIG) "Entre-Espacios. Movimientos, actores y representaciones de la globalización" que reúne investigadores, profesores y alumnos alemanes y mexicanos en diversos programas de intercambio académico. El apoyo que tanto el Conacyt como la Deutsche Forschungsgemeinschaft (DFG, Fundación Alemana de Investigación Científica) otorgan a este colegio, ha permitido estancias tanto en México como en Alemania de sus integrantes con el fin de apoyar proyecto de investigación o de docencia en ambos países. Como miembro del CIG, en tres ocasiones, durante los años 2011, 2015-2016 y 2017, tuve la oportunidad de concentrar mis trabajos sobre la biografía cardenista en aquella capital alemana, consultando la magnífica biblioteca del Instituto Iberoamericano de Ministerio Prusiano de Cultura y colaborando con el LAI. Estoy seguro que sin el amparo de estas instituciones jamás hubiese podido terminar esta labor. Por ello al CIG, al LAI, a la FU, al Conacyt y a la DFG, les estaré agradecido por el resto de mi vida. En Alemania debo darles las gracias por su apoyo a mi querido amigo Stefan Rinke, a Ingrid Simpson, a Carlos Pérez Ricart y a Leonore. No sólo porque me permitieron avanzar y concluir esta biografía, sino porque gracias a ellos he podido descubrir, escudriñar y disfrutar esa magnífica ciudad que es Berlín, tal vez hoy por hoy uno de mis lugares favoritos en el mundo.

Y finalmente también debo agradecer el gran apoyo de la casa editorial Penguin Random House. Fueron Enrique Calderón y Andrés Ramírez, quienes me sorprendieron con su interés por publicar esta biografía de Cárdenas, cuando todavía no estaba del todo seguro si podía terminarla o no. Mi contacto con ellos se suscitó a partir del manuscrito que les ofrecí y les entregué en 2015, y que se convertiría en mi libro *Tolerancia y prohibición. Aproximaciones a la historia social y cultural de las drogas en México 1840-1940*. En la primera reunión que tuve con Enrique y Andrés, ellos comentaron que sabían que yo tenía por ahí un trabajo sobre Cárdenas que nunca se llegó a publicar en la extinta editorial Panorama. Dijeron que les interesaba mucho el tema y a partir de entonces decidí tratar de concentrarme lo más posible para sacar adelante este proyecto. Yo sabía que el ingeniero Cuauhtémoc Cárdenas estaba preparando una biografía de su padre, me dio mucho gusto saber que la propia Penguin Random House la publicaría a fines de 2016. Ello me dio un respiro, porque además de que no era buena idea publicar dos obras sobre el mismo personaje simultáneamente, gracias a la aparición del libro *Cárdenas por Cárdenas*, pude consultarlo antes de entregar mi manuscrito y ajustar algunas cosillas. De cualquier manera no recibí más que alicientes de parte de Enrique y Andrés y por ello quiero manifestarles aquí también mi agradecimiento. A principios de 2017, Enrique Calderón dejó la editorial y a partir de entonces Juan Carlos Ortega ha sido el sostén fundamental del proceso de edición. Con él además me une la experiencia compartida del sismo del 19 de septiembre de este mismo año y por su excelente trabajo y compañía me sería imposible dejar de reconocerlo. También debo darles las gracias a mi aparcero Francisco Montellano por su trabajo resolviendo la parte iconográfica de este manuscrito: y a mi entrañable maestro y amigo Ignacio Sosa por su atenta lectura y sus puntuales sugerencias.

Mi más profundo agradecimiento se lo debo, sin embargo, a mi querida Ana Paula, sin cuyos estímulos, críticas y correcciones nunca hubiera logrado llegar hasta aquí. La vida ha querido que compartamos nietas, hijos, familias, amigos, casas, ciudades y proyectos. Todo ello no tendría ningún significado sin su amorosa compañía. Así pues, a Ana Paula, a Ana y Luisita, a Benilde y Marcos, a Roy y Mati, a Claudio y a Adriana, a Isabel, a Ruy, al Doc y a Beatriz, todos tan cercanos y queridos, les agradezco el haber ayudado a mantener vivo el interés por este nuestro país, al que tanto contribuyó a ser mejor de lo que ahora parece ser, el general Lázaro Cárdenas del Río.

RPM
Tepoztlán/Ciudad de México,
septiembre de 2017

Infancia y adolescencia
1895-1913

> Todos éramos conocidos. Los domicilios, aunque
> tenían nombre las calles como La Rana, Santa Ani-
> ta, San Cayetano, La Calle Real, La Acantarilla, etc.,
> siempre se daban por las señas: "Por ca'doña Pachi-
> ta la Pureza; por ca'Rosendo el Pío; por el mesón de
> Munguía". Era suficiente cualquier dato de estos para
> dar con el domicilio buscado.
>
> MANUEL BRAVO SANDOVAL,
> *Agustín Orozco Bravo: anécdotas de un jiquilpense*

Jiquilpan de Juárez

Al iniciarse en México la década de los años ochenta del siglo XIX, es
decir: cuando el general Porfirio Díaz simuló dejar el poder en manos de
su compadre Manuel González, pero más bien estableció los fundamentos
que darían pie a su dictadura por más de 30 años, la pequeña población de
Jiquilpan era lo que entonces se llamaba un "pueblo cabecera". A pesar
de estar a más de 200 kilómetros de Morelia, la capital del estado de
Michoacán, y de su cercanía con otras ciudades importantes de la región,
como la muy católica Zamora y la no menos conservadora Guadalajadara,
capital del estado de Jalisco, la importancia administrativa de Jiquilpan no
era para nada desdeñable. Un aire entre provinciano y semiurbano podía

percibirse por sus calles y casas, debatiéndose entre el tradicionalismo y los afanes de una incipiente modernización. Los empedrados y las banquetas anchas mostraban que la circulación de personas, caballos y carretas era medianamente intensa. La mayoría de las casas tenían techos de teja de barro cocido y aquellas que se levantaban cerca del centro de la población estaban pintadas de blanco calizo, cuando no de algún color desteñido y discreto. Al pie las cubría un guardapolvo rojo mate o azul añil. Con varias plazas construidas alrededor de sus consabidas fuentes, esta población de clara raigambre liberal compartía sus edificios con unas cuantas iglesias: el Convento y Templo de la Parroquia de San Francisco, con su enorme atrio arbolado, su gran cúpula y su torre-campanario, la Iglesia del Sagrado Corazón de Jesús, la de San Cayetano y desde luego el Santuario de Nuestra Señora de Guadalupe, cuyos altos muros empezaban a destacar en el entonces todavía mesurado horizonte urbano.

Situada como cabecera municipal en el noroeste de Michoacán, muy cercana a los límites con el estado de Jalisco, Jiquilpan ya podía considerarse como una referencia obligada en los mapas michoacanos del momento. Aunque todavía disputaba su territorio con otros distritos colindantes, como el de Sahuayo y el de Cotija, que por cierto también vivían un dinamismo particular por aquellas épocas, el municipio mismo de Jiquilpan se había ganado a pulso un lugar relevante en el norte occidental del estado michoacano. Si bien su prosperidad se lograba todavía con señera lentitud, lejos estaba de ser un villorrio o una simple congregación.

Además de los ya mencionados Sahuayo y Cotija, que aún eran pueblos un poco más pequeños que la cabecera municipal, Jiquilpan también blasonaba de ser vecina y amiga de otras poblaciones, haciendas y congregaciones, como Cojumatlán, La Palma, Pajacuarán, Jaripo, Guarachita, Cotijarán, Totolán y las más lejanas Briseñas, Vista Hermosa, Ixtlán, Chavinda, Tarecuato, Tangamandapio y Jacona. A unos 60 kilómentos hacia el Oriente estaba, desde luego, el amplio y fecundo valle de Zamora. Del lado jalisciense y muy cerca de las riberas del Lago de

Chapala, los vecinos pueblos de La Barca y Ocotlán orientaban a la población jiquilpense más a favor de las influencias de la capital del estado tapatío: la provinciana, conservadora y muy bella ciudad de Guadalajara. Perteneciente así a una constelación de poblaciones que se beneficiaban de la ciénega, de las riberas y del lecho acuático del también llamado Mar Chapaleño, Jiquilpan descansaba en lo que parecía ser una antigua orilla entre tierras bajas, muy fértiles, al pie de una serie de cerros, que mostraban primero su superficie seca poblada de huizaches, mezquites y nopales, y en la medida que aumentaban de altitud, poco a poco iban tornándose en bosques de pino, encino y cedro por los rumbos de San José de Gracia y Mazamitla. Se trataba, pues, de una población ubicada en una planicie ancha y extendida, pero con buenas vistas hacia las lomas aledañas que pronto se perdían en las serranías colindantes entre Jalisco y Michoacán.

Para ese entonces Jiquilpan contaba igualmente con una bien ganada carga de registros históricos que iban desde remotas referencias prehispánicas, no pocas edificaciones coloniales y muchas más correspondientes al México decimonónico.

Al igual que las vecinas cabeceras de Cotija y Sahuayo, pero a diferencia de la aristocrática Zamora o la jalisciense La Barca, Jiquilpan había cobijado a una población industriosa, comercial y agropecuaria de fuerte raigambre liberal, enclavada en un territorio que parecía disputarse su propio espacio entre los despliegues expansivos de unas cuantas haciendas particularmente ambiciosas y la influencia contundente de la Iglesia católica. Estas haciendas, entre las que destacaban las poderosas Guaracha, El Monte y Cojumatlán, se encontraban ampliando su producción y sus terrenos entre las tierras fecundas de las hondonadas aledañas a Jiquilpan y de algunas cañadas que llevaban a sus trabajadores y a su ganado hacia el territorio bajo de la cuenca chapaleña. Dichas tierras encontraban sus límites naturales por varios costados: por un lado hacia los pies de las lomas no muy altas del poniente, entre las que despuntaba medianamente el Cerrito Pelón, y

35

por el otro hacia los verdes planos que se extendían por el norte hasta la ciénega formada por los afanes desecadores de quienes se adjudicaban el título de ser dueños del Lago de Chapala y sus alrededores.

Los terrenos que correspondían a la propia cabecera de Jiquilpan, así como los que detentaban las poblaciones vecinas, fueron víctimas de la expansión promovida por los grandes propietarios de aquellas haciendas en las postrimerías del periodo colonial y lo que iba del siglo independiente. Hacia finales de ese siglo las pugnas por la tierra entre pueblos y haciendas se habían renovado, y la confrontación seguía tan viva como si el tiempo hubiera pasado en vano. La lucha tuvo lugar fundamentalmente entre aquellos que reclamaban la propiedad y el usufructo de los terrenos pertenecientes a la población de la propia Jiquilpan y los intereses propalados por la hacienda aledaña más voraz, que respondía al nombre de Guaracha y sobre la que se volverá más adelante. Los ríos de Jiquilpan y de Paredones alimentaban los arroyos Colorado, de las Ánimas y el Fuentes, que la mayor parte del año eran lechos secos y pedregosos. Sólo las lluvias de verano les provocaban un rumoroso caudal de agua especialmente fría que bajaba del Cerro de San Francisco o de la Loma.

El pueblo de Jiquilpan tenía dos plazas, la apellidada Zaragoza y la del Comercio, además del amplio atrio del Templo de San Francisco. Su mercado dominguero no era desdeñable. Textiles, cueros, artefactos de barro y metal, pero sobre todo productos agrícolas y pecuarios, como maíz, frijol, garbanzo, chile, calabazas, chayotes y demás verduras y frutas, combinadas con quesos, mantequillas, embutidos, retazos de res y algunos productos de procedencias no tan lejanas como aceites, vinos, alcoholes y vinagres, todo ello solía aparecer durante los días de plaza y de mercadillo. Para la segunda mitad del siglo XX Jiquilpan se había convertido en centro importante de producción rebocera, de huarachería y de artículos de palma. Y no se diga su fabricación de aperos e instrumentos de labranza y ganadería, que le darían fama tanto regional como nacional.

La antigua vocación de su población comercial, entre industriosa y artesanal, y sobre todo por ser la sede de algunos puestos de administración política local y municipal, insistía en darle un lugar predominate en toda la región. Por ello llamar a Jiquilpan "pueblo cabecera" no resultaba tan sólo una buena definición de intendencia, sino que, tomando en cuenta su importancia en la zona nororiental del estado de Michoacán, dicho título se acercaba bastante a la realidad en la última veintena del siglo XIX.

Sin embargo, no pasó mucho tiempo sin que dicha referencia administrativa y regional cambiara. Para 1891 Jiquilpan fue declarada "ciudad", otorgándosele el añadido "de Juárez" en honor a su bien consolidada tradición liberal. Mucho le había costado convertirse en un baluarte de los afanes juaristas y proliberales de la República Restaurada, y su apoyo a la conciliación porfirista del último cuarto del siglo XIX le había valido la venia del régimen triunfante. Como es sabido, este último tenía entre sus principales propósitos pacificar al país —aunque fuera sólo de dientes para afuera— y modernizarlo para así incorporarlo poco a poco al concierto de la civilización occidental.

Si bien es cierto que la "paz orgánica" de la que presumía el régimen de Porfirio Díaz a finales del siglo XIX estaba bastante lejos de implantarse en muchos confines del territorio mexicano, a estos pueblos y haciendas colindantes con la ciénega de Chapala, la tensa pacificación del país parecía haberles acreditado cierto progreso material. Los beneficios se sintieron sobre todo entre los sectores pudientes y clasemedieros, entre algunos comerciantes y no pocos productores artesanales. Aun cuando la pobreza endémica de la población indígena y de las rancherías colindantes no se pudo paliar de manera significativa, hacia inicios de la década de los noventa del siglo XIX la población mestiza intentaba vivir con cierta holgura ocupando las principales casas, los establecimientos públicos y los locales privados, así como las calles y las plazas jiquilpenses. Cierto que no les iba tan mal a estos sectores, sin embargo, alguna desconfianza frente a los "nuevos" tiempos se podía percibir sobre este bienestar entre sus corrillos y rumores, entre sus chismes y sus interpretaciones de las lejanas noticias de la capital del país, de Morelia y de Guadalajara.

Su demografía parecía haberse confeccionado con el mismo tejido social que aparentemente abundaba en muchas pequeñas ciudades de la provincia mexicana, que apenas tenían entre 5 000 y 10 000 habitantes. En la pequeña escala regional los ricos de siempre eran los menos y ellos seguían siendo los principales beneficiarios de las políticas públicas. Después venía una delgada capa de pequeños productores y comerciantes que intentaban presentarse como la auténtica sociedad jiquilpense. Y en la base de aquella clásica estructura piramidal se encontraba un sector mayoritario con muy pocos recursos, poca educación y muy magros ingresos para irla malpasando.

Tal vez una de las principales diferencias entre los pobladores del Jiquilpan de las úlimas décadas del siglo XIX y aquellos de épocas anteriores fue una mayor presencia de esos sectores medios en materia política y de administración local. Estas clases moderadas intentaron contener la omnipresencia de la Iglesia católica, de las milicias y del poder económico, para beneficiar sobre todo al ciudadano común que se manifestaba a favor de una prestancia un tanto más liberal y restauradora. Como parte del esfuerzo modernizador del momento estos sectores medios pretendieron apuntalar, con muchos esfuerzos, los derechos y las andanzas de una sociedad civil, menos mediatizada por el conservadurismo y la jerarquía religiosa. Por eso, y si se consideran los parámetros liberales del Porfiriato medio, no fue poca cosa para Jiquilpan haber pasado de la denominación de "pueblo" a la de "ciudad" durante aquel primer año de la última década del siglo XIX.

Con la mayoría de sus casas, fábricas, talleres, plazas públicas y edificios construidas en la orilla poniente del río que la cruzaba y que lleva su propio nombre, Jiquilpan se mostraba entonces como una orgullosa población "moderna pero con historia", de acuerdo con aquellos tiempos que empezaban a soplar a favor de la república encabezada por la geronotocracia que gobernaba el no menos viejo pero firme general Porfirio Díaz.

Un plano de aquella ciudad fechado en 1899 describía a la recién nombrada ciudad así:

El temperamento de Jiquilpan es más bien un poco caliente, y el clima sano. La fertilidad de las inmediaciones es notable [...] Hay en la ciudad: Prefecto, Juez de Letras, Administradores de correos, del timbre y de las rentas del Estado; Ayuntamiento, alcaldes ó jueces menores, y fuerza pública, bastante para la seguridad del Distrito.

Cuenta la cabecera a que nos referimos con 8 568 habitantes según el censo levantado en el año de 1891; la población está clasificada así: presentes 8 251, ausentes 212, de tránsito 105.

El comercio es regular y se ejercen en la población todas las industrias y los oficios más comúnes e indipensables para satisfacer las exigencias de los pueblos civilizados.[1]

Independientemente de los números y de las apreciaciones justificatorias, no cabe duda de que en ese entonces Jiquilpan podía verse como una muestra más de la muy conocida desigualdad porfiriana, misma que intensificó sus contradicciones a lo largo de los últimos años del siglo XIX y los primeros del XX.

A los cuatro costados la plaza principal de aquella recién declarada ciudad, los edificios que pertenecían a la administración pública ocupaban los lugares preferentes, con la salvedad del nororiente, que era ocupado por la gran mole del Convento y Templo de San Francisco. Pero ahí estaban el palacio municipal, la oficialía de rentas, el correo y el cuartel de policía. Las demás casas pertenecían a los ricos de la región: abogados, comerciantes, pequeños empresarios, médicos, ministros

---

[1] Gerardo Sánchez, *et al.*, *Pueblos, villas y ciudades de Michoacán en el Porfiriato*, Universidad Michoacana de San Nicolás de Hidalgo, México, 1991, p. 64.

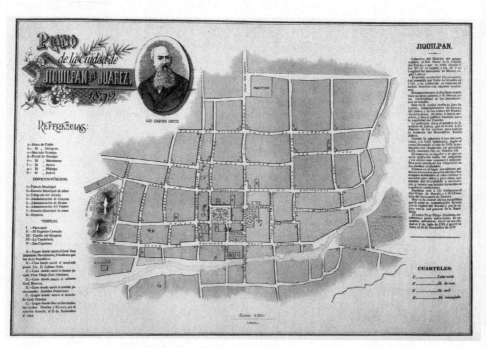

Plano de Jiquilpan de Juárez 1899
(Gerardo Sánchez Díaz *et al. Pueblos, Villas y Ciudades de Michoacán en el Porfiriato*,
Universidad Michoacana de San Nicolás de Hidalgo, Morelia, 1991, p. 65).

católicos y hacendados. En total, estos sectores pudientes no se componían de más de 150 personas, incluyendo cónyuges y familiares. Los siguientes niveles, en aquella pirámide social de baja estatura y de enorme base, los llenaban el pequeño comercio y la burocracia. "Ninguna otra plaza del rumbo ofrecía tantos servicios oficiales como la jiquilpense", diría uno de los historiadores más célebres de la vecina San José de Gracia.[2] El resto de las cerca de 15 calles que componían "las afueras" de la población, lo ocupaban las casas y los jacales de los jornaleros, artesanos, tejedores, dependientes, burócratas menores, amas de casa, costureras, lavanderas, molenderas, arrieros, herreros, carpinteros, albañiles y vagos.

Según Álvaro Ochoa Serrano, uno de los cronistas jiquilpenses más connotados, en ese entonces en los linderos de Jiquilpan habitaban "los más pobres, aquellos que se ocupaban de acarrear leña, de apoyar el servicio doméstico y de servir como peones en las haciendas".[3] Más de 85% de la población jiquilpense, al iniciarse los años noventa del siglo XIX, era menesterosa. Sobra decir que gran parte de dicha población era identificada en los informes de aquella época como "los indios".[4]

Entre aquellos sectores medios y los muy pobres, vivía la familia Cárdenas del Río.

La región jiquilpense durante las épocas prehispánica y colonial

Como la de muchos otros pueblos de la zona, la historia antigua de Jiquilpan se pierde en muy remotas épocas previas a la Conquista. Situada en aquel lugar que formaba parte de uno de los corredores

---

[2] Luis González y González, *Pueblo en vilo; microhistoria de San José de Gracia*, El Colegio de México, México, 1968, p. 56.

[3] Álvaro Ochoa Serrano, "Jiquilpan", Monografías Municipales, Gobierno del Estado de Michoacán, México, 1978, p. 125.

[4] Gerardo Sánchez, *op. cit.*, p. 69.

comerciales y culturales entre el occidente y el centro de Mesoamérica, varias referencias tempranas la ubican con cierta claridad entre dos territorios importantes que colindaban en dicha ruta: el purépecha y el de los cachcanes-chichimecas. Sobre sus antiguos habitantes se sabe muy poco, a no ser que merodeaban entre los hoy llamados Loma de Otero y el Lago de Chapala.

Para el siglo xv y tras el vasallaje logrado en el territorio cercano a Sayula por parte de los irecha michoacanos, esta localidad del noroccidente del mundo purépecha recibió el nombre de Huanimban en tarasco y Xiquilpan en náhuatl. Si bien una primera impresión sobre el origen náhuatl de la palabra Jiquilpan podría remitir al vocablo *Xiquipilli* que se refiere "a una alforja, morral, saco, bolsa; por extensión ocho mil;...", parecería que es otra la naturaleza del nombre. El toponímico en cambio se asocia con la abundancia en la región de racimos de flores llamadas *xiuhquilitl pitzahuac* o huanitas, que sirvieron durante mucho tiempo para producir un tinte azul; además de que el posible jeroglífico del lugar, identificado por los sabios decimonónicos, hacía referencia directa a las plantas del añil. Por lo tanto Jiquilpan-Huanimban, como bien lo apuntalan los lingüistas e historiadores, significa "lugar en o sobre añil".[5]

Esta región con sus feraces valles formó parte de la frontera del Imperio purépecha y tributó al Cazonzi con productos básicos como maíz y chile. Pero sobre todo, como evidente zona fronteriza y ubérrima, sus pobladores prefirieron vivir cultivando la tierra y defendiendo la región, moviéndose de un lugar a otro dentro de ese dilatado territorio hasta mucho tiempo después de la llegada de los conquistadores españoles.

Llama la atención que, allá por 1522, los primeros españoles que se aparecieran por esa región montados a caballo y vestidos de hierro no

---

[5] Álvaro Ochoa Serrano, *Jiquilpan-Huanimban. Una historia confinada*, Instituto Michoacano de Cultura, México, 1999, p. 19.

recibieran mayor resistencia. En un principio los intentos de conquista y sometimiento los dispersaron. En seguida vinieron las encomiendas y, tras unos años de incertidumbre, la población ya concentrada por los rumbos del actual Jiquilpan quedó bajo la égida de la corona real. Tal pareció que pocos encomenderos y menos visitadores encontraron interés en estas tierras que, aunque parecían muy fértiles y copiosas de pobladores capaces de convertirse en tenaces generadores de riquezas, estos últimos no tenían mayor voluntad de trabajar para los españoles. Los pobladores originarios de la región jiquilpense en vez de acudir al llamado de la corona prefirieron internarse entre las cañadas, los cerros y los bosques. Por eso mismo no formaron parte activa en las congregaciones que promovían los recién arribados a estas tierras. Más bien las resistencias y rebeliones fueron el pan de cada día hasta bien avanzados los tiempos coloniales.[6]

Con los propagadores de la conquista espiritual las cosas sucedieron de modo más discreto. Ya en 1539 se iniciaron los trabajos de construcción del convento en Jiquilpan, mismo que sirvió de base para fundar la primera concentración de tipo hispano en la región. Bajo la responsabilidad de frailes franciscanos debió erigirse un primer recinto para agrupar ahí a la exigua cantidad de seguidores de la recién implantada palabra de Cristo. A pesar de sus esfuerzos, en los mismos recuentos de los párrocos de entonces se insistía en que se trataba de una comunidad demasiado pequeña, por lo que poco interés debía generar en la corona. La república de indios de Jiquilpan contó con 140 individuos en 1619, aumentó a 519 en 1683, pero descendió a 158 en 1746.[7] Al igual que en otras provincias de la Nueva España

[6] Jaime Olveda, "La rebelión del Mixtón", en *XIV Jornadas de Historia de Occidente; V Centenario (1492-1992). Otros puntos de vista*, Centro de Estudios de la Revolución Mexicana Lázaro Cárdenas A. C., México, 1994, pp. 67-81.

[7] Juan Carlos Cortés Máxima, *De la República de Indios a Ayuntamientos Constitucionales: pueblos sujetos y cabeceras de Michoacán 1740-1831*, Universidad Michoacana de San Nicolás de Hidalgo, México, 2012, p. 49.

los siglos XVI y XVII resultaron particularmente inclementes para la demografía indígena.[8]

Pero las tierras que rodeaban esa pequeña congregación continuaron como objeto de la avidez de las generaciones posteriores a los encomenderos. Dichos terrenos resultaban tan fértiles y extensos que no dejaron de estimular la ambición de quienes las vieron con fines utilitarios y de amplia producción, más que de uso para la simple supervivencia. Por ello resultaba paradójico que, aun con la resistencia al trabajo forzado y pese al afán de congregar congregar a sus inestables pobladores originarios, esas tierras pasaran buena parte de los siglos XVI y XVII entre disputas, entregas, negociaciones y acomodos. Mientras los franciscanos avenidos a los rumbos de Jiquilpan-Huanimban se preocupaban por la organización de las comunidades, todo parece indicar que la generosidad de sus tierras, pero sobre todo el impulso a la ganadería y el acaparamiento de los territorios novohispanos propicios para su explotación extensiva, estimuló la avaricia de algunos criollos y pocos mestizos en estas cañadas y valles de los entonces confines occidentales de la provincia de Mechuacán.

Muy vinculado pese al afán de congregar, de generar riqueza a ultranza y de controlar el territorio, los animales, los hombres y su trabajo, surgió una inmensa propiedad, una hacienda cuya enorme extensión tendría gran influencia en el mundo jiquilpense y en el universo michoacano en general: se trataba de la hacienda de Guaracha o, como algunos informes la mencionaban, Huaracha.[9] Situada a un costado oriental, al norte y al suroriente de los límites de las tierras de los jiquilpenses, con el paso de los años la hacienda de Guaracha amplió su área de expansión hasta ocupar practicamente todo el terri-

---

[8] Sherburne F. Cook y Woodrow Borah, *Ensayos sobre historia de la población: México y el Caribe*, vols. I y II, Siglo XXI Editores, México, 1977-1978.

[9] Aquí se ha decidido usar la ortografía utilizada por uno de los historiadores más connotados de dicha hacienda: Heriberto Moreno García, *Guaracha. Tiempos viejos, tiempos nuevos*, El Colegio de Michoacán, Zamora, 1994.

torio ubicado al este del pueblo, desde la ciénega del Lago de Chapala hasta la frontera del ahora municipio de Chavinda, colindante con el de Zamora.

A finales del siglo XVI el llano y la ciénega ocupados por Guaracha estaban en manos de media docena de españoles, que explotaban sus fértiles tierras con mano de obra proveniente no sólo del reticente espacio indígena, sino de una buena cantidad de esclavos negros que resistieron el duro trabajo de las plantaciones azucareras y que también resultaron espléndidos manejadores de ganado vacuno y caballar. Si bien los primeros cautivos africanos traídos a Occidente fueron vistos como "pendencieros y viciosos", no tardaron en amalgamarse con la población indígena y mestiza de la región, convirtiéndose en fuerza de trabajo imprescindible para las húmedas tierras colindantes al mar chapaleño.[10]

A lo largo de los siglo XVII y XVIII la hacienda de Guaracha, junto con las de Cojumatlán, Del Monte, Cumuato y Buenavista formaron un latifundio que permitió una vida regalada a sus ricos y aristocráticos propietarios, y una explotación bárbara a sus trabajadores y esclavos.[11] Los propietarios difícilmente visitaban sus tierras, pues sus múltiples compromisos rara vez les dejaban tiempo para salir de sus palacios y casas en la Ciudad de México, Guadalajara, Morelia y Zamora. Sin embargo sus nombres retumbaban a la hora de que los capataces y los administradores los enarbolaban para darles fuerza y autoridad frente a los miserables campesinos sujetos a su yugo.

Las bocas de los dominadores se complacían al nombrar los apellidos rimbombantes de los hombres más acaudalados de la Nueva España, como don Juan de Salceda, don Fernando Antonio Villar Villamil y don Gabriel Antonio de Castro y Osores. Los tres figuraron entre los dueños de estas extensas propiedades que conformaron la

---

[10] Heriberto Moreno García, *Haciendas de tierra y agua en la antigua Ciénaga de Chapala*, El Colegio de Michoacán, México, 1989, p. 207.

[11] Heriberto Moreno García, *Guaracha...*, *op. cit.*, p. 100.

hacienda de Guaracha. Hacia finales del siglo XVIII aquellas inmensas y fructíferas tierras iniciaron su primera fragmentación debido a las hipotecas y deudas generadas por la ostentosa vida de sus propietarios. Con todo y sus problemas económicos, la vida de Guaracha y de sus haciendas subsidiarias pasaría por múltiples avatares en el transcurso del siglo XVIII al XIX. Su producción siguió manteniendo cierta hegemonía sobre los mercados de Jiquilpan, Sahuayo y Zamora, además de su interés en otros espacios comerciales, sobre todo en Guadalajara y Morelia. En una descripción de esa hacienda, escrita a finales del siglo XVIII, se le reconocía una propiedad de más de 96 000 hectáreas de tierra en la que el agua y los pastizales no parecían tener límites. Dicha descripción abundaba:

> Tiene en el día como 9 mil reses, mucha caballada y poca siembra de ella: pero algo considerable de maíz en sus rancherías que se hallan arrendadas. Los más de los muchísimos arrendatarios de las [tierras] de esta demarcación son de cortos pedazos de tierra, por los que pagan a 4 pesos de renta; siembran su poco maíz y pasan en temporadas a los trapiches de azúcar a servir de operarios, y en ellos los conocen como los guaracheños.[12]

En este relato dieciochesco se reconocía que la hacienda de Guaracha mantenía más de 230 tributarios mulatos y más de 60 indígenas. La amplia presencia de mulatos correspondía a la rápida asimilación de fuerza de trabajo esclava negra con la población aborigen. La primera había sido traída a la región con el fin de incorporarse al cultivo y a la explotación de la caña, lo mismo que al cuidado del ganado. Así, negros, indios y españoles se mezclaron poco a poco procurando paulatinamente el crecimiento de una población mestiza libre que para finales del siglo XVIII ya formaba la mayoría de los trabajadores en los campos y poblaciones de la región.

---

[12] *Ibid.*, p. 108.

Pero para esas épocas los problemas económicos de los propietarios antiguos y aristocráticos de Guaracha los llevaron a la necesidad de rematar su enorme latifundio. Don Victorino Jaso, un comerciante zamorano audaz y acaparador, se hizo de la mayor extensión de las tierras de dicho latifundio y en 20 años, entre 1791 y 1811, logró recuperar la producción de las haciendas que formaban el complejo sistema de propiedades de esa hacienda, combinando sus negocios de arriería con sus afanes agroganaderos. Antes de enfrentar algunos conflictos con bandoleros y de sufrir los embates de las luchas independentistas, don Victorino buscó el poblamiento de su extenso territorio para tener un mayor control sobre el mismo. Por ello lanzó una convocatoria que buscaba beneficiarse con nuevos arrendatarios. Al ser el primer hacendado en revisar personalmente los trabajos en sus haciendas, no tardaron en acudir a su llamado inquilinos de origen criollo, mestizo y mulato. Muchos provenían de las tierras cercanas de Jiquilpan, Sahuayo, Cotija, Chavinda y Zamora. Así, hacia aquella región que parecía desde sus inicios poco poblada, fueron llegando arrendatarios que no tardarían en convertirse en la base del emporio de don Victorino.

Si bien durante los primeros años de la Conquista los pobladores de la comarca prefirieron no acercarse demasiado a los nuevos mandamases de a caballo, las congregaciones de finales del siglo XVI y principios del XVII fueron testigos del inicio de un Jiquilpan menos volátil y más sedentario. Tributos, misas, arreglos, padrones, quejas, y otros muchos testimonios que informaban que ya existía una clara ubicación territorial para ellos, mostraron que el entonces llamado San Francisco de Jiquilpan ya era un paraje bastante más complejo que lo que presentaban las referencias documentales en los informes de párrocos y administradores.

En 1683, por ejemplo, se registraron 529 individuos identificados como gente adulta y 131 como menores. Aunque los números no cuadraran, por esos rumbos se informó que existían 336 parejas y 67 viudos. Según el color de piel se identificaban 329 indios, 76 españoles, 67 negros, 47 mestizos y 10 que no fueron identificados. Todos de ambos géneros. Las cofradías empezaron a dar pie a un conglomerado social propiciado por la Iglesia católica, pero sobre todo por sus afanes de compartir un hábitat y una asociación que mal que bien protegía a sus agremiados de las inclemencias del tiempo, de la prolongación de la esclavitud y de la avaricia de los propietarios.[13]

En las inmediaciones de Jiquilpan el ganado creció con insitencia, mientras que en los terrenos de Guaracha la caña dio trabajo a la mano de obra negra e indígena. Según el historiador Heriberto Moreno, la misma Guaracha junto con la hacienda de Jucumatlán, fueron particularmente importantes en las producciones de ganado vacuno y caballar, ya que alimentaron el ir y venir de los arrieros y la explotación de animales en los mercados que corrían desde Guadalajara y Zamora hasta la Ciudad de México.[14]

Mientras tanto, en la población de Jiquilpan, el comercio y una pequeña industria de sarapes, objetos de cuero y sombreros, empezó a mantenerse activa con cierta regularidad. Aun cuando las pugnas por territorios, herencias y negocios entre Jiquilpan y Guaracha trascendieron hasta bien avanzado el siglo XVIII, la población en la región fue creciendo y aumentando, sobre todo entre esos sectores mestizos, mulatos e indios, es decir: los más pobres. De ahí que a la hora de convocar al arrendamiento y el cultivo de las tierras de Guaracha pocas veces faltaran manos dispuestas al duro trabajo del campo.

La Iglesia católica, por su parte, mantuvo su égida en materia de actividades sociales y, aunque ya se registraban algunas fiestas y fandangos, peleas de gallos, quemas de castillos y danzas un tanto fuera del control eclesiástico de manera muy similar a otras poblaciones locales, los curatos, los hospitales y los conventos dominaban la vida cotidiana a partir de las cofradías eclesiásticas y los diezmos.[15]

---

[13] Álvaro Ochoa Serrano, *Jiquilpan…*, *op. cit.*, p. 63.
[14] Heriberto Moreno García, *Guaracha…*, *op. cit.*, 1994, p. 112.
[15] *Ibid.*, p. 85.

La expulsión de los jesuitas de la Nueva España en 1767 marcó la vida del entonces atribulado Jiquilpan, que ya contaba con poco más de 1 500 habitantes. Álvaro Ochoa ha dado cuenta de que allí se supo de la expulsión, "porque en el naufragio común de la Compañía iban cuatro jiquilpenses: el filósofo y poeta Diego José Abad, el misionero Francisco Xavier de Anaya y los novicios Manuel Cimiano y Josef de Sumiano".[16]

Pero lo que realmente pareció darle una particularidad a un Jiquilpan que con el tiempo se empezaba a secularizar fue la paulatina disminución de la mano de obra esclava y el aumento de trabajadores mestizos y mulatos. El esclavo amaridado con una india, o un indio arrejuntado con una negra esclava, por ley lograban que sus vástagos fueran libres, lo que aumentaba naturalmente la población mixta. Tal parecía que esta modernización liberadora —si es acaso posible utilizar esas palabras sin caer en el anacronismo— impuesta por la corona estaba encaminada a mediatizar y a limitar la presencia indígena y a la vez aligerar la carga que producía la esclavitud. Con ese mismo fin se intentó orientar la presencia de la Iglesia católica y el estado virreinal en aquellas comunidades en las cuales había una consolidada población que todavía no se había mezclado considerablemente. Así, no tardaron en aparecer escuelas para indios dedicadas especialmente a enseñar la doctrina cristiana, el alfabeto y la lectura, con el notorio objeto de propiciar "que los nativos olviden su idioma" y desde luego su cultura. En Jiquilpan esa escuela se fundó en 1784.

Sin embargo, hacia finales del siglo XVIII, las crisis agrícolas y la intensificación de la arriería y a su vez del comercio generaron mayor desigualdad en la sociedad local. Quienes se dedicaban a las labores del campo resentirían dichas crisis, mientras los acaparadores y comerciantes hicieron de las suyas. Indios y morenos sufrieron la escasez y la miseria, mientras que los criollos y los españoles se regodearon en sus beneficios individuales y familiares.

---

[16] *Ibid.*, p. 89.

Para entonces, buena parte de la comunidad jiquilpense parecía organizarse alrededor de los múltiples servicios que se ofrecían a la gente que venía de paso: arrieros, comerciantes y administradores reales y virreinales. Herreros, sastres, carpinteros y curtidores se peleaban los clientes que entraban a las panaderías, peluquerías y platerías, mismas que poblaban las calles principales del pueblo. Ahí además de artesanos y comerciantes abundaban también pobres, indios y pordioseros.

Donde las cosas parecían un tanto distintas era en Guaracha. La hacienda aumentó su poderío gracias a una administración muy estricta de su propietario zamorano, Victorino Jaso Ávalos, que no sólo poseía los campos de caña y trapiches, sino que también era el dueño de "como nueve mil reses más", una considerable caballada, además de la riqueza que le generaban los muchísimos arrendatarios de Jiquilpan y Sahuayo. De años atrás la expansión misma de Guaracha estrangulaba las propiedades comunales de pueblos como Pajacuarán, Jaripo, Totolán y Guarachita. Los conflictos entre esta última población y la gran hacienda serían proverbiales. Guarachita, como pez pequeño, intentaría por todos los medios evitar ser enguyido por el gran tiburón de Guaracha y al fin lograría salvar con bastante dignidad su presencia en el mapa de la región.[17]

Regresando a Jiquilpan, la reestructuración administrativa del virreinato en los últimos lustros del siglo XVIII trajo como resultado que dicho poblado se convirtiera en una subdelegación en el régimen de intendencias que, como es sabido, sería gobernado fundamentalmente por autoridades militares. La distribución y nueva división territorial pareció otrogarle a la subdelegación jiquilpense un área bastante más reducida en materia de gobierno y parroquia que la que tenía antes de la reforma virreinal. Ello convirtió el peso tributario en un fardo mucho más difícil de cargar. Quienes tuvieron que soportarlo fueron los

---

[17] Luis González y González, *op. cit.*, p. 65.

criollos y los mestizos, ya que los indígenas y los mulatos poco podían contribuir al engorde de las arcas del virrey, puesto que practicamente nada tenían.

Las consecuencias de estas medidas estarían destinadas a atizar el fuego del descontento que no tardaría en alimentar una guerra local en contra de las autoridades españolas, desde el virrey hasta el subdelegado administrador.

En medio de estas reorganizaciones de Jiquilpan y sus alrededores, diversos documentos de registros poblacionales, tanto en los territorios de Dios como en los del César, destacaban el apellido Cárdenas con una presencia local constante desde, por lo menos, los primeros lustros del siglo XVII. Sin ceder a la tentación de hacer una genealogía que se remonte a través de los siglos, justo es decir que no pocas referencias a figuras y familias que llevaban ese apellido reconocían a Jiquilpan como su casa y ahí se sabían relativamente respetados. Esto sucedió por lo menos desde 1619, cuando una familia Cárdenas se registró con "raíces para quedarse en San Francisco Jiquilpa". Reaparecería ese nombre en 1725, en 1746, en 1759 y en 1794. Pero en 1796 se les anotaba en un estado de cuentas entre quienes tenían algunos adeudos con las autoridades administrativas. Detentaban aquel nombre algunos mulatos y varias mulatas del lugar.[18] Pero cabe mencionar que el apellido Cárdenas era reconocido por varios otros rumbos de la misma región, desde Zamora hasta Chapala, desde Yurécuaro hasta Zapotlán. Por cierto que de esta última localidad fue originario Francisco Cárdenas Pacheco, quien sería el abuelo paterno de Lázaro Cárdenas del Río.

Independientemente del origen racial o territorial de esa estirpe, que a decir verdad no tiene ninguna relevancia si se toman en cuenta las múltiples mixturas que a lo largo de tres siglos dieron lugar a la

---

[18] Álvaro Ochoa Serrano, *Jiquilpan...*, *op. cit.*, pp. 81-95. Véase también, del mismo autor, "Los Cárdenas de Jiquilpan. La danza de los negros", en su libro *Afrodescendientes. Sobre piel canela*, El Colegio de Michoacán, México, 1997, pp. 91-111.

población que hoy llamamos mexicana, parecería mucho más importante destacar la longevidad del apellido Cárdenas en la región y sobre todo el arraigo del mismo en aquel rincón michoacano. Tal crédito local era compartido con otras familias, como los Martínez, los Maciel, los Betancourt, los Ocaranza, los Ochoa, los Vega, los Gudiño, los Méndez y tantos más. Sin embargo, la importancia de dicha persistencia sería particularmente relevante a lo largo de los principales acontecimientos que afectaron la vida del pueblo jiquilpense a lo largo del el siglo XIX.

Jiquilpan durante el siglo XIX: de la Independencia a la Intervención francesa

Las guerras de independencia afectaron a la región noroccidental de Michoacán fundamentalmente por las cuantiosas bajas que se suscitaron entre los combatientes. Las tensiones desatadas entre los múltiples bandos golpearon la producción de bienes y desde luego a administración pública. La violencia pudo sentirse tanto en el campo como en algunas poblaciones y, tanto militares como eclesiásticos, artesanos y comerciantes, así como campesinos y pequeños arrendadores, vivieron con zozobra aquellos años en que se gestaba la emancipación del antiguo territorio de la Nueva España. El ganado también sufrió las consecuencias de la inestabilidad y tirantez. Don Victorino Jaso, el famoso hacendado que se hizo de las mejores tierras de Guaracha a finales del siglo XVIII, vio decrecer su fortuna de manera alarmante gracias al abigeato y el cobro "a la mala" de deudas históricas pendientes con los independentistas.[19] Desde los rumbos de Sahuayo se comenzó a sentir la antipatía hacia la avaricia hispana "colonial", representada por el mismo Jaso. Como en otras

---

[19] Sergio Reséndiz Torres, "San José Gracia-Jiquilpan; un caso de economía ganadera", en Carlos Herrejón (coord.), *Estudios Michoacanos II*, El Colegio de Michoacán, México, 1986, p. 232.

partes del territorio novohispano las rebeliones regionales que secundaron la guerra de Independencia si no fueron directamente comandadas, sí fueron instigadas por sacerdotes y hombres de Iglesia. Jiquilpan no fue la excepción. El párroco interino del curato de Sahuayo, Marcos Castellanos, por ejemplo, "avivó la ojeriza contra los españoles", lo que provocó que comuneros desposeídos y rancheros afectados por el crecimiento de la enorme hacienda de Guaracha-Cojumatlán la tomaran contra el dueño "español" de dicha hacienda, el ya mencionado don Victorino Jaso. El antihispanismo cobró una de sus múltiples víctimas en aquel hacendado y algunos de sus hijos, lo mismo con el ganado y algunas otras propiedades del zamorano.[20]

La alianza entre indígenas y mestizos, específicamente con los hombres que, medianamente letrados, encabezaban las insurgencias desde finales del siglo XVIII, tuvo en la región colindante con el mar chapaleño un atecedente de singular importancia. Aquel párroco, Marcos Castellanos, se asoció con un cacique indio llamado José Santa Ana, y juntos acaudillaron una rebelión que estableció su principal sede en la isla de Mezcala. Aquella, la isla más grande del Lago de Chapala, fue el escenario de una larga lucha de resistencia que adquirió notoriedad en el occidente novohispano porque demostró la tensa situación que se vivía entre españoles, criollos, mestizos e indios, y puso en evidencia la crueldad con que se trataba a los enemigos del virreinato.[21]

La confrontación entre terratenientes hispanos o criollos y mano de obra mestiza o indígena asoló toda la región hasta encontrar otro caudillo, José Antonio Torres, conocido como *el Amo*, quien encabezó una lucha local tomando el ejemplo y la orientación del máximo líder de la Independencia durante sus inicios, el cura Miguel Hidalgo y Costilla. *El Amo* Torres, como muchos otros, sucumbió frente a los

---

[20] Álvaro Ochoa Serrano y Gerardo Sánchez Díaz, *Breve historia de Michoacán*, FCE, México, 2003, p. 84.

[21] Álvaro Ochoa Serrano, *Los insurrectos de Mezcala y Marcos*, El Colegio de Michoacán, México, 2006.

embates realistas, pero quedó claro que en la región de Jiquilpan-Guaracha-Sahuayo-Cotija la resistencia popular estaba desatada y se mantenía viva, entre saqueos y robos.[22]

Mucho les costó a los jiquilpenses esa situación de inestabilidad y guerra. Entre 1812 y 1819 abundaron los abigeatos, los despojos, las matanzas y no fueron escasas las ejecuciones de particulares, dedicadas sobre todo a los que mostraron simpatía por los ideales independistas o, por el otro bando, los que eran considerados leales a los "realistas". Al final de la insurrección, los alrededores de Jiquilpan se presentaban más como un territorio desolado por las guerras intestinas que como el espectáculo triunfante de las luchas por la autodeterminación.

Poco después de consumarse la Independencia, la memoria popular, instigada por cierto civilismo ascendente, estableció que cada 16 de septiembre la sociedad jiquilpense recordara las gestas recientes, como si Jiquilpan hubiera sido un bastión de ese proceso heróico digno de generar toda clase de fervores patrioteros. Los antiguos aliados del hacendado Jaso y no pocos comerciantes acaudalados de la región tuvieron que replegarse o pasarase al bando independentista, aunque fuera sólo de dientes para afuera. Repiques de campanas, músicas de bandas, cohetes y descargas de artillerías, pretendieron "solemnizar" aquella fecha en la región desde los primeros años de su vida independiente.

En 1822 las nuevas autoridades establecidas en el poder central decidieron mantener a Jiquilpan en su condición de "cabeza de partido". Un informe de ese tiempo reportó que la población tenía un total de 3 259 habitantes, entre los que abundaban las solteras y los solteros. Si bien la población jiquilpense mantuvo su devoción franciscana, también es cierto que continuó protegiendo el comercio local y foráneo. Poco a poco se volvió a impulsar la cría de ganado, y no tardó en reactivarse su mediana industria textil.[23]

---

[22] Sergio Reséndiz Torres, *op. cit.*, pp. 232-233.
[23] Álvaro Ochoa Serrano, *Jiquilpan…*, *op. cit.*, p. 118.

En medio de la organización de la joven nación independiente que con obstinación buscaba reconocerse dentro del esquema político y administrativo de un grupo de entidades regionales agrupadas bajo el nombre de Estados Unidos Mexicanos, la reestructuración del nuevo estado de Michoacán incorporó a Jiquilpan a su Departamento del Poniente cuya cabecera quedaría en la ciudad de Zamora. Un extraño pique entre ambas localidades se había gestado desde épocas previas a la Independencia, y cierto resabio de confrontación se mantuvo, sobre todo entre letrados y propietarios. Por cierto que en Zamora dominaban las propiedades privadas, mientras que en Jiquilpan todavía se reconocían amplios espacios de usufructo comunal que eran trabajados fundamentalmente por mestizos pobres e indígenas.[24] Pero eso no fue lo único que diferenciaba a Zamora de Jiquilpan. Mientras en la primera el peso de la Iglesia católica y de los terratenientes conservadores se consolidó en la segunda, a partir de la Independencia los aires liberales soplaron con mayor desenvoltura. Y como durante los primeros lustros de su vida independiente el país se debatió entre el federalismo y el centralismo, entre las ambiciones individualistas y los proyectos de integración confederada, entre el conservadurismo y el liberalismo, la competencia entre ambas ciudades inclinaba su balanza a favor o en contra de cada una de ellas en función del grupo o proyecto político que orientaba a las autoridades en turno. Desde los escritorios de los mandamases del momento se estableció así una rivalidad que llegó a tener severas consecuencias en la disputa de los poderes de la región nororiental del estado de Michoacán.

A partir de entonces la comunidad jiquilpense pareció vivir una especie de desorientación geográfica en materia de autoridad local, producción y comercio. La ciudad más importante y más cercana era, sin duda, Guadalajara. Los vínculos comerciales, sin embargo, asociaban a

---

[24] Álvaro Ochoa Serrano y Gerardo Sánchez Díaz, *op. cit.*, p. 103.

Jiquilpan con el mundo y la costa de Colima vía Zapotlán. Sus injerencias comerciales y sus productos llegaban hasta los rumbos de los Altos del recién creado estado de Xalisco y del menos contemporáneo estado de Guanajuato. Sin embargo los jiquilpenses debían buena parte de sus parabienes a su vecina Zamora y, ahora, más que nunca, tendrían que relacionarse cada vez más con la capital del estado de Michoacán. La antigua ciudad de Valladolid, después de 1828 renombrada Morelia, sería la capitana de los destinos políticos y administrativos de aquel estado independiente que se convertiría en uno de los más importantes del occidente de la República.

Desde Morelia salieron entonces las primeras disposiciones de reestructuración de propiedades y representantes de la región jiquilpense. Cierto es que en medio de la calma campirana, apenas recuperada tras las luchas independentistas, las cosas no parecieron cambiar mucho para Jiquilpan, a no ser por algunas expulsiones de españoles, principalmente religiosos, y por ciertos sustos que provocaban las milicias en su paso por la región con rumbo hacia Guadalajara o a la costa vía tierras colimotas.

Dos figuras relevantes para la historia michoacana y también para la nueva historia nacional surgieron de las luchas independistas suscitadas en la comarca de Jiquilpan y Zamora. El más conocido fue Anastasio Bustamante, quien llegaría a la presidencia de la República de manera un tanto farragosa durante tres periodos igual de turbios y desorganizados, entre 1830 y 1841. Su extraña trayectoria lo vio pasar de realista a iturbidista, de ahí al conservadurismo centralista y finalmente a las filas del inefable don Antonio López de Santa Anna, con quien rivalizaría más tarde convirtiéndolo en enemigo político y militar. Bustamente, sin embargo, sería recordado sobre todo por su traicionero proceder contra el héroe independentista Vicente Guerrero, quien moriría fusilado en Cuilapan, Oaxaca, por orden suya en 1831.[25]

---

[25] Catherine Andrews, *Entre la espada y la constitución. El general Anastasio Bustamante*

Menos conocido a nivel nacional, pero quizá más influyente en la región, fue el hacendado Diego Moreno Jaso, heredero de aquel don Victorino que vivió el auge y la semicaída de Guaracha tras 20 años de férreo mando en sus dominios. Diego Moreno Jaso llegó a ser gobernador de Michoacán durante el primer periodo presidencial de Anastasio Bustamante, pero fue destituído tras la caída de éste. Su gestión no tuvo mayor lucimiento a no ser por alguna que otra manifestación antiguerrerista o por algún sarao dispendioso realizado con la venia de la alta jerarquía local encargada del mantenimiento de la catedral de Morelia. Sin embargo su procedencia reconocida en este departamento del poniente del estado de Michoacán hizo que se fincaran muchas expectativas para la región de Sahuayo-Jiquilpan-Guaracha-Zamora durante su mandato. Aun así esas esperanzas por obtener algún beneficio por afinidades de paisanaje devinieron en conflictos locales dada la falta de un convencido liderazgo estatal por parte de aquel hijo de la sociedad jiquilpense independentista y republicana. Como representante de la aristocrática clase terrateniente poco le importó el destino de su solar paterno.

Durante esos años las pugnas políticas internas del propio estado de Michoacán se resintieron particularmente en la región nororiental. Pero fue mucho más grave el azote del *cólera morbus* que asentó sus reales en dicho territorio durante 1833. De las 8 000 almas que habitaban en los terrenos correspondientes a la parroquia jiquilpense, cerca de 3 000 partieron para el otro mundo por causa de la epidemia.[26]

Después de la trágica peste, con el tiempo la población intentó recuperar su calma provinciana. Sin embargo durante los siguientes 20 años las luchas entre federalistas y centralistas harían que la

---

1780-1853, Universidad Autónoma de Tamaulipas/H. Congreso del Estado de Tamaulipas/LX Legislatura, México, 2008.

[26] Luis González y González, *Michoacán,* Fonapas, México, 1980, pp. 177-178; y Álvaro Ochoa Serrano, *Jiquilpan...,op. cit.,* p. 134.

inquietud alterara de vez en cuando el diario devenir juquilpense que se inundaba con sus clásicos calorones durante los estíos y las copiosas lluvias de las temporadas húmedas.

Siguiendo el trazo de los siglos anteriores el pueblo mantenía una cotidianidad semejante a la de muchos otros pueblos vecinos. Los pocos ricos y alguno que otro representante de la administración pública seguían ocupando las casas del centro, mientras que los peones miserables e iletrados se hacinaban en los alrededores. Una nota del periódico *La voz de Michoacán* del año de 1843 insistía que entre los jiquilpenses no había movilidad social. "Se pensaba entonces que la reputación, la virtud y la felicidad, dependen en gran parte de la elección de sus compañeros y amigos" pero en el fondo quedaba claro que "la esperanza es una especie de engaño agradable".[27]

Aun así había ciertos beneficios de los nuevos tiempos que distinguían a Jiquilpan de otros pueblos vecinos. Para entonces la ciudad contaba con una administración de alcabalas y de impuestos, una estafeta de correos, un servicio de diligencias y varios mesones. Todo ello indicaba que seguía concentrando actividades importantes de interés público, lo que sin duda incidía en el comercio y en la producción locales. Pero hubo un acontecimiento que marcaría un hito para la sociedad jiquilpense en 1843. A finales de ese año el pueblo se sintió orgulloso de inaugurar su primera escuela oficial de letras primarias.

Si bien los analfabetas abundaban en toda la región, con dicha escuela las posibilidades de acceder a los mundos de las ciencias, las letras y otros aconteceres humanos y de la naturaleza, empezaron a ampliarse en mediana forma. Y fue a través de periódicos y noticias provenientes de los centros de actividad militar y política, leídos y propagados por los pocos letrados locales, que el pueblo se enteró de la invasión estadounidense a territorio nacional en 1847. Si bien hubo algunas protestas emitidas por algunos funcionarios públicos, el asunto

---

[27] Álvaro Ochoa Serrano, *Jiquilpan...*, *op. cit.*, p. 136.

no pareció afectar demasiado el acontecer diario de los jiquilpenses. Poco tiempo después una calamidad local fue lo que remitió a los pobladores de Jiquilpan a su propia desgracia. Una nueva epidemia de cólera se presentó en abril de 1850. Esta vez la plaga se llevó a cerca de 2 000 pobladores, lo que hizo que ese mismo año se fundara una casa de caridad financiada por los pudientes de la región.[28]

Así pasó Jiquilpan buena parte de la era santanista hasta que la Revolución de Ayutla trajo sus consecuencias a las mismas goteras del pueblo. Las levas y los pasos de alvarecistas y santaneros dejaron a los hogares divididos y una buena cantidad de muertos, viudas y desesperanzas. Una vez más Jiquilpan se veía en medio de la tolvanera nacional casi sin deberla ni temerla. Sin embargo los liberales triunfantes plantearon una posibilidad de cambio que parecía una luz en la oscuridad representada por la cada vez más monolítica e inmovilizadora calma provinciana.

El liberalismo proclamado por la Revolución de Ayutla pretendió remediar el continuo despojo de tierras comunales indígenas en manos de viejos y nuevos latifundios, que no sólo eran controlados por unos pocos acaudalados, sino por la misma Iglesia católica. Para ese entonces muchas de aquellas propiedades formaban parte de las enormes riquezas que ostentaban algunos clérigos y no pocas órdenes religiosas. Una breve pero contundente lucha, auspiciada por el renovado espíritu liberal, se inició desde la incipiente organización Comunidad de Indígenas de Jiquilpan en 1856 para lograr la restitución de sus tierras. Dicha organización inició sus gestiones con la esperanza de lograr, tal vez en un futuro para los hijos o los nietos, trascender la condición de peones de la mayoría de sus agremiados y ocupar la optimista posición social de antiguos y renovados propietarios. El sueño, sin embargo, se colapsó cuando su esfuerzo se disolvió en los berenjenales de la justicia estatal. Algunas tierras de las comunidades indígenas incluso se perdieron debido a la

---

[28] *Ibid.*, p. 140.

incapacidad de las defensas, pero también por la avaricia continua de los terratenientes y eclesiásticos.[29]

Las cosas empeoraron al desatarse la Guerra de Tres Años. Entre liberales y conservadores, avanzadas y retiradas, Jiquilpan sufrió varias escaramuzas, tanto en sus calles como en sus alrededores. Entre 1858 y 1861 algunos ricos locales se esmeraron en hacer donaciones a sus causas afines y por otra parte intentaron evitar, con poco éxito, los préstamos forzosos a las fuerzas enemigas. Las levas se llevaron de nueva cuenta a una buena cantidad de peones a luchar tanto del lado de los católicos como de los liberales, dejando las tierras ociosas y el ganado a la deriva.

Con todo y todo, tal vez la pérdida más sonada de aquella época fue el incendio de una de las tiendas más importantes de Jiquilpan, la de Ramón Anaya, el 21 de marzo de 1858. Comerciante próspero, el señor Anaya pertenecía a la minoría rica y letrada que gobernaba Jiquilpan. Con el incendio sufrió tal golpe que decidió abandonar el pueblo dejando sus bienes a un administrador local. El comercio jiquilpense tardó en recuperar la pérdida, sin embargo otro acontecimiento trastocaría las cotidianidades campiranas de la región.

El fin de la Guerra de Tres Años trajo consigo un sello particular que determinaría el acontecer local mientras avanzaba hacia la segunda mitad del siglo XIX. Se trató de la desarticulación de una buena parte del gran latifundio de Guaracha. Los herederos —o habría que decir las herederas ya que las beneficiarias eran las señoras Sánchez Leñero y doña Antonia Moreno de Depeyre— de Diego Moreno Jaso se vieron en severos problemas económicos causados por la guerra entre liberales y conservadores, sobre todo por su ineficiencia administrativa y por su afición a los juegos de azar, pues todo parece indicar que doña Antonia, además de ser inmensamente rica, era asidua jugadora de naipes.[30]

---

[29] *Ibid.*, p. 144.
[30] Heriberto Moreno García, *Guaracha…*, *op. cit.*, p. 130; y Luis González y González, *Pueblo en…*, *op. cit.*, pp. 13-22.

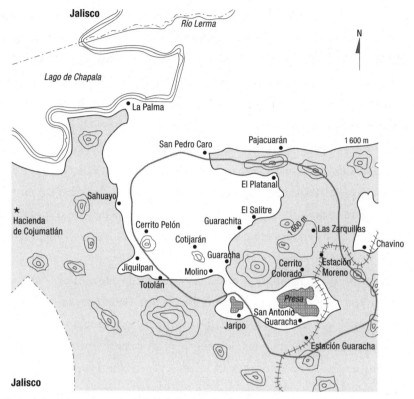

Plano del territorio propiedad de la hacienda de Guaracha a finales del siglo xx
(Heriberto Moreno García, *Guaracha. Tiempos viejos, tiempos nuevos*,
El Colegio de Michoacán, Zamora, 1994).

Así, al iniciarse la década de los años sesenta se procedió a la venta
y el fraccionamiento de las tierras de la hacienda de Cojumatlán que,
junto con las haciendas de La Palma y la mismísima Guaracha, habían
conformado la enorme concentración de tierra determinante en buena parte de la vida de la región durante años.

Cojumatlán contaba en ese entonces con cerca de 50 000 hectáreas
que, recorridas de norte a sur, iban desde el Lago de Chapala hasta
Mazamitla y Quitupan. Al oriente tocaban los linderos de Sahuayo y
Jiquilpan. Los ricos de ambas poblaciones, junto con los de la conti-
gua Cotija, se hicieron de las mejores tierras a la hora de rematar la

hacienda cojumatlaneca. Algunos arrendatarios no tan ricos también pudieron comprar pequeños ranchos y esos rumbos se empezaron a poblar de cercas, corrales, jacales, casas, canales y zanjas. No tardaron en aparecer más cabezas de ganado e infinidad de surcos que pretendían llevar el agua hasta los más lejanos rincones que marcaron el paisaje mientras se extendían hacia el nororiente de Jiquilpan.[31]

Este fraccionamiento reactivó los quehaceres administrativos y comerciales de la población. Jornaleros, arrieros, matanceros, curtidores, reboceros, talabarteros, zapateros, sombrereros, albañiles, carpinteros, pero sobre todo comerciantes en gran y pequeña escala, lo mismo que escribientes y ayudantes de oficina, le otorgaron mayor vida al lánguido ir y venir jiquilpense al mediar el siglo XIX.

El apellido Cárdenas, aunque antiguo en la región; no parecía ser de mucha prosapia o aristocracia local. Sin embargo ya se había labrado un lugar en la sociedad de Jiquilpan y aparecía orgulloso entre pequeños comerciantes, labriegos y reboceros. En Guarachita, un pueblo vecino y con constantes litigios por deslindes de tierras con la hacienda de Guaracha, otro apellido empezaba a ganar cierto lustre. Se trataba de aquel que acompañó que acompañó a la familia Del Río, la cual junto con quienes se reconocían como los Amezcua, habían logrado conquistar un lugar entre la gente decente y de bien. Con el tiempo un Cárdenas y una Del Río se unirían para armar una familia cuya descendencia adquiriría el sello jiquilpense a partir de los últimos años del siglo XIX.

Para no adelantar vísperas, es necesario regresar a los asuntos históricos particulares y generales de quienes compartían esa localidad del nororiente michoacano. Tras el impulso económico y la actividad comercial y administrativa generados por la venta de las tierras de Cojumatlán en la primera mitad de los años sesenta del siglo XIX, la guerra entre imperialistas y liberales en gran parte del territorio mexicano

---

[31] Heriberto Moreno García, *Guaracha…, op. cit.*, p. 128.

volvió a alterar la paz pública local. La división se enseñoreó entre las élites y los sectores medios de la región. Al mismo tiempo los ejércitos franceses y sus aliados se apoderaron del occidente de México, mientras los republicanos resistían dichos avances a veces de manera espectacular y en muchas otras ocasiones sin pena ni gloria.

Las familias divididas, tanto de la alta sociedad regional como de la pequeña burguesía local, recordaron cómo a finales de 1864 las tropas del general José María Arteaga, apoyadas por los generales Pedro Rioseco y Leonardo Ornelas, fueron vencidas y expulsadas de la localidad por los zuavos del coronel Justin Clinchant en un asalto que sería recordado como la Batalla de la Trasquila. En la loma del mismo nombre, en las cercanías de Jiquilpan, fue muerto Ornelas y el desastre también se llevó a Rioseco. "Y de tanto muerto que hubo lograron llenar un pozo de cantera que había por ahí, nomás pasaba el carretón lleno de muertos de un lado a otro. Todo eso me lo platicaba mi abuelo, porque mi abuelo era muy viejo", relataba Francisco Hernández Pulido, oriundo de Jiquilpan, en la segunda mitad del siglo xx.[32]

Otra figura célebre de Jiquilpan también anotaría en sus *Apuntes*: "Mi abuelo sirvió a la causa republicana como soldado en el Regimiento de Lanceros, bajo las órdenes de los generales Ornelas y Rioseco. Asistió a la batalla de la Trasquila sostenida contra las fuerzas imperialistas del ejército francés (22 de noviembre de 1864)". Se trataba nada menos que de una nota memoriosa del joven Lázaro Cárdenas del Río, quien hablaba de su abuelo paterno Francisco Cárdenas Pacheco, ya también avanzado un tanto el siglo xx.[33]

Tras la derrota de las fuerzas republicanas, la guerrilla entonces empezó a darles certeros y breves golpes a los franceses, generando una enorme inseguridad en la zona, misma que duró hasta bien avanzado

---

[32] Guillermo Ramos Arizpe y Salvador Rueda Smithers, *Jiquilpan 1895-1920. Una visión subalterna del pasado a través de la historia oral*, Centro de Estudios de la Revolución Mexicana Lázaro Cárdenas A. C., México, 1984, p. 95.

[33] Lázaro Cárdenas, *Obras. I. Apuntes 1913-1940*, vol. I, UNAM, México, 1972, p. 6.

el año 1866. Resultaba relativamente cierto lo que un viejito de Ji-quilpan, don José Farías Magallón, contaba:

> Puros cañonazos, puros metrallazos, puros boquetes de un tiro, con eso les respondían los paisanos a los españoles [*sic*]. Porque nunca han podido con México, aunque tengan veinte mil aviones no pueden […] que en un segundo nos acaban. No te creas, también aquí tenemos con qué defendernos; aquí todo México es como el gallo fino, mientras no le chillas no le entra, pero entrando no hay misericordia.[34]

Grabado francés de la Batalla de la Trasquila: Victoire d'Uiquilpan
(Janet Gustave y C. Maurand, *Le Monde Illustré: journal hebdomadaire*,
núm. 406, 21 de enero de 1865).

Si bien a principios de 1867 se dio por terminada la intervención francesa en el estado de Michoacán, todavía a lo largo de los siguientes años fueron perseguidas algunas partidas de bandidos que, proclamando vivas al Imperio y a Maximiliano, hicieron desmanes y desfalcaron ranchos.

---

[34] Guillermo Ramos Arizpe y Salvador Rueda Smithers, *op. cit.*, pp. 91-92.

Jiquilpan durante la República Restaurada y el Porfiriato

El triunfo y el establecimiento del gobierno de los liberales planteó la reorganización de las autoridades tanto estatales como locales. Pero habría que asentir que también generó ciertas espectativas de una reestructuración en materia social y económica. Una vez más aparecieron los intentos por restituirles sus tierras a los grupos desposeídos o afectados por las avaricias latifundistas. Sin embargo las comunidades indígenas vieron frustradas por enésima ocasión sus aspiraciones de recuperar sus territorios, dado que el espíritu liberal de la República Restaurada se proponía crear ciudadanos y pequeños propietarios, y no tanto respetar las propiedades comunales y las tradiciones de los indios. En el caso de Jiquilpan la minoría indígena se replegaría hasta ocupar un pequeño lugar en el espectro de la sociedad local y aún más afuera de los límites de la población.

Para los primeros años de la década de los setenta el predominio de Jiquilpan en la región noroccidental del recién rebautizado estado de Michoacán de Ocampo se manifestaba a través de sus más de 4 000 habitantes, su prefectura, su ayuntamiento y su juzgado de primera instancia, además de tres juzgados menores, una escuela de enseñanza primaria para varones, otra escuela para niñas y la antigua Casa de Caridad. Para entonces, las competencias con Sahuayo y Cotija, y no se diga con Zamora, empezaban a afectar la preponderancia de Jiquilpan en esa comarca.

Las causas de tales circunstancias, además de la amarga decisión que implicó que Jiquilpan no fuera incluida en el trazo de las vías del ferrocarril de México a Guadalajara, fueron asuntos de índole interno. Según un informe de la época, mucho se debía al fomento de las envidias, las discordias y las maledicencias entre algunos vecinos "de muy buenas disposiciones intelectuales" que además tenían la mala usanza de publicar sus opiniones en impresos y pasquines locales.[35] Las costumbres

---

[35] *El Constitucionalista* (1868), citado en Álvaro Ochoa Serrano, *Jiquilpan…*, *op. cit.*, p. 165.

de la tertulia, la bohemia y el chisme encontraban su centro de actividades en algunas tiendas, cantinas, boticas y comercios que de vez en
cuando recibían periódicos, libros y alguna que otra revista ilustrada.
Las noticias del exterior alimentaban esos pasatiempos, la mayoría de la
veces inocuas, aunque en ocasiones podían generar no pocas molestias.
La división entre aquellas patrias chicas y los grupos sociales que las
defendían o deturpaban empezaba a manifestarse de manera escrita en
los periodiquillos que por lo general provenían de las ciudades cercanas
como Zamora y Guadalajara, y que a su vez reflejaban una malhadada
paz provocada por la desunión inicial de la República Restaurada.

Con todo y la deseada calma que parecía restituirse con los gobiernos juaristas y lerdistas en este rincón occidental de Michoacán,
una nueva inquietud empezó a agitarse en la zona. Se trató de la
actividad bélica y en algunos casos bandoleril de los llamados *religioneros* o *cristeros* que se oponían a los liberales por haber "ofendido
los sentimientos católicos del pueblo mexicano". Estos *religioneros* se
resistían a acatar la política civilista de la República Restaurada a la
que identificaban como un sistema de persecución religiosa emprendida por los gobiernos del centro del país. La alta jerarquía católica
se desligó de estos *cristeros*, sin embargo los regímenes tanto locales
como federales los asociaron con la reacción clerical. El movimiento
creció con cierta violencia en el occidente michoacano y los distritos
más encendidos fueron Puruándiro, La Piedad, Zamora y Jiquilpan.[36]
Los rebeldes Ignacio Ochoa y Eulogio Cárdenas, así como Francisco
Gutiérrez, *el Nopal*, adquirieron cierta notoriedad en la región entre
1867 y 1882. Durante todo este tiempo sus correrías afectaron no
sólo al estado de Michoacán, sino que tocaron también a Jalisco, Guanajuato y Querétaro.[37] Al parecer nunca se estableció un parentezco

---

[36] Moisés González Navarro, *Cristeros y agraristas en Jalisco*, vols. 1 y 2, El Colegio
de México, México, 1992-2001.

[37] Luis González y González, *op. cit.*, pp. 40-42.

directo entre aquel Eulogio Cárdenas y la familia jiquilpense que respondía orgullosamente a ese mismo apellido. Mientras el primero evidenciaba su condición clerical y bandolera, los segundos se destacaron por sus filiaciones liberales y poco dadas a la defensa de la mojigatería santurrona.

El 1876, en vísperas de la reelección del presidente Sebastián Lerdo de Tejada, la región no sólo vio cómo se intentó terminar la rebelión religionera después de una "exitosa" expedición bajo el mando del célebre general Mariano Escobedo, sino también cómo un grupo de militares encabezados por el entonces declarado "heroico general" Porfirio Díaz se pronunció en contra de la continiudad lerdista en abierta rebelión que enarbolaba el flamante Plan de Tuxtepec.

En Jiquilpan se dividieron nuevamente los bandos políticos entre lerdistas y tuxtepequistas. Los segundos, blasonando su clara orientación castrense, aprovecharon su triunfo para tratar de meter en cintura a los pocos religioneros que quedaban. Éstos entraron con angustia al redil del "orden y el progreso", quedándose sin bandera política, ya que el mismo Porfirio Díaz, al que veían como posible aliado antilerdista, les mandaba un Cuerpo Rural de la Federación para someterlos.

Con el paso del tiempo, el Porfiriato impuso su modelo de relativa paz y desarrollo selectivo en Jiquilpan. Tuvo como sus seguidores predilectos a los sectores medios y pudientes que trataban de mostrar en sus arreglos urbanos su afición por lo "moderno". Algunas calles se reempedraron, se pusieron faroles en las plazas y en los paseos más céntricos; se compró un reloj público y a principios de los ochenta la población jiquilpense se ilusionó vanamente con la promesa del arribo del ferrocarril hasta sus linderos. El augurio nunca se cumplió y no fue sino hasta mediados del último año del siglo XIX y los primeros días del siglo XX cuando la vía férrea se acercó a Jiquilpan. Primero el tramo de Yurécuaro a Zamora y en seguida el de Chavinda a Estación Moreno, ubicada en un extremo de los límites de las tierras de Guaracha del lado opuesto a Jiquilpan, apenas y se arrimaron a las goteras de la ciudad. Las vías férreas más cercanas a los jiquilpenses pasaron a más de 20 kilómetros de distancia.[38] Y si bien desde 1868 ya se había inaugurado una línea de buque de navegación por el Lago de Chapala, Jiquilpan se mantuvo al margen de aquellos signos de modernidad que eran las vías de comunicación que llevaban las máquinas de vapor de un extremo al otro del territorio mexicano.[39]

> Para ir a México se tenía que ir a caballo hasta la Estación Moreno, tomar el tren hasta Pénjamo y de ahí volver a tomar el tren hasta México. Para ir a Guadalajara, se iba de aquí a la Palma, ahí se tomaba una lancha hasta Ocotlán de donde se agarraba el tren para Guadalajara. De aquí a México los caminos eran de herradura con muy pocas brechas para carros de tracción animal.[40]

Así contaba Amadeo Betancourt Villaseñor, quien había nacido en Jiquilpan en 1907, los promenores de los viajeros y comerciantes hasta bien avanzado el siglo XX.

Las distancias, las brechas y los caminos de herradura que unían a las poblaciones de Jiquilpan, Sahuayo, Cotija y Guarachita con las vías del tren, favorecieron, sin embargo, la continuidad del uso de la arriería, y por lo tanto de la explotación ganadera de la región. Esto lo tuvo muy claro el entonces dueño de Guaracha, el heredero Diego Moreno Leñero, quien hizo lo posible por que el ferrocarril no se acercara demasiado a Jiquilpan o a Sahuayo y así poder mantener su control en la zona disponiendo de recuas y transporte caballar. En la medida en que se necesitaba el servicio de arrieros y carretoneros que la propia hacienda de don Diego brindaba, su afán de mantenerse arraigado a la región aumentó, lo mismo que sus copiosas ganancias.

[38] Heriberto Moreno García, *Guaracha...*, *op. cit.*, p. 137.
[39] Álvaro Ochoa Serrano, *Jiquilpan...*, *op. cit.*, p. 163.
[40] Guillermo Ramos Arizpe y Salvador Rueda Smithers, *op. cit.*, p. 101.

Por cierto que durante estos primeros años del Porfiriato un sólido crecimiento en la producción de maíz, trigo, garbanzo, frijol y caña significaron un impulso extraordinario a la revitalización y expansión de la hacienda de Guaracha. En 1892 incorporó nueva maquinaria accionada por vapor para el ingenio de azúcar y de alcohol. Los beneficios de esos mismos años permitieron que se contruyera la casa grande de dicha hacienda que, con gran ostentación, orientó su arquería, sus corredores y sus elegantes espacios desde un alto mirador hacia las tierras bajas del plan de la Ciénega.

Sobre una loma, a unos cuantos kilómetros de los linderos orientales de Jiquilpan, se alza, aún hoy en día, el conjunto de construcciones que conformaron aquella casa grande como símbolo de poder omnímodo sobre todas las tierras que se alcanzaban a ver desde su portal y su majestuosa arcada. El gran jardín, las habitaciones de altos techos, los patios interiores, la parroquia, la sacristía, la alberca y el frontón, así como los dos grandes portones de acceso, señalados por sendos arcos triunfales, se erguían como alegoría de las cuantiosas ganancias que la hacienda produjo durante esos ultimos 20 años del siglo XIX.

La casa grande de la hacienda de Guaracha
(Heriberto Moreno García, *Guaracha. Tiempos viejos, tiempos nuevos*,
El Colegio de Michoacán, Zamora, 1994).

Como muchas otras haciendas de la región y de otras partes del país, Guaracha vivió el auge de la gran expansión territorial de la propiedad privada promovida por el modelo porfiriano de desarrollo capitalista. Para finales de la centuria ese enorme latifundio tenía 11 haciendas anexas que practicamente dominaban los linderos del municipio de Zamora hasta las riberas del Lago de Chapala. Cada hacienda tenía su nombre propio, mismo que a veces apelaba directamente al tipo de producto o actividad que se ahí se desarrollaba: Cerro Pelón, Platanal, Cerrito, Colorado, Guarachita, San Antonio, Las Arquillas, El Sabino, Guadalupe, Las Ordeñas y Capadero.[41]

Aparte de la casa grande y la maquinaria del ingenio, con sus altos chacuacos y sus instalaciones mecánicas, otras mejoras se fueron introduciendo en Guaracha que a la par beneficiaron a los pueblos vencinos. El telégrafo y el teléfono aparecieron en los primeros años de la última década del siglo y otros aparatos como el fonógrafo y el cinematógrafo detuvieron su paso hacia occidente en estos rumbos para dejarse admirar por sus pobladores.

Sin embargo, la mayoría de los beneficios provenía de la explotación del trabajo humano, de la tierra y el ganado. En cuanto al primero habría que destacar la construcción de un bordo de más de 13 kilómetros de largo, casi seis metros de ancho y más de tres metros de alto, que cientos o miles de peones de Guaracha y de varias haciendas asociadas levantaron para detener las sempiternas inundaciones provocadas por las crecidas del Lago de Chapala. Aun así de vez en cuando el bordo se rompía produciendo grandes hoyas de agua estancada que afectaban la salud de los pobladores de la región. Es muy probable que las epidemias de tifo, principalmente la que se vivió en los últimos meses de 1893 y los primeros de 1894, tuvieran su origen en esas aguas empantanadas e insalubres.[42]

---

[41] Heriberto Moreno García, *Guaracha…*, *op. cit.*, p. 136.
[42] *Ibid.*, pp. 139-140.

En materia hidráulica ésa no sería la última aventura en la que se embarcarían las tierras de Guaracha y sus alrededores. Los intentos por desecar una parte del Lago de Chapala a partir de 1905 provocarían también algunos desmanes que mostrarían el poder que los grandes propietarios ejercían sobre los pueblos y sus tierras durante el Porfiriato. Este afán por desecar y aprovechar las tierras fértiles que quedaban al descubierto también afectaría a otras ciénegas y lagos del país, principalmente los del Valle de México, que a la larga sufrirían las severas consecuencias del desequilibrio ecológico. Pero dicho asunto no pasó por la cabeza de los porfirianos embelesados por los signos de pesos y dólares que se establecieron como únicos criterios de distinción.[43]

Habría que reconocer que, con todo y su mediano confinamiento, el Jiquilpan de los años ochenta y noventa del siglo XIX vivió una relativa prosperidad. La región todavía mantenía 10 extensiones importantes de tierra en régimen de propiedad comunal. En contraparte existían por lo menos 173 ranchos. Si bien la mayoría de los jornaleros apenas podía "malcubrir sus desnudeces", casi todos los jiquilpenses "hijos de vecino poseían una o varias vacas para el mantenimiento de su familia".[44] El producto de su trabajo, ya fuera artesanal, de servicios adminstrativos o en los quehaceres privados, se invertía por lo general en la compra de vituallas para aliviar el diario sustento.

Para entonces el pueblo ya contaba con dos escuelas para niños y tres para niñas. Dos eran sostenidas por la municipalidad, las demás se mantenían con el dinero de particulares. El total de infantes atendido por autoridades escolares no pasaba de los 200 o 215 y el recuento global de maestros no parecía ser mayor de 12 individuos.

En esos últimos 20 años del siglo XIX variaron las cifras que contaban a los habitantes de Jiquilpan, y lo hicieron con una clara tendencia

---

[43] María Cecilia Zuleta, *La invención de una agricultura próspera. Itinerarios del fomento agrícola entre el porfiriato y la revolución 1876-1915*, tesis doctoral, El Colegio de México, México, 2000, pp. 11-53.

[44] Álvaro Ochoa Serrano y Gerardo Sánchez Díaz, *op. cit.*, p. 154.

a la disminución y al decrecimiento. De casi 6 000 habitantes en 1889 el número de jiquilpenses descendió a poco menos de 4 500 en 1900. Esto se debió a las epidemias y a las migraciones que afectaban sobre todo a los sectores menesterosos. En cambio, si se atiende al número de personalidades "de relevancia regional" que aparecía en los directorios locales y estatales, las variantes fueron mínimas, y entre 1894 y 1900 se pudo constatar la presencia de 15 comerciantes establecidos, tres fabricantes de cigarros y uno de jabón, dos médicos, cinco ministros católicos, un notario y cuatro abogados. Los agricultores eran mayoría ya que llegaron a registrarse 17, tres de los cuales se identificaban como hacendados.[45]

La ciudad de Jiquilpan de Juárez, con todo y su fama de liberal, seguía siendo un buen espacio para la celebración de fiestas y actividades religiosas de toda índole. Los festejos patronales y cívicos incrementaron, aunque justo es decir que los que tenían algo que ver con el santoral se llevaban de calle a los que respondían al calendario cívico. Poco a poco ganaron fama regional las fiestas jiquilpenses del Sagrado Corazón, las de la Virgen de los Remedios, la patronal de san Francisco y las de Nuestra Señora de Guadalupe.

Así, mayo, junio, octubre y diciembre se convertían en meses que reunían a pobladores locales con vecinos de ranchos y pueblos cercanos. Los toros, las peleas de gallos, las ferias, los bailes y los cohetes atraían a una multitud que mal que bien reactivaba el comercio jiquilpense adquiriendo los productos de reboceros, curtidores y sombrereros, que en su mayoría sólo en esas ocasiones festivas lograban juntar dinero extra para su sustento.

Con todo, Jiquilpan de Juárez "era el único enclave del gobierno liberal y conciliador de Díaz en el occidente michoacano", como dice el historiador jiquilpense Álvaro Ochoa. Las demás poblaciones se cubrían con un aura clerical en la que la moral cristiana, si no es que una

[45] Álvaro Ochoa Serrano, *Jiquilpan…*, *op. cit.*, pp. 182-202.

portentosa mojigatería, reinaba en gobierno y cotidianidad. Por esa condición liberal y porfiriana, Jiquilpan se dio el lujo de festejar con mucho bombo y jalengue las efemérides impuestas por el gobierno civil, sobre todo el 5 de mayo y el 16 de septiembre. Esta última fecha además de celebrar el inicio de la lucha por la Independencia, de paso recordaba y convertía en fiesta el cumpleaños de la primera figura de la República, el presidente y general don Porfirio Díaz, a quien no tardaría en conocérsele con el sobrenombre de *el Dictador*.

Otras fiestas civiles también se celebraban en Jiquilpan, pero se hacían recurriendo a algunas actividades un poco más aburridas como las oraciones cívicas, las iluminaciones, los desfiles y una que otra serenata. Aun así lo que deveras le dio a Jiquilpan cierto renombre en materia de festejos fue la celebración de las efemérides del santoral cristiano, especialmente las septembrinas fiestas de san Francisco.

A diferencia de lo que se decía de sus miembros un par de lustros antes, la sociedad jiquilpense de estos años de auge profiriano no parecía tener mayores intenciones de confrontación interna o externa. Según don Ramón Sánchez, el ilustre y culto personaje local que publicó en 1896 su *Bosquejo estadístico e histórico del Distrito de Jiquilpan de Juárez*, dicha sociedad era "morigerada de costumbres […] y de un espíritu conciliador". Cierto es que ocasionalmente aparecían algunas riñas, sobre todo en bailes y fiestas, aunque al decir del mismo don Ramón, en los últimos cinco años no se habían dado muchos casos de delincuencia, incluyendo los muy comúnes raptos de muchachas casaderas. Tal vez la cárcel, la fuerza de seguridad municipal y la guarnición militar que constaba de tres oficiales y 23 soldados, lograron persuadir a los posibles malhechores de ocuparse de otros asuntos.[46]

Quizá algo que influyó en el ánimo pacifista de los jiquilpenses fue el paso ocasional de "las cuerdas" de presos que iban con rumbo

---

[46] Ramón Sánchez, *Bosquejo estadístico e histórico del Distrito de Jiquilpan de Juárez*, Imprenta de la E.I.M. Porfirio Díaz, 1986.

al puerto de Manzanillo y de ahí a las Islas Marías. Pasaban por las inmediaciones de Guaracha amedrentando a la población, muy al estilo represivo característico del Porfiriato contra vagos, delincuentes y pobres. Contaba don Froylán Toscano Cárdenas, un jiquilpense nacido en 1910 que:

> Las cuerdas era filas de gente que agarraban injustamente, por mala voluntad. Nomás porque algunas señoritas no aceptaban ser burladas o sus esposos no aceptaban lo que los ricos decían, entonces les levantaban un falso y al rato ahí van en filones, en unas cuerdas largas de cien o doscientos hombres y las señoras por un lado llorando, porque casi era seguro que ya no iban a regresar.[47]

A pesar de esas circunstancias, los adelantos materiales que el auge porfiriano presumió en buena parte del país, producto de la "poca política y la mucha administración", también se dejaron sentir en Jiquilpan, sobre todo en la última década del siglo XIX. Un par de fuentes de agua cristalina —una en el exterior del atrio parroquial y otra frente al mercado de Ocampo—, la apertura y el adoquinado de algunas calles, la nomenclatura de las mismas y la numeración de las casas, el alumbrado público, la construcción de un puente, la cañería, el arreglo de la cárcel, la inauguración del rastro, la adquisición de un terreno para poner los adoquines de un parque y otras actividades de las que informaron los distintos ayuntamientos durante aquellos 10 años, mostraron que Jiquilpan se encarrilaba poco a poco en la vía de la llamada modernidad positiva.

Sin embargo ahí permanecía con terquedad asombrosa la pobreza de poco más de 85% de su población, y una tercera parte de la misma era considerada paupérrima. Los pudientes seguían controlando la administración pública local, mientras el número de habitantes en

---

[47] Guillermo Ramos Arizpe y Salvador Rueda Smithers, *op. cit.*, p. 115.

la localidad descendía por causas ligadas a la explotación y el hacinamiento, a las enfermedades y a la migración. La mortalidad infantil era todavía muy alta, ya que de cada dos bebés que nacían, lo más seguro era que uno no lograra sobrevivir.[48]

La familia y la juventud de Lázaro Cárdenas del Río

> Creo que para algo nací. Algo he de ser. Vivo siempre
> con la idea fija de que e de conquista fama…
> LÁZARO CÁRDENAS, 1911

El general Aristeo Mercado, un entusiasta partícipe de la Revolución de Ayutla, conocido miembro del ejército juarista y diligente intérprete de los designios porfiristas, gobernó Michoacán entre 1892 y 1911. Su gestión, como la de muchos otros gobernadores durante el Porfiriato tardío, se fincó en un intento de reproducir a escala estatal el modelo político y económico propuesto por el general Porfirio Díaz a nivel nacional. Las pretensiones de llevar al país hacia la "modernización" y de tratar de "elevarlo a la altura de las grandes civilizaciones contemporáneas" por vía de la paz, el progreso y la inversión extranjera fueron emuladas por el general Mercado con sorprendente eficiencia.

Como es bien sabido, durante los años del auge porfiriano se dieron grandes facilidades para la incorporación de capitales foráneos en diversas regiones del país, sobre todo en la industria minera, la textil, la agropecuaria, la de transformación y en los servicios. Compañías inglesas, estadounidenses, francesas, alemanas, belgas, españolas y danesas invirtieron en puertos y puntos de contacto internacional para facilitar la integración de la producción mexicana con

---

[48] William C. Townsend, *Lázaro Cárdenas. Demócrata mexicano*, Grijalbo, México, 1954, pp. 9-10.

el mercado mundial. Se comunicaron por vía férrea la mayoría de las ciudades importantes del interior, se promovieron los procesos de explotación de los recursos del subsuelo, los forestales, y se fortalecieron los vínculos comerciales. Junto con ello se le dio particular importancia al fomento de las agroindustrias, la exportación de carne, granos y azúcar. Se instaló y se promovió el consumo de la energía producida por la incipiente industria eléctrica y desde luego se apuntaló el desarrollo de una base financiera y de bancos en las principales capitales del país.

Para lograr esto fue necesario crear estructuras de administración estatales semejantes a la propia configuración del gobierno nacional, y a nivel regional se les otorgó el control político y económico a las autoridades afines al proyecto porfiriano o a los caciques y hombres fuertes locales que congeniaban con el mismo. De esta manera las ciudades y los pueblos, los campos y los caminos fueron administrados en primera instancia por representantes del mismísimo don Porfirio, quien delegaba dicha gerencia a los gobernadores fieles e incondicionales. Éstos, a su vez, eran apoyados por caciques locales cuyas alianzas, por lo general, oscilaban entre los intereses económicos de los grandes terratenientes, dueños de minas o agroindustrias y los apuntalamientos políticos de autoridades y administraciones regionales. La cadena de mando político y económico podía así establecer un vínculo directo entre la dimensión regional y el poder nacional. Aunque es cierto que no siempre aquel vínculo garantizara eficencia en la implantación de la horma, ni tampoco se lograra sin resistencias o represiones.[49]

En Michoacán, siguiendo de manera cercana aquel modelo, el gobernador y general Aristeo Mercado fue un operador bastante incon-

---

[49] Romana Falcón y Raymond Buve (comps.), *Don Porfirio presidente… nunca omnipotente: hallazgos, reflexiones y debates. 1876-1911*, Universidad Iberoamericana, México, 1998.

dicional del dominio central de don Porfirio. Y los poderes regionales, es decir, los terratenientes, los caciques y hombres fuertes de cada región apuntalaron a don Aristeo en la medida en que éste les permitió ejercer su poderío local a cambio de su alianza política. No fue raro que el hombre fuerte, el cacique y el terrateniente fueran la misma persona, así como sucedió en el noroccidente de aquel estado michoacano.[50]

En Jiquilpan y para 1895 el cacique llevaba el mismo nombre que el del dictador mexicano, aunque distinto apellido, se llamaba Porfirio Villaseñor. Sus propiedades territoriales llegaban a sumar unas 2 000 hectáreas, casi todas ubicadas en los alrededores de aquella pequeña ciudad, y su influencia era suficiente como para imponer o destituir a los prefectos, a los jueces o a cualquier otra autoridad municipal. Tenía además, en su casa ubicada en el centro de la población, una de las tiendas mejor surtidas y más importantes de la región. Dicha tienda la había heredado de su padre don Manuel, quien también había sido un hombre bastante poderoso en Jiquilpan desde mediados del siglo XIX. Elisa, la hija de don Porfirio Villaseñor, lo recordaba así: "Mi papá era gritón y tenía su carácter, pero nadie que fuera a pedirle un favor salía desconsolado. A los que sembraban con él nunca les cobró ni encierro, ni desgrane ni intereses de nada".[51]

Esta imagen de cacique benefactor la mantuvo Villaseñor hasta avanzado el siglo XX ya que, al parecer, a quienes tuvo de medieros lo recordaban con cierto aprecio. Aun cuando los trabajadores en el campo vivieron un proceso de pauperización en buena parte de la República durante los años del Porfiriato, la situación en los terrenos de Villaseñor se distanció de esa generalidad. Su nieto, Amadeo Betancourt, evocaba sus dominios de la siguiente manera:

---

[50] Jesús Romero Flores, *Historia de la Revolución en Michoacán*, INEHRM, México, 1964, pp. 63-81.

[51] Guillermo Ramos Arizpe y Salvador Rueda Smithers, *Jiquilpan...*, *op. cit.*, p. 264.

Todos los habitantes de las haciendas tenían vacas, cerdos y bestias que pastaban en los terrenos de mi abuelo, así que los sirvientes llevaban una vida bonita, comían bien, vestían bien y andaban limpios. Daba la impresión de que vivían a gusto porque cantaban en las mañanas y en las noches. Quiero decir que el trabajo que hacían no era agobiador, porque se permitía estar contentos cantando, comiendo buñuelos, asando elotes, hasta la una de la mañana.[52]

Pero justo es decir que las remembranzas de esa arcadia bucólica que parecía evocar las películas mexicanas de los años treinta y cuarenta, al estilo de *Allá en el Rancho Grande* o *Así se quiere en Jalisco*, resultaban poco convincentes. Lo más probable es que hacia finales del siglo XIX la situación en el campo noroccidental michoacano no fuera tan holgada. Los alzadores, los yunteros, los azadoneros y los cortadores de leña no formaban parte de esas loas nostálgicas, y sus recuerdos más bien remitían a la pobreza y a la miseria. En su memoria pervivía lo que llamaban "la dobla" que implicaba, para los sembradores en tierras arrendadas, dar dos anegas de maíz al dueño por cada una que se recogía en sus terrenos. Don Nicolás Díez Madrigal, un vecino jiquilpense humilde nacido en 1890, contaba que "la mantención de nosotros eran frijoles con chile, sal y tortillas, ese era todo el alimento, con eso nos criamos todos los pobres del cerro. Nos pasamos una vida tremenda, triste, nos criamos en una calamidad, en una necesidad".[53]

Y si Porfirio Villaseñor era el cacique, no faltaron otros terratenientes como Rafael Quiroz, Pancho Villaseñor, y la señora Carlota Loza, que se encargaron del arrendamiento de la mayoría de las buenas tierras que rodeaban aquella pequeña ciudad. "Todos los ricos tenían al pobre muy sumergido, por eso el pobre nunca levantaba cosecha,

---

[52] *Ibid.*, p. 266.
[53] *Ibid.*, p. 270.

nomás sacudía el sarape", diría don Teodocio Cervantes Granados, otro memorioso del campo jiquilpense de aquellos años.

El despojo a las comunidades, sobre todo a las que tenían población mayoritariamente indígena, seguía viento en popa, al grado de que muchos se mudaron a las goteras de Jiquilpan a trabajar en lo que fuese necesario, puesto que no se podía susbisitir del campo. Aun así, esta población se mantuvo relativamente independiente con una vida sencilla y acudiendo a la buena voluntad y a una incipiente organización de beneficio mutuo, que pretendía velar por la supervivencia de los menesterosos. Para el cierre del siglo xix los dirigentes de la comunidad indígena de Jiquilpan eran un cartero, un sombrerero y dos albañiles.[54]

Sin embargo, con todo y la polarización creada por la política liberal porfiriana, algunos espacios sociales no tan ligados a las grandes propiedades y al gran comercio lograron beneficiarse. En el ámbito de los servicios, de la compraventa en menor escala y de la muy pequeña industria, aparecieron ciertos recursos que permitieron a los sectores clasemedieros jiquilpenses salir adelante sin tantas premuras económicas. Esto resultaba cierto sobre todo para quienes se acogían a la administración y el aprovechamiento de los beneficios urbanos que trajo consigo la "modernidad" porfiriana.

Como centro de aplicación de justicia local y referencia obligada a la hora de la administración de rentas regionales, y punto de enlace entre las tierras fértiles de la zona suroriental de la ciénega del Lago de Chapala y la ciudad de Guadalajara, pero sobre todo como "bastión del liberalismo" en el mojigato noroccidente michoacano, Jiquilpan vivió en el último lustro del siglo xix un sencillo auge que logró colarse hasta el seno de algunas familias que conformaban los sectores medios ascendentes locales.

---

[54] *Ibid.*, p. 156.

En 1895 uno de esos clanes de clase media pobre jiquilpense fue la familia Cárdenas-Del Río. Los fundadores de este linaje, entre artesanal y comercial, fueron Dámaso Cárdenas Pinedo y Felícitas del Río Amezcua. Para 1893, consolidado su matrimonio un par de años antes, nació Margarita, su primogénita. Don Dámaso venía de una parentela de tejedores y para el tiempo en que contrajo nupcias con la joven Felícitas se había asociado con un miembro de la familia de su madre con el fin de instalar una fábrica de jabón después de haber probado la vida de comerciante. Dicha sociedad duró poco, pues con las ganancias del negocio y cierto aporte de la familia de su mujer, don Dámaso instaló un pequeño establecimiento comercial de abarrotes y semillas, al que añadió una mesa de billar. Ubicado en la calle Nacional, aquel local en el que no eran escasos los licores, los cigarros, y algunos juegos de dados y naipes, "pronto se convirtió en el mejor y más frecuentado lugar donde los hombres hallaban un momento de esparcimiento" y distracción.[55]

A pesar de que Jiquilpan era todavía un pueblo aislado, con algunos patrones culturales muy propios arraigados en giros lingüísticos y costumbres cívico-religiosas, las influencias externas ocasionalmente se recibían gracias a los periodicos y libros que se comentaban en aquel comercio de don Dámaso. El periódico porfiriano *El Imparcial* llegaba una o dos veces por semana, con seis días de retraso.[56] Y aunque la mayoría de la población era analfabeta, no por eso se mantenía ajena al comentario de las noticias, a las que era frecuente añadirles algún cuentecillo o comentario sazonados por la cosecha local.

Si bien el primer negocio de don Dámaso se encontraba cerca del centro del pueblo, cierta tradición orientaba a la familia a los barrios de San Cayetano y La Tijera. Ahí se asentaban los tejedores de sarapes y

---

[55] William C. Townsend, *Lázaro Cárdenas...*, *op. cit.*, p. 14.
[56] Fernando Benítez, *Lázaro Cárdenas y la Revolución mexicana II. El caudillismo*, FCE, México, 1977, p. 15.

rebozos, oficio que había ejercido don Francisco Cárdenas, el padre de Dámaso, quien también apoyaba la economía doméstica como vendedor ambulante, con cultivos y alguno que otro producto de la res que mantenía en un terreno no lejos de las goteras del pueblo. Don Francisco era de Zapotlán, hoy Ciudad Guzmán, ubicada no muy lejos de Jiquilpan en el vecino estado de Jalisco, y se había casado con Rafaela Pinedo que sí era jiquilpense, por lo que decidió establecerse ahí. En sus *Apuntes*, el general Cárdenas recordaría a su abuelo de la siguiente manera:

Dámaso Cárdenas y Felícitas del Río *circa* 1900
(archivo CERMLC).

En el periodo que estuve en la escuela, durante la temporada de lluvias, los sábados y los domingos acompañaba a mi abuelo Francisco Cárdenas Pacheco a su "ecuaro" de dos hectáreas de terreno inclinado, situado en las faldas del cerro de San Francisco, terreno que rentaba sembrándolo de maíz, frijol y calabaza; trabajaba la tierra empleando el azadón, el arado no se utilizaba por lo pedregoso del terreno. En la siempra y la escarda yo tomaba parte con

81

el azadón hasta donde lo permitían mis fuerzas. Le ayudaba también con sus trabajos de rebocería enrollando canillas con hilo en la redira de la mano.[57]

Otro tío de aquel joven, pero por el lado materno, también fue rebocero de aquellos barrios jiquilpenses en cuyas orillas las casas de "chiname y caña" indicaban que se trataba de gente pobre, como contó doña Petra Méndez Abad, vecina de esos rumbos. La actividad de aquellos barrios combinaba la rebocería con el curtido de pieles y la manufactura de indumentaria diversa. En la calle de San Francisco se dejaban sentir "todos los aromas y trasudores de establos, cueros húmedos y cuerno quemado". Después de curtir las pieles, los artesanos hacían huaraches empapados en petróleo "para que rechinaran mejor" y los pudieran vender a buen precio en el mercado, según contaba don Ignacio Núñez Contreras, antaño huarachero de oficio.[58]

Don Dámaso, con la ayuda de algunos libros de medicina que había leído en sus ratos de ocio, recetaba remedios sencillos para la gente pobre que lo iba a consultar de tarde en tarde tras la barra de su establecimiento. Sin embargo, las limitaciones económicas apretaban a tal grado que después de 1908 el negocio se tuvo que cambiar a la casa en donde vivía la familia entera, ya que la renta del local para la tienda-cantina era insufragable. Después de adaptar un par de habitaciones conjuntas que daban a la calle, abrió nuevamente su establecimiento al que llamó "La Reunión de Amigos".

Doña Felícitas también ayudaba con algunos centavos que ganaba a cuenta de la costura de ropa ajena. La mujeres usaban entonces largas faldas con pliegues que llamaban "pastelones o embutidos y mucha blonda", es decir: con una amplia franja de encaje tejido, mismo que doña Felícitas se encargaba de manufacturar y pegar con paciencia.

---

[57] Lázaro Cárdenas, *Obras. I...*, *op. cit.*, vol. I, tercera edición, p. 6.

[58] Guillermo Ramos Arizpe y Salvador Rueda Smithers, *Jiquilpan...*, *op. cit.*, pp. 229-248.

La familia vivió en aquella casa que una tía de doña Felícitas, Ignacia Mora de la Torre, les había legado no lejos del centro de Jiquilpan. En la parte posterior tenía un patio con un pozo al cual acudían los vecinos para recoger el agua con cántaros, jarritos o "apastes". De esa manera la familia Cárdenas-Del Río vivía en constante contacto con los estratos más populares de Jiquilpan: en la cantina-tienda con don Dámaso y en el pozo con doña Felícitas. Así aquella prole no sólo tuvo la experiencia inicial de la pobreza incisiva sino también el trato con sectores sociales que ponían en evidencia la miseria local y que se vinculaba directamente con el mundo indígena. Sin embargo, habría que reconocer que los Cárdenas del Río se identificaban más con los mestizos rancheros que transitaban hacia una relativa modernidad urbana en aquel fin de siglo que con los desposeídos y los marginales.

Don Dámaso se ganó un prestigio particular en Jiquilpan, ya que aun siendo de estirpe liberal, su conocimiento sobre farmacopea y medicina le dio un lugar sólo inferior al del cura de la localidad.[59] Doña Felícitas en cambio provenía de una familia muy católica, que sin duda se alegró cada una de las veces que recibió la noticia del arribo de un nuevo vástago. En total fueron ocho hermanos Cárdenas: Margarita, Angelina, Lázaro, Dámaso, Josefina, Alberto, Francisco y José Raymundo. Aunque vivieron estrecheces a ninguno le faltó comida y todos alcanzaron por lo menos una instrucción primaria.

Lázaro nació el 21 de mayo de 1895 y sus padres, muy acorde con la tradición católica, lo bautizaron como José Lázaro Cárdenas del Río en la parroquia de san Francisco en Jiquilpan.[60] A los pocos días también lo llevaron a un estudio fotográfico para que le hicieran una placa que lo presentaba como un bebé rechoncho, con bastante cabello oscuro y una mirada perspicaz. Llamaba la atención la corpulencia de aquel

---

[59] William C. Townsend, *Lázaro Cárdenas…*, *op. cit.*, p. 11; y Luis González y González, *Michoacán…*, *op. cit.*, p. 10.

[60] Cuauhtémoc Cárdenas, *Cárdenas por Cárdenas*, Debate, México, 2016, p. 27.

infante que sin duda contrastaba con la constitución raquítica de otros recién nacidos en la región, víctimas de la mala alimentación y la miseria.

Ser el primer hijo varón de aquella familia jiquilpense determinó que Lázaro tuviese un destino particular. Llegado el tiempo asumiría las responsabilidades de ser cabeza de familia, por lo que desde muy pequeño pareció ser el centro de las preocupaciones de su padre como de su madre y sus hermanas. Sus biógrafos se han encargado de recrearle una infancia llena de justeza y responsabilidad, poco probable en un joven que se crió entre los amigos y parroquianos del establecimiento de don Dámaso y las correrías por los barrios y las afueras de Jiquilpan, en los potreros y ranchos de los terratenientes locales y sin duda en las vastas propiedades de la hacienda de Guaracha. Con seguridad fue también en esas correrías cuando aquel joven estableció su contacto con indígenas locales que tenían más antecedentes de nahuas que de purépechas. Su tía y madrina Ángela, la hermana menor de su padre, una señora muda y amorosa, particularmente sensible a los reclamos indígenas de la región, también tuvo una especial influencia en la impresión que Lázaro tuvo durante estos primeros años con relación a la pobreza del lugar. A pesar de eso, el joven vivió su infancia arropado por los beneficios que los sectores medios jiquilpenses recibieron en pleno auge porfiriano.

Aun cuando la figura paterna de don Dámaso aparecía un tanto distante del niño Lázaro, una autoridad relativamente respetuosa, muy al estilo de las jerarquías familiares provincianas, emergía de su evocación. Si se parte de la imagen que se puede entrever en los recuerdos del General, esa distancia se debía a un carácter recio y firme, que se combinaba con cierta racionalidad y justeza, pero que tambien podría rayar en el arrebato o la confrontación violenta.

En 1900, cuando Lázaro apenas había cumplido los cinco años, se produjo un incidente en las afueras de Jiquilpan en el que don Dámaso se vio involucrado y que ejemplifica los extremos a los que podía llegar su volátil carácter. Entre el 16 y 18 de mayo se inició la averiguación previa por una queja que el señor Román Grimaldo de

50 años de edad presentó en el juzgado de Jiquilpan. Según Grimaldo, Dámaso se había presentado el día 10 en su rancho en el cerro de San Francisco para reclamarle "pistola en mano" por una cerca de 60 brasadas que el quejoso debía haberle construido puesto que ya se la habían pagado. Por medio de insultos que consistieron en decirle a Grimaldo que era "un cabrón, hijo de la chingada ladrón, y que ojalá tuviera una hija para burlarme de ella", Dámaso estuvo a punto de soltarle un plomazo, si no es que un vecino, Dionisio Arredondo, no aparece presto para ir por su fusil y enfrentar al enfurecido reclamante. La versión de Dámaso en aquel incidente fue otra. Cierto que había ido a reclamarle su deuda a Grimaldo, pero éste le había dicho:

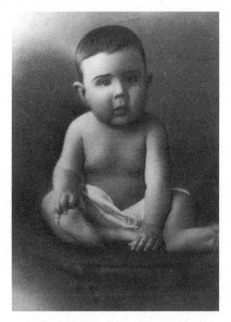

Lázaro Cárdenas del Río, nacido el 21 de mayo de 1895
(archivo CERMLC).

—No le pago una chingada.

A lo que Dámaso le dijo:

—Bueno, entonces, regáleme tantita agua.

—Que se la regale su chingada madre —contestó Grimaldo.

85

Aquello hizo rabiar a Dámaso, por lo que continuó la trifulca, que según otro testigo compadre de Dámaso, Adrián Miranda, no llegó a mayores. El 19 de mayo el juez de Jiquilpan declaró auto de formal prisión a Dámaso Cárdenas por el delito de injuria y agresión armada. El 25 de mayo el prisionero se inconformó apelando contra dicha sentencia y para el 29 ya había salido de la cárcel.[61]

Desde luego que este asunto no aparece en los *Apuntes* de Lázaro Cárdenas, pero sin duda muestran el temperamento arrebatado y geniudo de su padre, mismo que contrasta con la parsimonia y control que acompañaron la imagen de su primer vástago a lo largo de toda su vida.

Como ya se ha mencionado, a la vuelta del siglo Jiquilpan contaba con dos escuelas oficiales: una de niños y otra de niñas. Sin embargo, el joven Lázaro Cardenas del Río asistió a sus primeros estudios en la escuela privada de Mercedita Vargas. Pero a los ocho años, tal vez por las carencias económicas, sus padres lo inscribieron en la escuela oficial y ahí, junto con otros 150 niños, fue alumno del profesor Hilario de Jesús Fajardo. Según el propio Cárdenas y varios de sus biógrafos, este profesor influyó de manera determinante en su ánimo por ser "trabajador, serio y de gran talento". Con él los jóvenes solían llevar a cabo constantes paseos por las afueras de Jiquilpan reconociendo algunos procesos naturales *in situ*. Tal vez ese fue el origen de la gran afición de Cárdenas por la reforestación y particularmente por la protección a los árboles y los bosques. Igualmente su respeto profundo por la naturaleza quizás le viniera de esas enseñanzas primerizas del profesor Fajardo. Sin duda, desde muy joven fueron también sus propias deambulaciones por los alrededores de Jiquilpan y su mundo campirano y abierto que despertaron esa afición. En algún momento en sus *Apuntes* recordó que "teníamos una vaca de color bermejo y blanco que yo llevaba por

---

[61] Archivo Judicial del estado de Michoacán, penal, distrito Jiquilpan, exp. s/n 1900. Pude revisar este expediente gracias a la generosidad de mi querido amigo Álvaro Ochoa Serrano.

las mañanas, después de ordeñarse, al potrero de La Cruz y por la tarde la recogía alojándola en el pequeño corral pesebre de la propia casa".[62]

Según las mismas memorias del General, aquel profesor Fajardo era "cariñoso y enérgico cuando así lo merecíamos. Los sábados por la tarde nos llevaba a la alameda donde jugábamos pelota o jinetéabamos becerros. Al reunirnos al pie del centenario salate que existió en la propia alameda hacía citas de la gran admiración que guardaba por el señor Morelos y el señor Juárez".[63] Tal vez influido por la pátina del patriotismo posrevolucionario, el recuerdo de dicha enseñanza liberal decidió colocar a ese joven, que rápidamente se aficionaba a las excursiones, entre próceres y héroes, a la merced de un disfrute particular de los recorridos por los alrededores de su pueblo natal. En esas grandes extensiones pertenecientes a la hacienda de Guaracha y a los ranchos circundantes quedaba claro que el modelo económico liberal y su propuesta de igualdad de oportunidades para todos, poco se había aplicado durante aquellos años de fin de siglo. La abundancia que aparecía en la naturaleza, tanto en cultivos como en potreros y pastizales, contrastaba con la miseria de sus chozas y jacales que salpicaban el paisaje con sus manchas de indigencia y penuria.

Muchos testimonios coinciden en que el joven Lázaro fue un niño relativamente aislado y silencioso. Su distracción favorita parecía ser platicar con algunos viejos del pueblo que hasta el día de hoy conservan una enorme riqueza de relatos orales. Entre esos relatos destacan los que cuentan acontecimientos sobrenaturales, de brujas y muertos, o historias locales, cotidianidades y chismes populares. En los registros de los acontecimientos que rompían la pesada y monótona vida diaria, se podrían encontrar los antecedentes de la voluntad del propio Cárdenas por llevar un diario desde su adolescencia. Desde luego el

---

[62] Lázaro Cárdenas, *Obra. I…*, *op. cit.*, vol. I, tercera edición, p. 8.

[63] Cristina Barros y Marco Buenrostro, *Lázaro Cárdenas. Conciencia viva de México. Iconografía*, Instituto Politécnico Nacional/Ferrocarriles Nacionales/Siderúrgica Lázaro Cárdenas Las Truchas/Comisión Federal de Electricidad, México, 1997, p. 14.

espíritu reflexivo y el afán por escribir lo vivido y pensado contribuyeron a ello. Pero en todo caso, con registro o sin él, las amistades de aquel joven parecían orientarse hacia los hombres y las mujeres mayores dispuestas a compartir sus historias y experiencias.

Uno de sus narradores favoritos era el viejo sastre del pueblo, Esteban Arteaga, que le contaba sobre las obstinadas campañas contra los franceses, originándose así, según uno de sus primeros biógrafos, el estadounidense William C. Townsend, "el futuro militar con una tenacidad infalible que algunos han llamado testarudez".[64] Quizá también en tales relatos de claro raigambre liberal, con su fuerte carga pedagógica positivista y ejemplarizante, se encontró el germen de su particular inclinación hacia la solemnidad y el cultivo de la "historia de bronce". Años después el General debió justificar esa seriedad recordando: "Conocí obras de Victor Hugo, de Juan A. Mateos y poesías de Antonio Plaza, que eran las preferidas de mi padre. No faltó la colección de Salgari que compré a un comerciante ambulante. Escasos libros había a nuestro alcance".[65] Y en efecto, difícilmente se podrían endilgarle los adjetivos de erudito y letrado. Sin embargo, la combinación de serenidad y perspicacia, es decir, la complementaridad de una inteligencia natural y un pragmatismo sencillo las empezó a cultivar desde muy joven.

A los 10 años Lázaro comenzó a practicar de manera solitaria ciertos ejercicios marciales, justo cuando por instancias del general Bernardo Reyes, director de la Escuela Militar Nacional en 1905, se organizaron las milicias de jóvenes en compañías de reserva. Al parecer aquel muchacho precoz se aprendió de memoria el manual de tácticas militares, mismo que apuntaló sus primeros conocimientos de patriotismo liberal y sirvió de base a la hora de emprender su adolescencia rebelde.

De vez en cuando solía irse de pinta con algunos amigos a la alameda o a las afueras de Jiquilpan a jinetear becerros o a merodear por

---

[64] William C. Townsend, *Lázaro Cárdenas…, op. cit.*, p. 14.

[65] Luis Suárez, *Cárdenas: retrato inédito. Testimonios de Amalia Solórzano de Cárdenas y nuevos documentos*, Grijalbo, México, 1986, p. 23.

el campo, tal vez con una intención oculta de mostrar cierta firmeza de carácter o, si se quiere, no tanta docilidad frente a la rigidez escolar. Su padre solía reprenderlo cuando se enteraba de esas ausencias, con la costumbre correctiva provinciana de soltar varazos a diestra y siniestra con una rama de membrillo. El famoso "Pancho Membrillo" le marcó la espalda y los brazos en más de una ocasión, y también tuvo su protagonismo con su amigo Francisco Hernández, quien corrió cierta vez de la amenaza gritándole al enfurecido progenitor de Lázaro: "Estése, don Dámaso, yo no ero su hijo".[66]

Esta rebeldía se manifestó con cierta orientación anticlerical en algún momento cuando contaba con 11 años de edad. La anécdota que dio pie a tal conciencia sucedió después de un desaguisado con un compañero de juego. El joven Lázaro fue castigado y recluido bajo la supervisión de un cura.[67] Al parecer, el evento afectó su disponibilidad con los fanáticos devotos de la Iglesia católica, muy a pesar de que su madre, doña Felícitas, fuera una "devota sincera", como él mismo reconocería en sus memorias.

Esta experiencia fue narrada por el propio Cárdenas mucho tiempo después:

Por el año de 1906 se avecindó en Jiquilpan, procedente de Tingüindín, don Refugio Pardo. Atendía un comercio y sastrería. Mi padre le bautizó a uno de sus hijos. Con el mayor de sus hijos, llamado Alberto, tuve amistad. Él un tanto bromista, se las daba de valiente. Una mañana que salimos de la escuela encontramos a un grupo de alumnos en el atrio, jugaban aventándose agua de una de las pilas. Al pasar con Alberto uno del grupo le dirigió una ligera broma y Alberto le pegó fuerte haciéndolo caer en el suelo. Le llamé la atención a Alberto por no merecer su agresión el muchacho que le dirigió la broma.

[66] Lázaro Cárdenas, *Obras. I...*, *op. cit.*, vol. I, tercera edición, p. 17; también citado en Cuauhtémoc Cárdenas, *Cárdenas...*, *op. cit.*, p. 29.

[67] Jesús Romero Flores, *Lázaro Cárdenas (Biografía de un gran mexicano)*, IPN, México, 1996, p. 16.

Se violentó Alberto y cogió una piedra y me la tiró. Yo tomé un ladrillo y con él le dí un golpe en la cabeza, sangrándolo. De ahí corrió a aquejarse con don Refugio, quien avisó a mi padre en momentos en que yo llegaba a la casa. Me castigó con energía; intervino mi madre y me llevó ese mismo día a internarme a "la casa de los ejercicios", ejercicios que anualmente verificaba el señor cura del lugar en la casa que le proporcionaban los vecinos.

Al día siguiente de haber ingresado a la "casa de los ejercicios", el señor cura de nombre Luis G. García, me llamó al confesionario. Al acercarme a él me hizo una serie de preguntas con frases que yo tenía el concepto de que los sacerdotes no usaban y que llamaban "malas palabras". Al escuchar lo que sólo había oído entre gente que peleaba o en estado de ebriedad, me retiré sin hacer caso de su llamado. Me dirigí violentamente a la puerta y salí encaminándome a mi casa.[68]

El asunto resulta bastante revelador si se toma en cuenta que en aquellos tiempos por cada liberal había por lo menos cuatro conservadores clericales en el occidente mexicano.[69] Esa rebeldía interna parecía gestarse en el ánimo del joven que no congeniaba con la mojigatería y el clericalismo impositivo, mucho menos con la hipocresía y el desacato en el lenguaje de quienes debían predicar con el ejemplo. De ahí también podría entenderse cierta condición reservada del joven Cárdenas, indispuesto como estaba hacia las tendencias religiosas y las prédicas moralistas de la mayoría de la gente que lo rodeaba.

Tal parecía que el ánimo liberal de su padre con todo y sus arranques y los relatos cívicos de sus amigos mayores fueron mucho más atractivos que los olores a santidad. Más que el mundo de los beatos y de las enseñanzas católicas, la memoria del joven Cárdenas solía remitirse a momentos de otra índole, un tanto más cercanos a las andanzas libres, a los festejos y a las novedades que marcarían su primera

[68] Lázaro Cárdenas, *Obras. I...*, *op. cit.*, vol. I, tercera edición, p. 7.
[69] Jean Meyer, "Estado y sociedad con Calles", en *Historia de la Revolución Mexicana. Periodo 1924-1928*, vol. 11, El Colegio de México, México, 1977, p. 211.

infancia. En sus memorias iniciales contó de una manera puntual la fiesta que significó el regreso de su padre a Jiquilpan después de una operación de un ojo que le practicaran en la Ciudad de México:

> Volvió a Jiquilpan y nos trajo como regalo un pequeño fonógrafo de bocina. La tarde de ese mismo día se tocaron los discos, escuchando el primero "El cuarto poder". Fue una fiesta toda la tarde y parte de la noche con la reunión de amistades y familiares que tomaron parte en el festejo, por el regreso de mi padre.[70]

Resulta interesante que en la memoria del General ese festejo fuera acompañado por una marcha militar grabada en un disco. Una marcha que además fue compuesta por Velino M. Preza dedicada a la prensa mexicana hacia 1907, y que desde luego remitía a los desfiles y a los eventos cívicos que los políticos liberales tanto valoraban durante el Porfiriato tardío.[71]

Aun así, Lázaro no dejó de ser ajeno a cierta tendencia piadosa y tolerante inculcada desde muy joven a través del catolicismo conservador de doña Felícitas y de sus congéneres asiduas a misas y rosarios. Ese catolicismo también se lo intentó infundir la cuñada del cacique jiquilpense, doña María Betancourt de Villaseñor, quien todos los sábados, durante una temporada de cuatro meses, le hizo copiar sentencias de un libro de oraciones que, más que un encargo de caligrafía, era "por ver si con ello me inculcaba apego a la Iglesia".[72]

Habiendo concluido el cuarto año de instrucción primaria, las cada vez mayores estrecheces económicas de la familia obligaron al joven Lázaro a encontrar un empleo para contribuir a la manutención doméstica. Después de su operación ocular, don Dámaso jamás

---

[70] Lázaro Cárdenas, *Obras. I…*, *op. cit.*, vol. I, tercera edición, p. 8.

[71] Juan S. Garrido, *Historia de la música popular mexicana*, Extemporáneos, México, 1974, p. 29.

[72] Lázaro Cárdenas, *Obras. I…*, *op. cit.*, vol. I, tercera edición, p. 14.

se recuperó del todo y con el tiempo tuvo que dejar de atender su comercio. La situación de los Cárdenas empeoraba día con día.

Lázaro a los 13 años: tenedor de libros
(archivo CERMLC).

Donaciano Carreón, amigo de su padre y recaudador de rentas, empleó desde 1908 a Lázaro como tenedor de libros en la Oficina de la Receptoría y en la Municipalidad. Después fue archivista y tal vez el más joven alcaide de la cárcel de toda la región jiquilpense. Su letra limpia y atildada, así como su carácter serio y responsable fueron sus mejores cartas de presentación. No se trataba de un trabajo holgado y tranquilo. Todo parece indicar que más bien se le habían dado aquellos empleos para cubrir una pesada carga burocrática que Jiquilpan debía administrar con pocos recursos. En la receptoría se recaudaban los impuestos de los municipios de Sahuayo, Cojumatlán, Briseñas, San Pedro Caro, La Palma, Guarachita, San Ángel, Tingüindín, Tocumbo, Cotija, San José de Gracia, Pajacuarán, Chavinda y del propio Jiquil-pan, por lo que sus empleados y agentes rara vez tenían tiempo para hacer otra cosa más que estar reclinados sobre los libros anotando los registros administrativos.

Buena parte del trabajo que empezó a realizar Lázaro desde los 13 años consistía en pasar en limpio cuentas y recibos. Sin mucha experiencia, pero eso sí con muy buena letra, extendía copias y oficios, levantaba actas, anotaba ingresos y egresos, archivaba expedientes y, de paso, se mantenía al tanto de las acciones dañinas que algunos malhechores habían perpetrado y que ameritaban que ingresaran a la cárcel municipal. Según su propio recuerdo, el exceso de responsabilidades y tal vez cierto descuido lo involucraron en un incidente de cobros indebidos a los pocos meses de haber ingresado a la Oficina de la Receptoría. Esto ameritó que lo detuvieran y le notificaran a su familia. Don Dámaso y doña Felícitas recibieron la noticia con justificada preocupación, aunque su amistad con el recaudador de rentas no les permitió hacer demasiado hincapié en la presunta inocencia o en la mal probada culpabilidad de su hijo. La injusta detención de Lázaro quedó evidenciada tras las averiguaciones pertinentes. El daño estaba hecho, sin embargo, y en el ánimo del joven quedó plasmada la sensación de impotencia frente a la arbitrariedad y la injusticia de las instancias oficiales. Esto sin duda atizó la todavía tenue llama de rebeldía que ya se había manifestado en su carácter serio y ensimismado hacia las autoridades eclesiásticas.

La exoneración fue seguida de algunas disculpas, pero la duda que había quedado en sus padres dejó una honda huella en la memoria del joven. Varios lustros después, Cárdenas recordaría el final del incidente de la siguiente manera:

Crucé el pasillo y vi salir de la sala a mi padre y, cuando esperaba me hiciera alguna pregunta, se abrazó a mi cuello y permaneció así largo rato; no logré oír lo que expresaba quedamente, haciendo pausa por la emoción [...] Llegó mi madre, lloró; me llevó a la recámara, me dio ropa limpia y de allí a la mesa de la cocina. Mis hermanas Margarita y Angelina se nos reunieron haciéndome preguntas que les contesté bromeando, tratando de alejar la tristeza del momento.[73]

Al día siguiente don Dámaso le ordenó a su hijo mayor que no volviera a la Oficina de Rentas. Ya le encontraría otro trabajo. Su tía Ángela incluso le mencionó que le pedirían ayuda al maestro de Tingüindín, Francisco Múgica Pérez, para que lo recomendaran y aceptaran su ingreso a un colegio de Zamora o de Morelia. Múgica Pérez era el padre de quien sería uno de los mentores y compañeros más cercanos del propio Cárdenas muchos años después, el general Francisco J. Múgica. Sin embargo en ese entonces aquel nombre sólo era una referencia lejana para los Cárdenas de Jiquilpan quienes, de cualquier manera, se lograban enterar de quién era quién en el nororiente del estado michoacano.

La familia Múgica de Tingüindín, Michocán: Francisco J. de pie a la derecha (archivo CERMLC).

---

[73] Lázaro Cárdenas, *Obras. I…*, *op. cit.*, p. 12; y Ángel Gutiérrez, *Lázaro Cárdenas (1895-1970)*, Universidad Michoacana de San Nicolás de Hidalgo, México, 1998, p. 10.

Poco tiempo después don Dámaso contrajo una severa pulmonía que le impidió reabrir su comercio. Lázaro volvió a la prefectura y amplió sus horarios en el trabajo de la Municipalidad. También decidió buscarse otras actividades que le ayudaran a paliar la falta de dinero que afectaba severamente a su familia. Gracias a la suma de tantas responsabilidades en la administración pública, Lázaro empezó a ganar 33 pesos mensuales, lo que para el momento era un motivo de orgullo. Aun así era muy poco para mantener a una familia de casi 10 integrantes.[74] A pesar de que doña Felícitas lavaba y cosía ajeno, y sus hermanas le ayudaban con frecuencia, los demás miembros del clan eran muy pequeños e iban a la escuela, o de plano no podían generar ingresos.

Por esa razón Lázaro buscó más trabajo remunerado. Esto lo llevó a la imprenta "La Económica" que el señor Donaciano Carreón instaló en Jiquilpan para surtir a la municipalidad y a la población local de papelería, tarjetería y alguna que otra hoja de noticias impresas con caracteres elegantes y sencillos.[75] A la imprenta llegaban una buena cantidad de libros que sirvieron para apuntalar las influencias liberales que el mismo don Donaciano promovió en el joven pensamiento de Cárdenas. Con un estilo protector y un tanto patriarcal, el viejo impresor y sus colaboradores arroparon al adolescente enseñándole el uso de los tipos y las fuentes, la formación de cajas y el movimiento mismo de la imprenta, en medio del olor a grasa, plomo fundido y tinta.

Para ese momento ya corrían los últimos años de la primera década del siglo XX. A pesar de que el régimen de Porfirio Díaz parecía estar consolidado, ciertos vientos de cambio empezaron a soplar en el ánimo nacional. En los primeros meses de 1908 el rumor de que el general Díaz no se reeligiría en 1910 llegó a Jiquilpan. Por lo menos

---

[74] William C. Townsend, *Lázaro Cárdenas…, op. cit.*, p. 16. Otros testimonios plantean que ganaba poco menos de la mitad: 15 pesos mensuales. Véase Luis Suárez, *Cárdenas…, op. cit.*, p. 25.

[75] Algunos autores afirman que la imprenta se llamaba La Popular. Véase William C. Townsend, *Lázaro Cárdenas…, op. cit.*, p. 16.

eso es lo que el viejo dictador dijo al periodista James Creelman de la *Pearson's Magazine* y que se publicó en una entrevista que en marzo circuló *El Imparcial* por todo el territorio mexicano.[76] Como en otras partes del país, esa hablilla generó suspicacias y polémicas que para algunos resultaban un tanto ociosas, ya que pronto se vio que don Porfirio tenía pocas intenciones de dejar el poder. Para otros, sin embargo, aquella fue una señal para iniciar un movimiento que permitiera la llegada de hombres de otra generación y otras ideas al poder. En el norte y en el centro del país cierto revuelo político y una incipiente organización empezó a generar suspicacias en la gerontocracia porfiriana, que tenía a sus principales representantes en quienes se identificaban como "los científicos". Pero, al parecer, el desasosiego se quedó entre las élites intelectuales y entre los políticos.

Lo que realmente agitaría las "buenas conciencias" de la sociedad jiquilpense fue la organización de las fiestas del centenario de la Independencia que se celebrarían en 1910. Como en muchos otros lugares de México, las autoridades municipales de Jiquilpan recibieron apoyos extraordinarios para reacondicionar el equipo urbano y embellecer calles, parques y edificios públicos. Pero en la medida en que llegaba el año de celebraciones, el movimiento de oposición al gobierno de don Porfirio se fortaleció en en el norte y el centro del país, bajo la figura de un partido antirreeleccionista que pronto señalaría al empresario y terrateniente coahuilense Francisco I. Madero como su representante más destacado.

Las desavenencias entre el naciente antirreleccionismo y el régimen porfiriano se manifestaron con algo de discreción y por debajo del agua en el Jiquilpan de entonces. Cierta decepción en las lides políticas se hizo visible dado el fracaso de la posible alternancia en

---

[76] José María Luján (pról.), *Entrevista Díaz-Creelman* (trad. Mario Julio de Campo), Cuadernos del Instituto de Historia, serie documental núm. 2, UNAM, 1963; y Ricardo Pérez Montfort, "La entrevista Díaz-Creelman. Notas sobre el año crítico de 1908", en *XXX Jornadas de Historia de Occidente. México: dos siglos de revoluciones*, Centro de Estudios de la Revolución Mexicana Lázaro Cárdenas A. C., México, 2009.

el poder nacional propuesta por los partidarios del general Bernardo Reyes en 1908. Don Bernardo había declinado su candidatura a la presidencia de la República que, por cierto, se fortaleció mucho en Guadalajara y en buena parte del occidente mexicano, y no quiso ir en contra de la voluntad del sempiterno presidente Díaz. Reyes sólo había caldeado los ánimos de muchos de sus partidarios para después dejarlos colgados de la brocha, dada su actitud pusilánime y acomodaticia.

Sin embargo, a finales de 1909 y a lo largo de 1910, muy a pesar del optimismo que parecía rondar la organización de las fiestas del centenario, la escasez de maíz, los estragos de una crisis económica que había iniciado en 1906 y no parecía ceder, pero sobre todo la falta de movilidad dentro del aparato político, hicieron crecer las adhesiones al emergente movimiento de Madero, tanto a nivel nacional como por los rumbos jiquilpenses. Los antiguos reyistas decepcionados se incorporaron al movimiento maderista y la oposición empezó a propagarse por buena parte del país y con particular denuedo en esa región occidental, donde la mayoría de las ciudades contaba con sus clubes de apoyo al maderismo. Los partidarios de Porfirio Díaz no tardaron en impulsar una reacción reeleccionista, con lo cual las tensiones se incrementaron a encenderse. Por buena parte del territorio mexicano marchó el proselitismo antirreelecionista dejando una sensible huella a su paso, por lo que la propia figura de Madero ganó una enorme popularidad. En las grandes ciudades, los puertos y las capitales de los estados, pero también en las pequeñas localidades, los pueblos y en no pocos villorrios, se supo de la movilización maderista y sus simpatizantes se organizaron en clubes y asociaciones. Jiquilpan no fue una excepción.

El Club Antirreeleccionista Jiquilpense se fundó en el año de 1910 con el médico Gustavo Maciel a la cabeza del movimiento, seguido por otros miembros de los sectores medios locales como Francisco Tinajero, Ignacio Romero, Estanislao Betancourt y algunos más. El reeleccionismo porfiriano por su parte fue enarbolado por el Club Melchor Ocampo, capitaneado por el poderoso agricultor y terrateniente Rafael Quiroz y el prefecto Jesús Gutiérrez.[77]

El pequeño club antirreelecionista fue ignorado por las autoridades locales desde sus inicios. Los mandamases oficiales y locales se preocuparon más por blanquear la portada de todas las casas y decorar las plazas públicas. En Jiquilpan se colocaron cuatro esculturas en los ángulos del jardín central que representaban las cuatro estaciones del año, con el propósito de rendir digno homenaje a las fiestas del centenario. No evitaron, sin embargo, que en noviembre de 1910, en fecha coincidente con la insurrección proclamada por el maderista Plan de San Luis, aparecieran en aquellas blancas paredes jiquilpenses las consignas pintarrajeadas de "¡Viva Madero! ¡Muera la tiranía!"

No parece haber indicios claros de que el joven Cárdenas se vinculara directamente con estos primeros brotes antirreeleccionistas. Lo más probable es que la enfermedad de su padre y la responsabilidad familiar que pesaba sobre sus horas de trabajo no le dejaran demasiado tiempo para asistir a las reuniones clandestinas o servir de agitador de una causa que todavía no parecía bien formada. Sin embargo, para finales de noviembre de ese año el dueño de la imprenta "La Económica", don Donaciano Carreón, decidió incorporarse a las luchas maderistas, traspasando a manos de Lázaro y algunos jóvenes ayudantes el equipo y la prensa de su propiedad. Con sus colaboradores Salvador Romero, Martín Nava, José Refugio Argueta, Jesús Castañeda y Agustín Carreón, el joven de 15 años Lázaro Cárdenas del Río formó una cooperativa que mantendría funcionando aquel taller de imprenta. Reubicados en la calle San Francisco, los nuevos dueños se reunían para hacer algunos trabajos encargados por la administración pública y pasar el rato divirtiéndose sin dejar de comentar y discutir los acontecimientos que, como impetuosa cascada, se precipitarían sobre la región.

---

[77] Álvaro Ochoa Serrano, *Jiquilpan…*, *op. cit.*, p. 208.

El mismo Cárdenas rememoraba que el trabajo en la imprenta lo acercó más a la bohemia que a la política. Años después recordaría que durante esos días "después de las seis de la tarde me acompañaban amigos. En tanto yo imprimía trabajos en la prensa, ellos cantaban canciones, pulsando la guitarra".[78]

El aislamiento parecía proteger a los jiquilpenses de lo que sucedía en el resto de la República, pero con el tiempo el conflicto nacional inundó los caminos que unían la cabecera municipal con las vecinas Sahuayo y Zamora y las capitales Guadalajara y Morelia. La insurrección maderista proclamada en el Plan de San Luis con fecha del 20 de noviembre de 1910, abanderando su desconocimiento al régimen porfiriano y sus propuestas de sufragio efectivo y no reelección, creció lentamente agitando pueblos, campos y ciudades hasta llegar a las regiones más aisladas y desprotegidas del país.

El apoyo que recibía aquella incitación a la rebelión no sólo se debía a sus planteamientos políticos sino a que el mismo Madero atraía a la gente gracias a propuestas como la restitución de tierras. Hacia los primeros aguaceros de mayo de 1911, las consignas agraristas del Plan de San Luis sirvieron de bandera para un levantamiento local michoacano encabezado por un ranchero "venido a menos" de nombre Salvador Escalante en la lejana Santa Clara del Cobre. Secundado por otros líderes campesinos el movimiento reclamó la devolución de tierras a las comunidades despojadas por el crecimiento desbocado de las haciendas. En dicho reclamo se incluyeron las tierras vecinas de Jiquilpan que también habían sido despojadas por la hacienda de Guaracha.[79] Esa efervescencia popular produjo un severo estado de ingobernabilidad en toda la región.

El régimen de Díaz se tambaleaba y profundas grietas abrieron sus cimientos. La incipiente guerra en el norte culminó con los tratados

---

[78] Lázaro Cárdenas, *Obras. I...*, *op. cit.*, vol. I, tercera edición, p. 13.
[79] Álvaro Ochoa Serrano, *Jiquilpan...*, *op. cit.*, p. 222.

de Ciudad Juárez, en los que se acordó la renuncia del general Porfirio y el establecimiento de un régimen interino. La inestabilidad se extendió en buena parte del país al no existir acuerdos claros sobre cómo pacificar a la nación por parte del gobierno provisional que encabezó Francisco León de la Barra. Más que encontrar soluciones, dicho interinato generó toda clase de complicaciones y desencuentros después de la lucha armada maderista.

Los tratados de Ciudad Juárez parecieron darle el triunfo a Francisco I. Madero, pero el gobierno delabarrista se convirtió en una gran piedra en el camino revolucionario al no responder con presteza a las espectativas generadas durante la movilización. Al igual que en muchas otras partes de la República, los seguidores de Madero en el noroccidente michoacano esperaban una pronta solución a sus demandas y lo que recibieron fue un freno en seco que no estuvo exento de prisioneros y fusilamientos.

El joven comisionado para la paz maderista en Michoacán era nada menos que Francisco J. Múgica, originario de Tingüindín y exseminarista apasionado de las premisas democratizantes que enarbolaba el movimiento que logró terminar con el dictador. Para entonces, Múgica era figura relevante en las lides revolucionarias locales, aunque es justo decir que tampoco logró tranquilizar los ánimos por los rumbos de Zamora y Jiquilpan. Él mismo vio cómo rebeldes y fuerzas regulares se enfrascaban en un constante batallar.

Como ya se mencionó, el apellido Múgica y su prestigio no eran desconocidos por los Cárdenas y bien se sabía que Francisco y su hermano Carlos formaron parte del movimiento que conspiró contra el dictador Porfirio Díaz desde 1909.[80] Al iniciarse el movimiento maderista, Francisco se había trasladado a San Antonio, Texas, a recibir instrucciones de la junta revolucionaria y Carlos se encontraba preso en la Ciudad de México debido a sus actividades proselitistas. Una vez

---

[80] Luis Suárez, *op. cit.*, p. 25.

triunfante, el maderismo sacó a Carlos de la cárcel y puso a Francisco al frente de los trabajos de pacificación en el estado michoacano. Sin embargo, los ánimos estaban fuera de cauce y múltiples conflictos locales enturbiaron la posibilidad de cerrar acuerdos tanto locales como nacionales.[81]

La situación en el terruño jiquilpense y en general en el oriente michoacano durante mayo de 1911 no era muy distinta a la del resto del país y las confrontaciones se econtraban a la orden del día. Terratenientes, representantes del clero y autoridades porfirianas afectadas se escudaban tras las fuerzas de seguridad pública, y la policía rural se empeñaba en batir a los rancheros y campesinos que con el tiempo se armaron como *zapatistas*. En gran medida lo eran porque se identificaban con los rebeldes encabezados por Emiliano Zapata, quienes enarbolaban cambios en las representaciones políticas pero, sobre todo, demandaban la restitución de sus tierras arrebatadas por las haciendas.[82]

Algunos aspectos de esta agitación debieron impactar a Lázaro Cardenas puesto que el 12 de mayo de 1910 el joven inició la escritura de un diario que sería el punto de partida de sus famosos *Apuntes*. Relevantes algunas, inocuas otras y unas más redactadas en una especie de clave comprensible sólo para él, estas notas se convertirían en referencias invaluables sobre su quehacer político y personal. En ese cuaderno inical se encuentran las multicitadas líneas que a los 16 años Lázaro Cárdenas dejaría a un probable lector, pensando en la posteridad con relativa falsa modestia, pero con clara visión de que sus trabajos como escribiente no le depararían un futuro promisorio:

[81] Álvaro Ochoa Serrano y Gerardo Sánchez Díaz, *Breve historia…*, *op. cit.*, pp. 206-209.

[82] Jesús Romero Flores, *Historia…*, *op. cit.*, p. 95; y Álvaro Ochoa Serrano, *Jiquilpan…*, *op. cit.*, p. 223.

Creo que para algo nací. Algo he de ser. Vivo siempre con la idea fija de que he de conquistar fama [...] Pienso [que] en el puesto que ocupo jamás lo lograré, pues en este no se presentan hechos de administración. De escribiente, no, pues [...] con la pluma no se consigue, no se conquista fama para hacerse temer.[83]

Independientemente de sus premoniciones y de sus afanes por conquistar fama para generar asombro, no es desdeñable que en ese escrito inicial existiera una preocupación particular por los sucesos locales que se empezaban a desatar a partir de los primeros indicios de la caída del régimen porfiriano. En sus primeros apuntes se refirió a personajes como el prefecto Luis G. Córdova o los maderistas Irineo y Luis Contreras, así como a Sabás Valladares, quienes protagonizaron un ir y venir entre Jiquilpan, Zamora y Sahuayo, previo a la firma de la paz en Ciudad Juárez. Al darse la noticia del triunfo maderista el 28 de mayo, el joven Lázaro, no sin cierta solemnidad un tanto acartonada, anotó en su diario: "Al saber esto se echaron las campanas al vuelo, oyéndose por toda la población vivas a nuestro ilustre libertador Francisco I. Madero. La banda recorrió las calles en medio de entusiastas habitantes proclamando vivas a nuestros demócratas libertadores".[84]

Sin embargo, era un hecho que la inseguridad y la agitación afectaron a los pobladores comúnes y corrientes, pues sus primeros estragos se percibieron al nivel de las calles y en la intimidad de las casas jiquilpenses. Incluso entre la mismísma familia Cárdenas-del Río se dió un primer incidente que tuvo ciertos tintes de persecución. Dámaso, el segundo hijo varón, por alguna razón desconocida que tal vez implicó la iracundia del padre, abandonó la casa paterna y tras deambular durante dos meses por los rumbos de Guadalajara, terminó sus correrías en Zamora, en casa de un amigo familiar, también rebocero,

---

[83] Luis Suárez, *op. cit.*, p. 18.
[84] *Ibíd.*, p. 20.

llamado Felipe Arteaga. Las autoridades de Jiquilpan mandaron por él y como se trataba de un menor lo restituyeron al seno familiar, no sin antes darle un buen susto.[85] La independencia de Dámaso, no obstante, logró finalmente imponerse, porque al poco tiempo se empleó como recadero en una farmacia en Zamora, propiedad del doctor José María Silva, gracias a lo cual logró mantenerse alejado del solar paterno y paliar sus penurias económicas.

La inseguridad y la tensión de aquellos momentos trajo como consecuencia una clara muestra de la animadversión popular hacia el administrador de rentas, Donaciano Carreón, quien tuvo que cerrar temporalmente la oficina recaudadora donde trabajaba el joven Lázaro Cárdenas. El compromiso del administrador oficial con el maderismo lo había confrontado con los viejos representantes del antiguo régimen, aunque también con algunos de los ahora encumbrados maderistas de nuevo cuño, en particular con el teniente Trinidad Mayés. Al abandonar su oficina don Donaciano musitó: "Ojalá llegue pronto el día en que pueda hacerle ver a este hombre su insolencia".[86]

El 7 octubre de 1911 la pulmonía contraída un par de años antes se llevó a don Dámaso Cárdenas Pinedo. Su muerte dejó a Lázaro, el hijo mayor, la responsabilidad definitiva de sostener a su familia. Sin embargo, su situación en la oficina recaudadora de rentas se complicó dada la inestabilidad reinante, por lo que el trabajo en la imprenta se volvió imprescindible para la economía de los huérfanos, la viuda y su hermana. Aquél negocio apenas sobrevivía imprimiendo bandos municipales, anuncios de bodas, primeras comuniones, bautizos, y uno que otro aviso comercial. Como era de esperarse, dicho negocio también sufrió una notable merma ya que poca gente pensaba en casarse o en anunciarse en tales circunstancias de inestabilidad y violencia.

---

[85] Ángel Gutiérrez, *Lázaro Cárdenas…*, *op. cit.*, p. 11.
[86] Luis Suárez, *op. cit.*, p. 21.

Aun así, el joven Lázaro y doña Felícitas, con el apoyo de Dámaso, Margarita y Angelina se las arreglaron para irla pasando a lo largo del agitado año de 1912, en el que Jiquilpan y sus alrededores vivieron entre rumores de levantamientos y amenazas de rebeldes y rurales.

Lo que percibía en la imprenta —recordó Lázaro años después— se lo llevaba a mi madre que ya empezaba a tener el auxilio de mi hermano Dámaso, que trabajaba en la farmacia del doctor José María Silva, en Zamora. Mi madre seguía atendiendo, en ratos, la costura; el trabajo y sus penas morales la fueron agotando, ocasionándole dolencias que resistió, ocultándonos sus padecimientos. Diariamente, después de la comida, al regresarme por la tarde a la imprenta me decía: "Vente temprano, hijo, dicen que hay alarma en los pueblos cercanos, que ya viene la revolución; me tienes siempre con pendiente", y no se acostaba hasta verme llegar.[87]

Desde finales de 1911 comenzaron las campañas para elegir gobernador y poderes constitucionales en Michoacán. En dichas campañas contendieron dos candidatos morelianos de partidos opuestos: el doctor Miguel Silva, de raigambre liberal, y el licenciado Primitivo Ortiz Rodríguez, con fuertes alianzas entre los católicos morelianos y zamoranos. También participó en la contienda un joven jiquilpense, quien había pertenecido al Ateneo de la Juventud en la Ciudad de México, el también licenciado Ignacio Bravo Betancourt.[88] Este último no

---

[87] Lázaro Cárdenas, *Obras. I...*, *op. cit.*, vol. I, tercera edición, p. 13.

[88] Ignacio Bravo Betancourt fue diputado federal y formó parte de la comisión que en mayo de 1911 informó a Francisco León de la Barra su designación como presidente interino tras la firma de los tratados de Ciudad Juárez. Según Agustín Orozco Bravo, el mismo Bravo Betancourt serviría tiempo después, al igual que Lázaro Cárdenas, al general zapatista michoacano rebelde Guillermo García Aragón. Posteriormente se declararía simpatizante del movimiento sedicioso de Félix Díaz, por lo que sería desterrado a Cuba. Véase Manuel Bravo Sandoval, *Agustín Orozco Bravo: anécdotas de un jiquilpense*, INEHRM, México, 1998, pp. 47-48; y Álvaro Ochoa Serrano, *Jiquilpan...*, *op. cit.*, p. 376.

logró mayor respaldo, pero no por ello dejó de concurrir entusiasmado al proceso que vivían tanto el país como la entidad michoacana.

Aquella campaña electoral consistió en una verdadera confrontación de desautorizaciones y agravios que contribuyó a ahondar las divisiones en la sociedad michoacana del momento. Finalmente, después de ganar la contienda, el doctor Miguel Silva ocupó la gubernatura en septiembre de 1912. Pero de la misma manera que el gobierno federal de Francisco I. Madero recién inaugurado en el penúltimo mes de 1911, la administración del doctor Silva no pareció dejar atrás el desasosiego sembrado durante su campaña. Tuvo que enfrentar igualmente las difíciles circunstancias que vivió el régimen federal electo después de la caída de Porfirio Díaz. Sólo que en Michoacán las situación parecía agravarse todos los días.[89]

Poco después de la toma de posesión en noviembre de 1911, Francisco I. Madero se enfrentó con la oposición de dos líderes locales que lo habían apoyado en su comienzo pero que al poco tiempo se desilusionaron del liderazgo: el chihuahuense Pascual Orozco y el morelense Emiliano Zapata. Este último se levantó con su emblemático Plan de Ayala, firmado unos días después de la inauguración del gobierno maderista. Orozco en cambio esperó hasta marzo de 1912 para iniciar su rebelión firmando el Plan de la Empacadora. Ambos fueron combatidos con particular violencia, misma que fue reportada en las primeras planas de los principales periódicos tanto de la Ciudad de México como de Morelia. Una aguda inestabilidad política y económica no cesó de rondar al régimen maderista.

El mismo Francisco J. Múgica, desencantado del maderismo hecho gobierno, publicó en Zamora un periódico llamado *El Despertador del Pueblo* en el que no sólo arremetía contra el nuevo régimen, sino que convertía al clero y a los conservadores en el centro de sus críticas. El recién fundado Partido Católico Nacional había dado cobijo a las

---

[89] Jesús Romero Flores, *Historia de la…, op. cit.,* pp. 95-98.

demandas de la Iglesia y los terratenientes, y Múgica lo atacó de frente, con la vehemencia y la pasión que lo definirían a partir de entonces.[90]

En los alrededores de Jiquilpan los rumores se repartieron por las plazas, los corredores y los portales, y cualquier enfrentamiento entre bandoleros, rebeldes y federales se podía convertir en la versión oral de una sublevación generalizada. En esos mismos corrillos la insurrección no tardó en ser conjurada por la fuerza pública "siempre presta al servicio de los jiquilpeños". Los desmentidos noticiosos se regodearon en dicha situación, al aparecer publicados en los pasquines regionales. El año de 1912 terminó en medio de la incertidumbre y los augurios de una paz que, por más que se presumía, no lograba convencer a nadie.

Para colmo, a principios de 1913 una aparatosa erupción del volcán de Colima afectó las regiones del noroeste michoacano y el suroccidente de Jalisco, bañándolas de ceniza y agitándolas con movimientos telúricos. Se cuenta que "la tembladera hizo arrodillar a los vecinos e implorar misericordia divina, menos un borrachito que vociferó: 'No me hinco, muy su mundo de Dios, para que lo baile hasta que le dé su rechingada gana'".[91]

Sin embargo, ya en el mundo de lo terrenal y lo político, otro acontecimiento de los útimos días de febrero de 1913 cimbró la situación nacional convirtiéndose rápidamente en un enorme terremoto social. El asesinato del presidente Madero y del vicepresidente Pino Suárez el 22 de febrero, después de la violenta Decena Trágica, conmovería a tirios y troyanos a lo largo de toda la República. Si bien en un principio los intentos por generar cierto consenso de parte del gobierno golpista del general Victoriano Huerta lograron convencer al gobernador Miguel Silva de que la situación estaba controlada, en la región de Tierra Caliente de Michoacán no tardó en surgir la insubordinación. Dos militares de singular importancia se mantuvieron

---

[90] Álvaro Ochoa Serrano y Gerardo Sánchez Díaz, *op. cit.*, p. 209.

[91] Álvaro Ochoa Serrano, *Jiquilpan…*, *op. cit.*, p. 227.

a la expectativa y a las pocas semanas se sublevaron contra el gobierno usurpador, siguiendo los lineamientos del Plan de Guadalupe lanzado por el gobernador de Coahuila, Venustiano Carranza. Se trataba de los generales Gertrudis Sánchez y José Rentería Luviano. El primero, de origen coahuilense y encargado del orden en la frontera terracalentana entre Michoacán y Guerrero, se unió al segundo en Huetamo, población de la cual Rentería Luviano era originario. Los acompañaron otros militares que eventualmente serían figuras relevantes durante los procesos revolucionarios y posrevolucionarios, entre los que destacaba el entonces también norteño coronel Joaquín Amaro.[92]

A finales de marzo los generales Gertrudis Sánchez y Rentería Luviano comunicaron al gobierno estatal y nacional que no seguirían bajo sus órdenes y se declararon en franca rebeldía. A lo largo de los meses de abril y mayo avanzaron desde Tierra Caliente hasta la altiplanicie lacustre identificándose como un brazo del naciente Ejército Constitucionalista en Michoacán. Como tal, hicieron frente a las fuerzas federales que los combatieron en el oriente del estado. Las noticias de las batallas y enfrentamientos en algunas poblaciones importantes como Tacámbaro, Pátzcuaro y Zitácuaro llegaron hasta Jiquilpan en un santiamén, aumentando el desasosiego de la población. Entre la cuesta del Toro y La Meza, camino a Pátzcuaro, el general Sánchez fue herido y al poco tiempo trasladado a Huetamo para su recuperación.[93] El general Rentería Luviano asumió la jefatura de operaciones, avanzando sobre Pátzuaro.

Después de salir triunfantes las fuerzas de Rentería se presentaron en los alrededores de Morelia con el fin de mostrar su fuerza y presionar al gobierno silvista para que reconociera el Plan de Guadalupe. Pero el gobernador se negó y tuvo que salir de Morelia. Después de varios intentos de recomponer el fracturado poder estatal, el presidente y general Victoriano Huerta impuso a Jesús González Garza

---

[92] Jesús Romero Flores, *Historia de la…, op. cit.,* p. 99.
[93] *Ibid.,* p. 121.

como gobernador interino. Este último se encontró con un Michoacán cuyo campo estaba desolado y sus ciudades subsistían aterradas, dada la inestabilidad política y económica con la que vivieron más de un año. Entre aquellas desgracias, lo que al parecer más temían los michoacanos eran las constantes levas que promovía el régimen huertista y por lo que se ganó la animadversión generalizada.[94]

A mediados de mayo la columna rebelde de Rentería Luviano se dirigió hacia la ciénega de Zacapu y, tras avanzar sobre la cañada de los 11 pueblos, llegó a Zamora el día 30.[95] Con un cuerpo de 600 hombres a caballo tomó la ciudad sin resistencia y amplió su contingente hasta los 800 efectivos para seguir al día siguiente rumbo a la hacienda de Guaracha, en los linderos de la cabecera municipal de Jiquilpan. Ahí estableció su cuartel general. El hacendado Diego Moreno, quien como buen hacendado se ausentó ante la posible ocupación de sus dominios por parte de los rebeldes, dejó instrucciones de proporcionar dinero, caballos y armas a los ocupantes "con el objeto de evitar depredaciones". Los revolucionarios se abastecieron y el general Rentería con su estado mayor ocupó la enorme casa-hacienda. Desde sus portales observó el horizonte casi interminable de las posesiones de la heredad y reconoció el lujo y el dispendio que sus dueños recabaron en las habitaciones de esa mansión campirana.

Ese mismo día el general Rentería visitó Jiquilpan y se paseó por Sahuayo sin mayor resistencia. Al atardecer regresó al cuartel general de Guaracha en donde estuvo mucho más cómodo que en cualquier otro campamento militar. Digno de cualquier relato inscrito en la novela de la Revolución mexicana o de las imágenes prodigadas durante los años treinta por el cine nacional de temática revolucionaria de Fernando de Fuentes, el historiador, pedadgogo, legislador y cronista michoacano Jesús Romero Flores proporcionó una narración muy

[94] Álvaro Ochoa Serrano y Gerardo Sánchez Díaz, *Breve historia…*, *op. cit.*, p. 211.
[95] Jesús Romero Flores, *Historia de la…*, *op. cit.*, pp. 129-138.

rescatable del arribo de Rentería Luviano a la casa-hacienda de Guaracha. Contó que el administrador de la hacienda:

> Recibió a Rentería Luviano y a toda su gente con extraordinarios honores, prodigándoles no solamente atenciones sino lujos y placeres: buena y abundante mesa, vinos y licores de la mejor clase; baños deliciosos, billares y otras diversiones para entretener las horas; amén de buena música y excelentes cantadores y cantadoras. Era un hombre, el administrador, jovial y lleno de regocijo: desempeñaba su papel a las mil maravillas, instando a sus huéspedes a que no se retiraran, pues bien sabía que no tardarían los federales en ir a batirlos.[96]

Después de agazajarse como lo harían aquellos revolucionarios de las películas *El compadre Mendoza* o *¡Vámonos con Pancho Villa!*, al día siguiente Rentería Luviano le encomendó al capitán Pedro Lemus que buscara una imprenta en Jiquilpan para encargarle la impresión de 5 000 hojas con un manifiesto que explicara las razones de su rebeldía frente al gobierno usurpador de Victoriano Huerta. El capitán llegó a "La Económica" y le pidió al encargado, el joven Lázaro Cárdenas, que tuviera dichos volantes impresos al día siguiente. Sin contar con los materiales suficientes para elaborar el encargo, Lázaro tuvo que correr a Sahuayo a conseguir el papel y la tinta necesarios, y pasar la noche impulsando la manivela de la impresora para terminar el tiraje.

Al amanecer de ese día hizo su aparición la tropa federal que llegó de tierras zamoranas y, cuando se dirigió a Guaracha, atacó a las fuerzas de Rentería Luviano, obligándolas a retirarse hacia el sur del estado. La derrota fue grande y Rentería no tuvo más opción que buscar camino hacia Tierra Caliente para reunirse con el general Gertrudis Sánchez.

A pesar de que los ayudantes de Lázaro en La Económica, Bruno Galeazzi y Enrique Canela, salieron temprano para entregar los

---

[96] *Ibid.*, p. 135.

manifiestos a las fuerzas de Rentería Luviano, llegaron a los alrededores de Guaracha justo cuando arreciaban los ataques. Debido a eso no
fue posible entregar a Rentería ni a Lemus los volantes. Al parecer los
dejaron en ese sitio porque no tuvieron la oportunidad de repartirlos.
Es muy probable que todos fueran destruidos porque ni un ejemplar
de aquellos manifiestos apareció por ningún lado. Los jóvenes regresaron a Jiquilpan e hicieron una relación pormenorizada de los hechos a
quienes se reunieron en la imprenta. Cárdenas contó en sus memorias
lo que sucedería en seguida:

> La plática se prolongó hasta ya noche. Nos despedimos y me fui a mi casa; al
> llegar, mi madre, como de costumbre, me esperaba en la sala. Toqué la ven-
> tana y, al abrir la puerta, me dijo: "¿Sabes lo de Guaracha?" "Sí, hoy tar-
> de nos dieron la noticia." "¿Vendrán aquí los federales?", preguntó. "Creo
> que no; acuéstate sin pendiente, entretanto yo hago unas cartas que envia-
> ré mañana a unos amigos."[97]

Pocos días después las fuerzas huertistas persiguieron a quienes colaboraron con los revolucionarios y al poco tiempo dieron con la
imprenta. No tardaron en destruir su equipo incluyendo impresos,
papelería y archivo. Tampoco ahí quedó ejemplar alguno de aquel manifiesto. Sin embargo, la delación insistió que "La Económica" sirvió a
los revolucionarios y la persecución de sus jóvenes dueños no se dejó
esperar. La administración de justicia local, adherida al régimen huertista, decidió emprender un juicio contra los jóvenes. Hacia mediados
de junio doña Felícitas recibió la noticia de que su hijo era buscado
por la prefectura.

Para entonces, la situación en Jiquilpan se había agravado tanto
que en un informe del prefecto en turno, Luis Villaseñor, al secretario
de gobierno del estado, se comunicaba que en esos días el poblado

---

[97] Lázaro Cárdenas, *Obras. I…*, *op. cit.*, vol. I, tercera edición, p. 16.

carecía de servicios de telegrafía, telefonía y correos, los comercios y la administración pública se encontraban cerrados, y las pequeñas industrias y los talleres de artesanías estaban paralizados. Todo se hallaba "en general en la mayor miseria".[98]

El joven Cárdenas ya había planeando salir de la población con algunos amigos para ir en busca de los revolucionarios, en caso de que su permanencia en Jiquilpan se volviera demasiado riesgosa. "Varios prometieron prepararse y avisarme", anotó en sus memorias. Al poco tiempo se supo que alguien había delatado al joven Cárdenas como colaborador de los revolucionarios y enemigo de los huertistas. Después de mantenerse escondido durante unos días y tras consultarlo con su madre, el 18 de junio de 1913 escapó de Jiquilpan rumbo a Apatzingán, para incorporarse a las fuerzas rebeldes antihuertistas. Recién había cumplido los 18 años de edad.

---

[98] Álvaro Ochoa Serrano, *Jiquilpan...*, *op. cit.*, p. 230.

II

Los años revolucionarios
1913-1920

> Yo vi cantar a un cenzontle al pie de un árbol flo-
> reando; alma mía de mis amores ¿con quién anda-
> rás paseando?
>
> Versos del "Mulato alegre",
> son de Tierra Caliente, Michoacán

De Tierra Caliente a Xochimilco

La distancia entre Jiquilpan de Juárez y los rumbos de Apatzingán de la Constitución ubicados en el centro de la Tierra Caliente michoacana todavía era medianamente larga, más si se tenía que recorrer a escondidas y durante esos primeros años revolucionarios. Tomando la ruta más corta que corría en línea recta hacia el sur, había que cabalgar o caminar por lo menos 150 kilómetros. Esto llevaba entre tres y cuatro días. En caso de seguir el camino por Zamora y Uruapan hacia el este, para luego bajar hacia la recién fundada Nueva Italia, el camino aumentaba unos 100 kilómetros más.

Pero para hacer ese viaje lo más rápido posible si se salía de Jiquilpan muy temprano, era necesario seguir el camino hacia el sur para llegar a Cotija, de ahí continuar a Tingüindín y arribar en aquel pequeño poblado por la tarde. Al día siguiente debía continuarse bajando la sierra hasta el Ingenio de Santa Clara en Los Reyes y, por el pueblo de Peribán, se rodearían las faldas occidentales del pico de Tancítaro. De ahí podría girar al oriente para llegar a Uruapan; pero también era posible seguir hacia el sur hasta dar con los llanos y las colinas de Chupadero. Al final se avanzaba hasta las cañadas de Acahuato, donde ya se podían vislumbrar los linderos de Apatzingán, en las tierras abajeñas y calurosas del centro occidente de Michoacán.

El joven Lázaro Cárdenas del Río, perseguido por la prefectura de Jiquilpan, llegó a Apatzingán el 24 de junio de 1913. Había salido seis días antes con su amigo Antonio Cervantes caminando hasta Huáscato, cerca de Tingüindín. Continuaron al día siguiente para llegar a Los Reyes. Ahí se encontraron con su antiguo compañero de escuela, Francisco Hernández, quien era el dependiente de una farmacia en esa población. Lázaro y Antonio conocían a Francisco desde su primera infancia y este último seguía recordando la severidad de los castigos que el papá de Lázaro solía propinarles cuando se iban de pinta. Dos días después y con 10 pesos que Francisco les prestó, Antonio y Lázaro siguieron hasta Peribán donde almorzaron en casa de don Agapito Mejía, quien como amigo de la familia y correligionario, aconsejó a los dos jóvenes que siguieran su camino con cuidado. En seguida avanzaron para pernoctar en Apo. El 22 de junio se encontraron en Tancítaro con un amigo de don Dámaso, Magdaleno Frías, quien les contó que Apatzingán se encontraba rodeado por fuerzas revolucionarias y que no tardarían en llegar refuerzos desde Uruapan y Morelia para fortalecer al ejército federal. Los dos amigos decidieron continuar hasta Acahuato para arribar a Apatzingán en la tarde del día siguiente.

Un tío de Lázaro, hermano de su mamá, José María del Río, administraba en esos parajes una hacienda llamada La Concha, que era propiedad de Manuel Sandoval, un cura de Uruapan. Ahí los dos amigos pernoctaron un par de días, mientras decidían qué hacer con su vida. El regreso a los rumbos de Jiquilpan, Zamora o Guadalajara parecía vedado. Seguramente las autoridades locales y los militares huertistas ya sabían de la colaboración que los encargados de la imprenta "La Económica" habían prestado al general Rentería Luviano mientras éste ocupó la hacienda de Guaracha. Por ello lo más aconsejable era mantenerse escondidos durante un tiempo o incluso pensar en incorporarse a las fuerzas rebeldes. Aun así Antonio decidió regresar a Jiquilpan, mientras que Lázaro se quedó el resto del mes en La Concha arropado por sus tíos José María y Pilar, y sus seis primos. Dos de ellos eran varones, Chema y Enrique. Los dos eran bastante cercanos a Lázaro, aunque quizá sus ojos estaban más puestos en alguna de sus cuatro primas: Isabel, Julia, Chita y Elodia. Aquel joven jiquilpense era alto y distinguido, y si bien no se le podía considerar guapo o galán, sabía cabalgar con destreza y se comportaba con educación y caballerosidad. Cierto que era un poco tímido, pero no por eso debió dejar de apreciar las atenciones del sexo débil ni evitar los ojos coquetos de las chicas que se interesaban en él.

Habría que señalar que, para junio de 1913, cuando Lázaro emprendió su viaje hacia Tierra Caliente, la región de Jiquilpan, Zamora y La Piedad era la única zona del estado de Michoacán en la que la agitación revolucionaria sólo había removido algunas conciencias, pero no había logrado encender la mecha de la movilización. Al noreste del estado, por Maravatío y Zinapécuaro, así como por el centro, en las regiones de Zitácuaro, Ciudad Hidalgo, Indaparapeo y Charo, y no se diga en la meseta tarasca, en las poblaciones de Quiroga, Pátzcuaro y Cherán, se vivía la efervescencia de los enfrentamientos entre el ejército federal y diversas partidas de insurrectos. La Tierra Caliente de Michoacán y Guerrero se encontraba también salpicada de fuerzas rebeldes. El general Martín Castrejón operaba en La Huacana, hacia el este de Apatzingán, mientras el general Gertrudis Sánchez se reponía de las heridas que había sufrido después de atacar Tacámbaro, replegándose hacia Guerrero.

A nivel nacional el movimiento contra el usurpador Victoriano Huerta quedó bajo el mando del gobernador de Coahuila, Venustiano Carranza, quien a su vez era identificado como el jefe máximo del constitucionalismo. Desconociendo a todas las autoridades que se

115

mantenían leales a Huerta y asumiendo el poder que le otorgaba el Plan de Guadalupe, Carranza designó al general Martín Castrejón como gobernador de Michoacán y nombró a Gertrudis Sánchez comandante de las fuerzas constitucionalistas del mismo estado. Mientras Sánchez se encontraba convaleciente, el general Rentería Luviano asumió la jefatura, pero éste, después de la derrota en Guaracha, tuvo que volver a Tierra Caliente. Ahí también se ubicaban las fuerzas del coronel Joaquín Amaro, quien, bajo las órdenes de Sánchez, amagaba las cercanías de Uruapan. Otra figura importante en la zona era el general Guillermo García Aragón, quien tenía bajo su mando una columna apostada en las orillas occidentales de esos parajes terracalentanos.

El general Castrejón se encontraba reorganizando sus fuerzas en esa misma región para iniciar el ascenso a la meseta tarasca y de ahí lanzarse a ocupar la capital de estado. Por el rumbo de Buenavista el general Guillermo García Aragón se encontraba un poco más cerca de Apatzingán. Desde ahí mantenía el control de los pueblos que estaban en las márgenes del río Tepalcatepec. Cerca de Parácuaro el coronel Cenobio Moreno cuidaba el flanco occidental de los valles centrales de esas tierras michoacanas. Por su parte Gertrudis Sánchez se reincorporó a la contienda y emplazó su regimiento hacia el norte y se mantuvo relativamente cerca de Uruapan y Tacámbaro. Los coroneles Barranco, de la Hoya y Amaro se encontraban bajo sus órdenes y hacían expediciones que llegaban hasta las orillas del lago de Pátzcuaro. En el extremo suroriental, en las proximidades de la frontera con Guerrero, por Huetamo y Zirándaro, ya rondando Ciudad Altamirano, donde se retiró después de la derrota en Guaracha, el general José Rentería Luviano seguía activo e insistía en las gestiones para unir a los rebeldes michoacanos con los zapatistas de los estados del sur.[1]

En la foja de servicios del expresidente y general Lázaro Cárdenas del Río, quedó anotado que siendo sólo un muchacho jiquilpense de 18 años de edad se había integrado al ejército rebelde el 20 de julio

---

[1] Jesús Romero Flores, *Historia de la…*, *op. cit.*, pp. 79-91.

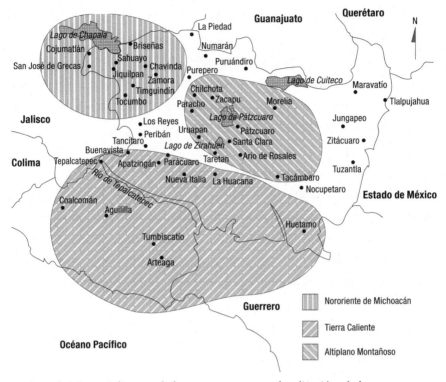

Mapa de Tierra Caliente y de la meseta tarasca con localización de las tres zonas
de operación de las fuerzas rebeldes.

de 1913 bajo las órdenes del general Guillermo García Aragón.[2] Sin
embargo, en sus *Apuntes* él mismo afirmó que dicha incorporación a
las fuerzas insurrectas había sucedido dos semanas antes, el 4 de julio,
cuando se presentó en Buenavista para incorporarse a las fuerzas revolucionarias ahí acantonadas. La escena dictada por su memoria resultó bastante diáfana:

A las 4 de la tarde llegué a Buenavista; me encaminé a la casa en que se alo-
jaba el general García Aragón con su estado mayor y solicité verlo. Me
preguntaron si llevaba armas, contesté que no y me pasaron a un cuarto

[2] Archivo Secretaría de la Defensa Nacional (SEDENA), expediente del general
Lázaro Cárdenas del Río, cancelados XI/III/1-4, vol. 1.

donde lo encontré escribiendo. Levantó la vista y me invitó a sentarme. "¿Qué le trae por aquí amigo, de dónde viene?" "Soy de Jiquilpan, salí el mes pasado, estuve unos días en La Concha en donde está de administrador el hermano de mi madre." "¿Qué viene a hacer a esta zona?" "A incorporarme a la revolución", y le hice una explicación de los acontecimientos de Guaracha y de Jiquilpan.

En seguida García Aragón le preguntó por el licenciado Ignacio Bravo Betancourt, aquel miembro del Ateneo de la Juventud que había sido diputado federal en los últimos años del Porfiriato y que como jiquilpense notable se había declarado simpatizante del maderismo. Al parecer Betancourt había hecho algunos servicios a la familia de García Aragón y por lo tanto el rebelde tenía buena opinión de aquel tribuno.

"¿Sabe usted escribir?", le preguntó el general a Lázaro. "Un poco", le dije. "Copie esta orden" y se levantó saliendo del patio de la casa donde lo esperaban varios jefes. Regresó a la media hora; leyó el escrito y preguntó: "¿En realidad quiere incorporarse a mis fuerzas?" "Sí, señor." "Va usted a quedar incorporado a mi estado mayor con el grado de capitán segundo y se encargará de mi correspondencia.[3]

Al parecer, con anterioridad Lázaro había logrado contactar a las fuerzas insurrectas gracias a un yerno de su tío José María, el estadounidense Leonardo Neill quien debía entregar una cooperación solicitada por el mismísimo García Aragón a algunos propietarios de ganado de la región.[4] El vínculo entre Neill y el jóven Cárdenas se estrecharía varios años después, ya que ambos adquirirían una gran propiedad en aquella región, misma que a partir de entonces tuvo un particular arraigo en los afectos del futuro General (en el Capítulo 4 se vuelve a hablar de Neill).

[3] Lázaro Cárdenas, *Obras. I. Apuntes…*, *op. cit.*, vol. I, tercera edición, p. 20.
[4] William C. Townsend, *Lázaro Cárdenas…*, *op. cit.*, pp. 21-22.

El hecho es que Cárdenas fue incorporado a las milicias como secretario particular del general García Aragón y como capitán pagador. Un miembro del estado mayor de aquel general, Cipriano Jaimes, le proporcionó al recién nombrado capitán segundo un caballo alazán y una carabina 30-30. Su grado militar estuvo ligado así desde un principio a las armas de caballería, mismas que no tardó en poner a prueba al participar en los primeros combates contra el ejército huertista.

Según el mismo Cárdenas la columna comandada entonces por García Aragón constaba de 700 hombres, de los cuales alrededor de 500 cargaban carabinas 30-30 y máuseres. Sus cabalgaduras eran regulares y se abastecían principalmente con los animales que se aseguraban en los ranchos y las haciendas a las que llegaban.[5]

Guillermo García Aragón era originario del Estado de México y al parecer estuvo cerca de Emiliano Zapata mientras secundaba el levantamiento de Francisco I. Madero en 1910. Compadre del líder suriano, García Aragón conoció las demandas agraristas y también tuvo cierto vínculo con quienes intentaron aliarse con el zapatismo en Guerrero, como Rómulo Figueroa. Aunque este último terminó por confrontarse con el mismo Zapata y sus aliados, García Aragón sirvió de agente en una primera junta de entendimiento que después se malogró por causa de las diferencias políticas y tácticas entre guerrerenses y morelenses.[6]

A partir de 1912 también García Aragón se distanció de Emiliano Zapata, para finalmente internarse en Michoacán atravesando la frontera con Guerrero en algún paraje cerca de Ciudad Altamirano. A raíz del golpe de estado de Victoriano Huerta, el primer jefe, Venustiano Carranza, le encomendó la operación militar en Tierra Caliente, bajo el mando del general Gertrudis Sánchez y como parte del ejército que debía apoyar al general Martín Castrejón como gobernador de

---

[5] Lázaro Cárdenas, *Obras. I...*, *op. cit.*, vol. I, tercera edición, p. 22.
[6] John Womack jr., *Zapata y la Revolución mexicana*, Siglo XXI Editores, México, 1969, p. 82.

Michoacán. A las tropas de García Aragón se unieron también algunas figuras relevantes de la lucha agraria en otras regiones del estado, como Trinidad Regalado y Ernesto Prado. El primero se había distinguido por su liderazgo en el movimiento campesino de los rumbos de Zamora, y el segundo encabezó el reclamo de tierras pertenecientes a las comunidades indígenas de la Cañada de Chilchota. Según el propio Cárdenas, "fue en esta columna donde más palpable se hizo el sentido agrarista de la lucha armada".[7] La lucha por la tierra en estas regiones michoacanas parecía tener mucho en común con las zapatistas y, desde estas tempranas épocas revolucionarias, Cárdenas pareció simpatizar con ellas. Sin embargo, lo que en ese momento más ocupaba su atención era la organización y la disciplina militar. Como miembro de una clase media más urbana que rural, los ejércitos rebeldes le impusieron un cambio radical en su percepción del mundo y sus cotidianidades. Lejos estaba ya de la vida tranquila de la provincia jiquilpense y los padecimientos de la actividad cuartelera un tanto irregular y precaria lo fueron formando en el medio soldadesco. Si bien esas circunstancias lo incorporaron de lleno en un ambiente de constante inseguridad y tensión, poco a poco se fue adaptando y aprendiendo los pormenores del servicio castrense.

El mismo Cárdenas reconocería después que muchos de los miembros de aquel ejército rebelde eran sumamente violentos y agresivos, peor cuando tomaban alcohol. Eran "escasos de cultura, pero distinguidos por su valor y disciplina".[8] La mayoría se había integrado a la lucha desde 1910 y ratificaría su condición insurrecta a raíz del golpe huertista de 1913.

Poco después de incorporarse a las filas de estos rebeldes que pretendían identificarse con el ideario zapatista, Lázaro participó en algunas escaramuzas que García Aragón comandó para tomar la plaza de Aguililla. Ésta sería la primera acción de armas en la que participaría el recién

[7] Lázaro Cárdenas, *Obras. I...*, *op. cit.*, vol. I, tercera edición, pp. 22-23.
[8] *Ibid.*

nombrado capitán segundo. Sin embargo, a decir verdad, tal acción como confrontación armada no significó gran cosa. Después la columna estuvo rondando el pie de sierra, subiendo hasta la región de Paracho y Cherán. Ahí campeaban las fuerzas del líder campesino Casimiro López Leco, las cuales se habían unido a la lucha revolucionaria principalmente para frenar la explotación que una compañía extranjera hacía de los bosques de la meseta tarasca. García Aragón y López Leco se entrevistaron y quedaron acordes en permitir al segundo operar en la región mientras el primero se concentraba en Purépero. Las demandas de los indígenas campesinos encabezados por López Leco impactaron al joven jiquilpense, quien ya se mostraba especialmente sensible a la problemática agraria de los pueblos michoacanos y que el credo zapatista de García Aragón le había empezado a inculcar.

Al poco tiempo, en esta localidad la columna del mexiquense-zapatista sufrió un severo ataque por parte de las fuerzas federales que le causaron más de 80 bajas. Este segundo bautizo de fuego tuvo un mayor impacto en el joven Cárdenas, quien sufriría durante el combate los primeros reveses de una derrota militar. Una vez cuantificados los daños que el enemigo le causó a la tropa rebelde se tomó la decisión de replegar la columna hasta las lomas de Tancítaro. La carencia de armas y pertrechos se hizo evidente y no hubo más remedio que mantener a aquel cuerpo militar en condición expedicionaria.

En los primeros días de agosto la columna de García Aragón avanzó hasta las goteras de Tangancícuaro, muy cerca de Jacona y Zamora. Antes de la incorporación de Cárdenas a esta columna rebelde, García Aragón ya había combatido en esta zona, sufriendo importantes bajas, durante el mes de abril de 1913. Tal vez una de las que más sintió el general fue la del coronel Eugenio Zúñiga, quien al parecer había sucumbido en combate durante las refriegas. Unos meses después, cuando Cárdenas ya formaba parte de esas milicias, en Patamban, García Aragón se refirió a Zúñiga como un hombre valiente y revolucionario, lo cual impresionó bastante al joven jiquilpense. Sin embargo, Zúñiga no tardaría en reaparecer en la vida de Cárdenas, cuando las cosas ya no marchaban tan bien entre los rebeldes michoacanos y él mismo se había separado de la tropa para buscar trabajo en Guadalajara.

Pero regresando a Jacona y a Zamora durante los primeros días de agosto, habría que indicar que estas plazas se encontraban fuertemente custodiadas por el ejército federal. Las vanguardias de la columna rebelde y las fuerzas huertistas se toparon muy cerca de Tangancícuaro y el enfrentamiento no se dejó esperar. Si bien ésta y la de Purépero fueron las primeras confrontaciones militares de consideración en la carrera militar del joven Cárdenas, la suerte parecía acompañarlo pues había resultado ileso en ambas. Estos combates se habían suscitado entre el 3 y el 5 de agosto de 1913, según la foja de servicios militares de quien entonces era un joven entusiasta y revolucionario recién incorporado a la lucha.[9]

Mientras tanto el ejército federal seguía reforzando sus principales posiciones e impedía la comunicación entre los constitucionalistas del norte y los de los estados del centro y sur del país. Esto afectaba el suministro de pertrechos de guerra, y en la regiones más pobres, como Tierra Caliente, la situación se volvía insostenible. Para colmo, las derrotas de los ejércitos rebeldes se hicieron cada vez más frecuentes y más definitivas.

Una ráfaga de pesimismo empezó a afectar a quienes luchaban contra la usurpación huertista, tal como pudo percibirse en los versos que el poeta Francisco Figueroa le dedicara al general Gertrudis Sánchez en su paso por la población de Tecario, Michoacán, a finales de julio de aquel fatídico año de 1913:

El rencor, la ambición, la tiranía,
la ingratitud y la traición artera
pasean triunfantes toda su osadía
ante la faz de la nación entera.

---

[9] Archivo SEDENA, Expediente del general Lázaro Cárdenas…, *op. cit.*

Todo está desquiciado.
Todo parece presagiar desgracia
y nada en pie ha quedado
de la ayer proclamada Democracia.[10]

Esta situación también incidió en la división entre los revolucionarios, quienes se culpaban mutuamente de fracasos e ineficacias, por lo que los mismos mandos de las columnas insurrectas entraron en crisis.

De esos momentos queda el testimonio de una fotografía que muestra al joven Cárdenas armado y en plena campaña militar. Posa él solo, sentado en una silla y sujetando una carabina con las dos manos. El índice de la derecha en el gatillo, un chaleco mientras que la palma izquierda detiene el cañón. Viste un overol gris, un chaleco y una camisa blanca. Unas cananas repletas de balas de 30-30 le cruzan el pecho, y en la cintura muestra una pistola con funda pitiada y cacha de marfil. Cubre sus piernas de las rodillas hasta el empeine con un par de polainas militares de cuero y porta un sombrero de palma con el ala frontal levantada. Su mirada todavía adolescente se pierde en el horizonte del lado izquierdo. Desde luego es una foto posada, tomada en algún interior pueblerino. El piso de tabique y el muro de adobe con guardapolvo oscuro así lo demuestran. Fuera del cuadro en el borde inferior tiene anotada la fecha 1913.[11]

Después de los enfrentamientos de los primeros días de agosto de 1913, el general García Aragón planteó la necesidad de encaminar a sus fuerzas hacia Guerrero. De ahí debían emprender el paso hacia la costa, donde pretendían conseguir pertrechos y armas, así como más

---

[10] Jesús Romero Flores, *Historia...*, *op. cit.*, pp. 111-112.

[11] Archivo del General Lázaro Cárdenas del Río, Centro de Estudios Históricos de la Revolución Mexicana Lázaro Cárdenas A. C. (CEHRMLCAC) Jiquilpan. Hoy en día este centro es la Unidad Académica de Estudios Regionales y forma parte de la UNAM/Sección fotografías.

simpatizantes para luego regresar a Michoacán y seguir la campaña. En vista de su precaria situación García Aragón dejó en libertad a sus jefes para que decidieran si se quedaban en Tierra Caliente o si lo seguían rumbo al Pacífico.

El joven Cárdenas se integra a la rebelión en Tierra
Caliente de Michoacán (colección CERMLC).

Sin embargo, el 27 de agosto la columna fue sorprendida nuevamente por el ejército federal entre Aguililla y Purépero. García Aragón mandó a varios grupos a defender las retaguardias e internarse en las serranías cercanas. Lázaro Cárdenas quedó entre el conjunto de hombres que servía bajo el mando del capitán Primitivo Mendoza, que a su vez pertenecía a las fuerzas del coronel Cenobio Moreno. La expedición se separó de la columna y a los dos días recibieron la orden de regresar a Buenavista. Al arribar a dicha población se dieron cuenta de que ya no habían alcanzado a la tropa que estaba al mando del general García Aragón quien, tal como lo había anunciado unos días antes, continuaba su camino hacia Guerrero.

El pequeño contingente comandado por Mendoza decidió permanecer en Michoacán y avanzado el mes de septiembre se reagrupó para emprender su vuelta hacia el oriente terracalenteño desde las goteras de Aguililla, por el rumbo de Parácuaro. Tenían como meta encaminarse hacia la hacienda de Úspero en la región de Lombardía y Nueva Italia, no lejos de Apatzingán. En esta próspera y extensa propiedad del terrateniente italiano Dante Cusi se encontraba el general Martín Castrejón, ante quien querían reportarse aquellos rebeldes. Sin embargo en Parácuaro, en un lugar conocido como la *haciendita* de La Colorada, los integrantes de dicho grupo un tanto desperdigado se reunieron nuevamente con el coronel Cenobio Moreno. Éste solicitó que el capitán segundo, Lázaro Cárdenas, se incorporara a su escolta personal y a partir de entonces el coronel Moreno y su capitán primero José Tafolla Caballero, amigo de Lázaro desde su adolescencia en Jiquilpan, fungieron como sus tutores e instructores en las artes marciales.[12]

A finales de septiembre y durante los primeros días de octubre la columna del coronel Moreno, reunida con las fuerzas que el general Martín Castrejón había concentrado en Úspero, avanzó hacia Zicuirán tomando hacia el suroccidente y cruzó el río Cupatitzio para patrullar la zona. Después de hacerse notar, fueron atacados por una partida fedcral que los replegó de nuevo hacia la Huacana. En la hacienda de San Pedro Jorullo, propiedad del general Castrejón, descansaron unos días y luego la emprendieron hacia Arteaga, población a la que pretendían atacar para hacerse de pertrechos. Sin embargo unos 80 kilómetros al norte de Arteaga en la Barranca de Arucha fueron sorprendidos por las fuerzas

---

[12] Lázaro Cárdenas, *Obras. I...*, *op. cit.*, vol. I, tercera edición, p. 26.

federales, y gracias a que un venado se desbarrancara justo antes de que entraran al cauce seco pudieron evitar una emboscada que el enemigo les había tendido. Esto les impidió el avance y tuvieron que replegarse hasta Tumbiscatío. De ahí regresaron a San Pedro Jorullo y se reconcentraron en Churumuco.

A partir de la tercera semana de octubre la situación de aquellas fuerzas rebeldes, entre las que cabalgaba el capitán segundo Lázaro Cárdenas, era un tanto desesperada. El general Castrejón les había informado que "desde Uruapan, Tepalcatepec, Apatzingán y toda Tierra Caliente, en su mayor parte estaba ocupada por fuerzas federales auxiliadas por las defensas de las haciendas".[13] Era necesario entonces dividir la columna para garantizar su supervivencia. Cenobio Moreno se dirigiría a Parácuaro, Castrejón se quedaría en San Pedro Jorullo, mientras que los demás se internarían en diversos parajes de Tierra Caliente, cuya geografía hasta el día de hoy semeja un inmenso pañuelo marrón arrugado, entre sierras, cañadas y lomeríos. En tales parajes difícilmente se internarían las fuerzas federales, pero también era cierto que en dichos rumbos sólo sobrevivirían algunas partidas dispersas y no por mucho tiempo.

Lázaro Cárdenas decidió entonces emprender el regreso a Jiquilpan. Solicitó permiso a su superior, el coronel Cenobio Moreno, para cruzar la sierra de Tancítaro e internarse en Jalisco con el pretexto de reunir a más simpatizantes en Mazamitla, San José de Gracia y La Manzanilla. Al parecer tenía varias heridas causadas probablemente durante los combates de Arucha, pues su foja de servicios informaba que entre el 23 de noviembre de 1913 y el 14 de junio de 1914 pidió una licencia con el fin de recuperarse en Guadalajara de varias lesiones sufridas en campaña.[14]

Antes de llegar a Jiquilpan, Lázaro todavía logró acercarse a la hacienda La Concha en Apatzingán donde tuvo la impresión de que en cualquier momento podía ser sorprendido por el enemigo que lo

---

[13] *Ibid.*, p. 29.

[14] Archivo SEDENA, expediente del general Lázaro Cárdenas..., *op. cit.*

rondaba muy de cerca. Recién llegado su tío José María le comentó que aquel rumbo se encontraba cuidadosamente vigilado por el ejército federal. Por eso decidió pasar un par de noches en las afueras del rancho con la cabalgadura y las armas listas para evitar cualquier sorpresa. A los tres días Cárdenas salió rumbo a Peribán y para no acercarse demasiado a Zamora, donde parecían haber llegado más refuerzos federales, dio un gran rodeo hasta llegar a Huáscato, en Jalisco, acompañado por su buen amigo don Agapito Mejía, quien fue apresado pero lograría escapar cerca de Apatzingán. Después siguió hasta Tototlán, donde pasó a ver a su amiga la maestra Carlota Medina. No está muy claro si ese enorme desvío se debió sólo a que el joven Cárdenas trataba de evitar el paso donde se encontraba la tropa federal, o si alguna razón sentimental lo obligaba a darse una vueltecita por Tototlán. Los asuntos que afectaban a su corazón fueron escasamente mencionados en las memorias del rebelde, aunque el par de referencias a Carlota que aparecen escuetamente en sus escritos de esos días permiten suponer que no se trataba de alguien que le pareciera indiferente. Es más: si se toman en cuenta algunos indicios como los extensos rodeos que tiene que hacer para allegarse al rumbo donde está su amiga o las referencias indirectas a las actividades que hacían juntos como "visitar los huertos cercanos", no sería extraño que un vínculo romántico atara al joven con el pueblito de Tototlán. El caso es que por ahí pasó antes de encaminarse a Jaripo. De ahí sólo había que cabalgar un par de horas para llegar a Jiquilpan.

Durante este tiempo, es decir, desde junio hasta noviembre de 1913, el joven capitán escribió a su madre algunas cartas informándole sobre su estado y andanzas. Aun así el arribo a su casa significó la reunión de la familia en pleno. Durante la ausencia de Lázaro su hermano Dámaso fue nombrado el varón responsable del hogar y el era quien tenía bajo su cuidado a las hermanas Margarita y Josefina, y a los miembros más jóvenes de su prole: Alberto, Francisco y José Raymundo. La tía Ángela

había seguido apoyando a doña Felícitas y entre todos libraron las pre-
cariedades del fin de año.

Sumado a las limitaciones económicas, la situación de la familia estaba comprometida, pues se sabía que Lázaro se había unido a las fuerzas
rebeldes en Tierra Caliente. El gobierno de Victoriano Huerta, mientras
tanto, emprendió una campaña de represión que pretendía llegar hasta las
más remotas agencias y prefecturas. La de Jiquilpan no fue la excepción,
aunque como clásico pueblo chico, todo mundo se conocía y dificilmente las autoridades podían mostrar demasiada hostilidad contra quienes, al parecer, no estaban haciendo nada reprochable. Corría el rumor
de que Lázaro había regresado a Jiquilpan porque ya no se entendía con
los rebeldes. Aun así, el joven exrebelde no se sintió seguro y, después
de consultarlo con su madre y su familia, en enero de 1914 partió rumbo a Guadalajara. La razón más importante para mudarse a la Perla de
Occidente consistía en que sólo así evitaría su posible aprehensión, sino
que encontraría trabajo para contribuir a la manutención de su familia.

Durante varias semanas Lázaro buscó alguna ocupación remunera-
da que le permitiera subsistir y apoyar a su prole. El trabajo como escribiente o en los servicios de la administración pública le estaba vedado,
así que indagó entre las imprentas y los talleres editoriales. Sin embargo,
no tuvo suerte y sólo logró un puesto de operario en una fábrica de cerveza llamada "La Perla". En marzo consignó en su diario que trabajaba
en el acomodo de botellas ganando un sueldo de 75 centavos diarios.[15]
Su empleo en Guadalajara le dio oportunidad de visitar a su familia en
Jiquilpan con frecuencia, pero sobre todo le permitió atender las noticias
de lo que sucedía en el país y establecer contactos con amigos y simpatizantes de la oposición al gobierno huertista.

Desde su arribo a esa ciudad se encontró con aquel excoronel de
cuya valentía había oído hablar a su antiguo jefe, el general Guillermo
García Aragón. Se trataba de Eugenio Zúñiga, ese rebelde que parecía

---

[15] Lázaro Cárdenas, *Obras. I…*, *op. cit.*, vol. I, tercera edición, p. 45.

haber caído muerto en un combate en Tangancícuaro en abril de 1913. Zúñiga le informó que salvó la vida gracias a unos indígenas de Charapan que lo encontraron y curaron con remedios locales. Una vez que pudo caminar lo llevaron a Yurécuaro, donde tomó el tren a Guadalajara. Zúñiga era originario de Tlajomulco, Jalisco, un pueblo que al igual que Jiquilpan se encontraba en la región circundante al Lago de Chapala. Por eso no fue raro que ambos excombatientes coincidieran en Guadalajara. Y fue en esa ciudad donde se reconocieron. Los dos se encontraban, al parecer, recuperándose de sus heridas. El joven Cárdenas estaba enterado de que García Aragón había conocido a Zúñiga en Guerrero, cuando éste era secretario del general Ambrosio Figueroa y se habían decidido incorporar al movimiento maderista. Como seguidores de Madero, los dos poderosos hermanos Figueroa, Rómulo y Ambrosio, terminaron por convertirse en enemigos acérrimos del zapatismo, mientras que García Aragón y Zúñiga traspasaron las fronteras entre Guerrero y Michoacán para eventualmente mantener el estado de rebeldía contra Victoriano Huerta.

La empatía entre el excoronel Zúñiga y Cárdenas fue creciendo en la medida en que sus encuentros se frecuentaron en Guadalajara y en Tlajomulco, donde el jiquilpense solía visitarlo. Zúñiga era 11 años mayor que Cárdenas, por lo cual se justificaba de cierta manera que el michoacano lo reconociera como una especie de mentor. Sus coincidencias ideológicas fortalecieron esa amistad en la que compartían conocimiento e interpretaciones sobre los hechos recientes que aquejaban al país. Además los identificaba haber experimentado los golpes iniciales del ejército federal a las tropas rebeldes precariamente organizadas y armadas. Tal vez fue la resistencia a reconocerse derrotados y la esperanza de que existiría la posibilidad de reincorporarse a la lucha contra quienes habían atentado contra el pueblo y la democracia, lo que cimentó su relación.

Desde finales de 1913 y principios de 1914 en Sonora, Sinaloa, Coahuila, Durango, Chihuahua, Tamaulipas y San Luis Potosí se sucedían los combates, un día sí y un día no, entre el ejército de la ya declarada dictadura de Victoriano Huerta y los rebeldes bajo los mandos de Francisco Villa, Álvaro Obregón, Pablo González y Eulalio Gutiérrez, entre otros muchos. En Morelos, Guerrero y el Estado de México los zapatistas constantemente amagaban al ejército federal. Para colmo las relaciones entre el gobierno de Huerta y el del presidente Woodrow Wilson de Estados Unidos empezaron a deteriorarse hasta que durante el tercer mes de 1914 las tensiones llegaron a un punto particularmente álgido.

Las fuerzas constitucionalistas en el norte del país lograron varios triunfos importantes sobre el ejército federal y cada bando hacía lo posible por obtener el apoyo de alguna de las principales potencias extranjeras con el fin de someter a su contrincante. Como era sabido Huerta había llegado al poder con el beneplácito y el patrocinio estadounidense, pero muy pronto cayó de su gracia, por lo cual el primero negociaba algunos de sus asuntos militares con otros países del orbe, especialmente con Alemania, Inglaterra y Francia.[16]

En febrero de 1914 el gobierno de Estados Unidos levantó el embargo de armas a México con la clara intención de apoyar a las fuerzas rebeldes de Carranza. La política del presidente Wilson hacia México se encontraba en una situación incómoda. Ninguna de las fuerzas contendientes mexicanas era lo suficientemente dócil. Tal vez por eso decidió entrar en acción y demostrar su poderío al sur de su frontera. Desde mucho tiempo atrás los estadounidenses consideraban a México como patio trasero y no parecían tolerar demasiado la inquietud que afectaba sus intereses económicos y su hegemonía sustentada en la famosa Doctrina Monroe.

Retomando la política del *big stick*, propia de su antecesor Teddy Roosevelt, el presidente Wilson hizo caso a sus asesores y se dispuso a intervenir militarmente en territorio mexicano. El coronel House, uno de los hombres cercanos al primer mandatario estadounidense recordaría: "Le aconsejé que se mantuviera firme y abriera el camino a un

[16] Friedrich Katz, *La guerra secreta en México*, Era, México, 1983.

nuevo y mejor código de comportamiento internacional. Si México entendía que nuestros motivos no eran egoístas, no objetaría a que le ayudáramos a poner orden en la casa."[17]

La aviesa oportunidad se presentó en abril de 1914 bajo dos circunstancias particulares. La primera fue el conocido incidente de Tampico, en el que después del arresto y la liberación de unos marinos estadounidenses, tanto autoridades locales como internacionales intercambiaron toda clase de improperios y desaprobaciones. Y el segundo fue el aviso del cónsul estadounidense en Veracruz de que no tardaría en arribar en aquel puerto el vapor alemán *Ipiranga* con un gran cargamento de armas para pertrechar al régimen de Huerta.[18]

Varias unidades de la armada estadounidense recibieron la orden de navegar hacia el puerto de Veracruz y apoderarse de la aduana. El contralmirante Henry T. Mayo y el almirante Frank Fletcher se congratularon de que finalmente sus navíos encontrarían una razón de existencia, después de las "incertidumbres constantes, de los largos telegramas, del calor, de las naves llenas de mujeres y niños, los cañones cubiertos de pañales y de que la armada se estaba yendo al demonio". Todo ello por no tener ocupación durante los meses que precedieron al desembarco en Veracruz, que finalmente se llevó a cabo el 21 de abril de 1914.[19] Cuatro de los 18 navíos que cercaron el puerto durante los inicios de esa jornada enviaron en barcazas de motor a cerca de 500 marines para iniciar el asedio a la aduana. En dos días desembarcarían cerca de 7000 soldados en el puerto, en cuyo horizonte ya se veían las manchas de por lo menos 30 buques de guerra estadounidenses, que no se separarían de ahí sino hasta avanzado agosto.[20]

---

[17] Alan Knight, *La Revolución mexicana*, vol. II, Grijalbo, México, 1996, p. 694.

[18] Martha Strauss, "Del abierto repudio a la intervención armada", en Javier Garciadiego, Enrique Florescano *et al.*, *Así fue la Revolución mexicana*, vol. 4. *La lucha constitucionalista*, Senado de la República/SEP/Conafe, México, 1985, pp. 730-731.

[19] Alan Knight, *op. cit.*, p. 693.

[20] José Luis Melgarejo Vivanco, *Breve historia de Veracruz*, Gobierno de Veracruz, México, 1960, p. 199.

La toma de Veracruz en abril de 1914 generó una reacción indignada en prácticamente todo el país. Venustiano Carranza y el ejército constitucionalista exigieron la inmediata retirada de tropas estadounidenses del territorio nacional. Airadas protestas del gobierno huertista precedieron la ruptura de las relaciones diplomáticas con Estados Unidos.[21] Pero lo que más conmocionó a la sociedad mexicana fue la ola de manifestaciones que se apoderó de las principales ciudades del país. Tanto en la Ciudad de México como en Guadalajara, Aguascalientes, Zacatecas, Acapulco, Mazatlán, Durango, Monterrey, San Luis Potosí, en fin, en prácticamente todas las poblaciones que tuvieran una representación o un consulado, la marejada patriótica se ocupó de tirar estatuas, arrancar escudos, izar banderas e insultar a los estadounidenses.

Fue tal la furia que el 22 de abril de 1914 el periódico *El Imparcial* de la Ciudad de México presentó en su primera plana un gran retrato de Victoriano Huerta que llevaba en la mano un estandarte de la Virgen de Guadalupe, a la manera del cura Hidalgo, con un fondo que representaba un águila y un nopal. Olvidando al golpista y usurpador, y haciéndole coro al llamado del dictador, el encabezado decía: "Un gran soplo de nacionalista entusiasmo agita la República". Exhortaba al ánimo patriotero anatemizando a quien no acudiera a la lucha contra el invasor y de paso atacaba a Carranza, Villa y Zapata, a quienes les zampaba los epítetos de "hijos desnaturalizados" por no apoyar a Huerta en su lucha contra el invasor.[22]

El llamado a la unidad apeló a imágenes que parecían confundir la salvación de la patria con cierto racismo, como la que apareció en la portada del periódico *La Semana Ilustrada*. Presentaba un gran globo terráqueo sobre el cual una enorme mancha blanca se expandía del norte hacia el sur. Encima de la mancha, hincada y con actitud de limpiar el

[21] Isidro Fabela, *Historia diplomática de la Revolución mexicana*, vol. 1, FCE, México, 1958, pp. 355-358.

[22] John Rutherford, *La sociedad mexicana durante la Revolución*, El Caballito, 1978, p. 203.

suelo, una india tallaba con un trapo y una pastilla de jabón la superficie manchada del mundo. El subtítulo decía: "Esa mancha de la Casa Blanca. ¡A ver si con jabón de La Unión se quita…!"[23]

Aun así el resultado de apoyo y unidad esperado por el régimen no tuvo el eco necesario y se desarticuló un par de meses más tarde. La intervención estadounidense en Veracruz fue el anuncio de la debacle final a la que se precipitó el ejército federal y el gobierno huertista. En algún momento intentaron salvar cierto decoro al iniciar conversaciones entre representantes de las facciones mexicanas y estadounidenses en Niagara Falls. Con intermediarios diplomáticos de Argentina, Brasil y Chile, el famoso ABC, las reuniones fracasaron en gran medida porque los revolucionarios insistieron en que "por ningún precio estaban dispuestos a negociar el orden interno de México ante un foro internacional".[24]

Para julio de 1914 el gobierno huertista se encontraba asediado militarmente por las fuerzas constitucionalistas y sin mayores apoyos internacionales. El día 15 Victoriano Huerta renunció nombrando al oscuro secretario de Relaciones Exteriores, Francisco Carbajal, como su sucesor, y éste no tardó en firmar con los jefes rebeldes los Tratados de Teoloyucan, con los cuales se finiquitaba al gobierno huertista y se disolvía aquel ejército federal de origen porfiriano que había traicionado a Madero.

El joven Cárdenas y el excoronel Eugenio Zúñiga se enteraron en Guadalajara sobre los conflictos internacionales en Tampico durante los primeros días de abril. La invasión a Veracruz les pareció un acto intolerable, y el colmo de la ignominia para ellos resultó ser el llamado a la unión nacional por parte del gobierno federal con el fin de expulsar a los invasores del principal puerto mexicano. El jiquilpense anotó en su diario que no creía lo que informaban los periódicos sobre la versión de que las fuerzas de Carranza, Villa y Zapata secundarían a Huerta para

---

[23] *La Semana Ilustrada*, 19 de mayo de 1914.

[24] Friedrich Katz, *La guerra…*, *op. cit.*, p. 233.

combatir al invasor, y en un principio se mostró cauteloso. Sin embargo Zúñiga quiso actuar de inmediato y decidió volver al servicio activo.

Las noticias sobre la intensificación de la leva empezaron a preocupar a Cárdenas, quien no estaba contento trabajando en la fábrica de cerveza. Le producía indignación enterarse sobre los jóvenes reclutados que en vez de ser enviados al frente contra los estadounidenses eran mandados contra su voluntad a combatir a los constitucionalistas. Éstos, por su parte, acrecentaban su poderío militar en el norte del país y reorganizaban sus huestes con algunas dificultades. La División del Noroeste era comandada por el general Álvaro Obregón y la del Noreste por el general Pablo González. La famosa División del Norte tenía como líder natural al general Francisco Villa. Sin embargo, entre éste y el jefe del constitucionalismo, Venustiano Carranza, se mantenía una tensa e inestable relación, sobre todo después de los avances que el divisionario chihuahuense había dirigido sobre Torreón y Zacatecas en abril y mayo de ese año. El costo de la toma de Zacatecas a mediados de junio fue muy alto y aun cuando aquel triunfo abrió la posibilidad de que el constitucionalismo avanzara hacia el sur, Villa le recriminó a Carranza la falta de apoyo general y en particular de suministro de carbón y armas. En vez de continuar su marcha hacia tierras meridionales, Villa regresó a Torreón, dejando el camino abierto para que la división del noroeste al mando de Obregón marchara sobre el centro del país.

Al conocer los avances de los constitucionalistas a principios de mayo, Lázaro Cárdenas decidió regresar a Jiquilpan, donde le advirtieron que el prefecto y el secretario del ayuntamiento mantenían intenciones de aprehenderlo culpándolo de haberse integrado a las fuerzas rebeldes en Tierra Caliente. Aun cuando dichas tropas irregulares estaban dispersas y el propio Cárdenas tenía poco contacto con los enemigos del huertismo, los rumores que corrían sobre él y sus andanzas hicieron que el secretario del ayuntamiento huyera de Jiquilpan con su familia por temor a las represalias. Aquel pobre hombre se había creído el chisme de que Cárdenas comandaba 700 hombres y estaba a punto de entrar al pueblo con el fin de colgar a las autoridades en turno.[25] Nada más ajeno a la verdad.

Durante esos días y hasta mediados de junio Lázaro veía ocasionalmente a sus amigos, pernoctando a veces en casa de su madre y escondiéndose constantemente con el fin de evitar la acción de las autoridades que lo asediaban. Decidió también armarse y no perder la oportunidad de enterarse sobre los movimientos rebeldes que se acercaba a Jiquilpan, merodeando por los rumbos de Sahuayo, Tingüindín y Quitupan. De vez en cuando visitaba Totolán para ver a Carlota, su amiga con quien se perdía de pronto por las huertas vecinas, para regresar ya entrada la noche a su casa. El 15 de junio estuvo a punto de ser aprehendido, pero logró escapar saltando bardas y evadiendo a los gendarmes. Ese mismo día se enteró de que *el Jefe* Eugenio Zúñiga se había levantado en armas con un contingente mediano en Tlajomulco, Jalisco. Una semana después el propio Zúñiga llegó a Jiquilpan encabezando una columna de 700 hombres y Cárdenas se incorporó a su estado mayor como oficial. El 27 de junio fue ascendido a comandante del 22º Regimiento de Caballería.[26]

La reincorporación de Lázaro Cárdenas al ejército rebelde coincidió con los últimos estertores del gobierno de Victoriano Huerta. En el norte y el oeste, el constitucionalismo había avanzado triunfante desde Sinaloa, Colima y Nayarit, y el general Lucio Blanco encabezaba la batida contra el ejército federal en el occidente del país. Tras él venían los generales Álvaro Obregón, Manuel M. Diéguez, Benjamín Hill y Rafael Buelna. Después de la batalla de Orendáin, en las afueras de Guadalajara, el gobierno de Huerta se vio obligado a desalojar la plaza y a principios de julio la capital de Jalisco caería en manos del constitucionalismo. El general Obregón junto con el general Diéguez, nombrado gobernador y comandante del ejército constitucionalista en Jalisco por el propio jefe

---

[25] Lázaro Cárdenas, *Obras. I...*, *op. cit.*, vol. I, tercera edición, p. 46.

[26] Archivo SEDENA, expediente del general Lázaro Cárdenas..., *op. cit.*

Carranza, harían su entrada triunfal en aquella ciudad el día 8, mientras Lucio Blanco, que venía de Tlajomulco, todavía pudo perseguir a los federales por el sur dispersándolos en plena retirada. Los generales Rafael Buelna y Benjamín Hill también se incorporaron a los contingentes que desfilaron por las calles de la Perla de Occidente, que experimentó con temor y suspicacia la llegada de los revolucionarios.

Y en efecto, los carrancistas hicieron de las suyas durante los primeros días después de su arribo a Guadalajara. Según las crónicas conservadoras, se la pasaban viajando en el tranvía ebrios y sin pagar, entrando a las iglesias como si fueran cantinas, y provocando desmanes por la calle y los edificios públicos, en vista de que Obregón les había dado permiso para "carrancear". Se cuenta que al voluntarioso hombre de Huatabampo lo habían puesto de malas los tapatíos al festejar su llegada haciendo sonar las campanas de Guadalajara.[27] Esa tardía incorporación de Jalisco a la revolución constitucionalista, pero sobre todo la fama clerical y mojigata de la sociedad tapatía, propició que el mismo Obregón, una vez afincado en la capital del estado, lanzara su famoso insulto a los jalisquillos: "por fin me encuentro en el gallinero de la república", dicen que dijo.[28]

Todo esto trascendía en las poblaciones aledañas, y en la región de Jiquilpan como también en Sahuayo el anticlericalismo cobraría sus primeras víctimas. Unos días antes de la entrada de los constitucionalistas a Guadalajara, el jefe Zúñiga mandó detener a 13 sacerdotes para darles un susto. En Sahuayo les hizo presenciar el fusilamiento de un jefe de la famosa "acordada" que trabajaba para la hacienda de Guaracha, dándoles a entender que les pasaría lo mismo por representar a la reacción local. Sin embargo, después de la ejecución de aquel dependiente del

[27] Jesús Gómez Fregoso, *La historia según Chuchín*, Editorial Amate, México, 2003, p. 280.

[28] Rafael Torres Sánchez, *Revolución y vida cotidiana: Guadalajara, 1914-1934*, Universidad Autónoma de Sinaloa/Editorial Galileo, México, 2001, pp. 125-163.

latifundio, los dejó en libertad. El asunto llegó a oídos de doña Felícitas, quien le pidió a su hijo Lázaro que no participara en ese tipo de agresiones a los curitas de pueblo.[29]

Para entonces, Lázaro junto con sus hermanos Dámaso y Alberto formaban parte de la columna comandada por el capitán Zúñiga, y en los primeros días de julio fueron concentrados en Tlajomulco para incorporarse a las fuerzas constitucionalistas bajo el mando del general Diéguez. Como se encontraban cerca del contingente de la División del Noreoeste que comandaba el general Buelna, participaron en los combates que se suscitaron en las goteras sureñas de Guadalajara, obligando al ejército federal a batirse en retirada. Al día siguiente de la entrada de los constitucionalistas a la capital de Jalisco, la columna a la cual pertenecían los jóvenes Cárdenas fue apostada a las afueras de la ciudad, en el pueblo de Santa Cruz del Valle, en donde quedó acantonada hasta finales del mes. Para entonces Lázaro fue ascendido al puesto de comandante del 22° Regimiento de Caballería, según se consignó en su foja de servicios en Tlajomulco.[30]

Con Guadalajara en manos de los constitucionalistas el avance hacia la Ciudad de México no se dejó esperar. El gobierno provisional de Francisco Carbajal en la capital del país se encontraba también asediado por el sur, debido a los avances del ejercito libertador comandado por el general Emiliano Zapata. Chilpancingo y Cuernavaca se encontraban ya en poder de los zapatistas quienes amagaban desde las serranías y pueblos sureños los linderos de la Ciudad de México. Tras la renuncia de Victoriano Huerta, las presiones tanto del norte como del occiden te y del sur apremiaron a Carbajal a que mandara a sus representantes ante los rebeldes para negociar la paz. Y prefirió hacerlo con los constitucionalistas y de ninguna manera con los zapatistas, ya que según los huertistas éstos representaban una milicia despreciable, no sólo por ser

---

[29] Lázaro Cárdenas, *Obras. I…*, *op. cit.*, vol. I, tercera edición, p. 51.
[30] Archivo SEDENA, expediente del general Lázaro Cárdenas…, *op. cit.*

un contingente menos numeroso que el constitucionalista, sino porque estaba constituida por indígenas y campesinos.

Finalmente los emisarios de Carranza y Carbajal se encontraron en Teoloyucan, en el Estado de México, y ahí firmaron el 14 de agosto la rendición incondicional del ejército federal y su disolución. La columna del capitán Eugenio Zúñiga y con ella su joven comandante de caballería estuvieron apostados en las cercanías de la región. Al día siguiente de la firma de dichos tratados Lázaro Cárdenas anotó en su diario: "Hoy a las 6 de la mañana salimos de Teoloyucan para México, llegando a Chapultepec a las 2 de la tarde. Estuvimos dos horas en la plaza de toros y seguimos después para el centro, acuartelándonos a las 7 de la noche en el cuartel de Las Inditas, calle Rodríguez Puebla".[31]

Con la disolución del ejército federal, tocó a los constitucionalistas conformar las fuerzas del orden que sustituirían a las que habían actuado bajo las órdenes del huertismo. Una vez en la Ciudad de México, al jefe Zúñiga le fue encomendada la custodia de los pueblos del sur del Valle de México, frente a los posibles avances del zapatismo. Fue así que a finales de agosto Lázaro Cárdenas con el tercer escuadrón de su regimiento quedó acuartelado en Coyoacán. De ahí se le ordenó avanzar hacia Xochimilco, luego a San Gregorio y a otros pueblos aledaños de la serranía que se levanta al sur de la Ciudad de México. Ahí combatió a los zapatistas durante todo el mes de septiembre. De pronto se daba sus escapadas al centro de la capital a saludar a antiguos superiores como el general Joaquín Amaro, quien también venía con los contingentes constitucionalistas y a quien había conocido desde sus andanzas en Tierra Caliente. El joven militar aprovechaba entonces para irse de juerga con sus amigos Miguel Pérez, Luis Martínez y Samuel Mejía, quienes se escaparon de Jiquilpan y no perdían la oportunidad de reencontrarse en alguna calle o cantina de la bulliciosa capital. El 17 de septiembre, fuera de la Ciudad de México y por órdenes del recién nombrado general de brigada, Eugenio

---

[31] Lázaro Cárdenas, *Obras. I…*, *op. cit.*, vol. I, tercera edición, p. 53.

Zúñiga, Lázaro Cárdenas fue dado de alta como mayor del 22º Regimiento de Caballería.[32]

Según el testimonio de Eduardo Rincón Gallardo, quien se incorporaría a los 14 años a las fuerzas revolucionarias bajo el mando del propio Cárdenas, aquel regimiento

> estaba integrado en su mayor parte por campesinos de los estados de Michoacán y Jalisco. Parte de la gente que venía con Eugenio Zúñiga, también era de origen campesino, había sido enrolada en su propia hacienda. Todos aquellos hombres hablaban de lo mal que les iba en el campo; de la miseria en la que se encontraban; de que no podían progresar porque los patrones nunca los dejaban; de que las condiciones de vida para ellos eran casi insostenibles, y que se habían metido a "la bola" porque trataban de mejorar o que no los mataran.[33]

Una fotografía de grupo de esas épocas, y que lleva sobreimpuesto el nombre de La Purísima D. F. manuscrito al centro en la parte inferior, muestra a 21 personajes identificables y dos siluetas en el fondo izquierdo. Se trata de un conjunto bastante heterodoxo de hombres armados, cuyos atuendos acusan ciertas diferencias sociales, y que al parecer descansan posando para la foto. El grupo se muestra en un paraje campirano ubicado en las afueras de la Ciudad de México. El tronco de un gran árbol aparece al fondo y al centro, y a sus costados una docena de tallos más delgados surgen desde la tierra verticales, coronados por un abundante follaje. Diez de aquellos individuos están parados y entre ellos sólo cinco sostienen sus carabinas a medio cuerpo y apuntan hacia la derecha del cuadro. Otros 10 están sentados o acostados sobre la profusa yerba que cubre el piso. Llama la atención que los personajes son bastante jóvenes, incluso cinco son casi niños. El más bisoño posa al centro con un par de cananas cruzándole

[32] *Ibid.*, p. 56.
[33] Fernando Benítez, *Entrevistas con un solo tema: Lázaro Cárdenas*, UNAM, México, 1979, pp. 107-108.

la pechera, sostiene un rifle corto y mira fijamente a la cámara en actitud desafiante. Un poco más a la izquierda otro muchachito de cabello muy oscuro sujeta su rifle apuntando hacia afuera del cuadro; y un tercer niño se asoma en el extremo derecho de la fotografía, con un sombrero de palma y una camisa blanca. Abundan los cinturones portabalas y las cartucheras, pero sólo cuatro de los personajes están vestidos de militares. Uno tiene incluso un quepis, aunque es de notar que los demás visten prendas de paisano; incluso algunos asemejan campesinos por el tipo de sombreros que portan. Otros traen montera de fieltro, al estilo americano.

Por el talante de los seis que aparecen recostados, parecería que se trata de un momento de reposo; el del quepis está tocando una guitarra y a su izquierda inferior un soldado descansa sobre la yerba con los ojos cerrados como si dormitara. Los que están erguidos parecen estar prestos para entrar en combate, a pesar de que uno de ellos se recarga en el tronco de un árbol en actitud por demás relajada. El mayor Lázaro Cárdenas es uno de los que están recostados. Con una ostensible pistola enfundada al cinto y portando un par de cananas, yergue la cabeza y mira a la cámara con aparente tranquilidad. Sobre su muslo izquierdo descansa un largo sable que le llega hasta el empeine de su bota de montar derecha. Su semblante serio parece haber madurado, aunque todavía mantiene la mirada de un muchacho.[34]

Otra fotografía de aquellas semanas en la Ciudad de México retrata al recién nombrado mayor como un joven serio y orgulloso. Sostiene la mirada serena y el semblante luce la sombra de un incipiente bigote; aparece armado, con una pistola en la hebilla y su mano derecha tomando un sable, con las balas de las cananas rodeándole la cintura. Está acompañado por cuatro muchachos, probablemente de su misma edad, que entonces rayaban los 19 o 20 años. Sus gruesos labios y sus notorias orejas lo distinguen, lo mismo que su negra cabellera; pero sobre todo llama la atención

---

[34] Esta fotografía no tiene fecha, pero en el Archivo de Cárdenas del CERMLC se encuentra entre las que corresponden a los años de 1913-1914.

Un grupo perteneciente al 22º Regimiento de Caballería del Ejército
del Noroeste descansando en las cercanías de la Ciudad de México
(colección CERMLC).

la calma que parece irradiar su persona y que contrasta con la inquietud
que el país vivía a finales de 1914 y principios de 1915.

Para ese entonces los conflictos entre los revolucionarios empezaban
a mostrar fisuras de hondo calado. Ante las notables diferencias entre las
diversas facciones —sobre todo entre villistas y zapatistas y su enfrentamiento con las fuerzas del centro-norte del país— parecían urgentes
los acuerdos de paz y la reestructuración de los poderes de la nación.
Venustiano Carranza, cumpliendo con lo pactado con Francisco Villa
en julio de ese año, convocó a una convención de jefes militares con
mando de fuerzas y gobernadores de los estados. Esta reunión debía
celebrarse a principios de octubre en la Ciudad de México. Pero ante

El mayor Lázaro Cárdenas con cuatro miembros de su regimiento
(colección CERMLC).

la negativa de Villa a presentarse en la capital del país, controlada por
carrancistas, y la reticencia de Emiliano Zapata, cuyas fuerzas desconocían al constitucionalismo, se acordó que dicha convención se llevara a cabo en un territorio neutro, como Aguascalientes. Allí acudirían
representantes de la mayoría de los contendientes para llegar a acuerdos y constituir un gobierno provisional. Aquel intento de ajustar los
múltiples intereses surgidos durante la lucha contra la dictadura de Victoriano Huerta se declararía instalado con el reivindicativo nombre de
Soberana Convención Revolucionaria. Las sesiones de la misma fueron bastante acaloradas, y finalmente se decidió cesar de sus funciones
al primer jefe del ejército constitucionalista, Venustiano Carranza, y
nombrar presidente del gobierno convencionista al coahuilense Eulalio Gutiérrez. Francisco Villa se mantendría como jefe de la División
del Norte y Emiliano Zapata como comandante del Ejército Libertador

del Sur. Durante los últimos días de octubre y las primeras semanas de noviembre de 1914 la confrontación entre convencionistas y carrancistas se agravó. Mientras Eulalio Gutiérrez nombraba parte de su gabinete a figuras tan disímbolas como Lucio Blanco, José Vasconcelos, José Isabel Robles, Manuel Palafox y Pánfilo Natera, el desairado Venustiano Carranza decidió asumir la primera jefatura constitucionalista marchando hacia Córdoba primero y luego a Veracruz, detentando los Supremos Poderes de la Nación, tal como lo estableció el Plan de Guadalupe. Fieles a su causa se mantuvieron, entre otros, los generales Álvaro Obregón, Pablo González, Cándido Aguilar, Salvador Alvarado y Jacinto B. Treviño.

La profunda división entre los revolucionarios se había declarada abiertamente. Por un lado, se encontraban Villa, Zapata y los convencionistas, que no tardaron en establecerse en la Ciudad de México, y por el otro se erigían los constitucionalistas con Venustiano Carranza encabezando el gobierno desde tierras veracruzanas. A principios de noviembre las tropas que se mantenían fieles al constitucionalismo y seguían apostadas en la capital del país fueron continuamente hostilizadas por los villistas y zapatistas que empezaban a ocupar la plaza. Desde Xochimilco, donde se encontraba acantonado el 22° Regimiento de Caballería, el mayor Lázaro Cárdenas recibió la orden de salir rumbo a Azcapotzalco el 24 de noviembre para emprender la retirada hacia Atlacomulco, en el Estado de México. En los primeros días de diciembre ya se encontraban en las afueras de El Oro, muy cerca de la frontera con Michoacán, donde la minería inglesa, belga y francesa, había construido un enclave rico en metales preciosos. Del lado michoacano, el pueblo de Tlalpujahua albergaba a los trabajadores de la famosa mina Dos Estrellas, y del lado mexiquense la población de El Oro suministraba la mano de obra mal pagada por la explotación inglesa del subsuelo mexicano.

Según el propio Cárdenas su corporación pertenecía entonces a la División de Caballería del Ejército del Noroeste de la cual era jefe Lucio

Blanco,[35] sin embargo éste se encontraba en la Ciudad de México como secretario de gobernación del gobierno convencionista, por lo que el oriente político de dichas milicias no parecía muy claro. Aprovechando su estancia en El Oro, Cárdenas visitó a su antiguo jefe, el general Martín Castrejón, con quien sin duda pudo intercambiar opiniones sobre las divididas fuerzas revolucionarias. Sus simpatías, al parecer, más que con los convencionistas, parecían estar del lado del constitucionalismo. Sin embargo, en esos momentos pertenecía a las fuerzas que eran leales a la Convención de Aguascalientes y que se encaminaban a asistir al gobernador de Sonora, José María Maytorena. Éste tenía un reciente historial de ambigüedad frente al constitucionalismo y ahora parecía apoyar a los enemigos de Carranza.

El noroeste del país también se encontraba en plena efervescencia. La división campeaba entre quienes apoyaban al gobernador con licencia, José María Maytorena, y quienes se habían aliado con el ejecutivo interino, Ignacio Pesqueira. Entre estos últimos estaban nada menos que Álvaro Obregón, Salvador Alvarado, Plutarco Elías Calles, Adolfo de la Huerta y Ángel Flores. Sin embargo, los dos primeros formaban parte de la División del Noroeste del constitucionalismo y apoyaban a Venustiano Carranza en su traslado de poderes a Veracruz. En cambio, Calles y Flores se mantuvieron en la capital de Sonora, firmemente dispuestos a demostrar que Maytorena no le sería fiel al gobierno de Carranza. Esto se confirmó a finales de 1914, cuando Maytorena estableció claras alianzas con Villa y desconoció al *Barón de Cuatro Ciénegas*. Durante la Convención de Aguascalientes el sonorense apoyó al presidente Eulalio Gutiérrez, y reunió fuerza suficiente para arrinconar a sus enemigos. A Plutarco Elías Calles lo mantuvo sitiado en Agua Prieta y en Naco, mientras que a Ángel Flores lo redujo a Navojoa. En la región obregonista de Huatabampo, Maytorena empezó a expropiar terrenos de los seguidores del constitucionalismo, lo cual sería el principio de su

---

[35] Lázaro Cárdenas, *Obras. I…*, *op. cit.*, vol. I, tercera edición, p. 58.

caída. También siguió armando a contingentes importantes de indios yaquis, confrontándolos con los terratenientes locales y contribuyendo a que se exacerbara la ya de por sí extenuante Campaña del Yaqui, iniciada desde épocas porfirianas. Si bien varias corporaciones armadas de indios yaquis y mayos participarían en la Revolución al lado de Obregón, otras seguían bajo el mando de Maytorena y contribuirían en sus avances sobre el nororiente de Sonora.[36]

Pero en diciembre de 1914 Sonora estaba muy lejos de la frontera entre Michoacán y el Estado de México, donde se encontraba el mayor Lázaro Cárdenas con su regimiento de caballería. Y muy probablemente fue ahí en donde se enteró de la muerte de sus dos primeros y principales tutores en materia militar. Por distintas razones atribuibles al torbellino revolucionario que el país vivía en esos momentos, ambos fueron pasados por las armas al finalizar el año 1914. El general Guillermo García Aragón, enemistado con Emiliano Zapata desde 1912, había sido presidente de varias sesiones de la Convención de Aguascalientes con lo que pareció recuperar cierto beneplácito del jefe sureño. Sin embargo, la animadversión y el rencor de Zapata hacia García Aragón pudo más, ya que el primero se había sentido traicionado por el segundo cuando el movimiento zapatista rompió con el gobierno de Madero. García Aragón decidió permanecer fiel al maderismo, y aunque se distinguió en la lucha contra el ejército del usurpador Victoriano Huerta, fue fusilado por los zapatistas, una vez que entraron a la Ciudad de México en diciembre de 1914.

Por su parte, el general Eugenio Zúñiga fue ejecutado por órdenes del jefe militar de Jalisco, Manuel M. Diéguez, al enterarse de que Venustiano Carranza pretendía relevarlo de su puesto para poner a Zúñiga en su lugar. En sus *Apuntes*, Cárdenas narró el enfrentamiento entre ambos así: "Zúñiga y Diéguez tuvieron un altercado y se dice que

---

[36] Héctor Aguilar Camín, *La frontera nómada. Sonora y la Revolución mexicana*, Cal y Arena, México, 1997, pp. 502-550.

Zúñiga dio un puñetazo en la cara a Diéguez y que por esto, pretextando que Zúñiga pretendía rebelarse contra Carranza, lo mandó ejecutar; ejecución que se efectuó a puñaladas de marrazo en el interior del cuartel de El Carmen".[37]

Así, las dos primeras figuras tutelares del joven militar michoacano se perdían en la vorágine revolucionaria de ese turbulento año. Es probable que Cárdenas todavía pasara las fiestas de las navidades de aquel año en Jiquilpan con su familia, ya que durante las primeras semanas de aquel mes de diciembre lo habían concentrado entre El Oro y Tlalpujahua, localidades que no parecían demasiado lejanas a su pueblo natal. Sin embargo, a fin de año el bisoño mayor de caballería fue requerido en Acámbaro, Guanajuato, donde se concentró con su destacamento. De ahí fueron trasladados hasta Aguascalientes, pues en dicha ciudad se encontraba el entronque de trenes que llevaría a la octava brigada al norteño estado de Sonora.

---

[37] Lázaro Cárdenas, *Obras. I…*, *op. cit.*, vol. I, tercera edición, p. 64.

Hacia el norte fronterizo

Por allá en nuestro cantón
la bola está retefuerte
y hay muchos balazos
¡jijos de la desgraciada suerte!

Y la merita verdad
por las dudas no me expongo
a que una bala me haga a mí
cosquillas en el mondongo.

Mexicanerías, 1915

La encomienda militar que debía llevar a cabo la columna del extinto general Zúñiga, a la cual pertenecía el mayor Lázaro Cárdenas, era incorporarse a las fuerzas del recién reinstalado gobernador sonorense José María Maytorena para apoyarlo en su lucha contra los enemigos del gobierno convencionista. Aun cuando aquella columna formaba parte del ejército que defendía al gobierno de la Soberana Convención de Aguascalientes, una serie de circunstancias devolvieron al joven mayor al redil constitucionalista. En primer lugar, la muerte de Zúñiga obligó al responsable máximo de las fuerzas convencionistas, el general Lucio Blanco, a que otorgara al general Federico Morales la jefatura de la Cuarta División Mixta de la División de Caballería del Ejército del Noroeste. Ésta estaba compuesta por una buena cantidad de michoacanos y jalisquillos, entre los que destacaba el mismo Cárdenas. Esa división que constaba de alrededor de 2 000 hombres a caballo y 500 de infantería comandados por los generales Juan Cabral y Ramón Sosa, debía partir inmediatamente a Sonora en las primeras horas del año de 1915. Se aprovisionaron los trenes y éstos tardaron cerca de 15 días en arribar a Casas Grandes, Chihuahua, pasando por Torreón, de ahí a Delicias, luego a la ciudad de Chihuahua y finalmente a la Hacienda de Ramos a un costado del camino que va de Casas Grandes a la frontera con Sonora. Durante ese invierno los fríos calaban

147

hondo en la tropa movilizada y el joven jiquilpense tuvo la oportunidad, por primera vez en su vida, de ver la nieve y saber qué pasaba cuando las temperaturas se instalaban por debajo de los cero grados. Cruzando la Sierra Alta de Sonora por un paso norteño que los llevó a través del famoso cañón del Púlpito se adentraron en la región en los últimos días de enero. El 4 de febrero se apostaron en la cercanía del poblado de Fronteras con el fin de acercarse a la plaza de Agua Prieta que se encontraba ocupada por las fuerzas del general Plutarco Elías Calles, quien seguía fiel al constitucionalismo y se mantenía como enemigo acérrimo de Maytorena.

La División recibió órdenes de seguir hacia Cananea, pero el 22º Regimiento de Caballería que comandaba Lázaro Cárdenas, quien para entonces fue ascendido al grado de teniente coronel,[38] estableció su campamento en Anivácachi, a unos 20 kilómetros de Agua Prieta.

La situación política del país era entonces particularmente incierta. El presidente nombrado por la Soberana Convención de Aguascalientes, Eulalio Gutiérrez, había renunciado distanciándose de Francisco Villa. Éste había roto definitivamente con Venustiano Carranza, quien se encontraba a la cabeza de su gobierno en el puerto de Veracruz. La regencia de la Convención quedó entonces bajo el mando del general Roque González Garza y se trasladó a la ciudad de Cuernavaca, protegida por el ejército zapatista. Las fuerzas fieles a Carranza comandadas por el general Álvaro Obregón amagaban a la Ciudad de México desde Puebla.

En Sonora los maytorenistas se mantenían fieles a Francisco Villa y sólo algunas plazas habían quedado en manos de convencidos constitucionalistas como los generales Plutarco Elías Calles y Ángel Flores. En los últimos días de febrero y los primeros de marzo de 1915, el gene-

---

[38] En la foja de servicios del general Lázaro Cárdenas del Río se encuentra un documento en el que consta que fue el general Plutarco Elías Calles quien lo nombró teniente coronel de caballería y está fechado el 14 de enero de 1915. Es probable que la fecha esté equivocada o que sea sólo una ratificación. Archivo SEDENA, *op. cit.* En sus *Apuntes* el general menciona que ya es teniente coronel hasta el 23 de marzo de 1915. Lázaro Cárdenas, *Obras. I...*, *op. cit.*, vol. I, tercera edición, p. 71.

ral Federico Morales y los generales Sosa y Cabral, responsables de esa gran columna que había salido del centro de México para apoyar al maytorenismo, tomaron la decisión de frenar las acciones bélicas y trasladarse a Veracruz para recibir órdenes del gobierno constitucionalista comandado por Venustiano Carranza. El general Morales conversó en varias ocasiones con el joven Lázaro Cárdenas y lo conminó a que asumiera una posición al respecto: o se mantenía fiel a Maytorena y con ello continuaba su alianza con el fallido gobierno convencionista y las fuerzas villistas, o se pasaba al constitucionalismo.

Lo cierto es que la inactividad y la confusión se habían apoderado de aquellos jóvenes militares que componían el regimiento al que pertenecía Cárdenas. Tanto así que una tarde en que cruzaron la frontera en Naco para pasar un rato de libertad, el comandante de la plaza estadounidense detuvo a seis de sus integrantes, entre los que estaban el propio Lázaro y su hermano Dámaso. Finalmente los soltaron, aunque no quedó muy clara la razón por la que fueron detenidos. Es probable que lo hicieran por alguna conducta que las autoridades estadounidenses consideraron inadecuada, que podía ser desde participar en un escándalo cantinero hasta simplemente traer el uniforme de soldados mexicanos en tierra gringa. Lo más factible es que sucediera lo primero porque incluso uno de ellos, el joven David, se perdió en el camino de regreso a su campamento, arribando a él hasta la mañana siguiente.[39]

Así, harto de la inercia y la ausencia de órdenes superiores, el teniente coronel buscó la asesoría de algunos compañeros de armas y delegados del carrancismo antes de tomar una decisión. Finalmente el 27 de marzo y ante la posibilidad de un ataque de los maytorenistas a las fuerzas apostadas en Anivácachi para continuar rumbo a Agua Prieta y cercar la plaza que estaba en manos del general Plutarco Elías Calles, Lázaro Cárdenas al mando del 22° Regimiento de Caballería y Samuel Cárdenas al mando del 23°, se adelantaron para poner sus fuerzas a disposición del

---

[39] Lázaro Cárdenas, *Obras. I…*, *op. cit.*, vol. I, tercera edición, p. 78.

constitucionalista. En sus memorias, el general relató su primer encuentro con Calles así:

> A las 3 de la mañana hicimos alto a 5 km de la plaza y a las 8 horas regresó el capitán Mora con un grupo de jefes y oficiales, invitándome a pasar solo ante el general Calles. Los acompañé hasta su cuartel general y ya frente a él, le manifesté los antecedentes de nuestra presencia en Sonora.

Aquel cuartel general no era otro lugar más que la habitación particular en la que vivía el general Calles, misma que se encontraba en "Curiosidades" una casa comercial "propiedad de una dama norteamericana, ya de mayor edad". Ahí, el joven teniente coronel expuso su interpretación de lo sucedido con la Convención de Aguascalientes y su gobierno, así como de la coyuntura en que se encontraban sus regimientos, dado que sus jefes habían partido rumbo a Veracruz a ponerse a las órdenes de Venustiano Carranza. Seguramente también le manifestó su inconformidad por la situación en la que sus superiores los tenían acantonados cerca de Agua Prieta sin hacer nada y sin recibir instrucciones. Y como curándose en salud narró lo siguiente: "Manifesté al propio general Calles que no habíamos tenido ninguna acción de armas desde la salida de Acámbaro hasta la fecha y ninguna adhesión o manifestación de solidaridad de parte nuestra al comando del gobernador Maytorena, ni sentimiento de ninguna naturaleza con él o con sus fuerzas adheridas al villismo".

Afirmando su origen constitucionalista, en sus *Apuntes* parecía justificar que era consecuente con su filiación inicial al pretender continuar la lucha uniéndose a contingentes afines, como el que había demostrado ser el del propio general Calles. Al parecer este último tampoco percibió contradicción alguna y vio con buenos ojos la incorporación de esa caballería, pues con ademán seco y afirmativo, muy propio del estilo norteño y callista, les dio la bienvenida a los dos regimientos y ordenó que se constituyeran en un solo cuerpo: el 22° Regimiento de

Caballería con 460 plazas que ahora quedaría bajo el mando del teniente coronel Lázaro Cárdenas.[40]

Poco a poco el general Calles se convertiría, a partir de entonces, en la figura tutelar del joven jiquilpense al que sólo le faltaban un par de meses para cumplir 20 años de edad. Otros dos personajes serían especialmente importantes para Cárdenas a partir de ese momento: el teniente coronel Max Joffre, quien se desempeñaba como jefe del estado mayor del general Calles, y el capitán José Mora, quien sería su subalterno de mayor confianza.

La fortaleza militar de Agua Prieta comandada por el general Plutarco Elías Calles no era particularmente significativa en esos momentos, aunque sí tenía el peso simbólico de no haber caído nunca en manos de los maytorenistas. Tal como lo había demostrado durante el sitio de Naco a finales de 1914 y a principios de 1915, el general Calles era un experto en organizar y mantener reductos fronterizos inexpugnables.[41] Después de resistir junto con el general Benjamín Hill durante más de 100 días los embates de los maytorenistas, aquella "llave de aprovisionamiento" militar no había caído en manos enemigas, cosa que tampoco sucedería en Agua Prieta. Esta población se encontraba un tanto arrinconada en la línea fronteriza que, aunque bien fortificada y con una estratégica vía trasera que permitía un constante contacto con Douglas, Arizona, no dejaba de ser una fracción minoritaria del territorio sonorense. La mayor parte del mismo se mantenía controlado por las fuerzas leales a Maytorena apuntaladas por el villismo que, estaba a punto de ser vencido en el Bajío, pero todavía se mostraba arrogante y firme.

En el centro del país las fuerzas antagónicas de la División del Norte, comandadas por Francisco Villa, y las del ejército constitucionalista al mando de Álvaro Obregón, se enfrentarían en las primeras semanas de

[40] Lázaro Cárdenas, *Obras. I...*, *op. cit.*, vol. I, tercera edición, pp. 81-82.
[41] Plutarco Elías Calles y José María Maytorena, *Informe relativo al Sitio de Naco*, Talleres Gráficos de la Nación, México, 1932.

abril y decidirían el futuro triunfo de los destacamentos que reconocían a Venustiano Carranza como su jefe y presidente provisional. En Celaya la derrota villista marcaría el inicio del avance carrancista por todo el país, aunque en muchos lugares tardaría en imponerse definitivamente. Una vez vencidas y con miles de muertes a cuestas, las huestes de Pancho Villa tendieron a reagruparse en su camino hacia el norte. Desde Torreón, Durango y Chihuahua quisieron recuperarse demostrando su arrojo y fortaleciendo su alianzas locales.

Se pensó entonces que los maytorenistas en Sonora podían darle un nuevo impulso al villismo, por lo cual varios cuerpos de esa tropa derrotada en Celaya, Santa Ana del Conde y Trinidad, enfilaron hacia el noroeste con el fin de recuperar su fortaleza. Esto significó una nueva andanada de embates en contra de los constitucionalistas sonorenses entre los cuales se mantenían resistentes y firmes las plazas que estaban bajo el mando del general Plutarco Elías Calles.

En un primer enfrentamiento cerca de Anivácachi el 7 de abril, poco después de haberse unido a las tropas callistas, los miembros del 22° Regimiento de Caballería demostraron una particular valentía desalojando completamente al enemigo de la zona. Por ello, después de la batalla, el general Calles le regaló al teniente coronel Cárdenas su caballo negro. Un "entero", anotó el jiquilpense en sus *Apuntes*.[42]

Tal vez ese caballo es el mismo que aparece en una foto de aquel año en la cual Lázaro posa frente a la cámara con su uniforme orgullosamente montado, sujetando las bridas con la mano izquierda y en la derecha empuñando una larga fusta. Con el gesto adusto de jinete erguido se presenta como un joven adulto resistiendo el solazo norteño en medio de una calle de un pueblo desconocido. En su ceño fruncido se atisba la seriedad con que se toma el papel de militar disciplinado, justo en esos momentos en que su carrera iba claramente en ascenso.

---

[42] Lázaro Cárdenas, *Obras. I...*, *op. cit.*, vol. I, tercera edición, p. 84.

El teniente coronel Lázaro Cárdenas orgullosamente montando su patialbo trasero (colección CERMLC).

Hacia mayo y junio de 1915 los combates en la región nororiental de Sonora empezaron a recrudecer. En San José, Nacozari, la Cabullona, la Morita, Santa Bárbara, Nogales, Santa Cruz Naco, Cananea y en la propia Agua Prieta las fuerzas leales a Maytorena hostilizaron con insistencia a los constitucionalistas. Entre los recursos de las minoritarias fuerzas leales a Carranza se contaba un avión: *El Pájaro Rojo*. Siguiendo la táctica de arrojar explosivos desde el aire inaugurada en las batallas de Guaymas primero y luego masivamente utilizada durante los inicios de la primera Guerra Mundial en Europa, el bombardeo aéreo sorprendió al joven Cárdenas. El 11 de junio anotó en su diario que aquel "Pájaro

Rojo" había volado sobre los maytorenistas y encima de ellos "les tiró una bomba que hizo efectos perfectos".[43]

Otro fenómeno que llamó la atención del michoacano era la orden que el general Calles solía dar después de tomar una plaza, y que consistía en mandar destruir todo el licor que la tropa se encontrara en su camino. Así no sólo se recogía el armamento y parque al enemigo, sino que se le privaba también de la posibilidad de embrutecerse una vez que había sido derrotado. El sonorense podía ser noble de vez en cuando con sus contrincantes, pero lo que dificilmente consentía era ver a los militares y a los combatientes emborracharse, ya fueran leales o enemigos. Tal vez se trataba de una forma de ser particularmente intransigente con su propio pasado alcohólico así como el de su padre.[44] En lo que sí parecía mostrar bastante indulgencia era en dejar a sus muchachos echar una cana al aire de vez en cuando. Durante este periodo el propio Cárdenas reconoció que en ocasiones cruzaba la frontera para ir a Douglas a pasear "con las muchachas Núñez" o en Cananea visitaba a las señoritas Aurelia y Elodia Méndez.[45]

Así, bajo la sombra de su tutor sonorense, aquel veinteañero maduraba a una gran velocidad responsabilizándose no sólo de su ascendente estrella, sino cuidando a su regimiento y experimentando diversas tácticas militares tanto novedosas como de antiguo cuño. Fue también durante esos días cuando entró en contacto con grupos indígenas norteños que vivían separados de la población blanca y de múltiples maneras padecían la discriminación social y económica de quienes ejercían el mando local. Mayos, pimas, yaquis, pápagos y kikapoos deambulaban con su miseria por las calles y rumbos del norte sonorense, y de vez en cuando captaban la mirada del teniente coronel michoacano, quien

---

[43] *Ibid.*, p. 89.

[44] Héctor Aguilar Camín, *op. cit.*, p. 562. Enrique Krauze, *Plutarco Elías Calles. Reformar desde el origen*, Biografías del Poder, núm. 7, FCE, México, 1987, pp. 30-32.

[45] Lázaro Cárdenas, *Obras. I...*, *op. cit.*, vol. I, tercera edición, pp. 86 y 95.

seguramente asociaba la marginación indígena con la que ya había experimentado en su tierra natal.

El 10 de julio de 1915 el joven michoacano asistió a los funerales de su par, el teniente coronel Cruz Gálvez, muerto en algún combate en las cercanías de Agua Prieta. Una fotografía de esa ocasión muestra a Lázaro Cárdenas mucho más maduro que en las fotos tomadas apenas seis meses antes. En primer plano y al frente de un conjunto de alrededor de 60 personas, entre mujeres, niños, militares y civiles, el recién nombrado teniente coronel vestido de civil sostiene el lado derecho del féretro con su brazo izquierdo y desvía la mirada en diagonal hacia una esquina superior del cuadro. Con un semblante introspectivo y serio se le ve más alto que la mayoría de sus acompañantes. Ya no parece un jovencito metido a la guerra. Es más bien un muchacho adulto en el que destacan cierta formalidad y no poca mesura. Al centro y al fondo, detrás del féretro, casi en el último plano, el general Calles mira hacia la cámara.

En Agua Prieta, Sonora, durante los funerales del teniente coronel Cruz Gálvez (colección CERMLC).

155

También de 1915 es otra foto en la que Lázaro aparece montando el caballo negro patialbo que le regalara el general Plutarco Elías Calles y escoltado por dos subalternos que sujetan al penco; uno es bastante más joven que el otro y ambos están visiblemente armados. El jinete es otra vez el muchacho adulto, ahora vestido con atuendo militar, de nuevo muy serio mirando hacia el extremo izquierdo del cuadro. La posición de la cámara ahora lo favorece particularmente, ya que en esta ocasión Cárdenas se presenta en una proporción mucho más acorde con la del caballo. Ya no es el muchacho montado sobre un enorme corcel, sino que su prestancia afirma su talla y su dominio sobre el animal. Tal parecería que la guerra le había aumentado algunos años más de los que habían pasado cronológicamente. A partir de entonces y en las subsiguientes fotografías pasaría a ser un joven maduro, que rara vez se perdía entre las multitudes. Su estatura y su prestancia lo destacarían.

Otra fotografía tomada en la campaña del noroeste
(colección CERMLC).

Entre agosto y septiembre los constitucionalistas esperaron un embate mucho más intenso de parte de los maytorenistas. Al parecer los villistas ya habían cruzado los límites entre Sonora y Chihuahua y se posicionaban fortaleciendo las plazas que seguían leales al gobernador Maytorena. Por ello el general Calles ordenó guarnecerse en la línea fronteriza desde Nogales hasta Agua Prieta. Entre el 17 y 19 de agosto se combatió intensamente en esta última. El 22° Regimiento que se encontraba en Nogales pudo avanzar sobre la retaguardia del enemigo logrando debilitar su avance sobre Agua Prieta. En el parte oficial sobre los combates que el general Calles envió al primer jefe del Ejército Constitucionalista, Venustiano Carranza, el sonorense destacó que gracias a los ataques de la caballería al mando del teniente coronel Lázaro Cárdenas se había logrado aislar a los maytorenistas de la capital del estado. Una nota periodística desde Tucson, Arizona, reprodujo dicho parte y cabeceó la noticia con la leyenda "Maytorena embotellado en Nogales por Calles". Ese mismo informe decía que los constitucionalistas habían capturado "cuarenta prisioneros, cuatrocientas cabezas de ganado, cien caballos, un tren y bastantes armas y municiones, marchando después de este triunfo sobre la plaza de Magdalena".[46]

Poco después hubo otros enfrentamientos menores en Santa Bárbara y en Naco, pero la incertidumbre sobre los refuerzos que Villa debía mandar a los maytorenistas y que se tardaban tanto en llegar, generaba suspicacia y no se podía bajar la guardia. Además, desde Veracruz el jefe máximo del constitucionalismo, Venustiano Carranza, envió al general Plutarco Elías Calles su nombramiento como gobernador interino de Sonora. El 1° de octubre concluía también el periodo gubernamental del propio José María Maytorena, por lo que los poderes locales, además de profundamente divididos, se encontraron en un *impasse* que el mismo general Calles supo aprovechar puntualmente.

---

[46] *El Tucsonpage*, Tuson, Arizona, 21 de agosto de 2015.

El 1° de octubre el recién nombrado gobernador constitucionalista sonorense elevó al teniente coronel Lázaro Cárdenas al grado de coronel de caballería. En seguida le encargó una primera misión que consistía en destruir la vía entre la estación del río y el campamento de Molina, en las cercanías de Cananea. Cárdenas anotaría en su diario: "Se quemaron once puentes, sin novedad".[47] Sin embargo poco faltaba para que toda la región comprendida dentro del triángulo formado entre Naco, Agua Prieta y Cananea se convirtiera en la región donde se decidiría la suerte del constitucionalismo y sus aliados derrotando a los villistas. A partir del 1° de noviembre los maytorenistas, apoyados por varios contingentes que venían relativamente repuestos desde Chihuahua, sitiaron Agua Prieta. "Las fuerzas reaccionarias que comanda 'ARANGO' (a) Francisco Villa", según la crónica del propio Lázaro Cárdenas reportada en sus *Apuntes*, amagaron durante casi tres semanas esa zona fronteriza.

Entre Cananea y Anivácachi el 22° Regimiento opuso resistencia a los villistas y dio oportunidad al joven jiquilpense de mostrar sus dotes de explorador y reconocedor del campo. Si bien participó en varios enfrentamientos, sus notas se concentraron sobre todo en observaciones del panorama general después de las batallas, confirmando lo "duro que se castigó al enemigo" o refiriéndose al armamento encontrado. De pronto, tras describir un intenso bombardeo o una prolongada batalla, Cárdenas anotaba, no sin cierta inocencia, que había encontrado "la caballada en mal estado y lugares llenos de vendas ensangrentadas donde curaban a los heridos".[48]

El 6 de noviembre se le presentó un encuentro importante. El general Obregón, preocupado por la situación en su estado natal y con la decidida intención de seguir golpeando al ejército villista, llegó hasta Agua Prieta, cruzando la frontera. Cárdenas anotaría un día antes en su diario: "Hoy a las diez de la noche comunicó la comandancia militar en orden

---

[47] Lázaro Cárdenas, *Obras. I...*, *op. cit.*, vol. I, tercera edición, p. 105.
[48] *Ibid.*, pp. 108-109.

extraordinaria la llegada a esta plaza de mi general Obregón mañana a las 7:45 a.m".[49] El recibimiento al prestigioso militar invicto en aquella plaza fue muy entusiasta y festivo, dado que venía a fortalecer una posición que ya llevaba varios días sitiada. El general Calles le presentó a sus principales subalternos, entre los que se encontraba el flamante coronel de caballería Lázaro Cárdenas, con quien *el Manco de Celaya* mantendría una relación muy desigual y poco recíproca, por decir lo menos.

Desde una posición distante el joven coronel admiró al general sonorense, y aunque en los años por venir contravendría algunas de sus terminantes órdenes, siempre lo contempló como su superior. Obregón en cambio pareció tratar al joven jiquilpense con particular desprecio, tal vez causado por la deferencia que el general Plutarco Elías Calles le dispensaba. Si bien la alianza entre Obregón y Calles era incuestionable, parecía que una manera de mantener cierta horizontalidad en el mando se lograba fomentando pugnas entre los subordinados de uno con el otro. Independientemente de esos tejemanejes Obregón no apreció a Cárdenas de la misma forma como Calles lo hacía, y esto a la larga tuvo serias consecuencias para el joven michoacano. De cualquiera manera el arribo del general Obregón a Agua Prieta dio un espaldarazo al gobernador constitucionalista de Sonora para hacer frente de manera definitiva a maytorenistas y villistas.

Al avanzar sobre Sonora, las fuerzas comandadas por Pancho Villa se habían dividido en dos columnas. Una se dirigió hacia el centro del estado con objetivo Hermosillo, y la otra pretendió tomar la fortaleza de Agua Prieta. A las 11 de la mañana del mismo día en que Cárdenas conoció al general Obregón se recibió la noticia de que las fuerzas villistas atacarían dicha localidad con un contingente de 20 000 hombres. Según la declaración que el capitán David Mejía haría a la *Revista Ilustrada* de la Ciudad de México un mes después, Calles y Obregón dirigieron la defensa. El coronel Cárdenas se ocupó de cuidar la línea internacional

---

[49] *Ibid.*

159

y el oriente de esa población. Según el reportaje: "El ataque fue general y rudo. Los villistas llegaron en ocasiones hasta las cercas alambradas, siendo rechazados. Al tercer día de lucha los villistas fueron derrotados completamente, huyendo a la desvandada [*sic*]". El capitán Mejía, que por cierto pertenecía al 22º regimiento que comandaba Cárdenas, declaró también a la prensa que después de vencer a las fuerzas de Villa, "la caballería al mando del coronel Cárdenas persiguió eficazmente al enemigo hasta Cananea, donde recogió 385 heridos villistas, que en la huida fueron llevados por sus compañeros". Ahí mismo los enemigos volaron 12 cañones de grueso calibre con el fin de que no cayeran en poder de los constitucionalistas. El resultado de tal batalla parecía haber mermado considerablemente las fuerzas del *Centauro del Norte* y en el reportaje que se publicó a finales de 1915 sobre "la admirable defensa de Agua Prieta" al lado de Obregón y Calles se hacía una clara mención de la eficacia y valentía del michoacano. La prensa de la capital dio a conocer quizá por primera vez la participación destacada del coronel Lázaro Cárdenas en el ejército que defendía la causa de Venustiano Carranza. Su foto apareció en el reportaje junto a la de Obregón y Calles, como si se tratara de los tres responsables de la derrota villista en Agua Prieta y Cananea. Aunque justo es decir que también compartía la plana un recorte con la imagen del informante capitán Mejía.[50]

En ambos frentes, tanto el de Hermosillo como el de Agua Prieta, la resistencia constitucionalista terminó venciendo de manera definitiva al enemigo. Para mediados de noviembre la balanza se movió a favor de los ejércitos leales a Carranza, comandados por Plutarco Elías Calles, Ángel Flores, Manuel M. Diéguez y Álvaro Obregón. Estos últimos diezmaron nuevamente a las fuerzas villistas en la última gran batalla de El Alamito, cerca de Hermosillo, y avanzaron rumbo a Nogales. En la toma de esa plaza las fuerzas bajo el mando obregonista fueron apoyadas por aquellas que envió el general Calles desde Agua Prieta, entre las que estaban el

---

[50] *Revista Ilustrada*, núm. 9, México, 22 de diciembre de 1915.

coronel Cárdenas y su regimiento. Y el 26 de noviembre cayó Nogales, con lo que el villismo y el maytorenismo en Sonora quedaron prácticamente derrotados.[51]

Con este fracaso las mermadas fuerzas de Pancho Villa no tuvieron otra opción más que regresar a Chihuahua. Para entonces los estadounidenses no parecían tan dispuestos a apoyarlo. Sus informantes del otro lado de la frontera le notificaban frecuentemente sobre los éxitos que el cabildeo carrancista lograba con los vecinos del norte. Al verse tan golpeado e intuyendo que sus huestes no se podrían reponer rápidamente del duro tropiezo experimentado en Sonora, todo parecía indicar que la briosa actitud bélica del Centauro del Norte empezaba a declinar. Incluso se llegó a decir que no tardaría en entregarse a las autoridades estadounidenses y firmar la paz.[52] En cambio las fuerzas constitucionalistas triunfantes celebrarían las navidades de 1915 en Hermosillo. Para entonces Francisco Villa ya se había retirado hacia su consabido refugio en Chihuahua y Maytorena tuvo que guarecerse al otro lado de la frontera.

El joven coronel Cárdenas logró impresionar a sus superiores durante la reciente ocupación de Nogales en vista de su disciplinado y eficiente manejo de la caballería. Su prestigio crecía poco a poco y el general Calles lo mantenía como uno de sus subalternos más apreciados. Aquel antiguo maestro de primaria y "náufrago de todos los oficios", como lo llamaría uno de los estudiosos sobre la Revolución en Sonora,[53] y ahora gobernador interino y tal vez la figura más relevante de ese estado que arrogantemente declaraba su triunfo sobre el villismo, tenía entonces 38 años de edad. Le llevaba casi 20 años al jefe del 22° Regimiento, a quien consideraba como "un chamaco" valiente y arrojado.

Para entonces el mundo militar no era la principal preocupación del general Calles. "Emergiendo triunfal y como iluminado de la lucha:

---

[51] Héctor Aguilar Camín, *op. cit.*, p. 559.

[52] Alberto Salinas Carranza, *La expedición punitiva*, Botas, México, 1936, p. 94.

[53] Héctor Aguilar Camín, *op. cit.*, p. 562.

como si su vida anterior no fuese más que estopa quemada en la hoguera de la Revolución",[54] el recién designado gobernador echó a andar en Sonora una serie de reformas radicales que se convertirían en un parteaguas de la historia regional de la contienda revolucionaria. Los famosos 20 preceptos callistas decretados a través de sendas disposiciones gubernamentales trastocaron múltiples aspectos de la sociedad sonorense en aquel momento. Calles se mostró particularmente intolerante con el alcohol, la prostitución y el juego, y además de tratar de moralizar a todos los estratos sociales, se mostró sobre todo interesado en impulsar la educación. Decretó que en cualquier comunidad que tuviera más de 20 niños se fundara una escuela. Obligó a los dueños de las empresas mineras e industriales a crear instituciones escolares nocturnas para sus trabajadores y obreros. Fundó el hospicio, la escuela de arte y la normal del estado. Además, promovió la eliminación de las hipotecas que ahorcaban a los pequeños propietarios y fomentó la creación de cooperativas de producción y explotación agraria y marítima.[55]

Su afán por reestructurar y reorientar el papel del ejecutivo como rector en las relaciones económicas, políticas y sociales en el estado de Sonora debió impresionar bastante al joven jiquilpense. Si bien su carrera se encontraba cimentándose en el medio militar y la caballería, sin duda lo que vivió en el extremo noroeste del país hacia finales de 1915 fue registrado por su despierta inteligencia que todavía parecía oscilar entre el pragmatismo y el idealismo. Las medidas revolucionarias de Calles en Sonora dejarían una honda huella en su conciencia y darían un sentido muy particular a su razón de ser como partícipe de dicho proceso. Aun así sus querencias lo llamaban de vez cuando, por lo que a principios del año siguiente emprendió un viaje de regreso a Jiquilpan. Probablemente quería alejarse en ese momento de la guerra y visitar a su madre y a su familia, a las que no había visto desde hacía más de medio año.

---

[54] *Ibid.*, p. 526.
[55] *Ibid.*

El 18 de enero de 1916 Lázaro Cárdenas salió de Hermosillo y un par de semanas después se embarcó en Mazatlán rumbo a Manzanillo. De ahí siguió a Colima, luego a Guadalajara y finalmente llegó a Jiquilpan el 9 de febrero. Ahí se encontró con que doña Felícitas había enfermado y que las cosas en Michoacán no eran las ideales. Las luchas revolucionarias habían generado una sensible escasez y un gran aumento en los precios de los productos básicos. Una familia extensa como la del coronel Cárdenas no podía costear los dos pesos que necesitaban para los cinco kilos de maíz que requerían cada semana.[56] Lo peor no era la inflación ni la carencia de víveres. A principios de 1916 Michoacán vivía una agitación social sin precedentes debido al aumento del bandolerismo.

Si bien la gente se refería a los delincuentes con nombres y apodos pícaros como el *Tejón* o el *Chivo encantando*, alias de Luis V. Gutiérrez o de Inés Chávez García, los robos y felonías tenían a gran parte de los michoacanos aterrorizados. El gobernador Alfredo Elizondo no había logrado pacificar su entidad y las cosas no pintaban bien. El joven Lázaro visitó Guadalajara en distintas ocasiones para que su madre se estableciera con algunos parientes, cosa que logró parcialmente hasta finales de febrero. Al presenciar la precariedad en la que vivía su familia se convenció de que debía tomar las riendas de la misma. Según su propia madre, como primogénito le correspondía tal responsabilidad. Y muy probablemente su propia conciencia le impuso que su primer deber era velar por su prole. Como no podía darse el lujo de ser un desertor mientras conservaba la venia de una poderosa figura norteña, tenía la obligación de avisarle a sus superiores y solicitar su baja del ejército. Para ello era necesario volver al noroeste y entrevistarse con su comandante, el general Plutarco Elías Calles.

A principios de marzo se embarcó en Manzanillo para regresar a Sonora. Al arribar a Mazatlán se enteró de que Francisco Villa al mando de una columna de más de 500 hombres se había internado en el

---

[56] Álvaro Ochoa Serrano y Gerardo Sánchez, *Breve historia…*, *op. cit.*, pp. 215-216.

territorio estadounidense de Nuevo México y atacado la población de Columbus. Las razones para hacerlo eran varias. En primer lugar consideraba que los norteamericanos lo habían traicionado y pactado con Carranza una serie de medidas que haría de México, según el propio Villa, una especie de protectorado estadounidense.[57] En segundo, al prohibirse la venta de armas provenientes de Estados Unidos a cualquier facción revolucionaria que no fuera constitucionalista, las fuerzas villistas perdieron su principal fuente de resarcimiento de pertrechos. Y en tercer lugar, el propio Villa pensó que al fomentar una confrontación entre México y Estados Unidos el partido ganador sería aquel que diera el primer golpe. Había pues tanto razones militares como políticas, y tal vez hasta personales, para proceder a un ataque al vecino del norte.[58]

En el plano particular, el revolucionario vencido quería capturar a un comerciante de armas que lo había defraudado y de paso poner en claro, ante el gobierno de Woodrow Wilson, que el reconocimiento *de facto* al constitucionalismo de Venustiano Carranza publicitado a finales de 1915 le parecía una acto de alta traición. Como las autoridades estadounidenses habían prohibido la venta de armas a los enemigos del régimen carrancista, Villa se vio obligado a hacer negocios con vendedores clandestinos de pertrechos militares. Y fue uno de ellos, Samuel Ravel, quien le vendió municiones en mal estado, por lo que el revolucionario aprovechó el ataque a Columbus para ir en su búsqueda y someterlo a su justicia. Las huestes de Villa tomaron la plaza de dicha población e incendiaron y hostilizaron a sus habitantes. Durante la refriega murieron algunos civiles y varios militares estadounidenses. Una vez que avasallaron los principales edificios y que se

[57] Friedrich Katz, *Pancho Villa y el ataque a Columbus, Nuevo México*, trad. Rubén Osorio, Sociedad Chihuahuense de Estudios Históricos/Litografía Regma, México, 1979, p. 15; y José María Jaurrieta, *Con Villa 1916-1920. Memorias de campaña*, Conaculta, México, 1997, pp. 241-251.

[58] Friedrich Katz, *Pancho Villa*, vol. II, Era, México, 1999, pp. 146-167.

dieron cuenta de que el comerciante al que buscaban no estaba en el poblado, la columna villista regreso a territorio mexicano y se internó en la sierra de Chihuahua.[59]

Lázaro Cárdenas no conoció estos detalles cuando se enteró de tal noticia. Lo que sí comprendió fue que el ataque de Villa a Columbus pondría al constitucionalismo en una situación delicada frente a la Casa Blanca. El 20 de marzo arribó a Hermosillo para encontrarse con que la división comandada por Plutarco Elías Calles, a la que él pertenecía, había sido transferida a la plaza de Agua Prieta. Antes de salir hacia esa locación fronteriza, el joven coronel supo que el mismo jefe del gobierno constitucionalista, Venustiano Carranza, autorizó la entrada a territorio mexicano de un destacamento militar estadounidense al mando del general John J. Pershing con el fin de batir y capturar a Francisco Villa. Tal autorización contravenía los principios que estipulaban la defensa a ultranza de la soberanía nacional. El joven Cárdenas había sido educado bajo esa impronta nacionalista y es probable que tuviera en mente la imagen de su abuelo luchando en contra de la invasión francesa. La posibilidad de que un ejército extranjero se internara en tierras mexicanas le causaba gran inquietud. En sus *Apuntes* Cárdenas anotó una frase que entre líneas mostraba sus dudas al respecto de la actitud carrancista a pesar de su inocente retórica patriotera. El 20 de marzo la última entrada de su diario decía: "Todos los buenos mexicanos que han sabido sostener la causa constitucionalista, representada por el señor Venustiano Carranza, deben tener fe en este hombre que nos enseñará a sostener sin mancha nuestra bandera mexicana".[60]

Al día siguiente se despidió de sus amigos sonorenses y tal vez convencido de que su renuncia al ejército constitucionalista sería aceptada,

[59] Alberto Salinas Carranza, *op. cit.*; y José María Jaurrieta, *Con Villa 1916-1920. Memorias de campaña*, Conaculta, México, 1997.

[60] Lázaro Cárdenas, *Obras. I...*, *op. cit.*, vol. I, tercera edición, p. 119.

pero quizá temiendo que así fuera, en aquellos momentos en que la situación entre Estados Unidos y México era tensa, plasmó en sus *Apuntes* la siguiente declaración: "Si el gobierno constitucionalista llega a necesitar de nuestros servicios contra el extranjero, gustoso volveré a estos campos a luchar contra el invasor".[61]

Aunque tal frase parece escrita para la posteridad, lo cierto es que un día después ya estaba sobre el camino de Hermosillo a Nogales con la infantería de su antigua división, la 22°. Ni en sus *Apuntes* ni en su foja de servicios hay evidencia de que Cárdenas presentara formalmente su renuncia al ejército constitucionalista. Lo que sí consta es que a partir del 18 de enero de 1916 hasta el 1° de febrero de 1917, el coronel Cárdenas fue integrado a la campaña del yaqui.[62] Tal constatación tampoco parece del todo cierta, pues en abril de 1916 su división se incorporó a las fuerzas que operaban en el norte de Sonora bajo el mando del general Arnulfo R. Gómez. Dichas fuerzas debían avanzar sobre Chihuahua para contribuir al aniquilamiento de las huestes villistas. Al parecer, el 22° Regimiento comandado por el coronel Cárdenas jamás pasó de Ciudad Juárez. Durante esos días tampoco se internó en territorio chihuahuense. En cambio se movilizó con la 1ª Brigada de Sonora protegiendo la frontera entre Agua Prieta y la propia Ciudad Juárez, avanzando de vez en cuando hacia el sur hasta Cuchuta y Nacozari, atento a recibir órdenes tanto del general Plutarco Elías Calles como del general Arnulfo R. Gómez.

Mientras esto sucedía, la expedición punitiva del general Pershing pretendía perseguir al mermado y pequeño ejército de Pancho Villa en territorio mexicano causando malestar entre la población, pero sobre todo entre los mandos militares mexicanos. En una ocasión se lanzó el rumor de que Villa había sido capturado y muerto, lo cual se desmintió al poco tiempo, cuando sus fuerzas reaparecieron en otros rumbos

[61] *Ibid.*, p. 120.
[62] Archivo SEDENA, expediente del general Lázaro Cárdenas…, *op. cit.*

de la sierra chihuahuense. La musa popular reivindicó aquella persecución con los siguientes versos:

> Cuando supieron que Villa ya era muerto
> todos gritaban henchidos de furor:
> "Ahora sí, queridos compañeros,
> vamos a Texas cubiertos con honor".

> Más no sabían que Villa estaba vivo
> y con él nunca iban a poder;
> si quieren hacerle una visita
> hasta la sierra lo podían ir a ver.[63]

Lo que sí parecía cierto era que el Centauro estaba herido. Una bala le había roto la tibia derecha durante un enfrentamiento cerca de Ciudad Guerrero. El propio Villa dio órdenes a sus subalternos para que se dispersaran mientras él se reponía en la Cueva del Coscomate en plena sierra, cerca de Santa Ana.[64]

A mediados de junio en Carrizal, Chihuahua, un enfrentamiento entre el ejército constitucionalista al mando del general Félix Flores y la expedición punitiva generó una peligrosa tensión entre el gobierno carrancista y el de Wilson. Las negociaciones diplomáticas fracasaron y ambos países estuvieron a punto del estallido bélico. El coronel Cárdenas anotó en sus *Apuntes*:

La contestación de Wilson a la última nota del primer jefe fue que la punitiva no saldría de México, sino hasta que probara el gobierno mexicano que podía asegurar toda la frontera. No se ha sabido aún qué determinación

---

[63] Vicente T. Mendoza, *Lírica narrativa de México. El corrido*, UNAM, México, 1964, p. 95.

[64] José María Jaurrieta, *op. cit.*, p. 238.

tome nuestro gobierno ante esta negativa. Todos creemos que la lucha diplomática debe haberse agotado ya y que el único paso que debe dar nuestro Gobierno es obligar a la punitiva, por medio de las armas, a abandonar al país.[65]

Las circunstancias internacionales abogaron por la interrupción de los impulsos guerreros entre México y Estados Unidos. La situación en Europa se complicaba y los acontecimientos que habían desatado la primera Guerra Mundial desde 1914 empezaron a solicitar cada vez mayor atención de parte de los estadounidenses. Aun así entre julio y agosto de 1916 las fuerzas constitucionalistas apostadas en la frontera norte del país se mantuvieron en pie de combate. En caso de que las negociaciones entre ambos países no lograran disipar el espectro de la guerra había que estar preparados.

Para septiembre, sin embargo, la tensión ya había disminuido y el gobierno de Venustiano Carranza lanzó la convocatoria para integrar un Congreso Constituyente que debía establecer los nuevos parámetros que regirían las relaciones económicas, políticas y sociales entre los mexicanos. Según lo planteado desde el triunfo de la insurrección contra Victoriano Huerta en las adiciones al Plan de Guadalupe era necesario reformar la constitución de 1857, y para ello debían convocarse a elecciones en todos los estados con el fin de elegir a los diputados que asistirían al constituyente. En octubre y noviembre se llevaron a cabo dichas elecciones y el 1º de diciembre de 1916 la ciudad de Querétaro se convirtió en la sede de los poderes de la nación. En esa misma fecha entró en funciones aquel congreso. Unos meses antes, en octubre, la tensión entre Estados Unidos y México había bajado de intensidad y la Casa Blanca dispuso que la expedición punitiva saldría del país a más tardar a principios de 1917.

---

[65] Lázaro Cárdenas, *Obras. I…*, *op. cit.*, vol. I, tercera edición, p. 126.

En el estado de Sonora, mientras tanto, Cárdenas y su 22º Regimiento de Caballería fueron requeridos para incorporarse a la llamada campaña del yaqui. La animadversión entre los indígenas yaquis y los *yoris*, es decir: los españoles o los mexicanos blancos, se hundía en el tiempo pasado hasta épocas coloniales. El dominio de la tierra que regaban los ríos Sonora, Mayo y Yaqui había sido la principal causa de esa rebelión indígena que tal vez era la más larga de la historia mexicana. Durante el siglo XIX una gran cantidad de alzamientos yaquis se suscitó debido al incumplimiento de promesas gubernamentales de respeto a sus territorios y al afán colonizador de los considerados invasores. Los indígenas sonorenses sufrieron una severa persecución por el simple hecho de defender sus tierras. La lucha incluso deportó a los prisioneros indígenas a Quintana Roo y Yucatán durante el Porfiriato. A lo largo de la Revolución los yaquis y los mayos se incorporaron tanto a las huestes obregonistas como a las villistas y maytorenistas, quedando varios de sus representantes en lados opuestos. Los constitucionalistas optaron por perseguir a los indígenas que habían formado parte de las fuerzas enemigas y convirtieron a sus comunidades en presas de hostigamiento constante. A finales de 1915 el general Obregón ordenó una nueva campaña contra los yaquis, después de un frustrado ataque a Guaymas. Durante ese año una buena cantidad de indígenas mayos y yaquis se había aliado con los villistas, quienes los atrajeron a su bando prometiéndoles la devolución de sus tierras. El famoso general Francisco Urbalejo comandaba un ejército en su mayoría yaqui, cuando a nombre de villistas y maytorenistas tomó la ciudad de Hermosillo en noviembre de 1915.[66] Sin embargo, poco tiempo después dicha capital quedó en manos de los constitucionalistas y Urbalejo fue encarcelado y enviado a Guadalajara.

---

[66] Ana Luz Ramírez Zavala, *La participación de los yaquis en la Revolución 1913-1920*, Instituto Sonorense de Cultura, México, 2012, pp. 66-67.

Tanto Calles como Obregón consideraban a los yaquis una población indígenas de "carácter retrógrada". El recién nombrado gobernador incluso los trató de registrar con "un pasaporte de policía" que todo indígena debía portar para no ser perseguido o encarcelado. La política de esos *yoris* fue invariablemente agresiva hacia los yaquis y los mayos, que no tuvieron más opción que ingresar al ejército, esconderse en los bosques y las montañas o de plano rebelarse. Al convertirse en soldados se les impedía aprovisionarse para que no escaparan y tanto Obregón como Calles consideraban que lo mejor era sacarlos de su hábitat y mandarlos a los cuarteles en la Ciudad de México o donde fuera con tal de tenerlos lejos de Sonora.[67]

Fue en aquella zona al sur de Agua Prieta y al oriente de Hermosillo, por rumbos que tocaban las orillas del río Sonora y se extendían hasta Ures desde Arizpe y más al norte hasta Cananea, que el coronel Cárdenas llevó a cabo su primera contribución a la campaña del yaqui. Persiguió a las partidas de indígenas rebeldes en sus campamentos donde comían carne de burro y fabricaban huaraches. Pero también logró recorrer sus territorios y conocer su lucha por la tierra. Sus testimonios sobre esa campaña son muy escuetos y poco se sabe de sus andanzas en primera persona. En sus *Apuntes* de 1916 mencionó un acontecimiento que le produjo fuerte impresión. Sucedió en los alrededores de Tecoripa, al oriente de Hermosillo. Una partida de yaquis capitaneada por "un hombre blanco, bigotón, ojos azules" había asaltado y matado al profesor de la escuela de dicha localidad. Los indios atacaron el carro donde iba con su familia:

los bajaron del carro y desnudaron a la mamá del profesor, esposa y dos hermanas de esta y varios niños: les preguntaron quiénes venían atrás y les con-

---

[67] Evelyn Hu-Dehart, "Solución final: la expulsión de los yaquis de su Sonora natal", en Aarón Grageda (coord.), *Seis expulsiones y un adiós. Despojos y exclusiones en Sonora*, Universidad de Sonora/Plaza y Valdez, México, 2003, pp. 133-167.

testó la esposa del profesor que su esposo y los arrieros. Que entonces les ordenaron que los esperaran a varios metros en un arroyo que hay sobre el camino, que a los pocos movimientos oyeron varios disparos y que asustadas huyeron por el monte.[68]

Esto sucedió el 24 de noviembre, justo el día en que el general Calles suspendió al joven coronel el permiso dado para hacer un viaje de 15 días a Guadalajara y Jiquilpan con el fin visitar a su familia. Es probable que Cárdenas pospusiera su ida unos días más, o quizá no deseara dejar Sonora, porque no se tienen noticias de él después del 30 de noviembre y en sus *Apuntes* no hay información sobre sus andanzas durante 1917.

En efecto, se tiene poca claridad sobre las actividades del joven militar durante 1917. Una constancia que aparece en su foja de servicios indica que entre el 1° de febrero de ese año y el 1° de enero de 1918 estuvo bajo las órdenes del general sonorense Guillermo Chávez, en una columna que se trasladó a Chihuahua para combatir al villismo en su propio territorio.[69] La mayor parte de las acciones de guerra de las que se tiene registro se concentró entre los meses de septiembre de 1917 a febrero de 1918. Los combates de Agua Escondida el 7 de septiembre, del Rancho de Cuba el 15 de octubre, de San Fermín, en Durango, el 18 de octubre y el de Rancho Blanco el 20 de noviembre destacaron en su haber. Si se toma en cuenta que su columna provenía de la frontera sonorense, su avanzada desde el noroccidente hacia el sureste implicó cruzar el estado de Chihuahua hasta los límites con Durango, cerca de Hidalgo del Parral, corazón del territorio villista.

---

[68] Lázaro Cárdenas, *Obras. I…*, *op. cit.*, vol. I, tercera edición, p. 135.

[69] Archivo SEDENA, expediente del general Lázaro Cárdenas…, *op. cit.*

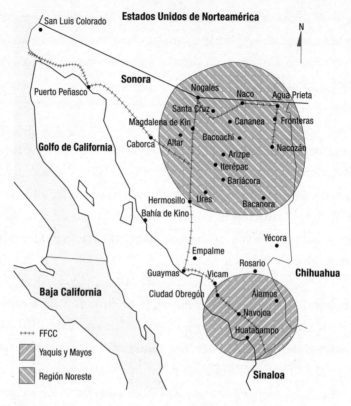

Mapa del noroeste con Sonora y Chihuahua que muestra las andanzas de Cárdenas entre 1915 y 1917 y la ubicación de yaquis y mayos.

Después de la derrota villista en Sonora y de la fallida expedición punitiva del general Pershing, las fuerzas del Centauro del Norte se dispersaron en el inmenso territorio chihuahuense en una lucha sin cuartel contra las columnas constitucionalistas. Una "guerra civil" se instaló en ese territorio que fue puesto en manos del general Francisco Murguía, nombrado por Venustiano Carranza como jefe militar de Chihuahua. Tras reponerse de sus heridas, Villa empezó a recuperar terreno y entre 1917 y 1918 sus fuerzas avasallaron el campo chihuahuense, tanto en su región desértica y montañosa como en sus bosques y fértiles llanos. Las ciudades más importantes del estado, desde la misma capital, Chihuahua, hasta Ciudad Juárez, pasando por Parral, Delicias o Camargo, fueron contenidas por el constitucionalismo, pero la mayor parte de la provincia chihuahuense se vinculó al villismo.[70] Fue también durante este periodo que comenzó una especie de "declinación moral" dentro de las fuerzas norteñas, tanto del lado villista como del constitucionalista. La brutalidad fue la nota cotidiana en ambos lados. El avasallamiento de las poblaciones, sus habitantes colgados y vejados, las mujeres violadas y muertas a mansalva, fueron el pan de cada día.[71] Los enfrentamientos entre rebeldes y constitucionalistas fueron especialmente crueles por el ensañamiento con que ambos bandos celebraban sus triunfos sobre el enemigo. El rencor villista se había exacerbado en contra de los sonorenses no sólo porque aquéllos habían sido derrotados en su territorio, sino porque Villa también consideraba a los maytorenistas como traidores, dado que el mismo Maytorena había sido el culpable del distanciamiento entre él y Carranza.[72]

A principios de 1917 las huestes de Villa se fortalecieron después de la toma de Torreón, ocurrida el 22 de diciembre de 1916. Ahí el villismo se reabasteció y emprendió contra los hacendados y los comerciantes ricos, especialmente estadounidenses o ingleses. En enero, sin embargo, el ejército constitucionalista comandado por Francisco Murguía venció a las fuerzas villastas en Estación Reforma y estas se replegaron hasta Parral. Nuevamente Pancho Villa dividió a sus huestes en pequeños destacamentos que asolaban el sur de Chihuahua, internándose tanto en Durango como en Zacatecas. En marzo un nuevo enfrentamiento entre villistas y carrancistas en Rosario dejó al ejército de Murguía maltrecho. En abril los soldados de Pancho Villa se lanzaron sobre la ciudad de Chihuahua pero fueron repelidos y replegados hasta la hacienda de Bavícora, donde Villa estuvo a punto de ser capturado. Para colmo sus reservas de pertrechos fueron descubiertas e incautadas por sus enemigos, dejándolo

---

[70] Friedrich Katz, *Pancho Villa…*, *op. cit.*, pp. 215-291.

[71] *Ibid.*, pp. 220-221.

[72] *Ibid.*, p. 291.

una vez más sin capacidad de resarcimiento. Los embates del villismo se convirtieron en una guerra de guerrillas, y paulatinamente perdieron el apoyo de la población. A lo largo de ese violento par de años, tanto los carrancistas como los villistas pasaron por los pueblos robando, violando y vejando a quienes menos la debían.[73]

Volviendo a la segunda mitad de 1917, después del fracaso de un supuesto plan para capturar a Venustiano Carranza en la Ciudad de México, Villa se comunicó con Murguía y le ofreció dejar las armas y retirarse a la vida privada. Sin embargo, Carranza no aceptó y le requirió su rendición incondicional, por lo que no le quedó más que continuar con su guerra dispersa.[74]

Fue entonces cuando la columna que comandaba el general Guillermo Chávez, a la que pertenecía el joven coronel Lázaro Cárdenas, emprendió la persecución de villistas en su propio territorio. Al combatir a los rebeldes, ahora concebidos más como bandidos o forajidos, y de participar en por lo menos cuatro enfrentamientos de consideración, las tropas constitucionalistas dieron razones para que la población local elevara sus protestas en contra de su proceder como supuestos restauradores del orden. En varias localidades de Chihuahua se organizaron algunas *defensas sociales* que no tomaban partido ni con villistas ni con constitucionalistas, y que trataban de velar por la seguridad de los civiles a los que tanto afectaban los avances de las fuerzas contendientes. Estas defensas se habían aliado con el gobernador Ignacio Enríquez, quien tenía una relación muy tensa con el general Murguía. Las protestas en contra de los militares "carranclanes" por parte de las defensas sociales se concentraron a finales de 1917, acusando a las tropas del general Chávez de robo de ganado y de emplear a la hora de entrar en las poblaciones "puertas, ventanas y techos como combustible".[75]

---

[73] *Ibid.*, pp. 225-231.
[74] *Ibid.*, p. 235.
[75] *Ibid.*, p. 237.

Es muy probable que el coronel Cárdenas tuviera algo que ver con dichas acciones, ya que su consabida disciplina militar lo ponía bastante cerca del mando de dicha columna. El despojo a los pobladores generaba con mucha razón una animadversión que poco favorecía a la causa constitucionalista. No se tiene noticia de qué tanto participó el joven coronel en aquellas redadas. Pero lo que sí le parecía afectar era lo incontrolables que se habían vuelto los constantes ataques de los pequeños destacamentos rebeldes, tanto a su propio regimiento como a las poblaciones que patrullaban.

A finales de 1917, en una emboscada que los villistas planearon cerca de Estación Ojo Laguna, al norte de la ciudad de Chihuahua, el propio general Chávez fue muerto durante el ataque. El joven coronel asumió el mando y logró salvar al resto de la columna. El general Murguía procedió entonces a nombrar a Lázaro Cárdenas jefe interino de la columna expedicionaria de Sonora. Y el 31 de diciembre lo ratificó como jefe de la Primera Brigada de Sonora.[76] Como tal siguió hasta el 5 de febrero de 1918, fecha en que fue llamado a cumplir sus servicios bajo el mando del general Plutarco Elías Calles, quien se desempeñaba ya como gobernador constitucional de ese estado.

Mientras Cárdenas combatía al villismo en Chihuahua, la guerra del yaqui se había recrudecido en las montañas, los desiertos y los fértiles valles del sur-centro del estado de Sonora. Si bien desde mayo de 1916 el general Calles había encabezado la campaña contra yaquis, dejando la gubernatura del estado provisionalmente en manos de Adolfo de la Huerta, este último había intentado llegar a un acuerdo un tanto efímero con los indígenas rebeldes que jamás llegaría a buenos términos. A principios de 1917 se dio por terminada esta primera etapa de campaña,

---

[76] En la foja de servicios del general Lázaro Cárdenas consta que en noviembre de 1917 la Secretaría de Estado y el Despacho de Guerra y Marina le negaron el ascenso a mayor o general en vista de que apenas tenía registrados 12 combates entre 1914 y 1917. Tendría que esperar hasta mayo de 1920 para que lo ascendieran a general brigadier. Archivo SEDENA, expediente del general Lázaro Cárdenas…, *op. cit.*

pero la rebeldía yaqui continuó pese a las buenas intenciones del gobernador provisional. Para enero de 1918 los ataques de estos indígenas armados por los adversarios al constitucionalismo y los terratenientes conservadores aliados con los grandes propietarios estadounidenses se recrudecieron. En La Esperanza, cerca de Ures, el enfrentamiento fue particularmente sangriento. Todavía estaban muy frescos los recuerdos de una masacre suscitada a mediados del año anterior. Desde hacía varios meses un numeroso grupo armado de yaquis se ubicó al sur en la Sierra de Bacatete después de que el general Fausto Topete conminó a los principales jefes y a sus familias a reunirse en Estación Lencho, cerca de Guaymas en mayo de 1917. Una vez ahí los soldados abrieron fuego contra los yaquis, causándoles muchas muertes y una gran cantidad de prisioneros. Algunos pudieron huir hacia la sierra y trataron de reunir sus fuerzas nuevamente. Aquella acción fue conocida como la "masacre de Lencho" y quedó como una mancha en el recuerdo de la resistencia yaqui. Un testimonio de la época planteó la situación de ese grupo indígena tan severamente perseguido por los *yoris*:

> Nosotros no tenemos confianza en el gobierno porque el año de 1916 nos ofreció paz y entregarnos nuestras tierras y nosotros con buen corazón bajamos a la Estación Lencho […] y estábamos esperando se realizara la promesa antes dicha y el gobierno estando nosotros dormidos asaltó nuestro campamento matando niños, mujeres y ancianos, traición que ni en tiempos de Porfirio Díaz habíamos experimentado con tanta crueldad […] Ahora estamos convencidos que el gobierno no tiene palabra.[77]

La campaña contra los yaquis se intensificó en la segunda mitad del año de 1917, justo cuando el coronel Cárdenas formaba parte de la columna sonorense que perseguía villistas en Chihuahua. La guerra contra el yaqui no le resultaba para nada ajena, ya que en 1916 había

---

[77] Ana Luz Ramírez Zavala, *op. cit.*, p. 83.

participado con su regimiento en algunos combates como los de Bacatete y La Gloria bajo el mando de los generales Francisco R. Serrano
y Enrique Estrada, quienes a su vez rendían cuentas el general Calles.
Menos de un mes después de reincorporarse a las milicias callistas, en
marzo de 1918, al regimiento de Cárdenas le fue encomendado el establecimiento de un campamento en plena sierra de Bacatete. Persiguiendo grupos dispersos de yaquis, pasó buena parte de ese mes entre
cañones secos y cerros áridos, sin agua y alimentándose con "raíz de
palo dulce y biznaga".[78] En sus *Apuntes* reconocía a los "indios" como
el enemigo que huía cada vez que avistaba a la tropa. De vez en cuando atacaban a sus vanguardias y lograban aniquilar a uno o dos de sus
miembros. Sin embargo, la ofensiva militar constitucionalista contra
el yaqui era claramente desproporcionada. Los batallones y las columnas de *yoris* tenían ametralladoras, cañones y caballería, mientras que
los yaquis sólo tenían sus fusiles y su conocimiento conocimiento del
terreno. Tal parecía que el afán callista y obregonista de exterminar a
los yaquis daba, en efecto, una continuidad al genocidio emprendi-
do durante el Porfiriato. Sin embargo, el coronel Cárdenas nada podía
decir al respecto, pues sometido a la jerarquía militar, cumplía las órdenes que le mandaban e incluso, quizás influido por el discurso del
momento, también identificaba a los indios como una "rémora de la
civilización", tal como lo hacían sus superiores sonorenses.

Sin embargo, a diferencia de estos últimos, el joven coronel probablemente percibió que estos grupos indígenas eran víctimas del despojo de sus tierras por parte de los terratenientes blancos y mestizos, tal
como había sucedido en muchas otras partes del país. No sería aventurado plantear que tal vez esta guerra contra el yaqui influiría en sus
ideas futuras sobre el compromiso que la Revolución debía asumir con
las comunidades más explotadas del territorio mexicano, y que entre
ellas las indígenas eran las que mayores agravios recibieron desde épocas

---

[78] Lázaro Cárdenas, *Obras. I...*, *op. cit.*, vol. I, tercera edición, p. 141.

coloniales. Pero quizá también es probable que todavía esa conciencia sobre la miseria y la expoliación que sufrían las comunidades indígenas no había madurado del todo. Como en los *Apuntes* de esos años prácticamente no se mencionan sus reflexiones al respecto, es difícil saber cuál era su posición en cuanto a la guerra que durante tales años se desató contra yaquis, mayos, pimas, kikapoos, cucapás, guarijíos y demás grupos indígenas del noroeste mexicano.

A combatir bandoleros y contrarrevolucionarios en Michoacán y las Huastecas

> Como a las once del día
> descargaron sus cañones.
> "¡Que viva Chávez García!",
> gritaban como unos leones.
> El volteadero se veía
> de caballos y pelones.
>
> Corrido de Chávez García, 1918[79]

Mientras el coronel Lázaro Cárdenas la emprendía contra villistas en Chihuahua y contra yaquis rebeldes en Sonora, la salud de doña Felícitas del Río siguió deteriorándose. Establecida en Guadalajara, al parecer padecía de un cáncer en el útero que le afectó a una edad todavía bastante temprana. Apenas pasaba los 45 años cuando entró en agonía y pidió ver a su primogénito. Éste a su vez le solicitó al general Calles que intercediera con el primer jefe de la Revolución y recién electo presidente constitucional Venustiano Carranza para que le otorgara la comisión de ir a su tierra michoacana y ahí cumplir la tarea de combatir a los

---

[79] Álvaro Ochoa Serrano, *Chávez García, vivo o muerto*, Morevallado, México, 2005, p. 54.

bandoleros que asolaban la región. De paso podía estar cerca de su madre y velar por ella. La solicitud fue aceptada.[80]

A principios de abril de 1918 el joven coronel dejó su puesto para visitar a doña Felícitas en la capital de Jalisco y la encontró con la salud muy malograda. Un par de días después regresó a Hermosillo para organizar la Primera Brigada de Sonora que emprendería la campaña contra los rebeldes michoacanos, bajo las órdenes del comandante general Manuel M. Diéguez que fungía como jefe del Ejército de Operaciones de Occidente. Sin embargo, poco antes de embarcarse en Mazatlán con rumbo a Manzanillo recibió la orden de esperar al general Calles, quien arribaría al puerto sinaloense con otra columna armada.

Al parecer, desde la Ciudad de México se le había encargado la tarea de asistir al gobierno del territorio de Nayarit que acababa de incorporarse como un estado más a la Federación y que vivía una situación complicada. Un par de años atrás un incipiente intento de reparto de tierras que provocó la resistencia de los hacendados que las detentaban, además de la entrada y salida de fuerzas revolucionarias por su territorio, generó una escalada de violencia que todavía asolaba gran parte de las comarcas nayaritas. Tales circunstancias hicieron que la población local empezara a padecer una hambruna que se vio agravada por una arrolladora plaga de chapulín. En una zona cercana a Tepic, en Santa María del Oro, la situación adquirió visos de tragedia que la crónica popular comentó así:

> El mero siete de agosto
> teniendo las ocho del día
> llegaron lo chapulines
> a Santa María.

---

[80] Lázaro Cárdenas, *Obras. I…*, *op. cit.*, vol. I, tercera edición, pp. 144-145.

La bola de animales
con el viento se paseaba
y los pobres labradores
lágrimas derramaban

Con sonajas y tambores
rogativas y chirimías
las mujeres en el campo
allá pasaban el día.

Madre mía de Guadalupe,
que mal tienes tu nación
te encargo que nos ayudes
échanos tu bendición.[81]

La incertidumbre local se agravó cuando el presidente Venustiano Carranza dio la orden de dar marcha atrás a las dotaciones en tierras nayaritas. La rebeldía en las poblaciones afectadas no tardó en manifestarse y la agitación se adueñó de prácticamente todo aquel pequeño estado del occidente mexicano.

Así las cosas, cuando el 30 de mayo de 1918 el coronel Lázaro Cárdenas se encontró con el general Plutarco Elías Calles en Mazatlán. Ahí decidieron enviar las impedimentas de sus brigadas por barco a Manzanillo, junto con parte de la tropa, para continuar hacia Guadalajara, donde se reunirían con las fuerzas del general Diéguez. Una fracción importante de caballería e infantería así como varios miembros de la oficialía tomaron el tren hacia Acaponeta, ingresando al estado de Nayarit. Las autoridades los recibieron con serenatas y fiestas, pero al día siguiente

[81] José Mario Contreras Valdez, *Reparto de tierras en Nayarit 1916-1940. Un proceso de ruptura y continuidad*, INEHRM/Universidad Autónoma de Nayarit, México, 2001, p. 116.

ya tenían encomendada la persecución de partidas de rebeldes por El Venadillo y continuar sus avances sobre Soyamota. En seguida acamparon en la población de Rosa Morada. Ahí el general Calles se encontró con el general Francisco de Santiago, a quien se le había encargado la incursión y batida de rebeldes en la Sierra de Álica. El general De Santiago tenía fama de sanguinario y cruel. Combatir al villismo en Zacatecas y el norte de Jalisco se había convertido en un factor importante en el control constitucionalista de la región. Su fama lo precedía. En Nayarit y especialmente en Acaponeta, al querer escarmentar el pillaje y el bandolerismo, colgó 40 individuos en un solo árbol de mezquite "semejando racimos de uvas".[82] Al parecer la campaña nayarita suscitó en la conciencia del general Calles una especie de culpa, dadas las condiciones de miseria que mostraban quienes se batían en contra del ejército que comandaba. En una carta que le escribió a Adolfo de la Huerta comentándole sus experiencias recientes atribuyó los problemas locales a una situación económica un tanto desesperada por parte de la población que ingresaba a las filas anticarrancistas. Describió la situación diciendo: "En Nayarit no hay más que cuatro amos, cuatro hacendados que son dueños de todo el territorio y el resto de la población son los sirvientes, pobre gente que gana un miserable salario, que no le alcanza ni siquiera para comer y que no cuenta ni con un solo pedazo de tierra".[83] Estas impresiones tal vez también fueron comentadas con el joven coronel Cárdenas, quien seguro compartía esa preocupación por la acendrada precariedad en la que vivía la gran mayoría de los mexicanos. No debió ser fácil arrasar con aquellas poblaciones que se resistían a afiliarse al carrancismo pero que sobre todo eran pequeñas y miserables comunidades abandonadas en los lejanos parajes serranos nayaritas.

---

[82] Gabriel Ramos González, *Historia de Colotlán*, colotlanenllamas.blogspot.mx/2012/11/general-francisco-de-santiago-villegas.

[83] Carta citada en Carlos Macías Richard, *Vida y temperamento. Plutarco Elías Calles 1877-1920*, Instituto Sonorense de Cultura/Fideicomiso Archivos Plutarco Elías Calles y Fernando Torreblanca/FCE, México, 1995, p. 250.

La sierra de Alica era célebre porque ahí se encaramó Manuel Lozada, el renombrado bandolero del siglo xix. Conocido también como el Tigre de Alica, las hazañas de Lozada seguían en boca de los lugareños y parecían servir de ejemplo para los alzados durante los años revolucionarios que no tardarían en ser batidos por los generales Francisco de Santiago y Plutarco Elías Calles. Durante las primeras semanas de junio de 1918 ambos generales asumieron la tarea de mermar a los enemigos del constitucionalismo nayarita en la sierra de Alica y en los rumbos cercanos a Tepic.

El coronel Cárdenas por su parte continuó con su regimiento hacia la capital de Jalisco donde arribó justo antes de que doña Felícitas expirara. En sus *Apuntes* anotó aquel día:

El 21 de junio de 1918, a las 11 horas, llegué con las fuerzas a la ciudad de Guadalajara. Inmediatamente me trasladé a ver a mi madre, que me reconoció y me hizo algunas recomendaciones, entre ellas: "Cuida de tu chiquita Alicia". Falleció a la cuatro de la tarde del propio 21 de junio. Tuvo aliento para esperar mi llegada.[84]

Fiel a su condición de madre protectora, doña Felícitas mencionó en sus últimos momentos a la hija primogénita de Lázaro, Alicia, a la que había procreado con una mujer sonorense que, se llamó Carmelita, de apellido Del Valle Rizzo.[85] Alicia tendría entonces unos meses de edad, puesto que, según algunas fuentes un tanto imprecisas, nació en 1918 en Nacozari, Sonora. El año anterior Cárdenas había estado en campaña en Chihuahua y a principios de 1918 se había reincorporado a las milicias que actuaban en territorio sonorense, por lo cual, si Alicia era originaria de dicho estado, apenas estaría cumpliendo unos cuatro o cinco meses de haber arribado a este mundo. Al parecer el propio Cárdenas le había

[84] Lázaro Cárdenas, *Obras. I…*, *op. cit.*, vol. I, tercera edición, p. 145.

[85] Debo esta información a mi querido amigo Álvaro Ochoa Serrano y a la esquela que apareció el 25 de julio de 2002 en *Excélsior* y *La Jornada*.

informado personalmente a doña Felícitas sobre el nacimiento de su hija, aunque mantuvo mucha discreción sobre la madre de la misma, desde entonces y hasta el fin de sus días. Aquella primogénita de Lázaro Cárdenas sería una mujer especialmente importante en su vida, pero con quien, por su condición de militar revolucionario, mantuvo una intermitente relación durante sus primeros 15 años. Posteriormente, su primera hija se incorporaría mucho más a la cotidianidad de aquel militar en ascenso, y logró cumplir así medianamente la solicitud de doña Felícitas. En 1918 Alicia apenas era una bebé y como tal fue una de las preocupaciones que, después de saberse abuela, esa madre en su lecho de muerte pudo comunicarle a su hijo.

El 24 de junio Lázaro Cárdenas abandonó Guadalajara y se internó con su columna en territorio michoacano. Se presentó en Morelia un día después para recibir las órdenes de batir las partidas de bandoleros y rebeldes, en compañía de las fuerzas del general Rentería Luviano, a quien ya conocía desde que éste había tomado la hacienda de Guaracha en 1913, durante esos momentos en que el propio Cárdenas todavía no se decidía del todo a entrarle a la Revolución. El general Rentería Luviano fue gobernador interino del estado de Michoacán en 1917, mientras se llevaban a cabo unas muy desaseadas elecciones para nombrar al próximo jefe de gobierno del estado. El ingeniero y coronel Pascual Ortiz Rubio resultó electo, pero se encontró con una entidad asolada por el bandidaje, el hambre, las sequías y la desorganización general, tal como estaban muchas otras regiones en el resto del país. El historiador Ramón Alonso Pérez Escutia definiría aquel momento así: "Las cosas no fueron diferentes en Michoacán durante ese entonces, y como nunca antes salieron a relucir inconformidades, resentimientos, envidias y demás actitudes negativas entre los principales grupos políticos y sociales".[86]

---

[86] Ramón Alonso Pérez Escutia, *La Revolución en el oriente de Michoacán 1900-1920*, Universidad Michoacana de San Nicolás de Hidalgo/Morevallado, México, 2005, p. 312.

Además de las pugnas por el poder, en Michoacán sobrevivían algunas fuerzas rebeldes que se autonombraban "villistas" o "felicistas". Estas huestes enarbolaban fehacientemente su anticarrancismo, aunque en el fondo no eran más que partidas de bandoleros con poca definición ideológica y política. Las tres bandas de forajidos más importantes en esos momentos eran la de Jesús Cíntora,[87] en el sur del estado, quien se decía capitanear el Ejército Reorganizador Nacional que reconocía al contrarrevolucionario Félix Díaz como su principal líder; la de Fernando Altamirano que operaba sobre todo en el centro y el oriente de Michoacán y que se reconocía como villista; y la de José Inés Chávez García que asolaba el norte y también el centro y el occidente del estado. Tal vez el más temido hacia finales de 1917 y principios de 1918 era Chávez García, a quien se le habían colgado toda clase de epítetos: *Terror de Michoacán, el Gengis Kahn mexicano* o *el Ave Negra*. A partir de septiembre de 1917 se había construido "el fulgor y la fama" de aquel "trigueño, muy charro, muy de a caballo"[88] cuyas fuerzas no alcanzaban más de 100 individuos, lo que le daba una enorme movilidad. Siguiendo la táctica de "pega y corre" se había anotado golpes realmente espectaculares robando y quemando poblaciones enteras. Desde Taretán hasta Tigüindín, de Paracho a Tacámbaro, de Zamora a Yurécuaro, con ocasionales incursiones en Jalisco y Guanajuato, este rebelde llegó a negociar en abril de 1918 el rescate de cerca de 60 secuestrados.[89]

Haciendo del bandidaje y del rapto su *modus vivendi* se decía que esa

---

[87] De vez en cuando aparece este nombre como Síntora. Cfr. Álvaro Ochoa Serrano, *Chávez García...*, *op. cit.*; Ramón Alonso Pérez Escutia, *La Revolución...*, *op. cit.*; y Eduardo Nomelí Mijangos Díaz, *La Revolución y el poder político en Michoacán 1910-1920*, Universidad Michoacana de San Nicolás de Hidalgo, México, 1997.

[88] Álvaro Ochoa Serrano, *Jiquilpan...*, *op. cit.*, p. 45.

[89] Eduardo Nomelí Mijangos Díaz, *op. cit.*, p. 213.

partida de forajidos comandada por Chávez García, conocidos también como *los leopardos pintados*, combinaba la crueldad con sus sentimientos religiosos, su salvajismo con su repentina piedad. Para los letrados michoacanos no se trataba más que de una "chusma infernal" que hacía de las oficinas públicas sus cuarteles y a las escuelas las convertía en caballerizas, dejando una estela de sangre, terror y rabia a su paso. Incluso la musa popular lo recordaba como un personaje por demás malvado y violento:

> Cuando salió de Sahuayo
> salieron por el arenal
> les gritaban los chavistas:
> ¡ahí les dejamos el lodazal![90]

Pero en ese entonces la población michoacana también resentía los desmanes de ejército federal en su campaña por la pacificación de sus localidades. La ofensiva en contra de los bandidos también les presentaba a los constitucionalistas la oportunidad de abusar y robar los pueblos que recorrían.

Y a ese territorio arribó el coronel Cárdenas con su regimiento para emprender la campaña contra el bandolerismo y tratar de imponer orden. Su llegada fue recibida con cierto beneplácito por parte de la prensa local. El periódico *Alma Nacional* publicó el 29 de junio de 1918 un reportaje que lo presentó como el "valiente y joven" coronel michoacano que regresaba a su estado natal "a emprender la obra de pacificación". La nota describía su trayectoria militar en Tierra Caliente y en Sonora, y remataba diciendo:

Ha estado en muchos combates de importancia, sobre todo contra Maytorena, Villa y los yaquis alzados, peleando con el valiente 22 Regimiento de Michoacán que tan bien se ha portado en aquel estado fronterizo. Esta vez

---

[90] Álvaro Ochoa Serrano, *Chávez García...*, *op. cit.*, p. 68.

podemos creer que el bandolerismo en Michoacán debe ir cabando [*sic*] su tumba.[91]

El gobierno del ingeniero Ortiz Rubio en combinación con las autoridades carrancistas no sólo requirieron el apoyo del cuerpo militar comandado por el general Manuel M. Diéguez y al que pertenecía el regimiento que comandaba Cárdenas, sino que también solicitaron los servicios del exgobernador interino y general José Rentería Luviano. Éste tuvo que salir del estado después de las elecciones de 1917 y a principios de 1918 se encontraba bastante descontento en Ciudad de Maíz, San Luis Potosí, porque como buen constitucionalista no encontraba nada ahí que carrancearse. Por ello él mismo pidió a las autoridades militares que lo trasladaran a cualquier lugar que tuviera mayor acción.[92] Pronto fue llamado para que apoyara las batidas contra el bandidaje en Michoacán y fue así que se reencontró con el joven Cárdenas, quien comandaba la Columna Expedicionaria de Sonora y su reconocido regimiento. Ambos avanzaron rumbo a Acutzio y Acatén, siguiendo por el lado oriental de la sierra de Tacámbaro, para llegar a las cañadas y valles de Carácuaro. De ahí continuaron hasta la región terracalentana de Huetamo. Avanzaron tales columnas sobre Pungarabato y en los primeros días de julio se acercaron a Tlapehuala, ya en el estado de Guerrero. Ahí, combinándose con las fuerzas del general Cipriano Jaimes se enfrentaron con las huestes del rebelde José Cabrera. Las persiguieron por la sierra guerrerense entre Arcelia, San Miguel Totolapan y Pungarabato, hoy Ciudad Altamirano, hasta dispersarlas cerca de Santa Rosa a mediados de la segunda semana de julio de 1918.[93]

Tanto Rentería como Jaimes contaban con una probada experiencia en lides militares, y le llevaban poco más de 10 años al joven coronel,

[91] *Alma Nacional*, Morelia, 29 de junio de 1918.

[92] Eduardo Nomelí Mijangos Díaz, *La Revolución...*, *op. cit.*, p. 207.

[93] Lázaro Cárdenas, *Obras. I...*, *op. cit.*, vol. I, tercera edición, pp. 146-147.

cuya experiencia no era para nada desdeñable, aunque su jerarquía militar resultaba menor. Los dos generales se sentían con mayor capacidad de mando y la tensión entre ambos se manifestó en seguida, sobre todo cuando los rebeldes de Cabrera fueron definitivamente derrotados. Cárdenas logró mediar la situación, pero para el 22 de julio ya estaba de regreso en Morelia, poniéndose a las órdenes del gobernador Pascual Ortiz Rubio. Inmediatamente lo enviaron a combatir a las fuerzas de Cíntora y de Altamirano que habían tomado la plaza de Los Naranjos, en las cercanías de Indaparepeo, no muy lejos de Morelia. Con un regimiento de unos 80 hombres tuvo que luchar contra cerca de 300 individuos apostados entre casas, edificaciones y lomeríos. Al parecer en ese enfrentamiento estuvo a punto de caer prisionero.[94]

Sin embargo durante el resto del mes de julio y hasta los primeros días de enero de 1919 el coronel Cárdenas siguió en campaña contra los rebeldes, hasta que Jesús Cíntora cayó en Nuevo Urecho, huyendo rumbo a Tierra Caliente. Inés Chávez García y Fernando Altamirano murieron infectados de influenza española en noviembre,[95] aunque ya desde septiembre de 1918 se desplazaban a salto de mata, perseguidos por las fuerzas federales. En octubre, Chávez García tuvo un último acto de salvajismo al pasar por cuchillo a 20 soldados de las fuerzas de Benigno Serrato capturados en San Juan Tumbio.[96] Para entonces la barbarie demostrada por los chavistas había hecho que tanto Cíntora como Altamirano se deslindaran de su posible reconocimiento como pares anticonstitucionalistas. Los duros golpes que le propinó el ejército federal hicieron que Chávez García emprendiera acciones desesperadas. Su fama de violador y matón creció gracias a las notas amarillistas que aparecieron en los periódicos capitalinos y de Guadalajara, que lo presentaban como un indio rabioso, sediento de sangre y venganza.[97]

---

[94] *Ibid.*, p. 149.

[95] Álvaro Ochoa Serrano, *Chávez…, op. cit.*, p. 22.

[96] Lázaro Cárdenas, *Obras. I…, op. cit.*, vol. I, tercera edición, p. 149.

[97] Álvaro Ochoa Serrano, *Chávez…, op. cit.*, pp. 123 y 143.

En diciembre Cárdenas concentró a su regimiento en Morelia para que el general Manuel M. Diéguez pasara revista a las tropas que combatían a los rebeldes. Como queriendo dar fin a sus actividades militares de ese año, el 24 anotó en sus *Apuntes*: "J. Inés Chávez García, el bandolero que más asoló Michoacán, murió en un rancho cercano a Purépero, Mich. el 11 de noviembre de 1918. Lo mató la llamada influenza española, fiebre que azotó al estado".[98]

A principios de 1919 el coronel todavía participaría en un par de acciones contra Cíntora, pero en febrero recibió la orden de reincorporarse a las fuerzas comandadas por el general Arnulfo R. Gómez que debían partir hacia la Huasteca a combatir las guardias blancas de las empresas petroleras estadounidenses que estaban bajo el mando del auto-nombrado general Manuel Peláez. Pero antes de embarcarse rumbo a Tuxpan, Veracruz, Cárdenasfue llamado a la Ciudad de México. El general Juan Barragán, jefe del Estado Mayor Presidencial, le pidió que mantuviera a sus tropas en un campamento en Tepexpan, Estado de México, para que el 15 de febrero el propio presidente Venustiano Carranza pasara revista a las mismas en la estación de trenes El Mexicano antes de partir a la Huasteca. En aquella ocasión Carranza "felicitó a la columna por la campaña hecha en Michoacán" lo cual fue anotado por el propio Cárdenas con bastante orgullo en sus *Apuntes* correspondientes.[99]

Además de reconocer la eficacia con que el cuerpo militar logró combatir al bandolerismo en el occidente mexicano, Carranza probablemente quería ganarse la voluntad de quienes representaban cierta institucionalidad en dicha columna. El presidente dio órdenes para que la todavía llamada "Columna Expedicionaria de Sonora" y su 22º Regimiento de Caballería salieran de territorio michoacano, quizá porque percibía que el ingeniero y coronel Pascual Ortiz Rubio, gobernador del estado, mostraba una especial afinidad con el general Álvaro Obregón y los sonorenses bajo

[98] Lázaro Cárdenas, *Obras. I…*, *op. cit.*, vol. I, tercera edición, p. 151.
[99] *Ibid.*, p. 155.

su mando. A Carranza no parecía convenirle que la estrella obregonista brillara demasiado. Desde que se consumó la derrota de Maytorena y dado el continuo debilitamiento de las huestes villistas en Chihuahua, el fortalecimiento político de los sonorenses se hacía cada día más patente.

Plutarco Elías Calles, Arnulfo R. Gómez, Francisco Serrano, Abelardo L. Rodríguez, Adolfo de la Huerta y desde luego el propio Álvaro Obregón no ocultaban sus intenciones de ascender a los primeros puestos de la administración pública, adelantándose al relevo que debía producirse en 1920. Y aunque todavía no lo habían declarado públicamente, tales intenciones contravenían los planes del propio Carranza, quien pretendía influir en dicho relevo, pero en una dirección menos pretoriana y más civilista. De cualquier manera, las relaciones entre Ortiz Rubio y el primer jefe empezaron a enfriarse a principios de 1919 y tal vez por ello Carranza quería ganarse a esa columna compuesta de oficiales medios sonorenses, jalisquillos y michoacanos que fortalecían con sus triunfos al grupo de Obregón y Calles. Por lo pronto la sacaba de la región donde había tenido tan buen desempeño para ponerla a prueba en el nororiente del país, que todavía daba muestras de inquietud y poco control de parte de los constitucionalistas en el poder.

Al igual que una parte de Morelos que seguía siendo zapatista, ciertas regiones de Oaxaca declaradas soberanistas y algunos puntos en Chihuahua y Durango que todavía mostraban resistencias villistas, Tamaulipas, la Huasteca y ciertas regiones del centro y sur de Veracruz se mantenían en estado de efervescencia. Pequeñas huestes contrarrevolucionarias que se decían seguidoras de Félix Díaz, de Gaudencio de la Llave y de Higinio Aguilar seguían merodeando aquellos rumbos, pero tal vez el más poderoso de esa facción anticonstitucionalista era el general Manuel Peláez.[100] Vinculado a los intereses de las compañías petroleras estadounidenses, mantenía una hegemonía en la Huasteca

---

[100] Javier Garciadiego, *Ensayos de historia sociopolítica de la Revolución mexicana*, El Colegio de México, México, 2011, pp. 287-351.

veracruzana y tamaulipeca que había garantizado la paz en la región con el fin de no perturbar la producción de hidrocarburos, contraviniendo las disposiciones carrancistas que empezaban a exigir su participación en los dividendos. El gobierno federal no veía con buenos ojos que dicha producción no pagara impuestos y se mantuviera al margen de las nuevas disposiciones de la Constitución de 1917. Los constitucionalistas los constitucionalistas no habían hostilizado a Peláez tanto como a los zapatistas o a los villistas, tal vez para no importunar la producción de las compañías petroleras, en vista de su posición estratégica dada la demanda que la primera Guerra Mundial estableció como prioritaria para el gobierno estadounidense. Sin embargo, a principios de 1919 las cosas empezaron a cambiar. El régimen carrancista era consciente de que Peláez había roto con las fuerzas contrarrevolucionarias felicistas, pero también sabía que estaba en pláticas para aliarse con los zapatistas y de esa manera podía fortalecer la resistencia contra el constitucionalismo. A diferencia del ejército de Zapata, que a principios de 1919 se encontraba diezmado y maltrecho, las huestes pelaecistas contaban con dinero y pertrechos proporcionados por las compañías petroleras, a las cuales les garantizaba la tranquilidad de la región y las mantenía lejos de la injerencia carrancista.[101] Por eso era necesario someterlo cuanto antes.

A finales de febrero aquella "Columna Expedicionaria de Sonora" y su 22° Regimiento de Caballería llegaron a Tuxpan en medio de una tormenta que asolaba las costas del Golfo de México. El día 25 el coronel Cárdenas fue nombrado jefe de Sector de Operaciones de Tuxpan, que todavía estaba bajo el mando del general César López de Lara, encomendado para controlar la región y contener las fuerzas rebeldes de Peláez. Los constitucionalistas ocupaban las plazas de Tuxpan, Potrero del Llano y Tanhuijo, pero los pelaecistas prácticamente gobernaban en las zonas rurales. Al norte del estado de Veracruz, entre Temapache, Tierra

---

[101] Ana María Serna, *Manuel Peláez y la vida rural en la Faja de Oro. Petróleo, revolución y sociedad en el norte de Veracruz*, Instituto Mora, México, 2008, pp. 242-244.

Amarilla, Cerro Azul y Balcázar, el regimiento del coronel Cárdenas estuvo activo hasta agosto de 1919. En la última acción de la que se tiene registro y que sucedió el 25 de agosto en el Campamento de la Potranca, el joven jefe de sector logró recoger "importante documentación" antes de desalojar al enemigo.[102] Es muy probable que los documentos recuperados en esa incautación estuvieran relacionados con los posibles vínculos entre Peláez y quienes se disputaban la jefatura del Ejército Libertador del Sur, cuando éste pasaba por una de sus más severas crisis a raíz del asesinato de Emiliano Zapata, suscitado cuatro meses antes.

Aquel fatídico 10 de abril, poco antes de que el general Arnulfo R. Gómez sustituyera al general López de Lara en la jefatura de operaciones militares de la Huasteca, Cárdenas anotó en sus *Apuntes* señalando esa fecha en que había "muerto a traición" Emiliano Zapata en Chinameca, Morelos. Ese mismo día también hizo referencia del asesinato y la decapitación de uno de los responsables de la traición huertista al gobierno de Madero en 1913, el general Aurelio Blanquet, que fue capturado en una barranca en Veracruz.[103] En un mismo día dos figuras de la Revolución mexicana diametralmente opuestas aparecían por la misma razón, su muerte, en el diario del joven coronel. La suerte que ambos correrían en la historiografía no pudo ser mayor. Blanquet fue identificado como un gran traidor, mientras que Zapata pronto se convertiría en mártir, máximo símbolo popular de la lucha revolucionaria.

Volviendo a los últimos días de abril, el nombramiento del general Arnulfo R. Gómez como jefe militar de las huastecas resultó una buena noticia para el coronel Cárdenas. Su regimiento volvía a estar bajo el mando de un jefe conocido que lo vinculaba nuevamente con su tutor, el general Plutarco Elías Calles, quien entonces se desempeñaba como secretario de Industria, Comercio y Trabajo del gobierno carrancista. Aunque pronto Calles pediría licencia para atender asuntos políticos en

---

[102] Archivo SEDENA, expediente del general Lázaro…, *op. cit.*
[103] Lázaro Cárdenas, *Obras. I…, op. cit.*, vol. I, tercera edición, p. 158.

su estado natal, no tardaría el sonorense en regresar a la secretaría pocos meses después, ya con un plan bastante más concreto para satisfacer sus ambiciones y las del grupo de militares paisanos, ansiosos de hacerse del poder federal. Consciente de que ese grupo se fortalecía rápidamente, Carranza intentó distanciar a los aliados del general Obregón que no ocultaban sus intenciones políticas y entre los que se contaban tanto Arnulfo R. Gómez como Plutarco Elías Calles. A Gómez, Carranza lo mandó a las Huastecas y a Calles a Sonora para entregar la oficina del gobernador electo debido a que su propio periodo concluiría a finales de agosto. Pero al hacerlo, Carranza pensó que apoyando a Adolfo de la Huerta en su candidatura al gobierno de Sonora era posible que entre ambos surgiera alguna rivalidad, lo que no sucedió. Calles regresó a su puesto en la administración federal en octubre con la novedad de que su paisano no sólo continuaría las reformas iniciadas por él, sino que el gobernador entrante mostraba ya cierta reticencia a seguir los mandatos de quien popularmente era conocido como *Vespaciano Garbanza*, oponente del *general Ombligón*.[104]

El distanciamiento entre De la Huerta y Carranza tuvo como pretexto un decreto que este último emitió en junio de 1919, el cual establecía que las aguas del río Sonora eran propiedad federal. Si bien el general Calles, que entonces seguía siendo gobernador, no hizo muchos aspavientos al respecto, una vez en el poder De la Huerta interpretó tal decreto como una intromisión del ejecutivo federal en asuntos que sólo competían a la entidad. Carranza había lanzado esa disposición con el fin de mostrar su mano dura contra las rebeliones yaquis pretendiendo enviar tropas para someterlos. El gobernador entrante argumentó que

---

[104] Estos apodos provenían del teatro carpero y de revista que, como es bien sabido, tuvo un auge particular en la Ciudad de México durante los años revolucionarios. Véase Armando y Campos, *El teatro de género chico durante la Revolución mexicana*, Biblioteca del Instituto Nacional de Estudios Históricos de la Revolución Mexicana, México 1956; y Alfonso Morales, *El país de las tandas. Teatro de Revista 1900-1940*, Museo Nacional de Culturas Populares, México, 1984.

los yaquis estaban tranquilos y que más bien se trataba de un ataque a la soberanía del estado. La disputa creció a lo largo de la segunda mitad de 1919 y principios de 1920. Carranza incluso mandó a un incondicional suyo, el general Juan José Ríos, a ocupar la jefatura militar de Sonora, lo que fue interpretado como una provocación.[105]

Mientras tanto, en junio de 1919, el general Álvaro Obregón anunció su candidatura para contender en la justa por la presidencia de la república en 1920. Con ello los sonorenses asumían una posición de fuerza frente a las intenciones de Carranza, quien finalmente admitió que no veía con buenos ojos la ambición de los norteños. Como es sabido, el Barón de Cuatro Ciénegas apoyaría la candidatura del ingeniero Ignacio Bonillas y tal postura le valdría la animadversión de buena parte del ejército y, desde luego, del grupo sonorense. Mientras que la campaña de Bonillas, que por cierto también era sonorense pero especialmente reticente frente al militarismo que representaban Obregón y sus seguidores, tardó en arrancar y cuando lo hizo sus propuestas pasaron sin pena ni gloria, las giras del general Álvaro Obregón se fueron haciendo cada vez más intensas y agresivas. En octubre de 1919 "el General Invicto" recorrió Sonora, Sinaloa, Nayarit, Jalisco y llegó a la Ciudad de México donde fue recibido con bombo y platillo. En diciembre estuvo en Hidalgo, el Estado de México, Michoacán y Guanajuato. En febrero de 1920 tomó rumbo al norte desde Aguascalientes y recorrió Zacatecas, San Luis Potosí, Coahuila, Chihuahua, Nuevo León y Tamaulipas.[106]

El 2 de abril Obregón tomaría un barco en Tampico para emprender su gira en la península yucateca, cuando fue llamado a comparecer en un juicio al general coahuilense Roberto Cejudo por traición, y del cual el Manco de Celaya sabía algo. A su llegada a la Ciudad de México, Obregón aprovechó para reunirse con su contendiente más poderoso,

---

[105] Charles C. Cumberland, *La Revolución mexicana. Los años constitucionalistas*, FCE, México, 1975, pp. 367-369.

[106] Álvaro Matute, *La carrera del caudillo*, en *Historia de la Revolución Mexicana 1917-1924*, vol. 8, El Colegio de México, México, 1980, p. 73.

el general Pablo González, quien también lanzó su candidatura a la presidencia desde enero de 1920. Al parecer ambos estuvieron de acuerdo en que la ruptura con Carranza era inminente.[107]

Para entonces la hostilización de parte del gobierno federal hacia la campaña obregonista y hacia las autoridades locales no afectas al poder central de Venustiano Carranza se dejaba sentir con sensible intensidad.[108] El presidente constitucional contaba con la avenencia de sólo cuatro gobernadores: Cándido Aguilar en Veracruz, Alfonso Cabrera en Puebla, José Santos Godínez en Nayarit y Agustín Alcocer en Guanajuato. El apoyo que el ejecutivo federal le daba a Ignacio Bonillas no generaba consenso alguno y los gobiernos de por lo menos 10 estados mostraron animadversión a su candidatura. Tanto en Sinaloa como en Chihuahua, pasando por Colima, Tamaulipas, Zacatecas, Michoacán, Oaxaca, Chiapas, Tabasco, y desde luego Sonora, los militares y civiles que representaban a las autoridades locales manifestaron que no apoyarían al candidato de Carranza a quien ya se le había adjudicado el mote de "Flor de thé" debido a las estrofas de un cuplé español de moda que decía:

¡Flor de thé! ¡Flor de thé!
Nadie sabe de dónde ha venido
ni cuál es su nombre
ni dónde nació [...]

En Sonora, sin embargo, la tensión crecía a grandes pasos y, para los primeros días de abril, el conflicto con el poder federal llegaría a su apogeo.

Durante la segunda mitad de 1919 y los primeros meses de 1920 no se tienen datos muy precisos sobre la vida y los hechos que el joven coronel

---

[107] *Ibid.*, p. 104.
[108] Charles C. Cumberland, *op. cit.*, p. 370.

Lázaro Cárdenas del Río se empeñó en sobrellevar. Quedaba claro que había velado por él y por sus hermanos, puesto que había incorporado a Dámaso a su regimiento desde sus correrías contra villistas y bandoleros michoacanos dos años antes, y también lo había llevado consigo a la Huasteca. A finales de 1919 lo destacó en San Rafael, Veracruz, después de una breve estancia en Puebla.[109] A su hermano Alberto lo incorporó como telegrafista del 95, Regimiento, que también tenía su sede por los rumbos de Tuxpan, Veracruz.[110]

Es muy probable que Lázaro estuviera destacado en la Huasteca veracruzana cuando en octubre de 1919 se suscitó el secuestro del agente consular estadounidense William O. Jenkins, supuestamente perpetrado por fuerzas al mando de Manuel Peláez. El caso Jenkins, como se le llamó entonces, suscitó una gran cantidad de suspicacias que pusieron las relaciones entre Estados Unidos y México nuevamente en un alto grado de tensión. En la prensa se trataría de difundir la especie de que dicho secuestro había sido un autoplagio para comprometer al régimen de Carranza y así tratar de forzar una intervención estadounidense en territorio nacional.[111] El asunto de Jenkins trajo la declinación del poder pelaecista en la Huasteca y las empresas petroleras lo empezaron a ver con cierta suspicacia. Sin encontrar una alianza sólida con los zapatistas el general Peláez buscaría pactar con los sonorenses avanzado el año 1920, y sería nada menos que con el general Arnulfo R. Gómez con quien establecería un acuerdo.[112] Tales sucesos llamaron la atención del joven coronel, quien mantuvo durante los acontecimientos un extraño

[109] Archivo SEDENA, expediente del general Dámaso Cárdenas del Río, cancelados XI/III/1-526.

[110] Archivo SEDENA, expediente del general Alberto Cárdenas del Río, cancelados XI/III/1-463.

[111] Rafael Ruiz Harrell, *El secuestro de William Jenkins*, Planeta, México, 1992; y Andrew Paxman, *En busca del señor Jenkins*, Debate/CIDE, México, 2016.

[112] Ana María Serna, *op. cit.*, Instituto Mora, México, 2008, p. 254.

silencio. Sus *Apuntes* del año de 1919 terminan el 11 de julio, y no se vuelven a abrir sino hasta el 23 de diciembre de 1923, para luego dar un salto hasta el 10 de junio de 1928.[113]

Pero regresando a los hechos en Michoacán a finales de 1919 y principios de 1920, la tensión también había crecido en esa provincia debido a que el gobernador Pascual Ortiz Rubio dispendiaba abiertamente su apoyo al general Álvaro Obregón. Lázaro Cárdenas debió estar pendiente de lo que sucedía en su estado natal, sobre todo durante el último mes de 1919 cuando el Manco de Celaya emprendió su gira proselitista por sus rumbos. Entre el 17 de diciembre y el 7 de enero del año siguiente el obregonismo demostró que la división endémica de los políticos michoacanos podía paliarse si conservaban un objetivo común. A la causa del general Obregón se unieron figuras como José Rentería Luviano y Francisco J. Múgica, quienes por su parte no ocultaban su animadversión al gobierno ortizrubista. El Centro Director Obregonista lo dirigían Isaac Arriaga, Leopoldo Zincúnegui y Bibiano Ibarra, tres personajes que mantenían posiciones encontradas, puesto que ya vislumbraban la posibilidad de ocupar alguna posición en las propias elecciones de Michoacán, que también se celebrarían en 1920.[114]

Pero lo que atraía la mayor atención de gran parte del país, y muy probablemente del mismo joven militar michoacano apostado en la Huasteca veracruzana, eran las desavenencias entre el gobierno del estado de Sonora y el ejecutivo federal. Después de un intercambio de misivas entre agrias e irónicas, el gobernador De la Huerta rompió con Venustiano Carranza el 9 de abril de 1920. Este último había ordenado al general Diéguez que avanzara hacia el noroeste desde Guadalajara, apoyado por el general Murguía, quien prepararía otro avance sobre Sonora desde Chihuahua, con el pretexto de pacificar a los yaquis.

---

[113] Lázaro Cárdenas, *Obras. I…*, *op. cit.*, vol. I, tercera edición, pp. 159-171.
[114] Ramón Alonso Pérez Escutia, *La Revolución…*, *op. cit.*, p. 314.

Preocupados por esta andanada militar los gobiernos de los estados de Sinaloa, Nayarit y Jalisco retiraron su apoyo al gobierno federal. Mientras tanto el general Arnulfo R. Gómez pactaba con el general Manuel Peláez en las cercanías de Tampico. No tardaron en unirse a los desafectos el general Enrique Estrada en Zacatecas, el general Porfirio Gómez en Matamoros y Monterrey, y el coronel e ingeniero Pascual Ortiz Rubio en Michoacán. La tensión entre el gobierno de esta última entidad y el ejecutivo federal también aumentó y durante esos días el ejército carrancista avanzó sobre Morelia, obligando al poder estatal a desalojar la ciudad. Ortiz Rubio estableció su campamento cerca de Carácuaro, al sur de la capital del estado y en el camino a Huetamo en Tierra Caliente. Pero a principios de la primera semana de abril un vuelco a nivel nacional significaría el más duro golpe al régimen carrancista.

Reunidos en Agua Prieta, el general Plutarco Elías Calles, convertido en máxima autoridad militar del estado de Sonora, y los generales Ángel Flores, Francisco R. Manzo, Juan Cruz, Lino Morales, Francisco Serrano, y poco menos de una centena de individuos firmaron un manifiesto en el que desconocían a Venustiano Carranza y a los gobernadores de los estados de Guanajuato, San Luis Potosí, Querétaro, Nuevo León y Tamaulipas. En el llamado Plan de Agua Prieta se reconoció al gobernador constitucional del estado de Sonora, Adolfo de la Huerta, como jefe supremo del Ejército Liberal Constitucionalista quien, una vez aprobada la propuesta y adoptada por la mayoría de las representaciones estatales, debía convocar al Congreso de la Unión para que se nombrara un presidente provisional. Con este plan, fechado el 23 de abril, se daba la ruptura definitiva entre los sonorenses y el todavía presidente constitucional Venustiano Carranza.

El 11 de abril el general Obregón salió de la Ciudad de México rumbo a Guerrero en una acción "peliculesca" que implicó disfrazarse de garrotero y pedir protección al general zapatista Genovevo de la O en su paso por Morelos. En Chilpancingo, 10 días después, el sonorense se puso a disposición de Adolfo de la Huerta en sus diferendos con

Venustiano Carranza. El general Pablo González, por su parte, también se manifestó contra el ejecutivo constitucionalista el último día de abril. De esta manera, para principios de mayo una mayoría de mandos del ejército federal secundaba el Plan de Agua Prieta, lo que dio lugar a un *impasse militar* que también fue conocido como "la huelga de los generales". Carranza sólo parecía tener consigo a los generales Diéguez y Murguía, y para colmo la rivalidad entre ellos era de sobra conocida. Diéguez debía movilizarse rumbo a Sonora, pero tal parecía que lo hacía con particular lentitud. Así que fue Murguía quien asumió el mando de protección al gobierno de Carranza. Como bien apunta el historiador Álvaro Matute: "A partir de ese momento los aguaprietistas estaban en casi todo el país excepto sobre el suelo que pisaba la comitiva presidencial".[115]

En vista de los avances de sus enemigos, el 7 de mayo el gobierno constitucionalista con Venustiano Carranza a la cabeza emprendió su salida de la Ciudad de México en una caravana ferroviaria, que ha sido descrita en forma literaria por varios autores debido a su monumental caos y a su no menor dimensión épica.[116] Aquel tren con los miembros del poder ejecutivo y sus familias, sus archivos y su mobiliario se debía dirigir a Veracruz, donde Venustiano Carranza pretendía repetir el periplo que realizó en 1914-1915, estableciéndose primero en el puerto principal de México para emprender la campaña contra sus enemigos desde el norte. Pero al llegar a la estación de Aljibes el tren detuvo su andar por falta de combustible y por la noticia de que el general Guadalupe Sánchez, quien los debía recibir en el estado jarocho, había defeccionado. El ataque de las fuerzas de Sánchez era inminente. Una comitiva en la que iba el presidente con sus más allegados se internó en la sierra de Puebla, rumbo a Tetela de Ocampo, con el fin de arribar a Zacatepec. Como mayo era temporada de lluvias, los aguaceros

---

[115] Álvaro Matute, *La carrera del caudillo...*, *op. cit.*, p. 119.

[116] Francisco L. Urquizo, *México, Tlaxcalantongo, mayo de 1920*, Cultura, México, 1943; Martín Luis Guzmán, *Muertes históricas*, Conaculta, México, 1990; y Fernando Benítez, *El rey viejo*, FCE, México, 1959.

provocaron las crecidas en los ríos de San Marcos, Necaxa, El Espinal y El Higuero. El general Francisco L. Urquizo, testigo de aquella huida, declaró: "La sierra de Puebla que considerábamos refugio, resultó el lugar de nuestro total aniquilamiento".[117]

Al parecer, un poco más al norte, por los rumbos de Papantla, se encontraba destacado un pequeño grupo de exploración al mando del joven Lázaro Cárdenas, quien ya se había unido al movimiento aguaprietista y tenía órdenes de interceptar a la comitiva presidencial. El general Arnulfo R. Gómez, firmante del Plan de Agua Prieta, y comandante de las fuerzas a las que pertenecía el michoacano, había dado la orden de resistir a las fuerzas carrancistas en Tuxpan, y según el mismo Gómez, Cárdenas "había estado a la altura de su deber".[118] El 10 de mayo el gobierno provisional de Adolfo de la Huerta, instaurado por los seguidores del Plan de Agua Prieta, le otorgó finalmente al joven michoacano el grado de general de brigada.[119] Recién ascendido se manifestó a favor del desconocimiento del gobierno de Carranza en la región de Gutiérrez Zamora, en Veracruz. De ahí se internó en la sierra con su cuerpo de caballería siguiendo el margen izquierdo del río Tecolutla hasta el rumbo de El Espinal. El caudal del río no le permitió cruzar, por lo que su pequeño regimiento no pudo interceptar al conjunto de civiles y militares que acompañaba a Venustiano Carranza en su intento de llegar a la costa del Golfo de México. El reducido grupo presidencial continuó desde Coamachalco hacia Patla y de ahí hasta Tlaxcalantongo. Desde que llegaron a Tetela de Ocampo, un general expelaecista amnistiado bajo las órdenes del general Francisco de P. Mariel y primo de Luis Cabrera, el general Rodolfo Herrero, ofreció escoltarlos y protegerlos. Mariel, quien se encontraba entre la comitiva carrancista, lo mismo que Luis Cabrera, avaló a Herrero. El general y escritor Francisco L. Urquizo relató años

---

[117] Francisco L. Urquizo, *op. cit.*, p. 115.
[118] Archivo SEDENA, expediente del general Lázaro Cárdenas..., *op. cit.*
[119] Archivo SEDENA, expediente del general Lázaro Cárdenas..., *op. cit.*

después la llegada al siguiente pueblo de aquella comitiva donde tuvo escenario el magnicidio:

> Serían las cinco de la tarde cuando llegamos a San Antonio Tlaxcalantongo, pequeña ranchería compuesta de quince o veinte casuchas de paja y ramas secas diseminadas en un plano de ciento cincuenta o doscientos metros. A nuestra derecha e inmediatamente pegado al pueblo continuaba el precipicio y en el fondo de él corría un tormentoso arroyo; a nuestra izquierda se destacaba la montaña sumamente escarpada [...] A la entrada del pueblo me llamó la atención en las paredes de una choza ya derruida y sin techumbre un letrero mal hecho, pintado con carbón, que decía "Muera Carranza".[120]

El 20 de mayo, después de asentarse en el interior de aquellos jacales de Tlaxcalantongo a pasar la noche lluviosa, y de otorgarle permiso a Herrero para ausentarse momentáneamente con el supuesto fin de buscar apoyo, un grupo de hombres armados abrió fuego sobre las chozas donde se encontraba la comitiva, asesinando a Venustiano Carranza y a algunos de sus seguidores. Los sobrevivientes fueron apresados y conducidos, junto con el cadáver del presidente, hacia Huauchinango y luego a Xico.[121]

La noticia de la muerte de Venustiano Carranza corrió como pólvora. El 24 de mayo, el mismo día en que arribó el cuerpo inerte del máximo jefe constitucionalista a la Ciudad de México, el Congreso eligió a Adolfo de la Huerta presidente sustituto por un periodo de seis meses. La rebelión aguaprietista había triunfado. Se daba fin al régimen carrancista e iniciaba así el primer periodo de una serie de gobiernos que hoy se identifican como pertenecientes al México posrevolucionario. El país quedaría bajo la tutela de los sonorenses durante casi un

---

[120] Francisco L. Urquizo, *op. cit.*, p. 133.

[121] Álvaro Matute, *La carrera del caudillo...*, *op. cit.*, pp. 128-129.

lustro en el que las reformas, los repartos, las confrontaciones y las asonadas se volverían el pan de cada día. El recién ascendido general Lázaro Cárdenas, con apenas 25 años a cuestas, formaba parte del ejército
victorioso que cerraba una etapa fundamental de la historia de México
en la que la Revolución parecía haberse entrampado. Sin embargo, con
nuevos bríos y esperanzas se abría el futuro que prometía revitalizar los
principios revolucionarios poniéndolos a prueba a partir de una nueva
década, la de los años veinte.

En junio el joven general recibiría la encomienda de regresar a su
estado natal con el fin de atender la efervescencia política local provocada por la preparación de unas elecciones para gobernador de dicha
entidad especialmente complicadas y convulsas. La vuelta a Michoacán,
ya no con la encomienda de perseguir bandoleros, sino como jefe de
Operaciones Militares, coincidía con el inicio de la primera etapa de los
gobiernos posrevolucionarios sonorenses, durante los cuales la formación política de Lázaro Cárdenas, sin duda, tendría lugar.

En julio de ese año que cerraba la década violenta de la Revolución,
aquel joven general le envió a su madrina y a su tía Ángela Cárdenas desde Morelia una fotografía suya. En ella posaba vestido de civil con saco
y corbata, luciendo sus tupidos bigotes y perdiendo la mirada en lon-
tananza. El cabello abundante, negro, bien cortado y los grandes ojos
oscuros mostraban a un hombre madurado en la guerra, pero de la cual
no parecían quedar rastros en su semblante. En fotografías anteriores y
recientes se le había visto montando a caballo, vestido de militar, armado con fusil, pistola y sable, pero en ésta destacaba su condición de civil
y de sobrino amoroso. Tal vez se trataba más de un anhelo que de una
realidad, porque finalmente el mundo militar se impondría en la vida del
general veinteañero sin que olvidara por ningún motivo su condición
de soldado y su deber castrense. Como miembro destacado del ejército federal revolucionario entraría en la siguiente década, misma que le
depararía infinidad de sorpresas.

El general Lázaro Cárdenas, jefe de Operaciones Militares del estado de Michoacán (colección Casa Katz).

III

Los inicios de una formación política
1920-1928

De la Huasteca a Michoacán,
y de ahí una vez más a Sonora

> Ahí viene el toro,
> deja, chula, que venga...
> deja que venga
> aquí lo capotearemos.
>
> Versos de son huasteco, D.R.

A lo largo de los años veinte, el joven general Cárdenas formó parte del extenso grupo de militares que se ocupó de la reconstrucción del estado mexicano, después de vivir la década revolucionaria con particular intensidad. Lo hizo mediana y pragmáticamente, como parte de un ejército que también, poco a poco, empezaba a institucionalizarse. Aunque es preciso notar que lo escrito en sus *Apuntes* sobre dicha etapa de su vida fue poco. A pesar de la enorme importancia que tuvo ese periodo en su formación política llama la atención el gran vacío que tienen sus memorias sobre los años que van de 1920 a 1928, en comparación con épocas anteriores y posteriores. Pensando tal vez en el posible extravío de sus notas de esos complicados años, su hijo Cuauhtémoc Cárdenas planteó en 1972, en la introducción de la primera edición de esos mismos *Apuntes*, lo siguiente:

> No se dio tiempo Lázaro Cárdenas para escribir un relato [posterior] de aquellos años, en los que estamos seguros que sí hubo apuntes, años del

203

triunfo del Plan de Agua Prieta; de sus gobiernos provisional y constitucional del estado de Michoacán; de sus comandancias militares de Michoacán, del Istmo de Tehuantepec, Jalisco, Las Huastecas; de los conflictos entre el gobernador de Michoacán, general Francisco J. Múgica, y el presidente Álvaro Obregón; de las rebeliones de 1923 y 1929; de la rebelión cristera... Años de campañas, de continuo movimiento.[1]

En efecto, se trata de un periodo sin duda relevante, tanto para la formación política del joven general como para la construcción de sus redes de acción militar y social. Es también una época de capital importancia en la que se consolidaron sus convicciones revolucionarias y su compromiso con la transformación de las relaciones de poder en su patria chica y en otras partes del país. Durante estos ocho años Cárdenas fue testigo de los tejemanejes políticos posrevolucionarios y vivió de cerca la explotación y la miseria de las mayorías mexicanas, así como las relaciones tan desiguales entre los propietarios nacionales e internacionales y las masas trabajadoras.

A pesar de la escasez de referencias personales, varios autores han logrado reunir información relevante sobre las actividades de Cárdenas durante esa época, pero es justo decir que lo que más ha llamado la atención han sido sus gubernaturas michoacanas interinas en 1920 y 1922 y sus acciones como encargado de la jefatura militar de la Huasteca.[2] Dada su actuación de relativa trascendencia tanto regional como

---

[1] Lázaro Cárdenas, *Obras. I...*, *op. cit.*, vol. I, tercera edición, p. 13.

[2] Manuel Diego Hernández, *La Confederación Revolucionaria Michoacana del Trabajo* Centro de Estudios de la Revolución Mexicana Lázaro Cárdenas, A. C., México, 1982; Eitan Ginzberg, *Lázaro Cárdenas. Gobernador de Michoacán*, Colegio de Michoacán, México, 1999; Verónica Oikión, *Michoacán: los límites del poder regional*, tesis doctoral, Facultad de Filosofía y Letras-UNAM, 2001; Christopher Boyer, *Becoming campesinos: Politics, Identity and Agrarian Struggle in Postrevolutionary Michoacan, 1920-1935*, Stanford University Press, Estados Unidos, 2003; Eduardo Nava Hernández, *El cardenismo en Michoacán 1910-1990*, tesis doctoral, Facultad de Ciencias Políticas y Sociales-UNAM, México, 2003; y Cuauhtémoc Cárdenas, *Cárdenas...*, *op. cit.*

nacional, aquellas experiencias han generado anécdotas y reflexiones críticas, aunque en ocasiones mas ideologicas y justificatorias que académicas y rigurosas.[3] Aun así, una visión pormenorizada de lo sucedido en la vida de Lázaro Cárdenas durante los primeros ocho años de la tercera década del siglo XX, antes de asumir el cargo de gobernador electo de sus estado natal, podría servir para reseñar sus principales actividades militares, pero sobre todo para conocer las iniciales y tal vez más importantes influencias políticas en su formación. Sin embargo, dada la escasez de fuentes secundarias y primarias, más que un seguimiento puntual de la evolución del pensamiento del personaje, lo que se tiene es una especie de álbum discontinuo de estampas que empieza con la adhesión de Cárdenas al Plan de Agua Prieta en 1920 y termina con el inicio de su regreso a Michoacán para encabezar su candidatura al gobierno constitucional de aquel estado en 1928.

En medio de las turbulencias y las constantes crisis vividas durante los gobiernos de los generales sonorenses Álvaro Obregón y Plutarco Elías Calles, la figura del joven Lázaro Cárdenas del Río salió por lo general airosa, no sólo por su alianza con los vencedores revolucionarios, sino también por cierto estilo sereno que lo caracterizaba desde tiempo atrás y que sería uno de los rasgos que mayor confianza le otorgaba, tanto de parte de sus superiores como de sus subalternos. En los ámbitos de la política local así como en un plano más amplio, su particular aprovechamiento de oportunidades y el cálculo de sus relaciones con amigos y enemigos lo entrenaron y afinaron gradualmente. Un colaborador cercano lo describiría años después así: "No era temerario, sino muy responsable. Pensaba muy bien todos sus actos. Calculaba el momento más favorable y como militar que era cuidaba la retaguardia, por si estaba

---

[3] Véanse, por ejemplo, Victoriano Anguiano Equigua, *Lázaro Cárdenas. Su feudo y la política nacional*, Colección El Libro Oculto, México, 1989; o Martín Sánchez Rodríguez, *Grupos de poder y centralización política en México 1920-1924*, tesis de maestría, El Colegio de Michoacán, México, 1993.

obligado a retroceder".[4] Así, esos ocho años podrían considerarse como una etapa de formación tanto en el ámbito político como en el militar. Sin embargo, sus mayores retos se presentaron en este último rubro y fue ahí donde estuvo más cerca de la catástrofe.

Como se vio en el capítulo anterior, el mal tiempo y las crecidas de los ríos impidieron que el recién ascendido general Lázaro Cárdenas y su destacamento de exploración interceptaran al presidente Carranza en su fatal huida hacia Tlaxcalantongo. Con cierta cautela, el joven michoacano se mostró leal a los postulados del Plan de Agua Prieta. Dicho con seguridad, siguió instrucciones de su muy reconocido mentor, el general Plutarco Elías Calles, y se reunió en Papantla con Rodolfo Herrero y sus hombres poco después de aquel magnicidio. El perpetrador del asalto a la comitiva de Venustiano Carranza y principal responsable de su muerte se dispuso a recibir órdenes del joven general, quien también fue instruido por otro de sus comandantes, el general Arnulfo R. Gómez, para que realizara una delicada tarea. Debía llevar a aquel militar huasteco, recién incorporado al constitucionalismo, a la Ciudad de México. Junto con su sobrino Ernesto y varios miembros de su escolta, Herrero fue custodiado por Cárdenas desde Papantla, Veracruz, donde tenía su campamento provisional, hasta la capital del país. El viaje ocupó buena parte de la última semana de mayo de 1920.

Acompañado por el recién nombrado coronel Manuel Ávila Camacho,[5] quien era el jefe de su estado mayor, y sus hermanos Dámaso y

[4] Fernando Benítez, *Entrevistas...*, *op. cit.*, p. 26.

[5] Según su foja de servicios militares, el coronel Manuel Ávila Camacho se incorporó al ejército revolucionario hasta los primeros meses de 1920, y no constaba justificación legal de su presencia en la Revolución ni en el ejército hasta esa fecha. Sin embargo, en una carta de 1959 Lázaro Cárdenas certificó que desde el 15 de marzo de 1919 Manuel Ávila Camacho formaba parte de la Primera Brigada de Sonora bajo su mando en la campaña de "las Huastecas", agregado como miembro de su estado mayor. En su nota autobiográfica Ávila Camacho afirma que entró a la Revolución en diciembre de 1913 en la sierra de Puebla con las fuerzas del general Antonio Medina "actuando civilmente". Después se incorporó con el grado de subteniente de caballería, para

Francisco, el general Cárdenas encabezó la comitiva que llevó a Herrero y a sus principales colaboradores, primero de Tuxpan a Tampico en barco, de ahí en tren a Monterrey y finalmente por las mismas vías ferroviarias a la Ciudad de México. Como las comunicaciones estaban interrumpidas debido al tropezado éxodo carrancista y a que el estado de Puebla abrigaba una buena cantidad de enemigos de Herrero, fue necesario dar esa enorme vuelta. Además, al pasar por Tampico, aquella escolta debió saludar a los dos jefes militares que dominaban la región, ambos firmantes del Plan de Agua Prieta. Uno era el ya mencionado general Arnulfo R. Gómez quien, como se vio en el capítulo anterior, fue el brazo militar del callismo contra los maytorenistas y fungía en ese momento como comandante de la Primera Brigada sonorense encargada de la pacificación de las Huastecas. El general Gómez era, pues, el jefe inmediato de Cárdenas y de su regimiento. El otro jerarca al que había que entrevistar antes de partir era el general Manuel Peláez, quien después de ser un furibundo anticarrancista, recientemente había pactado su alianza con los aguaprietistas.

Los sonorenses sabían que Peláez debía su fortaleza a las guardias blancas protectoras de las compañías petroleras que él mismo había organizado en años previos. Tanto Cárdenas como Gómez también tenían claro que, después de la Convención de Aguascalientes, Peláez se había unido a las fuerzas de Pancho Villa y que ambos le habían reconocido a Rodolfo Herrero el grado de general brigadier. Éste, sin embargo, se rindió ante el general Francisco de Paula Mariel y se afilió al carrancismo unos cuantos meses antes de que se firmara el Plan de Agua Prieta. Peláez, por su parte, aprovechó la situación provocada por las tensiones entre Carranza y los sonorenses para medirse con éstos y no dejó pasar la oportunidad de sumarse a los aguaprietistas.

---

fungir como secretario particular de Ramón Cabrera, a su vez secretario de Venustiano Carranza. Archivo SEDENA, expediente del general Manuel Ávila Camacho, cancelados XI/III/1-55, vol. 5, p. 1 y foja 2219. La nota autobiográfica está fechada el 25 de noviembre de 1931.

Así, la ambigüedad en materia de lealtades caracterizó a quienes participaron en aquel trayecto que Cárdenas, con Herrero y su hombres, recorrería a lo largo del norte del Golfo de México y luego desde Nuevo León hacia el centro del país hasta llegar a la Ciudad de México. Ya en la capital el general michoacano tuvo que enfrentar a los reporteros de prensa que lo asediaron al arribar al vestíbulo del Hotel Gillow. Cárdenas les comentó que estaba ahí para llevar a Herrero a declarar frente al mismísimo general Plutarco Elías Calles, quien acababa de ser nombrado secretario de Guerra y Marina del gobierno interino de Adolfo de la Huerta.[6] Sin ser enviado a prisión formal, la suerte de Herrero se complicó durante el proceso que se le siguió y puso en evidencia el carácter oportunista del perpetrador del asalto y asesinato del Barón de Cuatro Ciénegas. Según algunos historiadores, varios años después el mismo Cárdenas como presidente de la República Mexicana, degradaría a Herrero y lo expulsaría del ejército.[7] Sin embargo eso no fue del todo cierto, ya que el propio general Herrero no tuvo que esperar más que hasta el 1° de enero de 1921 para que, por acuerdo presidencial, el mismísimo general Obregón le arrancara las insignias y lo expulsara del instituto armado.[8]

Entregado Rodolfo Herrero en manos de la justicia militar, el general Cárdenas y su comitiva quedaron nuevamente a disposición de la Secretaría de Guerra. El titular del ramo, el general Plutarco Elías Calles, ya le tenía preparada su siguiente misión. A los pocos días, Cárdenas fue nombrado jefe de Operaciones Militares en el estado de Michoacán, con lo cual se le concedía la posibilidad de regresar a su terruño con cierto aire de triunfador. Acababa de cumplir 25 años y ostentaba orgullosamente el grado de general de brigada. Aunque, dicho sea de paso, su regreso a

---

[6] John F. Dulles, *Ayer en México. Una crónica de la Revolución (1919-1936)*, FCE, México, 1977, pp. 55-56.

[7] William C. Townsend, *Lázaro Cárdenas…, op. cit.*, p. 37.

[8] John F. Dulles, *Ayer en…, op. cit.*, p. 106.

Michoacán le depararía no pocos sinsabores dada la conflictiva situación en la que se encontraban el estado y la federación.[9]

La sólida alianza establecida entre Cárdenas y Calles contrastaba con ciertos resquemores que poco a poco empezaron a surgir entre el gobernador con licencia de Michoacán, el general e ingeniero Pascual Ortiz Rubio, recién nombrado secretario de Comunicaciones y Obras Públicas, y el mismísimo presidente interino Adolfo de la Huerta. Don Pascual fue electo gobernador constitucional de Michoacán en agosto de 1917. Sin embargo, a lo largo de su periodo gubernamental, tanto por conflictos internos como por amenazas externas, Ortiz Rubio se había apartado de su puesto temporalmente en un par de ocasiones. El congreso local y el propio gobernador habían otorgado el poder provisional, primero al ingeniero Porfirio García de León en febrero de 1918 y después al licenciado Primo Serranía Mercado en abril de 1919.[10] García de León sustituyó a Ortiz Rubio durante un breve tiempo mientras los bandidos José Inés Chávez García, Jesús Cíntora y Fernando Altamirano sitiaron la meseta central michoacana y buena parte de Tierra Caliente. Para julio de ese año el gobernador electo volvió a encabezar la administración michoacana, aunque en poco más de seis meses tuvo que dejar nuevamente el puesto. El licenciado Serranía Mercado fue nombrado a principios de 1919 por un congreso local enemistado con el gobernador reinstalado debido a su anticarrancismo y su resuelto proselitismo a favor del general Obregón. Como se vio en el capítulo anterior, Ortiz Rubio se opuso a las intenciones del presidente Venustiano Carranza de imponer a Ignacio Bonillas como su sucesor en 1920 y se convirtió en un claro partidario del general Álvaro Obregón, poco antes de que se declarara la rebelión de Agua Prieta. Una vez

---

[9] Eduardo Nomelí Mijangos Díaz, *La Revolución...*, *op. cit.*, pp. 250-255.

[10] Jesús Romero Flores, *Michoacán en la Revolución*, Costa-Amic, México, 1971, p. 307.

que ésta tuvo lugar, Ortiz Rubio se enfrentó a las fuerzas estatales leales a Carranza. Las confrontaciones armadas entre michoacanos pro obregonistas, es decir: ortizrubistas, y los lugareños pro carrancistas se relataban en las coplas de un corrido lugareño que decían:

> El día quince de abril
> voy a contártelo, Aurelia,
> se pronunciaron las fuerzas
> que guarecían a Morelia.
>
> Desde temprano salió
> con mucha caballería
> el general Ortiz Rubio
> con rumbo a Santa María.
>
> El general Horcasitas
> lo trataba de aprehender
> por orden de Venustiano
> que nunca lo pudo ver...
>
> Si el gobierno de Carranza
> no ha cumplido su deber
> los que amamos a los pobres
> lo echaremos del poder.[11]

Ortiz Rubio y sus seguidores, al igual que los generales Obregón y Calles, se ostentaban como partidarios de "los pobres" recurriendo a una prédica revolucionaria que solía deberle bastante a la demago-

---

[11] Álvaro Ochoa Serrano y Martín Sánchez Rodríguez, *Repertorio michoacano 1889-1926*, El Colegio de Michoacán, Zamora. 1995, p. 278; y Jesús Romero Flores, *Corridos de la Revolución mexicana* Costa-Amic, México, 1977, pp. 238-239.

gia. Era cierto que el general Calles, cuando estuvo en el gobierno de Sonora, demostró que las reivindicaciones económicas de los marginados y las reformas a favor de una educación popular anticlerical formaban parte de sus políticas radicales. Pero justo es decir que ni Obregón ni Ortiz Rubio se destacaron como políticos comprometidos con las causas populares. Su convicción a favor del beneficio popular no trascendía el electoralismo y contenía bastantes dosis de arribismo y chaquetonería. A Obregón se le atribuían algunas alianzas con el movimiento obrero y el Partido Laborista, pero no escondía su afición por los negocios, las sociedades patronales y el dinero fácil. Por su parte, el mismo Ortiz Rubio durante su gobierno michoacano se destacó como un puntual defensor de terratenientes y muy poco dado a beneficiar a las mayorías campesinas.

Pero volviendo a la situación narrada por el corrido anteriormente citado, después de algunos combates contra los carrancistas, el gobernador Ortiz Rubio recuperó su mando hacia finales de abril de 1920. Al regresar al puesto desconoció al Poder Legislativo local que se manifestó a favor del carrancismo promoviendo el interinato de Serranía Mercado. Don Pascual, reinstalado como gobernador constitucional, convocó a elecciones para la gubernatura del estado y el congreso local, antes de volver a salir de la entidad. Aquella convocatoria establecía que las elecciones en Michoacán debían llevarse a cabo el 20 de junio, lo cual sucedería sólo un mes después de la muerte de Venustiano Carranza.

Los ánimos políticos en Michoacán, por lo tanto, se encontraban sumamente revueltos. Las confrontaciones y zafarranchos eran el pan de cada día y se manifestaban reagrupando y dividiendo a su población políticamente activa en infinidad de partidos pequeños y grupos muy compactos. Desde el año anterior ya se veía venir la polarización de las fuerzas políticas en por lo menos tres grandes corrientes: los liberales ortizrubistas, los socialistas mugiquistas y los católicos militantes. La primera estaba encabezada por Porfirio García de León, la segunda por Francisco J. Múgica y la tercera por el hacendado zamorano Antonio Márquez de la Mora.[12] Mientras el primero gozaba del tácito apoyo de los ortizrubistas organizados en el Partido Liberal Michoacano, el segundo no podía deshacerse del todo de sus vínculos con el constitucionalismo carrancista, a pesar de manifestarse a favor de la rebelión aguaprietista con el plan conocido como el Plan de Tlalpujahua, que se proclamó de manera tardía el 3 de mayo de 1920.[13] Como ya se vio, el pueblo de Tlalpujahua se hizo famoso por la gran riqueza de la mina de oro y plata Dos Estrellas que se encontraba en un cerro aledaño. Y su fama la había aumentado en los primeros años veinte porque en sus talleres de fundición se logró fabricar el primer aeroplano de manufactura 100% mexicana.[14]

Volviendo a los asuntos electorales, habría que aclarar que el Partido Socialista Michoacano y algunos moderados apoyaban a Múgica, aun bajo la reticencia obregonista provocada en gran medida por su clara oposición al grupo de Ortiz Rubio y sus aliados. En cambio a Márquez de la Mora le apostaban el Partido Independiente Michoacano y el Partido Popular Republicano, estrechamente ligados al conservadurismo clerical de la entidad. Así, el "caso Michoacán" se había convertido en un avispero justo cuando el presidente Carranza decidió abandonar fatídicamente la Ciudad de México con rumbo a Veracruz en aquel inicio del verano de 1920.

Ante esa situación el todavía jefe del gobierno michoacano Ortiz Rubio fue requerido por los obregonistas en la Ciudad de México, por lo que se nombró a Rafael Álvarez y Álvarez como tercer gobernador interino de Michoacán. Don Pascual encabezó un amplio contingente

[12] Eduardo Nomelí Mijangos Díaz, *La Revolución y el poder político en Michoacán, 1910-1920*, Universidad Michoacana de San Nicolás de Hidalgo, Morelia, 1997, pp. 251-252.

[13] José Valdovinos Garza, *Tres capítulos de la política michoacana*, Casa de Michoacán, México, 1960, pp. 42-44.

[14] Álvaro Ochoa Serrano, *Repertorio…, op. cit.*, p. 383.

armado que arribó a la capital el mismo 20 de mayo para ponerse a disposición del nuevo régimen y particularmente bajo las órdenes del general Álvaro Obregón. Con ello el michoacano pudo figurar entre los posibles candidatos a la presidencia interina del país que ya se planeaba, dada la pronta huida de Venustiano Carranza y su gobierno días antes.

La competencia entre los dos lugartenientes, posibles herederos del régimen carrancista, Álvaro Obregón y Pablo González, seguía vigente, a pesar de que este último se manifestó a favor del primero. Pero las fuerzas de Ortiz Rubio sirvieron de contrapeso a los contingentes leales al general González, que bien podían hacerle sombra a Obregón, justo en el momento en que se desplomaba el régimen carrancista. Por ello en esos momentos Ortiz Rubio apuntaló su propia posición obregonista, relativamente independiente de quienes poco tiempo después apoyarían a Adolfo de la Huerta como presidente interino. Éste, tal vez para mantener cercano a un declarado partidario de Obregón, pero quizá para restarle su fuerza local, nombró a Ortiz Rubio secretario de Comunicaciones, integrándolo al gabinete presidencial interino.

No tardaron en aparecer las diferencias entre el recién nombrado secretario de Comunicaciones y el presidente De la Huerta. Al mismo tiempo, las irregularidades con las que ejercían el poder el legislativo local y el gobernador provisional tensaban la situación michoacana ante la inminencia de las elecciones estatales. Para el ingeniero Ortiz Rubio resultaba inaceptable la injerencia de De la Huerta en cuestiones michoacanas, pues se rumoraba que el presidente interino tenía claras preferencias por el general Francisco J. Múgica. Sin embargo, también es probable que detrás de todo esto estuvieran los manejos del general Obregón, quien por su parte poco confiaba en el radicalismo de Múgica y no parecía querer perdonarle sus tácitas alianzas con el carrancismo hasta casi su último minuto. Para colmo, también el general Calles había metido su cuchara en el asunto, enviando a su "chamaco" a Michoacán, con el fin de que lo mantuviera informado y tal vez con la intención de

213

evitar que las cosas se salieran de cauce. El 14 de junio de 1920 Cárdenas fue nombrado jefe de operaciones militares del estado de Michoacán y al mismo tiempo se le encargó la gubernatura estatal de manera interina. El cargo lo ocupó hasta el 22 de septiembre de ese año, con la sola interrupción del 4 al 7 de julio, en que Ortiz Rubio regresó momentáneamente a la gubernatura del estado para tratar de darle cierta legitimidad a las elecciones.

Aun así, el 4 de julio de 1920 se celebraron dichas elecciones para gobernador y para diputados al congreso local en el estado de Michoacán. Pero entre los conflictos internos y las pugnas secretariales atizadas por la campaña misma que el general Álvaro Obregón llevaba a cabo para ser electo presidente del país en septiembre de ese año, el libre sufragio michoacano quedó claramente en entredicho. Todo parece indicar que los michoacanos favorecieron al general Múgica, sin embargo la irregularidad constitucional permeó dichas elecciones.[15] Un mes después, el colegio electoral daría a conocer las cifras de aquel sufragio: 18 684 votos para Múgica, 16 587 para García de León y 13 217 para Márquez de la Mora.[16] Incluso antes de conocer tales cifras, al final de la contienda tanto Múgica como Porfirio García de León se atribuyeron el triunfo. El todavía gobernador Ortiz Rubio desconoció al congreso local desde que nombró al licenciado Serranía Mercado como gobernador interino, por ello el voto ejercido por la ciudadanía se empañó de ilegitimidad y sospechas, amén de todas las acusaciones que provinieron de los opositores al régimen local y al mismo general constitucionalista. Por su parte, Ortiz Rubio no parecía atender cabalmente ninguno de los dos

---

[15] La junta computadora de las elecciones en Michoacán informó sobre múltiples inconsistencias en los comicios. Se denunció que los partidarios de Múgica habían usado "amenazas, promesas, suplantaciones y sustracciones de votos para favorecerlo". En algunas localidades al parecer "se verificó la presión de las fuerzas armadas". Archivo Calles-Torreblanca, fondo Álvaro Obregón, núm. 11, serie 030300, exp. 18, leg. 1.

[16] Héctor Ceballos Garibay, *Francisco J. Múgica. Crónica política de un rebelde*, México, Coyoacán, 2002, p. 81.

trabajos que entonces detentaba: el de gobernador de Michoacán y el de secretario de Comunicaciones del gobierno federal. Esto desde luego acentuaba su distanciamiento del régimen interino de De la Huerta.

Ante tal situación, como jefe de operaciones militares del estado y con el fin de garantizar la legitimidad de las elecciones, el general Cárdenas se vio comprometido y puesto entre la espada y la pared. Al parecer, apelando a la misma serenidad que lo caracterizaba, no se manifestó a favor o en contra de ningún candidato, aunque tampoco logró evitar que las elecciones caldearan los ánimos michoacanos. La situación en el estado estaba tan agitada, y el gobierno de Ortiz Rubio tan puesto en entredicho por su inconsistencia, que a principios de agosto se le encargó una vez más el gobierno de su estado al joven general Cárdenas. Éste debía tratar de garantizar una transición que no complicara demasiado las ya de por sí revueltas circunstancias en dicha entidad. El jiquilpense asumió nuevamente la jefatura política de Michoacán al tiempo que la comandancia militar que ejercía desde hacía varios meses. Los altos mandos de la federación sonorense, que eran sus tutores y amigos, parecían tenerle más confianza a él que al timorato y aprovechado exgobernador Ortiz Rubio.

Cierto que el joven general y gobernador interino Lázaro Cárdenas ya conocía al general Francisco J. Múgica y no era ajeno a las trayectorias políticas de Porfirio García de León y Antonio Márquez de la Mora. Pero justo es decir que de los tres a quien mejor percibía era a Múgica. De muy joven escuchó a su progenitor mencionar al padre del hoy general Múgica, pero también sabía de él por su protagonismo como uno de los primeros constitucionalistas en participar en una dotación de tierra. Junto con Lucio Blanco en 1913 , Múgica fraccionó y distribuyó entre los jornaleros la hacienda de Los Borregos, propiedad de Félix Díaz. También fue nombrado gobernador de Tabasco en 1915 y se distinguió por su radicalismo anticlerical. Como miembro del Congreso Constituyente de 1917 igualmente tuvo un papel destacado en la redacción de algunos de sus artículos más relevantes. A Cárdenas lo habían presentado, según su propio testimonio, en plena campaña militar contra los rebeldes bandidos michoacanos en 1918.[17] Sin embargo, al parecer, fue en ese verano de 1920 cuando ambos entablaron cierto contacto un tanto más estrecho. El periodista Roberto Blanco Moheno narró la improbable anécdota en la que Cárdenas y Múgica se encontraron en Morelia en una cantina justo durante la contienda electoral michoacana de 1920. Sin más, Múgica lo increpó:

> Usté', general es demasiado joven. Pero representa la Revolución ¡y tiene el deber de respetarla! Es indecoroso que entre usted en las cantinas así, uniformado, y con su representación. Nosotros los que hemos hecho la Revolución, somos los primeros obligados a respetarla para hacerla respetar.[18]

Independientemente de la veracidad de la anécdota y de las enérgicas palabras de Múgica, lo relevante fue que, mientras Michoacán vivía en la inquietud política de mediados de 1920, él y Cárdenas iniciaron un particular reconocimiento que derivaría en una amistad y en una estrecha colaboración que duraría por lo menos 20 años más.

Durante esta primera gestión como gobernador el joven Cárdenas tuvo un gesto que pareció más inspirado en el radicalismo de Múgica o Calles que en su temprana preparación política. Además de intentar deshacer la conjura "que los grupos reaccionarios habían montado para impedir el acceso de Múgica al poder", tuvo la iniciativa de tratar de garantizar un salario mínimo a los trabajadores de Michoacán.[19] Si bien esto se intentó hacer durante el tropezado gobierno de Ortiz Rubio, fue con Cárdenas cuando la iniciativa tuvo más visos de convertirse en algo real, sobre todo por el apoyo de la Federación de Sindicatos Obreros y Campesinos, una especie de filial de la Confederación Regional Obrera

---

[17] Lázaro Cárdenas, *Obras. I...*, *op. cit.*, vol. I, tercera edición, p. 558.

[18] Roberto Blanco Moheno, *Tata Lázaro. Vida, obra y muerte de Cárdenas, Múgica y Carrillo Puerto*, Diana, México, 1972, p. 49.

[19] Manuel Diego Hernández, *op. cit.*, p. 28.

Mexicana fundada en 1918 en Michoacán.[20] Como se vio en el capítulo anterior, es probable que el propio Cárdenas no fuera insensible a la formación de organizaciones laborales que entonces apuntaban hacia la izquierda y en beneficio de los intereses de los trabajadores.

Mientras tanto, en 1920 el poder estatal se debía entregar al gobernador electo, Francisco J. Múgica, el 16 de septiembre. Durante la víspera el general Cárdenas recibió la orden de solicitar al propio general Múgica se trasladara a la Ciudad de México para tratar "asuntos electorales del Estado" con el presidente interino de la República, Adolfo de la Huerta. Corrían rumores de que De la Huerta había cambiado de opinión sobre Múgica. Pero era sobre todo al general Obregón a quien la figura de Múgica no le era del todo simpática, y al parecer ahora, tanto el presidente interino como el héroe de Celaya, preferían apoyar a García de León.[21] Sin embargo, Múgica, aludiendo argumentos de soberanía estatal, se negó a tratar tales asuntos con el ejecutivo federal, y procedió a asumir el poder del estado, aun cuando el gobernador interino Cárdenas tenía instrucciones expresas de no entregarle las instalaciones del Palacio de Gobierno. Años después el mismo Múgica contaría que:

La actuación del general Cárdenas fue de absoluto respeto, en primer lugar a la ley fundamental del estado y a su ley electoral, y solamente no pudo acatar dichos mandatos cuando recibió órdenes terminantes del gobierno del centro para no publicar el decreto de la legislatura en que se me declaraba triunfante. Pero declinó inmediatamente al mando civil juzgando su actuación contraria a la soberanía de su estado.[22]

---

[20] *Ibid.*, p. 14.
[21] Ramón Alonso Pérez Escutia, *La Revolución…*, *op. cit.*, p. 330.
[22] Armando de María y Campos, *op. cit.*, p. 149.

En efecto, Cárdenas no publicó el decreto que declaraba a Múgica gobernador, pero para no caer en desacato a la autoridad federal renunció al cargo de gobernador interino, ese mismo 15 de septiembre. Sin embargo "no tuvo a quién hacer entrega del gobierno", por lo que siguió en funciones.[23]

Según los historiadores michoacanos Álvaro Ochoa y Gerardo Sánchez, sin mayor demora "el pueblo en masa" llevó a Múgica al Palacio de Gobierno el 22 de septiembre y lo reconoció como su legítimo gobernante.[24] Otras versiones, un tanto disparatadas, aseguran que Múgica sobornó a Cárdenas con 14 000 pesos y al secretario de gobierno, José Huerta, con 5 000, y que tanto Múgica como Cárdenas preparaban una rebelión con diversos excarrancistas en contra del recién electo gobierno de Obregón.[25] Por su parte García de León se quejó ante el Senado de la Republica por lo desaseada que resultó la contienda electoral; y un tercer contendiente, Manuel E. Ortiz, que había fungido como presidente del Tribunal de Justicia del estado, asumió de facto la gubernatura y estableció su régimen en Jiquilpan y en la hacienda de Briseñas.

Mientras tanto el 5 de septiembre se celebraron las elecciones federales y, como era de esperarse, el general Álvaro Obregón resultó presidente electo. Durante la víspera de su toma de posesión en Morelia, Múgica le escribió al Manco de Celaya para invitarlo a ser testigo del proceso electoral michoacano, a lo cual el presidente electo se rehusó manifestando su voluntad de no interferir en el conflicto. La animadversión entre Obregón y Múgica ya se percibía en aquel intercambio de misivas, muy probablemente atizada por los oficios antimugiquistas de Ortiz Rubio.

---

[23] Cuauhtémoc Cárdenas, *Cárdenas…*, *op. cit.*, p. 90.

[24] Álvaro Ochoa Serrano y Gerardo Sánchez Díaz, *Breve historia…*, *op. cit.*, p. 220.

[25] En una carta firmada por una tal Juana Rivera y dirigida al general Obregón se aseguraba "que todos estos datos preciosos para usted los he obtenido de mi amiga íntima: la querida del general Cárdenas", Archivo Calles-Torreblanca, Fondo Álvaro…, *op. cit.*, exp. 1277, inv. 4151, leg. 1.

Por más que Múgica intentó acercarse al general Obregón a través de amigos mutuos como Esteban Baca Calderón y Heriberto Jara, lo mismo que con algunos enemigos de Ortiz Rubio como el general José Rentería Luviano, el sonorense insistió en malquistarse con el recién electo gobierno michoacano, y una vez que asumió el poder federal hizo todo lo posible por eliminar a Múgica del panorama político local. Los rumores de que Cárdenas pronto saldría de Michoacán confirmaban la falta de apoyo del gobierno federal al gobernador electo. Un grupo importante de empresarios y comerciantes morelianos solicitó que no se removiera al jiquilpense.[26] Aun así Múgica y su gente se apoderaron definitivamente del Palacio de Gobierno el 23 de octubre. El Senado de la Republica hizo caso a las quejas de García de León y desconoció a Múgica como gobernador del estado, pero el constitucionalista empezó a despachar sin más retrasos.[27] Algunas de sus primeras acciones consistieron en correr a los miembros del clero que daban clases en la escuela normal y lanzar la iniciativa de crear colonias agrícola-militares en diversas regiones de Michoacán. Ambas propuestas fueron secundadas, al parecer, por el mismísimo general Plutarco Elías Calles, lo que hacía suponer que Múgica mantenía el apoyo del sonorense, aun en medio de sus desencuentros con el Manco de Celaya.[28]

Para entonces Michoacán ya tenía otro jefe de Operaciones Militares: el general brigadier Alfredo C. García. Este último se encargaría de azuzar la hostilidad del gobierno obregonista hacia el régimen mugiquista. Recibiendo instrucciones del recién nombrado ministro de Guerra, el general Enrique Estrada, el general García tendría el triste papel de poner constantemente piedras en el camino de las reformas "socialistas" implementadas por el gobernador Múgica. Así el gobierno mugiquista en Michoacán viviría entre propuestas radicales y presiones del gobierno central hasta que el mismo Obregón, como se verá más adelante,

---

[26] Archivo Calles-Torreblanca, Fondo Álvaro…, *op. cit.*, exp. 579, inv. 3453, leg. 1.

[27] Archivo Calles-Torreblanca, Fondo Álvaro…, *op. cit.*, exp. 578, inv. 3455, leg. 1.

[28] Archivo Calles-Torreblanca, Fondo Plutarco Elías Calles, exp. 119, inv. 3901, leg. 1.

harto de las insubordinaciones de Múgica, sugeriría al general Cárdenas la encarcelación y la eliminación física del propio constitucionalista a finales de 1923.

Mientras tanto Cárdenas saldría de la entidad y tardaría dos años más en regresar a Michoacán. Ante la conflictiva toma de posesión del gobernador Múgica, el jiquilpense recibió la orden de trasladarse a Sonora y regresar a encargarse de la Primera Brigada del ejército en esa región. El general Calles decidió rescatar a Cárdenas y no involucrarlo en una confrontación que tendía a radicalizarse augurando una creciente tensión a nivel local, sobre todo entre los mugiquistas y el gobierno central.

Como ya se constató, las tierras sonorenses no eran ajenas al joven general michoacano. Sonora era su segunda patria, o tal vez la veía como la tierra "de sus mayores" dado que de ahí eran sus mentores militares y políticos, y quienes ahora formaban parte de la médula del grupo que se encaramó en el poder central del país a partir de 1920. El principal protector de Cárdenas era el general Plutarco Elías Calles, secretario de Guerra y Marina del gobierno interino de Adolfo de la Huerta y secretario de Gobernación del gobierno recién electo de Álvaro Obregón. Sin embargo Cárdenas también gozaba del amparo de otros jefes sonorenses como Arnulfo R. Gómez y Ángel Flores. El general Gómez se expresaría muy elogiosamente del joven Cárdenas mencionando su "pericia militar, su reconocida honradez y acierto".[29] El general zacatecano Enrique Estrada también lo apreciaba bastante y el sinaloense José Gonzalo Escobar igualmente lo tenía en buen recaudo. El mundo militar del noroeste era, pues, una especie de segunda patria para el joven general michoacano.

A nivel nacional, el gobierno del primer caudillo sonorense se instaló formalmente a la media noche del 30 de noviembre y las primeras horas del 1º de diciembre de 1920, al levantar Obregón su mano izquierda y

---

[29] Archivo SEDENA, expediente del general Lázaro Cárdenas…, *op. cit.*, carta de Arnulfo R. Gómez de julio de 1921.

jurar cumplir los postulados de la Constitución de 1917 frente al pleno del Congreso de la Unión de la República Mexicana. Si bien el particular estilo de gobierno de aquel militar invicto le otorgaría a su cuatrienio un sesgo personal, la continuidad entre su gobierno y el de su antecesor, Adolfo de la Huerta, era evidente. Esto se corroboraba con la presencia de personalidades como Plutarco Elías Calles, Cutberto Hidalgo, Benjamín Hill, Antonio I. Villareal, Rafael Zubarán Capmany y Manuel Pérez Treviño en las principales carteras del gobierno. Todos ellos habían ocupado algún puesto relevante en el gobierno anterior. El mismísimo De la Huerta fue trasladado a la Secretaría de Hacienda y el menos despabilado Pascual Ortiz Rubio se mantuvo en la Secretaría de Comunicaciones y Obras Públicas.

Al poco tiempo, sin embargo, la consabida confrontación entre estos dos últimos, por un asunto relacionado con los ferrocarriles mexicanos, dio lugar a la renuncia de Ortiz Rubio. Si bien el pretexto del conflicto ferrocarrilero quedaba en la superficie, el meollo de la confrontación parecía ser el gobierno mugiquista de Michoacán, que finalmente fue apoyado por De la Huerta y por otro lado era vilipendiado por Ortiz Rubio.[30] En este primer tiempo Múgica se anotó un tanto a su favor al ocupar el Palacio de Gobierno en Morelia definitivamente a partir de octubre de 1920.[31] Sin embargo ahora el árbitro era otro, y el Manco de Celaya le cobraría con creces tales indisciplinas. Era bien sabido que Obregón malquería a Múgica por su carrera estelar durante el constitucionalismo, pero también por su protagonismo radical, demostrado mientras fue gobernador provisional de Tabasco en 1915. El sonorense parecía tener suspicacias ante la lealtad relativa que el michoacano demostró hacia el primer jefe Carranza, pero sobre todo ante sus reticencias a la hora de aliarse con los aguaprietistas. En ese sentido el

---

[30] John F. Dulles, *Ayer en…, op. cit.*, p. 82.
[31] Ramón Alonso Pérez Escutia, *La Revolución…, op. cit.*, p. 327.

antimugiquismo de Ortiz Rubio, aunado a la vena malqueriente de García de León, lograron influir y consolidarse en el ánimo del héroe de Huatabampo.

Desde Sonora, el general Cárdenas trataría de mantenerse informado sobre el acontecer de su "querencia" y al poco tiempo le manifestaría a su jefe Calles su voluntad de regresar. En octubre solicitó una licencia para ir a Guadalajara a ver su hermano Dámaso que estaba enfermo y en noviembre fue enviado nuevamente a Michoacán a que interviniera en aquel territorio que seguía en la efervescencia poselectoral. Los partidarios de Ortiz Rubio se propusieron impedir a toda costa que el general Múgica tomara las riendas de su gobierno. Como Cárdenas permitió que los mugiquistas tomaran el Palacio de Gobierno, se quejaron ante el presidente Obregón culpando al joven general de no impartir las garantías necesarias para el desempeño de los cargos civiles de gobierno.[32] La respuesta del gobierno federal fue cambiar de jefe de operaciones militares y trasladar a Cárdenas nuevamente a Sonora, donde permanecería hasta noviembre de 1921.

Tal vez las dos figuras más poderosas después del general Obregón en el gabinete que asumió el poder durante el último mes de 1920 eran los sonorenses Benjamín Hill, secretario de Guerra y Marina, y Plutarco Elías Calles, secretario de Gobernación. Este último mantenía clara influencia sobre el control militar regional de su estado y poco a poco tejía sus redes entre gobernadores, jefes políticos, líderes de organizaciones laborales y campesinas, y desde luego entre los operadores en la milicias locales. El primero, en cambio, trató de implementar las necesarias reformas y recortes en el instituto armado surgido del proceso revolucionario de la década anterior. Sin embargo, Hill pudo hacer poco en ese sentido, ya que después de un banquete a mediados del mes de diciembre de 1920, murió envenenado. Lo sucedió el general Enrique

---

[32] Archivo SEDENA, expediente del general Lázaro Cárdenas…, *op. cit.*, carta de José Huerta, 8 de noviembre de 1920.

Estrada, miembro distinguido de la ilustre camada norteña, pero no tan cercano al general Obregón como el recién fallecido Benjamín Hill.

El régimen obregonista no sólo pretendió hacer importantes reestructuraciones en materia militar, también impulsó una mediana reforma agraria y se comprometió a mejorar las condiciones de vida de la incipiente clase obrera mexicana. Esto no se logró del todo, principalmente por la profunda crisis económica que se vivió en el mundo, tanto europeo como americano, como consecuencia del fin de la primera Guerra Mundial.[33] La industria pareció estancarse y la falta de inversión, así como un proceso de abaratamiento de la mano de obra, generaron una inquietud particular en el sector obrero. Aunado a esto y gracias a la intensificación de la migración del campo a las principales ciudades, debida en gran medida a la violencia y la escasez, se produjo un aumento notable en la oferta de mano de obra sin que existiera una correspondiente inversión interna o externa en fábricas y medios de producción en general. Con ello la crisis se incrementó, especialmente en los sectores laborales y de transformación básica. Los trabajadores se empezaban a organizar demandando un salario digno y condiciones básicas de trabajo.

Sin embargo las propuestas de Obregón en materia laboral se quedaron en el discurso. La crisis de 1921 producida por el colapso de la producción y los precios de las materias primas mexicanas,[34] implicó también un descenso en la recaudación fiscal que sólo se vio compensada por un importante aumento en las exportaciones petroleras. Esto llamó la atención de los encargados de la hacienda pública que no tardaron

---

[33] Robert Alexander Clarke Parker, *El siglo xx. Europa 1918-1945*, Siglo XXI Editores, México, 1978, p. 109.

[34] John F. Dulles proporciona una tabla particularmente ilustrativa sobre el colapso económico mexicano en 1921:

Valor de exportaciones en pesos

	Plata	Cobre	Plomo	Ganado	Ixtle	Pieles	Henequén
1920	120 700 000	37 900 000	28 900 000	1 400 000	3 400 000	4 000 000	43 800 000
1921	76 900 000	9 000 000	12 700 000	400 000	1 800 000	1 400 000	29 400 000

en decretar un impuesto especial sobre dicha exportación, con el fin de hacerse de más recursos en menos tiempo.

Las compañías petroleras que, como es sabido, se encontraban en manos estadounidenses e inglesas, se negaron a pagar los nuevos impuestos suspendiendo sus operaciones en Tampico y en el norte de Veracruz, así como en el extremo sur de ese estado, mandando a cerca de 4 000 obreros al desempleo. El asunto resultó bastante delicado debido a que el gobierno de Obregón aún no era reconocido por Estados Unidos, y por lo tanto las presiones internacionales no tenían los mismos efectos que se podían esperar si se estuviera en una situación de normalidad diplomática. El reconocimiento sucedería hasta 1923, con los tratados de Bucareli, en los que por cierto los asuntos petroleros figuraron como uno de los puntos neurálgicos para el restablecimiento de las relaciones bilaterales.[35]

Aun cuando este primer conflicto entre magnates petroleros y autoridades mexicanas pudo resolverse con cierta prontitud, quedaba claro que los asuntos relacionados con el oro negro serían una palanca de capital importancia para las relaciones internacionales de los regímenes posrevolucionarios. De ahí que los principales responsables de la política nacional invariablemente insistieran en que las jefaturas militares y políticas de las zonas petroleras estuvieran en manos de figuras plenamente identificadas con el gobierno central. No cabe duda de que las compañías petroleras tenían una amplia capacidad de financiar sus propias defensas, como fue el caso de las guardias blancas organizadas por el general Peláez. Esas mismas compañías eran también particularmente proclives a corromper a las autoridades locales. Sin embargo el régimen de Obregón y eventualmente el del general Calles sabrían que la única manera de mediatizar el poder de esas compañías y sus magnates era manteniendo fuerzas leales en las regiones petroleras, sobre todo si

---

[35] Martha Strauss Neuman, *El reconocimiento de Álvaro Obregón: opinión y propaganda mexicana (1921-1923)*, UNAM, México, 1983; y Alberto J. Pani, *Mi contribución al nuevo régimen (1910-1933)*, Cultura, México, 1936.

se pretendían aplicar las reformas nacionalistas en materia de reestructuración económica. Al fin y al cabo la Constitución de 1917 amparaba dichas reformas que no tardarían en convertirse en foco de conflicto entre el gobierno posrevolucionario y los intereses empresariales estadounidenses y europeos.

El nacionalismo era uno de los muchos elementos que parecían hermanar entre sí a la mayoría de los revolucionarios en el poder, por lo menos en el discurso. Tanto las políticas económicas como las militares, pero sobre todo las educativas y culturales, también apuntaban en ese sentido. Justo es decir que un nacionalismo muy peculiar distinguiría a los proyectos de la recién fundada Secretaría de Educación Pública a cargo del arrogante José Vasconcelos de las propuestas de sus antecesores porfirianos. A pesar de existir continuidades relevantes entre el modelo educativo del antiguo régimen y el que pretendía implementar el gobierno posrevolucionario, Vasconcelos mismo se atribuiría la paternidad del proceso de la instrucción pública mexicana, después de una muy controvertida administración que sólo duró tres años. La reivindicación de la cultura popular, de la llamada mestizofilia y de un reconocimiento a determinados valores universales le dio al nacionalismo cultural de la época un sello muy particular.[36] En materia económica, social y militar otro gallo cantaría.

A principios de los años veinte todavía no acababan de cuajar muchos de los principios nacionalistas que distinguirían al régimen obregonista, al callista y posteriormente al mismísimo cardenismo. La experiencia revolucionaria había generado una conciencia muy particular sobre la necesidad de defender los recursos nacionales, aunque no estaba del todo claro si debían beneficiar principalmente a las mayorías populares

---

[36] Edgar Llinás, *Revolución, educación y mexicanidad. La búsqueda de la identidad nacional en el pensamiento educativo mexicano*, Compañía Editorial Continental, México, 1985; Agustín Basave Benítez, *México mestizo. Análisis del nacionalismo mexicano en torno a la mestizofilia de Andrés Molina Enríquez*, FCE, México, 1992; y Ricardo Pérez Montfort, *Avatares del Nacionalismo Cultural*, CIESAS-CIDEHM, México, 2000.

de este país. La defensa de dichos recursos parecía tener el fin de engrosar las arcas del gobierno federal, el cual a través de impuestos y de concesiones recibía las sumas necesarias para mantenerse a flote. Ello también contribuía al manejo discrecional de los dineros públicos y desde luego a la corrupción. Sin embargo el velo del nacionalismo cubría muchas de estas acciones y evidenciaba una tendencia cada vez mayor hacia las declaraciones demagógicas, patrioteras y de defensa regional, mientras que la Revolución parecía tardarse cada día más en llegar a las mayorías.

En medio de estas circunstancias los conflictos entre la sociedad y los revolucionarios empezaron a ser cada vez más cotidianos. Por más que se intentara imponer un orden, ya fuera civil o militar, las revueltas, las insidias y las inconformidades se manifestaban a la menor provocación, a pesar de la fama de mano dura que los sonorenses se habían encargado de propalar. Un incidente de esa índole incluso afectó al jefe del Primer Batallón de Sonora durante los meses de febrero y marzo de 1921 en Nacozari. En un periódico local se dio la noticia de que el general Lázaro Cárdenas había sido acusado "de homicidio con abuso de autoridad y usurpación de funciones ante la autoridad federal competente". Una comisión obrera de aquel mineral lo responsabilizó de ahorcar al obrero Jacinto Ortega "después de aprehenderlo por medio de engañifas, para evitar que alguien pudiera substraerlo de sus manos". La comisión obrera informaba que Ortega fue asesinado porque "desde un principio cuando se inició la revuelta que derribó a Carranza mostró desafecto a ella".[37] Es muy probable que dicha información fuera falsa porque el propio Cárdenas no se encontraba en Sonora cuando se echó a andar la rebelión de Agua Prieta y porque a finales de febrero de 1921 lo llamaron a presentarse en Celaya, Guanajuato,[38] además del hecho de que ahorcar a un disidente obrero iba en contra de su proceder y sus códigos éticos como

---

[37] *El Tucsonense*, Tucson, Arizona, 1º de marzo de 1921. Debo esta información a Álvaro Ochoa Serrano.

[38] Archivo SEDENA, expediente del general Lázaro Cárdenas…, *op. cit.*, constancia del 25 de febrero de 1921.

militar e individuo. De cualquier manera, la acusación parecía haberse hecho de manera tácita y formaba parte de las diferencias que se ventilaban entre los militares y otros sectores sociales inconformes.

Una foto fechada y dedicada a su amigo Marcelino en abril de 1921, probablemente tomada en Sonora, muestra a un Cárdenas bastante sereno, con su uniforme de general, sentado y con un kepis que aparentemente le queda chico. Sostiene su sable vertical entre la piernas con la mano derecha y en la mano izquierda destaca un anillo plateado en su dedo anular. Es posible que se trate de una alianza que indique algún simbólico enlace con la madre de su hija Alicia, Carmelita Del Valle Rizzo, a quien tuvo a bien cortejar en Nacozari, Sonora. Su semblante es el de un adulto bastante maduro y su actitud parece irradiar seguridad y fortaleza. Aunque conociendo las circunstancias que vivía durante esas fechas quizá pensara en regresar a la vida civil.

El general Cárdenas del Río posando para la cámara en marzo-abril de 1921 (colección Casa Katz).

Consciente de esta situación y de los fracasos de la experiencia michoacana recién vivida, el joven general Cárdenas, a mediados de 1921, tuvo la intención de retirarse momentáneamente de la carrera de las armas y emprender un proyecto que le permitiera sobrevivir explotando recursos de ciertas zonas boscosas del altiplano michoacano en beneficio del propio desarrollo local. Quizá también intervinieron en esta decisión algunas razones nostálgicas combinadas por la incomodidad que le generó la campaña militar en contra de los indígenas yaquis. Esta campaña se recrudeció en 1921 justo cuando el joven general fue llamado a Sonora para salvaguardarlo de la conflictiva situación política michoacana.

Con bastante serenidad, aquel militar con un cuarto de siglo a cuestas le manifestó al general Calles su deseo de separarse del ejército para dedicarse a la instalación y explotación de un aserradero. En una carta que le escribió al recién nombrado secretario de Gobernación, Cárdenas le planteó que había llegado el tiempo "en que podamos dedicarnos a trabajar, para así procurar el mejoramiento de nuestras familias". Al argumentar de esa manera es probable que Cárdenas pensara en su pequeña hija Alicia, en su mujer sonorense y probablemente también en sus hermanos y hermanas que había dejado en Jiquilpan. Aunque Dámaso y Alberto lo seguían en sus correrías militares, sus hermanas Margarita, Angelina y Josefina se mantenían con esfuerzo en su pueblo natal, apoyando a los menores Francisco y José Raymundo. El encargado del Primer Batallón del estado de Sonora le solicitaba a su jefe y mentor que le ayudara a conseguir un crédito en los ferrocarriles del estado de Michoacán, para "instalar un bien montado aserradero y entregar al mismo Ferrocarril, previo contrato, el mayor número de durmientes y madera que sea posible[…] La garantía que daremos en el crédito que se nos abra será la recomendación que usted dé por el conocimiento que de nuestros antecedentes tiene".[39]

---

[39] Carlos Macías Richard, *Plutarco Elías Calles, Correspondencia…*, *op. cit.*, pp. 50-51.

Sin embargo Calles tenía que resolver otros problemas en su feudo sonorense y por ello encomendó al joven general Cárdenas la Primera Brigada de Sonora a finales de 1920. Al poco tiempo de llegar a aquel estado dicha brigada se convirtió en una columna expedicionaria y no tardó en continuar en la campaña de pacificación del yaqui. En esta campaña lo volvió a seguir el coronel Manuel Ávila Camacho, quien había logrado convencer a Cárdenas de su eficiencia administrativa, puesto que, además de miembro del estado mayor, hacía las veces de pagador. Manuel se había convertido en un buen amigo del General demostrando su eficiencia y su lealtad como subalterno.

Es probable que Cárdenas hubiera deseado regresar a Michoacán con el fin de incorporarse a las transformaciones que impulsaba el general Múgica en materia agraria y laboral. Aunque igualmente es factible que estuviera harto de la vida militar y sus intereses se inclinaran más a favor de la política que de las armas. Sin embargo, sin conocer la respuesta del general Calles a la petición de su "chamaco", Cárdenas tuvo que quedarse en Sonora hasta finales de 1921. Poco tiempo después, el general Enrique Estrada, quien asumió la Secretaría de Guerra y Marina tras la súbita muerte del general Benjamín Hill, le asignó al michoacano la Jefatura de Operaciones Militares en el Istmo de Tehuantepec.

En parte por su alianza con el general Calles, quien para entonces era nada menos que secretario de Gobernación, y en parte, sin duda, por su convencida disciplina militar, Cárdenas fue instado a encargarse de tres territorios particularmente conflictivos entre 1921 y 1923. El primero fue el Istmo de Tehuantepec, el segundo fue nuevamente Michoacán y el tercero fue el Bajío con su extensión hasta Jalisco. Este último territorio le era particularmente caro y conocido, dada su natural orientación a la querencia jiquilpense que tiraba más hacia el mundo jalisquillo que al purépecha. Fue ahí donde tuvo uno de sus mayores fracasos militares.

En los primeros años veinte los diversos cuerpos del ejército posrevolucionario se reestructuraron bajo la égida de los sonorenses. Como es sabido, la institución armada no sólo se ocupaba del ámbito militar, sino que jugaba un papel determinante en la construcción de las fuerzas políticas del país. Cárdenas conocía la existencia de múltiples dificultades y divisiones dentro del ejército y sabía que mantenerlo disciplinado era una tarea por demás complicada. Aunque no había acumulado mucha experiencia en negociaciones y en el intercambio de favores y lealtades, el joven general tenía la clara intuición de que sólo dentro de las filas del instituto armado se podía garantizar la continuidad y ascenso en el mundo político. Es probable que por ello hiciera a un lado sus aspiraciones de montar un aserradero y regresar a la vida civil. El 6 de noviembre de 1921 se le otorgó el nombramiento de jefe de Operaciones Militares del Istmo de Tehuantepec y días después se estableció en San Jerónimo Ixtepec, a unos kilómetros de Salina Cruz y de la misma población de Tehuantepec. Desde ahí logró establecer el control de la región del Istmo y el paso hacia el entonces muy lejano estado de Chiapas.

Entre bandoleros y caciques

> Saca tu machete chunco vámonos pa' la barranca a ver si contigo sale esa culebrita blanca.
>
> Versos de "La Culebra" oaxaqueña. D.R.

A finales del primer año de gobierno del general Obregón y atendiendo el mandato de la jerarquía castrense federal, el general Cárdenas del Río acató la orden de trasladarse al Istmo de Tehuantepec a sustituir en la Jefatura de Operaciones Militares de la zona al general chihuahuense Marcelo Caraveo. El gobernador electo del estado de Oaxaca, Manuel

García Vigil, manifestó una sensible independencia frente al régimen central y mientras que el general Caraveo tampoco gozaba de la confianza de los sonorenses. Si bien dicho general se adhirió a la sublevación de Agua Prieta, sus antecedentes lo vinculaban al ambiguo Manuel Peláez en la Huasteca y más aún con Félix Díaz y el anticonstitucionalismo. El gobierno interino de Adolfo de la Huerta le reconoció su grado de divisionario y pronto lo destacó en la región istmeña, en donde su labor no fue del todo eficaz, según los requerimientos del gobierno federal. Caraveo mismo describió los conflictos en aquella zona como resultado de un odio perene que él mismo no acababa de entender entre "rojos" y "verdes", siendo los primeros lo seguidores del general Chico Castillo y los segundos afines al general Heliodoro Charis.

Las pasiones de ambas partes llegaban hasta el mundo gastronómico y festivo, pues según el propio testimonio de Caraveo, "en algunas fiestas a que pude asistir observé que los 'rojos' tomaban agua de fruta roja, así como sus platillos eran también de ese color, mientras que los 'verdes' hacían lo mismo".[40] Era tan ingorante de las condiciones en esa región que atribuyó a "una serie de chismes y cuentos" sobre su persona su sustitución sin cumplir un año en la jefatura militar de la zona.

Lo cierto es que dicho estado sureño continuaba agitándose y el gobierno del general Obregón sospechaba que las autoridades oaxaqueñas ostentaban demasiado su autonomía. A principios de 1922 los diputados locales proclamaron la Constitución Política del Estado de Oaxaca, misma que daba una enorme libertad de acción tanto al ejecutivo como a los mandos municipales. Esto provocó una situación álgida que implicó varias rebeliones locales entre abril y junio.[41] Aunque el nombramiento de Cárdenas tenía como trasfondo vigilar los movimientos del gobernador y de diversos líderes oaxaqueños, también se le

---

[40] Marcelo Caraveo, *Crónica de la Revolución (1910-1929)*, Trillas, México, 1992, p. 110.

[41] Víctor Raúl Martínez Vásquez (coord.), *La revolución en Oaxaca (1900-1930)*, Conaculta/SEP, México, 1993, pp. 411-416.

encargó la pacificación de aquella región tan sensible para los intereses económicos del país.

En el Istmo de Tehuantepec se encontraba el segundo paso más importante entre los océanos Atlántico y Pacífico de todo el continente americano. El ferrocarril transístmico construido en el territorio mexicano durante el Porfiriato era la vía que mejor competía con el canal de Panamá para la transportación comercial y de movimiento de tropas, armamento y víveres. Debido a eso, era un asunto prioritario convertirlo en generador de recursos para el gobierno posrevolucionario. Para colmo, en esa región y hacia el Golfo de México se descubrieron enormes yacimientos petroleros, que reclamaron la atención de otros intereses económicos, sobre todo ingleses y estadounidenses. Debido a que las tensiones entre Estados Unidos y México continuaban, valía la pena ejercer un máximo control sobre aquella cintura territorial.

Desde el gobierno central se percibía que los oaxaqueños tenían buenas intenciones, pero eran incapaces de generar consensos internos. En el angosto sur del estado de Veracruz también se vivían momentos de gran volatilidad y falta de control. Los conflictos regionales rebasaban la capacidad de las fuerzas de ambos estados y era necesario acudir al apoyo federal, aun cuando esto afectara la sensibilidad autonómica de las autoridades locales. En la región del Istmo de Tehuantepec existía una especial noción de independencia y autodeterminación exacerbada por el aislamiento vivido durante los años revolucionarios.

Al general Cárdenas se le asignó esa zona militar para llevar a cabo una pacificación forzada o negociada, según lo ameritaran las circunstancias. De entrada, las instrucciones que recibió consistían en perseguir a ciertos enemigos políticos del régimen central y sobre todo a algunos rebeldes comarcales, como el legendario Cástulo Pérez, quien para 1921 aparecía como un consumado detractor de los sonorenses.[42]

---

[42] Fideicomiso Archivo Calles-Torreblanca, fondo Archivo Plutarco Elías Calles, exp. 206, núm. de inventario 820, leg. 1-9. La situación de Cástulo Pérez era un tanto

Desde los últimos meses del gobierno de Carranza dichas regiones del Istmo de Tehuantepec, tanto las correspondientes al sur de Veracruz como las que comprendían la angostura oaxaqueña, se encontraban en un estado de incertidumbre y caos institucional. A las acciones depredadoras de los abigeos y bandidos se sumaban las del propio ejército carrancista, que "como una verdadera marabunta en cada acción de armas arrasaban con caballos, cerdos, gallinas, pavos y hasta mujeres".[43] Los dos rebeldes más importantes de la zona eran pues Cástulo Pérez y Álvaro Alor. Compartían una estrecha amistad que los identificaba como antiguos huertistas, pero sobre todo como capitanes de grupos bien armados y anticarrancistas declarados.

En abril de 1920 ambos se adhirieron a la rebelión de Agua Prieta junto con otros rebeldes del istmo oaxaqueño comandados por el general Heliodoro Charis.[44] Este militar juchiteco recibió un sólido apoyo por parte de Obregón y de uno de sus lugartenientes más leales, el general Joaquín Amaro, quien no tardó en atraerlo y hacer de él y su regimiento una de las falanges más consentidas del gobierno posrevolucionario.[45] A Cástulo Pérez se le respetó el grado de general que le otorgó nada menos que Félix Díaz en uno de sus tantos cambios de bandera. Sin embargo ni él ni Álvaro Alor quisieron movilizarse fuera de la región, ya que desde varios años atrás también actuaban como guardias blancas de la compañía petrolera El Águila, así como

---

confusa, ya que por una parte era visto con cierta benevolencia por Obregón, pero por otra la animadversión de Calles era claramente manifiesta. Héctor Luis Zaráuz López, "Rebeldes Istmeños", Boletín núm. 22, Fideicomiso Archivos Plutarco Elías Calles y Fernando Torreblanca, México, mayo-agosto, 1996.

[43] Alfredo Delgado, *Viento sobre el potrero. La revolución y el agrarismo en el sur de Veracruz*, tesis de doctorado, CIDEHM, Cuernavaca, 2009, p. 489.

[44] Víctor de la Cruz, *El general Charis y la pacificación de México*, CIESAS, México, 1993.

[45] Martha Beatriz Loyo Camacho, *Joaquín Amaro y el proceso de institucionalización del ejército mexicano (1917-1931)*, FCE, México, 2003, p. 81.

de varios estadounidenses dueños de plantaciones en la cuenca del río Coatzacoalcos.[46]

Cástulo Pérez se estableció en Cosoleacaque, y Álvaro Alor en Jáltipan. Uno de sus aliados, Benito Torruco, se apostó en la región de Minatitlán. El gran cronista de la Cuenca del Papaloapan y del sur de Veracruz don Eulogio P. Aguirre, alias *Epalocho*, describía la situación de la región en 1920 de la siguiente manera:

En junio de ese año se declararon en huelga los trabajadores de la refinería de petróleo El Águila en Minatitlán y los directores de esa huelga hacían cargos a Cástulo Pérez, acusándolo de que apoyaba a la empresa. Ignoro los fundamentos de esa acusación, pues como empleado que era yo entonces en la refinería lo que me consta es que nadie rompió ni intentó romper la huelga. Por lo contrario, tuve la oportunidad de presenciar que las fuerzas del general Torruco, subordinadas al general Cástulo Pérez, dieron apoyo a los huelguistas […] Durante toda esa huelga no hubo ningún desorden ni procedimiento alguno de los huelguistas que hubiera que ser reprimido por las tropas.

Cástulo Pérez permanecía en Cosoleacaque, dedicado a la organización de sus fuerzas. Era Secretario de Guerra el general Enrique Estrada y jefe de Operaciones en el estado el general Guadalupe Sánchez. Cástulo recibió alguna o algunas órdenes, para trasladarse a otra región con su gente al servicio del gobierno, pero siempre eludió el cumplimiento de tales órdenes, debido a que no quería salir de la región y a que amigos suyos, influyentes en su ánimo, le aconsejaban que no saliera. Esto fue lo que originó su nuevo levantamiento y su muerte.[47]

[46] Alfredo Delgado Calderón, *Vientos sobre el potrero. La revolución y el agrarismo en el sur de Veracruz*, tesis de doctorado, CIDEHM, Cuernavaca, 2009, p. 504.

[47] Eulogio P. Aguirre (*Epalocho*), *Crónicas de la Revolución. Aportaciones para la historia regional de Sotavento* (compilación y notas de Alfredo Delgado Cáderón), Unidad Regional de Culturas Populares de Acayucan/IVEC, México, 2004, p. 175.

El general Guadalupe Sánchez, quien por cierto era poco afecto al general Calles a pesar de granjearlo con hipocresía,[48] desempeñó un papel bastante ambiguo hacia los sonorenses en varias regiones de Veracruz, y el Istmo no fue una excepción. Si bien por un lado mandaba cumplir las órdenes de dispersión de las fuerzas de Torruco, Pérez y Alor, por otra consentía su presencia en la zona, dadas las alianzas que mantenían los exrebeldes con las compañías petroleras y los grandes hacendados. Del lado oaxaqueño el control parecía tenerlo el general Heliodoro Charis, quien mantenía una relativa distancia entre él y el general Marcelo Caraveo, comandante militar de la región del Istmo. El control político y militar de la zona parecía haber perdido la brújula y una tensión constante permeaba la calurosa cotidianidad de esa cintura del territorio mexicano. Ése era el trasfondo del enfrentamiento entre "rojos" y "verdes".

A esta enredada situación arribó el joven Cárdenas a finales de 1921. Allí se encontró con viejos conocidos, como Francisco Béjar, su paisano de Cotija y luego su compadre, pues al poco tiempo bautizó a su primer hijo. Béjar llegó a Acayucan como zapatero y ahí se estableció arrastrado por las múltiples movilizaciones masivas que produjo la etapa armada de la Revolución mexicana. Para Cárdenas fue una sorpresa encontrárselo en aquella región. Un testimonio recogido entre viejos istmeños a principios de la siguiente centuria llegó a reconocer que:

Sí, aquí tenía muchos amigos el general Cárdenas. Cuando era jefe militar venía para acá, llegaba allá a la casa de don Pancho Béjar o llegaba a la casa de Bibiano Flores, allá en Oluta. Nada más que de esas cosas así nace mucha envidia. Ignorantes. Porque eso lo debe uno aprovechar, cuando tiene uno visión política.[49]

---

[48] Enrique Plasencia de la Parra, *Personajes y escenarios de la rebelión delahuertista 1923-1924*, UNAM/Miguel Ángel Porrúa, 1998, pp. 23-33.

[49] Entrevista de Alfredo Delgado con don Juan Flores en Acayucan, Veracruz,

Fue entonces que través de su paisano Francisco Béjar el joven general Cárdenas conoció al mentado Bibiano Fermín Flores. Identificado posteriormente como un "típico cacique pistolero tropical", pero no por pintoresco menos atrabiliario, Bibiano Flores ya tenía fama en la región y fue sin duda una alianza local importante para el recién arribado. Aunque quizá ya se lo habían recomendado tanto Calles como Álvaro Obregón, pues ambos lo conocían y lo apreciaban. Los vínculos entre Flores, Béjar y Cárdenas permitieron a este último sortear una buena cantidad de dificultades que la inestabilidad regional le deparaba. Flores era, a su vez, compadre del general Miguel Alemán González, quien ya tenía una larga trayectoria en la región de Acayucan y que, como se verá en seguida, mantenía una actitud hostil hacia el gobierno de los sonorenses. A partir de ese encuentro en 1921 el mismo Bibiano Flores se hizo compadre del general Cárdenas.[50]

Pero también es cierto que el militar jiquilpense no había llegado solo a la región istmeña. Sus hermanos Francisco y Dámaso, así como su fiel jefe de estado mayor, Manuel Ávila Camacho, lo siguieron hasta los confines jarocho-oaxaqueños y no cabe duda de que le fueron de gran utilidad al intentar pacificar y controlar la zona. A sus dos hermanos los colocó estratégicamente en las antípodas del Istmo: Francisco Cárdenas fue nombrado comandante del Resguardo Aduanal de Salina Cruz, Oaxaca, mientras que a Dámaso se le encargó la Jefatura Militar de Jáltipan en el sur de Veracruz. De esta manera Lázaro estaba en libertad de moverse entre las costas del Golfo de México y las del océano Pacífico, habiendo establecido su cuartel general en San Jerónimo Ixtepec, cerca de la pequeña ciudad de Tehuantepec.

En la solicitud que le hizo a la secretaría de Gobernación, que estaba a cargo del general Plutarco Elías Calles, para que autorizara el nom-

---

2001, consignada en la primera versión de la tesis de Alfredo Delgado, *Viento sobre el potrero…*, *op. cit.*, pp. 518-523.

[50] *Ibid.*

bramiento de su hermano Francisco como comandante de Resguardo en Salina Cruz, Cárdenas indicaba claramente que era preciso "tener en los puertos elementos de nuestra entera confianza, dado el estado de campaña en que se encuentra la zona, más ahora con la rebelión de Cástulo Pérez".[51]

En efecto, en mayo de 1922 la gente de Pérez colocó una bomba en la vía del ferrocarril transístmico, lo que demostró su condición de forajido y de evidente enemigo del gobierno. A través de sus paisanos y de sus alianzas con Bibiano Flores, Cárdenas empezó a granjearse a los líderes locales que seguían a aquel rebelde. Las dudas sobre su propia situación y las condiciones que ofrecía el jefe de operaciones del Istmo hicieron que varios jefes atendieran la invitación a pacificarse. Al poco tiempo el mismo Cárdenas informó a Calles que el cabecilla "no volverá a traer los contingentes que reunió en la época pasada en virtud de que muchos jefes de los que estuvieron a él subordinados, desde hace tiempo se le separaron disgustados".[52] El general Cárdenas aplicaba así la lección de desarticular a las fuerzas enemigas atrayendo a facciones pequeñas de las mismas con el claro propósito de debilitar a sus jefes.

Así, siguiendo las instrucciones que provenían del gobierno central, pero también impulsado por su propia intuición y sus relaciones políticas, muy pronto entró en pláticas con los jefes rebeldes que operaban en el Istmo y no fueron pocos los avances que logró en materia de pacificación y control militar. Don Eulogio P. Aguirre comentaría al respecto:

Sin gran derramamiento de sangre, sino procurando en todo caso substituir el parlamento por el combate, el general Cárdenas había ido logrando

---

[51] Carlos Macías Richard, *Plutarco Elías Calles, Correspondencia...*, *op. cit.*, p. 337.
[52] *Ibid.*

la completa pacificación de la comarca, rápida y de efectividad visible, como no la había logrado hasta ahora ningún jefe militar de los que a ello habían venido.[53]

Y efectivamente, el 22 de mayo Cárdenas informaba al secretario de Gobernación que un par de jefes rebeldes oaxaqueños se había rendido, entre los que destacaban los dos "Panchos": Francisco Luis Castillo y Francisco López Cortés. Y agregaba, "con esto quedará completamente pacificada la región del istmo en la parte que corresponde a Oaxaca y sólo tendremos ya que atender únicamente a la gavilla de Alemán que a veces incursiona por la Sierra del Cantón de Acayucan".[54]

El general Miguel Alemán González se sublevó contra el gobierno de Álvaro Obregón simpatizando con los seguidores del general Francisco Murguía, quien desde Estados Unidos fraguaba un movimiento antiobregonista. En 1920 Alemán se declaró fiel a Carranza, aunque el general aguaprietista Salvador Alvarado lo protegió y logró que lo nombraran jefe de la aduana en Tuxpan, Veracruz. Sin embargo, hostilizado por los hombres fieles a los sonorenses, decidió visitar al excarrancista e influyente veracruzano Cándido Aguilar en San Antonio, Texas, donde se encontraba exilado. Ahí recibió la orden de regresar a la región de los Tuxtlas y Acayucan con el fin de mantenerse listo para iniciar la campaña antiobregonista.[55] El general Miguel Alemán merodeaba con sus seguidores por la sierra de Soteapan esperando que el general Murguía se decidiera a dar el primer golpe. Alemán invitó al general Nicanor Pérez a secundarlo. Pérez gozaba de cierto prestigio local ya que era uno de los rebeldes más viejos de la región. Había

[53] Eulogio P. Aguirre (*Epalocho*), *Crónicas de la Revolución…*, *op. cit.*, p. 204.
[54] Archivo Calles-Torreblanca, exp. 206: Cárdenas, leg. 1/9, f. 37, inv. 820.
[55] Octaviano Corro R., *General Miguel. Su vida revolucionaria*, Ediciones T. I. V., Xalapa, 1945, pp. 109-115.

participado en las correrías de Santana Rodríguez, el famoso *Santanón*, que asoló la Cuenca del Papaloapan, desde Tlacotalpan hasta Acayucan a finales del siglo XIX. Aquel *Santanón* era reconocido popularmente como un ladrón que robaba a los ricos para darle a los pobres, y que desafió al célebre vate Salvador Díaz Mirón, quien orgullosamente acudió a la región a perseguirlo sin lograr su captura. Todavía se le recordaba por el rumbo con unos versos que decían:

> Ya se murió Santanón
> que era hombre muy nombrado
> ese sí era buen ladrón
> que en México se había dado.[56]

Volviendo al general Nicanor Pérez, éste se unió en un principio al maderismo y a raíz del golpe de estado de Victoriano Huerta se comprometió con el constitucionalismo. Sin embargo, en los primeros años veinte, y dada su circunstancial alianza con los obregonistas, declinó la oferta del general Alemán y prefirió denunciarlo frente a las autoridades centrales. De esta manera la situación en la zona istmeña veracruzana era bastante más complicada que como lo expusieron el general Cárdenas o el cronista Eulogio P. Aguirre en sus informes y comentarios.

El 25 de abril de 1922 el general Nicanor Pérez le escribió a Obregón informándole que las tropas encabezadas por Miguel Alemán ascendían a más de 500 hombres. Y añadía que su número se incrementaba porque los encargados del orden no hacían más que "abusar de la bondad de los pacíficos, violando señoritas y faltando al respeto de todos los moradores". Le comentó que en la región de El Faro y Arrecifes del Golfo de México desembarcaban pertrechos de guerra constantemente,

---

[56] Humberto Aguirre Tinoco (recopilador), *Colección de décimas jarochas de cuarteta obligada*, Casa de la Cultura/NBA, Tlacotalpan, 1980, p. 47.

por lo que las fuerzas rebeldes se mantenían fuertemente armadas y era difícil su derrota.[57]

En efecto, los rebeldes al mando del general Alemán no eran tan poca cosa y mantuvieron a raya a los destacamentos que el general Cárdenas enviaba constantemente a combatirlos. Pero el michoacano no sólo lidiaba con las tropelías de los alzados, sino con algunos conflictos que se suscitaban dentro de su propia tropa. Después de informar sobre la conflictiva situación en la sierra de Soteapan, el mismo general Nicanor Pérez hizo una imputación directa al encargado militar de la zona en la que afirmaba que uno de sus aliados locales, el general en reserva Marcelino Reyes, pretendía obligar a antiguos combatientes ya pacificados a tomar las armas para cuidar sus intereses y la seguridad de su propia persona. Informaba el general Nicanor: "los antiguos soldados dicen que están fastidiados de tantos abusos y que si este general sigue con estos atropellos se verán obligados a tomar las armas para defenderse". Además agregó: "El general Reyes se cubre en estos malos hechos con la orden que le dio el jefe de la zona general L. Cárdenas, que está en San Jerónimo". Y remataba: "Reyes se fija en reunir a los pobres pacíficos para que lo escolten, pero no se atreve a perseguir al rebelde Alemán que se dice está en la sierra".[58] Quizá Nicanor Pérez pretendía que Obregón le comisionara específicamente a él el combate a los rebeldes y no a Reyes, ya que ambos gozaban de la misma condición de reserva.

Lo más grave, sin embargo, no era la inconformidad ni la indisciplina de la tropa, mucho menos la ineficacia de mando del general Reyes, y no se diga la situación levantisca del general Alemán. Más bien fueron los conflictos entre petroleros y grupos armados irregulares los que hicieron que al general Cárdenas se le descompusieron las cosas mucho más hacia mediados de 1922.

---

[57] AGN, Obregón, 101-A-11, 25 de abril de 1922.
[58] AGN, Obregón, 101-A-11, 1° de mayo de 1922.

En febrero de ese año un esbirro asesinó en Minatitlán al líder petrolero Bernardo Simoneen, secretario general de la Unión de Obreros de la compañía El Águila.[59] El agresor escapó, pero los obreros le achacaron el crimen a Cástulo Pérez, quien de guardia blanca de El Águila pasó a ser un militar en activo. Cástulo Pérez nunca dejó de estar al servicio de la compañía petrolera. El general Cárdenas recibió la orden directa del nuevo secretario de Guerra, el general Francisco Serrano, de desarmar a los seguidores de Pérez, dejándole sólo una escolta de 15 hombres. El general Calles intercedió a favor de los obreros y con seguridad pensó que era buen momento para meter en cintura a quienes militaron bajo la bandera de Victoriano Huerta y Félix Díaz, pero que se resguardaban a través de su tenue alianza con los hombres de Agua Prieta. Cástulo Pérez sintió la hostilidad del gobierno central, por lo que decidió escapar y levantarse en armas. El 19 de junio lanzó un comunicado en el que declaraba la guerra y decía expresamente:

> He resuelto emprender campaña activa tendente a obtener la completa paralización del servicio ferroviario en toda la zona, y al efecto, he girado órdenes terminantes a todos los jefes de mi dependencia para que desde esta fecha y por todos los medios que estén a su alcance, obstruyan el movimiento de trenes, tanto militares como de pasaje y carga, para cuyo fin contamos con suficientes elementos explosivos y de combate, como ya se hizo advertir el día de ayer, en forma de anticipada demostración práctica.[60]

Con miras a desmovilizar a los seguidores de Pérez y con intenciones puntuales de pacificar la región, el 26 de junio de 1922 el general

---

[59] Eulogio P. Aguirre (*Epalocho*), *Crónicas de la Revolución…*, *op. cit.*, pp. 175-176.

[60] Archivo Calles-Torreblanca, exp. 206, leg. 1-9, f. 44, inv. 820, 19 de junio de 1922.

Cárdenas distribuyó su propio volante de claro orden político que textualmente decía:

> El Cuartel General de Operaciones ha tenido conocimiento de que con motivo de la actitud rebelde que ha asumido el ex General Cástulo Pérez, se han corrido versiones de que hay orden de aprehensión para todos los elementos que pertenecieron a Pérez. En tal virtud, el propio cuartel general hace del conocimiento del público, que no se ha dictado tal disposición y por lo tanto se otorgarán garantías a todos los elementos que en la actualidad no tengan ligas con la rebelión del repetido Cástulo Pérez.[61]

Si bien en este volante quedaba clara la pretensión de restarle a Pérez sus fuerzas armadas, la ambigüedad con respecto al mismo rebelde era evidente. Un testimonio que Joel Pérez, uno de los hijos de Cástulo, le dejó al historiador veracruzano Alfredo Delgado, justificaba aquel levantamiento de su padre de la siguiente manera:

> Se rebeló porque los estaban acabando. Cástulo siempre luchó con su familia. Todos sus oficiales eran hijos, primos, tíos y hermanos. Y los estaban matando. Los sacaban de sus ranchos y los mataban. A uno lo bajaron del tren allá por Ojapa y lo mataron. Decían que ya no había bandidos. Pero a los que habían sido bandidos los mataban y decían que habían sido los bandidos. ¿Entonces en qué quedamos? ¿Había o no había bandidos? Cástulo no esperó a que lo mataran.[62]

---

[61] Archivo Calles-Torreblanca, exp. 206, leg. 1-9, f. 44, inventario 820.
[62] Alfredo Delgado, *Viento sobre el potrero…*, *op. cit.*, p. 522.

Mapa del Istmo de Tehuantepec señalando las zonas donde se asentaron los Cárdenas y donde se se capturó a Cástulo Pérez.

Contrario a Pérez, su compadre Álvaro Alor se mantuvo fiel al régimen. Ambos ligaron sus destinos desde el principio de sus correrías, pero el capitán primero Dámaso Cárdenas, encargado de la guarnición de Jáltipan, se granjeó la amistad de Alor y decidió no secundar a su compadre. La imaginería popular del sur de Veracruz prefirió achacarle la traición al amigo de Dámaso, y fue Alor quien resultó el culpable de entregar a su compadre Cástulo. Aunque como dice el corrido, "matar a un compadre es ofender al eterno" y la ley del menor esfuerzo es la norma entre dimes y diretes. También se dijo que Cástulo envió un mensaje a su compadre para dialogar, pero Álvaro prefirió tenderle una emboscada. Otras versiones planteaban que Álvaro acordó con Dámaso Cárdenas la rendición de Cástulo, pero que Dámaso faltó a su palabra y al llegar al lugar del encuentro sus hombres asesinaron a Cástulo. Quizá nunca se sepa quién traicionó a quién: si Álvaro a Cástulo o Dámaso a Álvaro.[63]

El multicitado periodista Eulogio P. Aguirre hizo la crónica del último encuentro entre compadres:

> En junio de 1922 Cástulo Pérez, se mantenía levantado en armas, con poca gente, pero sin que pudieran batirlo con éxito las fuerzas del gobierno. El jefe de Operaciones en el Istmo era el general Lázaro Cárdenas […], que estableció su Cuartel General en la estación de Chinameca […] Álvaro Alor no había secundado a su compadre en su nuevo levantamiento, sino que, por lo contrario, continuaba al servicio del gobierno y sería fijada su residencia en Jáltipan, en donde era jefe de la guarnición el capitán primero Dámaso Cárdenas, hermano del general Cárdenas […] Aquella vieja amistad y aquel compadrazgo fiel de Álvaro y Cástulo, que a través de vicisitudes y pruebas habían prevalecido incólumes, sufrían entonces profundo y definitivo quebranto.

> El 23 de junio una columna de 90 hombres comandada por Dámaso Cárdenas, entre quienes cabalgaba el mismísimo Álvaro Alor, arribó al punto donde quedaron en encontrarse con Cástulo Pérez, en la histórica región de Tlacojalpa-Hidalgotitlán.

> En el corto tiroteo que sostuvieron Cástulo y su gente, resultó él herido en una pierna. Se defendía de sus atacantes dentro de un zacatal grande, montando un caballo "cerrero", de tapaojos todavía, que en vez de correr se puso a reparar. Rodeado Cástulo, fue capturado. Lo conducían a Jáltipan, pero en el camino dijo "que él no llegaría vivo a Jáltipan" y que lo mataran. Álvaro dispuso fusilarlo desde luego. Su cadáver fue llevado a Jáltipan

---

[63] Alfredo Delgado, *Viento sobre el potrero…*, *op. cit.*, pp. 552-553.

y de allí, en el tren de pasajeros de la tarde, conducido a Puerto México donde se le sepultó.[64]

No se tienen referencias sobre qué tanto supo el general Lázaro Cárdenas sobre los tejemanejes internos de la captura y muerte de Cástulo, sin embargo no está por demás suponer que dada la participación directa de su hermano Dámaso en el asunto, él mismo pudo estar detrás de dicha acción, o por lo menos saber de antemano cómo procederían sus subalternos. Lo cierto es que la responsabilidad de la muerte del rebelde y popular cacique Cástulo Pérez quedó entre los Cárdenas, cuyos enemigos la utilizarían para desprestigiarlos. Sin embargo, en sentido contrario, dicha ejecución también sirvió para apuntalar su eficiencia como defensores del régimen.

Una vez instalado en la jefatura militar del Istmo en San Jerónimo Ixtepec, Oaxaca, el general Cárdenas se percató de las condiciones insalubres sufridas por la población y la tropa en esa región tropical del país que aún padecía el desorden y la anarquía. La necesidad de combatir la tifoidea y el paludismo endémicos en la zona lo llevaron a planear la construcción de un hospital en aquella localidad con recursos un tanto irregulares. La dirección de la construcción la encargó al coronel ingeniero Ignacio Beltrán y la mano de obra la pusieron los soldados. Con un día de haber mensual de jefes y oficiales y con materiales solicitados al general Calles, como al general Serrano y a Adolfo de la Huerta, el hospital se terminó hacia octubre de 1922.[65] El general Cárdenas, junto con su estado mayor en el que destacaba los coroneles Manuel Ávila Camacho y Miguel Flores Villar,[66] entregaron las instalaciones del hospital civil y militar a la población de San

---

[64] Eulogio P. Aguirre (*Epalocho*) *Crónicas de la Revolución…*, *op. cit.*, p. 177.

[65] *Boletín del Centro de Estudios de la Revolución Mexicana Lázaro Cárdenas A. C.*, Jiquilpan, diciembre de 1980, núm. 3, vol. 3, pp. 102-103.

[66] Miguel Flores Villar sería una figura cercana a Lázaro Cárdenas a partir de agosto

Jerónimo, Ixtepec, poco tiempo antes de que terminaran sus operaciones en la zona.

De esa manera el general Lázaro Cárdenas llevó a cabo la relativa pacificación y el intento de control castrense de la región istmeña. A pesar de la tolerancia que mostró frente a algunos actos de brutalidad contra rebeldes y bandidos achacados a su compadre Bibiano Flores, y a su mismísimo hermano Dámaso, la aniquilación de Cástulo Pérez y sus rebeldes le valió el reconocimiento de sus superiores y de algunas figuras notables de la región. En septiembre de 1922 un grupo de ciudadanos de Puerto México envió una carta a la Secretaría de Guerra en la que agradecían el arribo del general Lázaro Cárdenas a esa localidad. "Toda esta región se encontraba amenazada por partidas que merodeaban por distintos rumbos, las cuales en un lapso de tiempo verdaderamente corto ha logrado hacerlas desaparecer." En la campaña contra el exgeneral de división Cástulo Pérez lo apoyó también el general Rafael Sánchez, quien también reconocía que Veracruz y Oaxaca se encontraban "casi en su totalidad pacificados".[67] Aunque justo es decir que tal pacificación no pareció ser responsabilidad única de los Cárdenas, pues a partir de marzo de 1923 ya despachaba como jefe de Operaciones Militares en el Istmo el general Abelardo L. Rodríguez, con quien Lázaro mantendría una estrecha relación gracias a su mutua vinculación con el general Plutarco Elías Calles. El general Rodríguez se encontraba en Veracruz desde finales de 1922, aunque asumió el mando militar de la zona justo

---

de 1922, cuando quedó bajo el mando del michoacano. De origen duranguense, estuvo en campaña desde 1913 y al año siguiente se incorporó al ejército constitucionalista. En 1919 se le abrió un juicio por posible deserción, pero para mediados de 1920 ya se encontraba operando en el sur de Veracruz. Según su foja de servicios, desde enero de 1921 combatió entre las fuerzas que intentaron controlar militarmente la región, destacándose en las campañas contra Cástulo Pérez, Benito Torruco y Miguel Alemán. Archivo SEDENA, expediente del general Miguel Flores Villar, cancelados A/III/3-347, fojas 52-53.

[67] Archivo SEDENA, expediente del general Lázaro Cárdenas…, *op. cit.*, carta de Fidencio Alor y demás, 27 de septiembre de 1922.

cuando el propio general Cárdenas fue nombrado jefe militar del Bajío, con sede en Guanajuato.

Hay que reconocer que antes de retirarse de la región istmeña Cárdenas dejó sin resolver diversos conflictos suscitados entre trabajadores petroleros y guardias blancas, además de las confrontaciones naturales creadas por los afanes de reorganización del ejército y los intereses de los caciques locales. También quedó pendiente el finiquito de la rebeldía del general Miguel Alemán González, quien no tardó en volverse a aliar con el régimen de Obregón para residir en Jalapa como jefe de la guarnición militar y eventualmente convertirse en diputado local por San Andrés Tuxtla.[68] El joven Cárdenas, todavía inexperto político, en cambio se ocupó de cumplir las órdenes del centro consistentes en pacificar y controlar la zona. Lo logró a medias gracias a sus alianzas y métodos, particularmente los que implicaban calmar los ánimos llevando a cabo negociaciones con los rebeldes y no a través de disparos. La experiencia en el Istmo abonaría a favor de su condición de operador político que, en un futuro, tendría la posibilidad de utilizar de manera mucho más cuidadosa.

En ese mismo Istmo de Tehuantepec Cárdenas se hizo de buenos amigos entre terratenientes y trabajadores del ferrocarril. Probablemente por cierta falta de malicia política, su actuación en la jefatura militar en el Istmo evidenció su ambigüedad a la hora del trato con figuras como Bibiano Flores o Álvaro Alor, lo mismo que con los generales Marcelino Reyes, Nicanor Pérez o su mismo compadre y paisano Pancho Béjar. La presencia de sus hermanos en puntos estratégicos del Istmo tampoco favoreció la pulcritud de su imagen, por más que su estratégica fidelidad resultara por demás eficaz. Por eso la memoria del general Cárdenas en aquella primera estadía en el Istmo no resultaba cien por ciento positiva. Sin embargo su presencia

---

[68] José N. Iturriaga y Alejandro Carrillo Castro, *Un veracruzano en la Revolución. El general Miguel Alemán González*, Biblioteca Mexicana de la Fundación Miguel Alemán A.C. México, 2011, p. 162.

en aquellos trópicos no duraría lo suficiente para que dicha memoria local empañara su carrera política. Ante la mirada del gobierno central la actuación de Cárdenas en el Istmo fue particularmente exitosa en materia de pacificación y control militar, lo que sin duda abonaría puntos a su ascenso político.[69]

De vuelta a Michoacán

> Cariñito dónde te hayas
> ¿Con quién te andarás paseando?
> Presiento que tú me engañas
> por eso te ando buscando.
> Vengo de tierras lejanas
> nomás por ti preguntando.
>
> Bulmaro Bermúdez Gómez
> versos de "Caminos de Michoacán"

En los primeros meses de 1922 las tensiones entre terratenientes y agraristas, entre jacobinos y clericales, sumadas a las propias pugnas existentes entre los grupos políticos actuantes, tanto a nivel local como nacional, confrontaban a buena parte de la sociedad michoacana. Un ejemplo brutal de esa contienda fue el asesinato del líder agrario Isaac Arriaga y 15 de sus seguidores el 12 de mayo de 1921. La muerte de Arriaga y sus colaboradores corrió a cargo de unos fanáticos religiosos que reaccionaron violentamente contra los socialistas y "bolcheviques"

[69] Gran parte de la información de este apartado fue proporcionada por el arqueólogo e historiador Alfredo Delgado Calderón y también apoyada en documentos del AGN, Ramo Presidentes, fondo Abelardo L. Rodríguez, exp. 515.3/64, fondo Obregón, exp. 101-A-11. Muy útiles también fueron los artículos encontrados en el archivo particular de Eulogio P. Aguirre en Cosamaloapan, Veracruz, que revisé gracias a la generosidad del mismo Alfredo Delgado Calderón.

que se atrevieron a izar la bandera rojinegra en la catedral de Morelia.[70] Los ánimos estuvieron caldeados el resto del año, y una tendencia a la radicalización tanto de los mochos como de los rojillos se percibió en el ambiente local.

La situación al iniciarse el año de 1922 se inclinó especialmente hacia la violencia dado que la Iglesia católica azuzaba a sus fieles contra los agraristas. La Asociación Católica de la Juventud Mexicana era una de las organizaciones más aguerridas y contestatarias; sus agresiones contaban con la bendición de los obispos de Tacámbaro, Morelia y Zamora. La Confederación Católica del Trabajo, la Paz y la Concordia también se lanzó al ruedo y atizó el fuego defendiendo las relaciones de explotación existentes en el campo michoacano como resultado de la voluntad divina. Numerosos rebeldes se mantenían en pie de guerra. El general Eduardo Hernández en Zamora; Pablo Landeros, Ignacio Castro y Jesús Duarte en Penjamillo; Manuel Sánchez en el oriente del estado; Martín Castrejón en Pátzcuaro y Ario de Rosales; Humberto Villela en Huetamo y Melchor Ortega en Uruapan daban la nota diaria de la conflictiva situación michoacana. Para colmo, Zinapécuaro, Morelia, Quiroga, Cotija, Jacona, Maravatío e Indaparapeo mostraban continuos conflictos municipales.[71]

Con una actitud beligerante el gobernador Francisco J. Múgica fustigaba a sus enemigos, que no eran pocos, y las pugnas entre miembros del ejército y las guardias blancas toleradas por el general Enrique Estrada, jefe de Operaciones Militares de Occidente, así como la resistencia apoyada por el Partido Socialista Michoacano y la Liga de Comunidades

---

[70] Arnulfo Embriz Osorio y Ricardo León García, *Documentos para la historia del agrarismo en Michoacán*, Centro de Estudios Históricos del Agrarismo en México, 1982, p. 194. Gerardo Sánchez Díaz, "El movimiento socialista y la lucha agraria en Michoacán 1917-1920", en Ángel Gutiérrez *et al.*, *La cuestión agraria: revolución y contrarrevolución en Michoacán (tres ensayos)*, Universidad Michoacana de San Nicolás de Hidalgo, Morelia, 1984, p. 41.

[71] Álvaro Ochoa Serrano y Gerardo Sánchez Díaz, *Breve historia…*, *op. cit.*, p. 221.

y Sindicatos Agrarios de la Región de Michoacán, complicaron de manera irremediable la situación. Después de una serie de estira y aflojes, en la que proliferaron manifestaciones, amenazas y alguno que otro muerto, el gobierno de Múgica fue acorralado por la propia jefatura militar, detrás de la cual operaba la maniobra un tanto pedestre del caudillo-presidente Álvaro Obregón. Sin mayores justificaciones que las de una dignidad personal ultrajada, el general Enrique Estrada ordenó el retiro de las fuerzas federales de la ciudad de Morelia y dejó al gobierno local en la indefensión. Al gobernador no le quedó más que solicitar una licencia por tiempo indefinido. Fechada el 9 de marzo de 1922, dicha solicitud hacía un recuento de los ultrajes que tanto el gobierno central como la Jefatura de Operaciones Militares de Occidente habían perpetrado a su gobierno. Múgica argumentaba su solicitud de licencia de la siguiente manera:

La falta absoluta de justificación de los procedimientos del gobierno general que por ningún motivo atribuyo a la ignorancia, me hacen creer que son sólo la traducción exacta de la hostilidad del general de división Enrique Estrada para el ejecutivo a mi cargo y que a la desocupación de esta ciudad por las fuerzas federales, más que el carácter de una defensa para el ejército ultrajado, se ha querido dar una significación política que es fácil de comprender. En tales condiciones, no podría colaborar debidamente con el poder ejecutivo de la nación en los planes que se tienen trazados para la solución de los problemas del país.[72]

A los pocos días Múgica también solicitó su baja del ejército federal, lo cual se interpretó como una ruptura definitiva con el gobierno de Obregón. Sin embargo, en un intento de evitar mayores confrontaciones con el michoacano, a través del secretario de Hacienda, Adolfo de la Huerta, se le ofreció la embajada de México en Argentina o "el honor

---

[72] Armando de María y Campos, *op. cit.*, p. 182.

de ser el primer representante de México ante la URSS".[73] Ninguna de las dos ofertas fue aceptaba por Múgica, quien decidió establecerse en la Ciudad de México en espera de que las aguas se calmaran. Mientras tanto el congreso local nombró a Sidronio Sánchez Pineda gobernador sustituto durante el año que Múgica permanecería separado del cargo.

Al cumplirse la licencia, Múgica regresó a Morelia para enterarse de que el congreso local lo había desaforado. El audaz constituyente acudió a la Suprema Corte de Justicia de la Unión, misma que revocó el desafuero y le restituyó sus derechos como gobernador del estado. Sin embargo el congreso local, junto con la Procuraduría de Justicia del estado de Michoacán, desafió la sentencia de la Suprema Corte y con el cargo de usurpación de funciones se ordenó la captura de Múgica, misma que debía llevar a cabo la Jefatura de Operaciones Militares, que en ese momento estaba en manos nada menos que del general Cárdenas.[74]

Con el fin de calmar los ánimos, a Cárdenas lo requirieron en Michoacán los primeros días de junio de 1923. En diciembre del año anterior pasó una breve temporada en la Ciudad de México tratando de rendir informes sobre la situación en el Istmo de Tehuantepec. Para el 7 de enero ya se había reintegrado a su comandancia en el sur de Oaxaca. Pero el 1º de marzo recibió la orden de encargarse de la Jefatura del Campo de Concentración Militar de la Región del Bajío, y el 20 de junio nuevamente lo nombraron jefe de Operaciones Militares de la Vigésima Zona Militar, correspondiente a Michoacán.

A pesar de su responsabilidad en otras comarcas del país, Cárdenas continuó involucrado en los asuntos políticos internos de su estado natal de manera visible. A finales de 1922 se creó la Liga de Comunidades y Sindicatos Agrarios de la región de Michoacán, cuyo principal promotor fue el líder agrario Primo Tapia. Sus antecedentes como bracero en Estados Unidos lo vincularon con antiguos miembros del Partido Liberal

---

[73] *Ibid.*, p. 186.
[74] *Ibid.*, pp. 189-194.

Mexicano de los Flores Magón. Cuando regresó a su tierra natal, Naranja, una de las poblaciones de la Cañada de los Once Pueblos, en el territorio central del estado de Michoacán, Tapia se convirtió en uno de los principales líderes de las acciones en contra la hacienda de Cantabria, un latifundio propiedad de la familia Noriega, muy ligada por amistades e intereses a don Pascual Ortiz Rubio.[75]

A través de la Liga, Primo Tapia fue un ferviente promotor de los ejidos colectivos que debían ser financiados y refaccionados por el estado. También defendió la dotación agraria a favor de los peones acasillados, y se pronunció "por aumentar la producción en el campo, mediante la adopción de nuevas técnicas de cultivo".[76] Su popularidad iba en ascenso durante los primeros meses de 1923 cuando se ligó con el joven general Cárdenas, jefe militar de la zona. Juntos recorrieron en varias ocasiones la región del lago de Pátzcuaro y sus alrededores. Tapia narró la visita que hicieran él y Cárdenas al pueblo de Erongarícuaro, en las riberas de aquel magnífico lago, después de que el general dejara "el festín que le prepararon los burgueses en pequeño de aquel pueblo". Contaba el líder agrario que

> como fue improvisada esta reunión, no pude llamar a toda mi indiada a esta población pero lo puse una comunicación con los de Tiríndaro y Naranja, quienes lo vinieron a recibir al límite de los terrenos de estos pueblos con toda la solemnidad que se deseaba y desde donde se llevaron a Cárdenas a "pespunte" hasta mi pueblo, quedando mis coterráneos más complacidos que una recién casada.[77]

De esta manera Cárdenas mostraba su interés por vincularse con líderes populares capaces de ofrecer una posible base social con el fin de

---

[75] Apolinar Martínez Múgica, *Primo Tapia, semblanza de un revolucionario*, Gobierno de Michoacán, Morelia, 1976, p. 32.
[76] Manuel Diego Hernández, *op. cit.*, p. 14.
[77] Apolinar Martínez Múgica, *op. cit.*, p. 212.

hacer las transformaciones que, según los preceptos revolucionarios, se tornaban cada vez más necesarias. Es muy probable que Primo Tapia le informara sobre los constantes conflictos que los pueblos de Naranja, Tiríndaro y Tarejero mantenían con la hacienda de Cantabria, a la que apoyaba el gobierno provisional de Sánchez Pineda. El dirigente agrario quizá sensibilizó a Cárdenas sobre las condiciones miserables de los campesinos frente a la opulencia de aquel latifundio que gracias a las gestiones de sus propietarios, los señores Noriega, del general Estrada y del subsecretario de Gobernación, Gilberto Valenzuela, estaba a punto de recibir un enorme crédito de la Secretaría de Agricultura y Fomento. Con ello se impediría la distribución de sus tierras a las comunidades colindantes y frenaría el reparto agrario al que se había comprometido el gobierno michoacano.[78] Además, durante la ausencia de Múgica, el gobernador interino Sánchez Pineda intentó hacerse su propia base política apoyando a los hacendados y ampliando las dotaciones ejidales, sobre todo a favor del campesinado contrario a la orientación política mugiquista.[79] El jefe de operaciones militares, sin embargo, no pudo hacer gran cosa al respecto y es probable que se sintiera atado de manos dadas sus lealtades con los caudillos sonorenses y su disciplina militar. Quizá su intuición política le decía que no era buen momento para entrometerse tan a fondo en los asuntos internos del gobierno estatal. La tensión en el campo michoacano era mucha y el riesgo de un mayor derramamiento de sangre era tal que, aun teniendo ciertos compromisos adquiridos con las bases de Primo Tapia, Cárdenas decidió no meter las manos.

La controversia entre Múgica y el congreso local sucedió a lo largo de la segunda mitad de 1923. Durante dicho periodo Cárdenas se mantuvo

---

[78] Arnulfo Embriz Osorio y Ricardo León García, *Documentos para la historia del agrarismo en Michoacán*, Centro de Estudios Históricos del Agrarismo en México, 1982, pp. 152-161.

[79] Enrique Guerra Manzo, "Centralización política y grupos de poder en Michoacán 1920-1940", en *Política y Cultura*, núm. 16, Estudios de historia de México, Siglo xix y xx, Universidad Autónoma Metropolitana-Xochimilco, México, 2001, pp. 302-305.

prudentemente distanciado de las partes. En un momento dado le confesó al mismísimo Múgica que tenía "órdenes terminantes del ciudadano presidente de la república de apoyar a la legislatura del estado en sus procedimientos" y convino en su detención temporal.[80]

El encarcelamiento de Múgica y de algunos de sus seguidores se suscitó durante el primer día de diciembre, saliendo el gobernador en libertad provisional el día 3. Al día siguiente Múgica lanzó un llamado a sus correligionarios y a los gobernadores de Nuevo León, San Luis Potosí y Zacatecas para restaurar el estado de derecho en sus entidades.[81] Apelaba a la solidaridad de sus seguidores y pedía que la demostraran enviándole al presidente Obregón una demanda respetuosa para que garantizara su investidura recién avalada por la Suprema Corte.

El 5 de diciembre el periódico *Excélsior* de la Ciudad de México cabeceó: "El gobernador Múgica fue declarado bien preso, ayer. Se le acusa del delito de usurpación de funciones gubernamentales". La nota declaraba que Múgica estaba formalmente preso. Varios diputados michoacanos al Congreso de la Unión, entre los que se encontraban Vidal Solís, José Pérez Gil y Ortiz, y Emigdio Santa Cruz —el primero anticarrancista furibundo, el segundo leguleyo de prosapia y el tercero diputado por el 11° distrito afiliado a Ortiz Rubio— enviaron telegramas de felicitación al presidente Álvaro Obregón y al gobernador interino de Michoacán por la decisión de aprehender al supuesto usurpador.[82]

Tocó nada menos que a los coroneles Manuel Ávila Camacho y Miguel Flores Villar detener al general Múgica y llevarlo a la Jefatura de la Guarnición de la plaza, ya que el general Cárdenas se encontraba en campaña militar en Zinapécuaro. Esa misma jefatura recibió la orden de

---

[80] Armando de María y Campos, *Múgica...*, *op. cit.*, p. 192.

[81] En esos tres estados el gobierno central había intervenido en los procesos electorales, aunque la problemática de cada uno era muy distinta a la de los demás. Véase John F. Dulles, *Ayer en...*, *op. cit.*, pp. 168-180.

[82] *Excélsior*, 5 y 6 de diciembre de 1923.

que Múgica fuera trasladado a México. Debían enviarlo por tren a Irapuato y entregarlo en esa población al general Joaquín Amaro, quien lo
escoltaría hasta la capital.

Sin embargo, el ejército federal se encontraba en alerta máxima porque el 7 de diciembre Adolfo de la Huerta había lanzado en el puerto de
Veracruz un manifiesto que culpaba a Obregón de violar la soberanía de
los estados de Michoacán, San Luis Potosí, Zacatecas, Coahuila y Nuevo León, y de intentar imponer a Plutarco Elías Calles como su sucesor. La llamada rebelión delahuertista se encontraba en marcha. Por ello
el detenido gobernador Francisco J. Múgica fue enviado directamente
de Morelia a México, bajo la custodia del coronel Flores del Villar, sin
pasar por Irapuato. Probablemente se temía que Múgica se aliara con
los delahuertistas, por lo que las órdenes fueron terminantes. El general
Lázaro Cárdenas, antes de la partida de Múgica, le escribió al presidente Obregón que él mismo garantizaba la fidelidad del constitucionalista
michoacano al gobierno federal.

Fue entonces cuando ocurrió la famosa anécdota de la supuesta
muerte de Múgica sugerida por el mismísimo Obregón. Al llegar a la
estación de Acámbaro, Flores Villar recibió un telegrama que decía textualmente "México, diciembre 10 de 1923. Suyo de hoy. Enterado que
el general Francisco J. Múgica fue muerto al pretender ser liberado por
sus partidarios. Lamento lo ocurrido y preséntese usted en esta a rendir
parte circunstanciado. Álvaro Obregón".[83] Flores Villar, quien apreciaba
al general Múgica, no le comentó nada. En Celaya el coronel se presentó ante el general Carlos A. Vidal, a quien le enseñó el telegrama. Vidal
le escribió inmediatamente una carta al general Obregón garantizando la lealtad de Múgica. En la capital la noticia de la muerte del general
Múgica ya estaba en las primeras planas. Por ello en Querétaro la esposa

---

[83] Armando de María y Campos, *Múgica…*, *op. cit.*, p. 202. Véase también Anna
Ribera Carbó, *La patria ha podido ser flor. Francisco J. Múgica, una biografía política*, Cona-
culta/INAH, México, 1999, p. 87.

del general Múgica, Ángela Alcaraz, quien ya había sido alertada por el propio gobernador detenido se subió al tren con algunos periódicos de la Ciudad de México. Ahí se enteró Múgica del ardid de Obregón. Aun así siguió en el tren hasta la estación Colonia en la Ciudad de México. Escoltado por Flores Villar, Múgica llegó a la casa de su madre en Mixcoac a desayunar.

Con plena complicidad del coronel Flores Villar y probablemente con el visto bueno de su superior, el general Lázaro Cárdenas, el constitucionalista decidió escapar. Después de hacerse de un "dinerito prestado por su madre" le pidió a un oficial que formaba parte de su escolta lo siguiente: "Mire usted, mi capitán —le dijo a Chávez—, regrésense a Morelia, le entrega este dinero a mi esposa, tomen esto para el pasaje y se presentan ante mi general Cárdenas diciéndole lo que ha pasado... exactamente lo que han visto".[84]

El general Cárdenas, sin embargo, estaba cumpliendo otras órdenes del gobierno federal que lo mantenían lejos de la problemática que afectaba al general Múgica. Unos días antes el general Obregón convocó al jiquilpense con un escuadrón de la 22º Caballería y a diversas tropas a recibir instrucciones en la estación de Monteleón, cerca de la Piedad, debido a que desde principios del mes se sabía que Adolfo de la Huerta había roto con el régimen y preparaba, junto con buena cantidad de generales y oficiales, una rebelión en contra del régimen obregonista. Aun así, el coronel Ávila Camacho le envió un telegrama el 11 de diciembre a Obregón informándole que dos de los comisionados a escoltar al general Múgica en su viaje a la Ciudad de México regresaron a Morelia y le confirmaron que "el Coronel Flores Villar resolvió marchar a incorporarse al actual movimiento sedicioso en compañía de Múgica".[85] Eso no resultó del todo cierto, pues aun cuando Múgica profesaba una profunda animadversión hacia el *Manco de Celaya*, refiriéndose a él como "el general

---

[84] Armando de María y Campos, *Múgica...*, *op. cit.*, p. 205.

[85] Javier Moctezuma Barragán (prólogo y selección de documentos), *Francisco J. Múgica. Un romántico rebelde*, FCE, México, 2001, p. 232.

farsante", decididamente se desvinculó del movimiento rebelde de De la Huerta.[86] Por el contrario, prefirió mantenerse alejado del quehacer militar y público los siguientes tres años, quedando en un *impasse*, ocultándose y esperando a que los vientos políticos cambiaran de dirección. Flores Villar, por su parte, fue declarado desertor a partir del 12 de diciembre.[87]

A pesar de que la jefatura militar en el Istmo de Tehuantepec lo mantuvo relativamente apartado de su patria chica durante el poco tiempo que Múgica trató de gobernar Michoacán, Cárdenas no debió ser tan ajeno al proyecto revolucionario mugiquista en sus tierras natales. Desde luego sería aventurado afirmar que el joven general tenía afanes de influir en lo que sucedía en su estado, al mismo tiempo que atendía la complicada problemática que encontró en la región istmeña. El hecho de haber sido en cierta manera cómplice de la aventura en la que Múgica salvó su vida, pero sobre todo debido a su eventual alianza y estrecha amistad, es posible atisbar una primera etapa de la influencia que el constitucionalista empezó a tener en el joven Cárdenas durante aquellos años veinte. Independientemente de las complicaciones istmeñas, tampoco sería un desatino pensar que el jiquilpense se mantenía particularmente interesado y quizás hasta involucrado insertar estrechamente en lo que pasaba en su terruño.

La labor de transformación de la sociedad y los rumbos michoacanos por parte del gobierno de Múgica fue bastante notable y bien pudo impresionar al joven general Cárdenas quien se encontraba en plena formación política. En sólo dos años y en medio de infinidad de conflictos, el gobierno mugiquista repartió cerca de 23 000 hectáreas para la formación ejidos y destinó la mitad de su presupuesto para proyectos educativos estatales. También aumentó el salario mínimo de los maestros y expidió una ley de trabajo que interpretaba de manera fehaciente el espíritu revolucionario del artículo 123 de la Constitución de 1917.[88]

---

[86] Víctor Manuel Villaseñor, *Memorias de un hombre de izquierda*, Grijalbo, México, 1978, p. 217.

[87] Archivo SEDENA, Expediente del general Miguel Flores Villar, A/III/3-347.

[88] Manuel Diego Hernández, *op. cit.*, pp. 16-18.

No hay que olvidar que el mismo Múgica estuvo detrás de la redacción de dicho artículo y de otros muchos más, como el 3°, el 27 y el 130 en las intensas asambleas constituyentes de 1916 y 1917. Por ello no resultaba extraño su afán por poner esas leyes en marcha, por lo menos en el estado que le tocaba gobernar.

Apoyada por líderes agraristas y obreros, la propuesta revolucionaria del gobierno mugiquista no tardó en trascender los límites estatales y, hacia marzo de 1923, un aliado suyo de primer orden y figura central de la Liga de Comunidades y Sindicatos Agrarios de la región de Michoacán, el ya bastante conocido Primo Tapia, participaría, junto con el exzapatista Gildardo Magaña, el activista e intelectual Andrés Molina Enríquez y el potosino Saturnino Cedillo, en la formación de la Confederación Nacional Agraria, que eventualmente también daría pie a la Liga Nacional Campesina en 1926.[89] Tanto Magaña como Molina Enríquez seguían los principios de un agrarismo militante, heredero del movimiento zapatista del estado de Morelos.[90] Cedillo, por su parte, provenía de las movilizaciones campesinas revolucionarias de San Luis Potosí, y se encontraba en plena instauración de sus conocidas colonias agrícola-militares. Múgica también se había manifestado como un puntual promotor de la reforma agraria con claros tintes socializantes, por lo que su apoyo a la Liga de Comunidades y Sindicatos Agrarios de Michoacán le creó un constante enfrentamiento con los grandes terratenientes que todavía mantenían fuertes vínculos con el poder económico local y nacional.

La popularidad de Múgica y su compromiso por el bienestar de los campesinos más miserables quedaba demostrada en una carta que le escribiera Apolinar Martínez Múgica, miembro de la Casa del Obrero de Morelia que decía:

---

[89] *Ibid.*, pp. 20-21.

[90] José Rivera Castro, "La Liga Nacional Campesina", en *Signos. Anuario de Humanidades*, Universidad Autónoma Metropolitana, México, 1988, pp. 273-283.

El pueblo, el verdadero pueblo, está con usted en todo y para todo [...] Para nosotros es usted el revolucionario intachable que ha pasado todo un calvario de dolores, por seguir la senda recta del deber, entre el aluvión ignominioso de los tránsfugas; usted es para nosotros nuestro general, nuestro jefe, al que seguiremos por su camino hasta donde nos lleve.[91]

La rebelión delahuertista

> El Gobierno tiene que depurarse de los muchos zánganos que a río revuelto se han infiltrado en la política y los servicios públicos.
>
> **Un observador**, 1923

A la par del tropezado desenlace a finales de 1923 del gobierno michoacano encabezado por general Francisco J. Múgica las confrontaciones locales tendieron a complicarse dada la efervescente situación nacional. La rebelión delahuertista no sorprendió a quienes fueron testigos de la conflictiva relación que los sonorenses protagonizaron dentro de su propio grupo poco tiempo después de arribar al poder. Desde mediados de 1923 los afanes futuristas de diversos miembros de la clase política posrevolucionaria empezaron a dividir al triunvirato sonorense compuesto por Álvaro Obregón, Adolfo de la Huerta y Plutarco Elías Calles. En julio de ese mismo año, el asesinato de Pancho Villa en Parral, Chihuahua, fue utilizado con fines electoreros tratado de involucrar en el complot antivillista a Calles y a Obregón. Esto salvaba del asunto a De la Huerta, quien logró la pacificación del *Centauro del Norte* durante su interinato presidencial en 1920. Aun cuando todo parecía indicar que en la sucesión de 1924 el secretario de Hacienda De la Huerta y el mismo presidente Obregón se inclinarían a favor del secretario de

---

[91] Anna Ribera Carbó, *op. cit.*, p. 85.

Gobernación, Plutarco Elías Calles, la injerencia del Manco de Celaya en asuntos internos de los estados de San Luis Potosí, Nuevo León y Michoacán, como algunos profundos desacuerdos relacionados con los Tratados de Bucareli firmados a mediados de 1923, llevaron al distanciamiento entre De la Huerta y el presidente Obregón. A ello contribuyeron las insidias impulsadas por el Partido Nacional Cooperatista y la andanada del Partido Laborista de la CROM contra el propio secretario de Hacienda.

El general Calles no fue ajeno al enfriamiento de las relaciones entre el primer jefe Obregón y De la Huerta. Un hombre muy cercano a Calles, Alberto J. Pani, se encargó de hacer una feroz crítica a la gestión del encargado de la hacienda pública, especialmente de sus negociaciones con Estados Unidos justo en los momentos en que tanto México como su vecino norteño empezaban a buscar una solución a sus desencuentros, mismos que iniciaron desde la muerte de Venustiano Carranza en mayo de 1920. Algunos aspectos de la vida privada de De la Huerta explotados por la prensa de escándalo se ventilaron con el fin de desprestigiarlo. Detrás de tales revelaciones el público supuso que también estaba la mano de Calles. Y Pani, quien por cierto también era proclive a cierta vida licenciosa, finalmente ocupó el lugar de De la Huerta, una vez que renunció a la Secretaría de Hacienda.

Desde tiempo atrás De la Huerta había insistido en que no participaría en la contienda electoral. Sin embargo, el 19 de octubre de 1923, a la par que los diarios publicaran una declaración de Obregón culpándolo de malos manejos y de ineficiencia administrativa, el exsecretario de Hacienda anunció que aceptaba ser candidato presidencial del Partido Nacional Cooperatista. La confrontación política entre los delahuertistas y los obregonistas-callistas tocó fondo cuando estos últimos llevaron al Congreso de la Nación los informes de su reciente administración hacendaria para que se hiciera una investigación puntual que, según el mismo De la Huerta, afectó en mucho su reputación como patriota y hombre de bien. Mientras tanto Antonio Díaz Soto y Gama y Aurelio Manrique, del Partido

Nacional Agrarista, promovieron la candidatura de Plutarco Elías Calles. Ambos aprovecharon el río revuelto de unas elecciones muy desaseadas en San Luis Potosí para subirse al carro callista.[92]

Muchos militares de alto rango ya no parecían congeniar ni con Obregón ni con Calles, y estaban dispuestos a dejar de apoyar a un régimen que percibían como irracional, intrusivo y autoritario. Entre los insatisfechos se contaban nada menos que Guadalupe Sánchez, jefe de Operaciones Militares en Veracruz; Rómulo Figueroa, con igual cargo en Guerrero; y Enrique Estrada, encargado castrense del Bajío. También compartían esta posición Rafael Buelna, conocido como el *Grano de Oro*, muy querido en el occidente del país; Fortunato Maycotte, jefe militar de Oaxaca; y hasta el general sinaloense Salvador Alvarado, que gozaba de prestigio entre los mismos sonorenses y entre los hombres del poder en general, por las radicales reformas que había impulsado cuando fue gobernador de la península yucateca.

Después de una escapatoria un tanto inverosímil de la Ciudad de México hacia el puerto de Veracruz, De la Huerta, apuntalado militarmente por el general Guadalupe Sánchez, lanzó entre el 6 y 7 de diciembre el Plan de Veracruz, en el que después de despotricar contra "la intolerable violación de la soberanía del pueblo" encabezada por Obregón y su afán por imponer a Calles, se declaraba jefe supremo de la revolución que en ese momento daba inicio.[93]

El general Enrique Estrada, por su parte, se autonombró jefe de la rebelión en los estados de Jalisco, Michoacán, Guanajuato, Zacatecas, Colima y Nayarit. El 13 de diciembre, desde Oaxaca, el general Fortunato Maycotte y el gobernador Manuel García Vigil lanzaron otro "plan" en el que dividían las fuerzas rebeldes en tres grandes grupos con sus respectivos mandos. Este plan reconocía al general de división Guadalupe Sánchez como jefe militar de las regiones de Veracruz,

---

[92] Enrique Plasencia de la Parra, *op. cit.*, p. 18.

[93] John F. Dulles, *Ayer en…*, *op. cit.*, pp. 173-202.

Tabasco, Campeche y Yucatán; al general Enrique Estrada como cabeza del levantamiento en occidente y noroeste, y al general Maycotte se le otorgaba la comandancia castrense de Oaxaca y Chiapas así como de los demás estados del centro del país.[94] Aquellas fuerzas sumaban cerca del 60 por ciento del ejército y en total constaban de poco más de 50 000 hombres.

Para combatir la rebelión delahuertista el general Obregón estableció su cuartel general en Irapuato y enfocó sus baterías contra el general Estrada. Calles se trasladó a Monterrey y luego a San Luis Potosí con el fin de reunir fuerzas en una zona relativamente tranquila. Desde Chihuahua al general Eugenio Martínez, también conocido como "el Pacificador de Villa", le fue encargado el aniquilamiento de las fuerzas rebeldes en Veracruz. La Ciudad de México quedó en manos del general Arnulfo R. Gómez.[95]

Acompañando al general Estrada, el general Rafael Buelna también comandó las huestes delahuertistas en occidente. El joven general Lázaro Cárdenas se mantuvo fiel al gobierno federal dado su apego al general Calles, aunque no le debió ser fácil tomar una decisión porque tenía cierto aprecio por De la Huerta, a quien había conocio en Sonora entre 1915 y 1916. Cárdenas lo valoró muy positivamente desde entonces, por su afán conciliador a la hora de tratar el asunto de los yaquis rebeldes, y también por su manera de lograr la pacificación de Villa en 1920. Pero tal vez la propia condición de militar disciplinado e institucional de Cárdenas, así como sus lealtades primordiales, pesaron lo suficiente para no apartarse del lado oficial. Aun cuando nada le impedía actuar a partir de su propia conciencia, como lo hizo en el caso de la salvaguarda indirecta del general Múgica, lo cierto es que a Calles y Obregón les debía sus principales ascensos y su posicionamiento en la jerarquía militar.

[94] *Ibid.*, p. 204.
[95] Enrique Plascencia de la Parra, *op. cit.*, pp. 39-43.

Poco tiempo después de conocer que la sublevación de De la Huerta estaba en marcha, el general Obregón le encomendó a Cárdenas que saliera de Morelia con 2000 hombres y su caballería a combatir a Estrada en Jalisco. El 8 de diciembre llegó a Yurécuaro, el 10 se reunió con Obregón cerca de la Piedad y el 12 el general Amaro le ordenó que con una columna se internara en Jalisco por la zona sur del Lago de Chapala. Todo parece indicar que los planes de Obregón eran enviar a Cárdenas a ocupar la línea férrea que unía Guadalajara con Manzanillo con el fin de cortar la vía a través de la cual los estradistas parecían recibir pertrechos. Con las órdenes precisas de no atacar a las fuerzas enemigas, sino de ocupar la vía y así también cortarles la retirada, el presidente-estratega planeaba quizá distraerlas momentáneamente para atacarlas después con todo lo que tenía por los rumbos de Ocotlán.[96]

Desde el 17 de diciembre hasta la víspera de las navidades de 1923, la columna del general Cárdenas se movilizó entre Mazamitla, Contla, Tamazula, San José de Gracia y Teocuitatlán, mientras el general Buelna esperaba para atacarlo cuando se acercara por los rumbos de Ciudad Guzmán.[97]

Al conocer las intenciones de Obregón de querer asestarle un golpe contundente y definitivo a las fuerzas enemigas en la ruta del ferrocarril a Guadalajara, por los rumbos de Ocotlán, Jalisco, el general Estrada decidió replegarse y concentrar sus contingentes en un ataque al que identificó como una "misión secundaria". Dicha misión era atacar a la columna comandada por el general Cárdenas. Esto lo haría con el fin de asegurarse un triunfo, dando un "golpe de sorpresa", y así tomar la ofensiva para avanzar sobre territorio michoacano, más que por las cañadas de Jalisco, Aguascalientes y Guanajuato.[98] El contingente que

---

[96] *Ibid.*

[97] Carlos Domínguez López, "Una página en la historia militar del gral. Lázaro Cárdenas", en *Desdeldiez*, Centro de Estudios de la Revolución Mexicana Lázaro Cárdenas, A. C., México, 1987.

[98] José Pagés Llergo, "Cómo fue hecho prisionero el gral. Cárdenas en 1923", en

atacaría a la caballería de Cárdenas era por lo menos cinco veces más grande que el de su contrincante.

El general Estrada mandó a Rafael Buelna, antes de el Grano de Oro a enfrentarse con Cárdenas y su caballería en Huejotitán, municipio de Teocuitatlán. Aquel territorio era de sobra conocido por Cárdenas pues lo había recorrido en numerosas ocasiones para encontrarse con el general Eugenio Zúñiga en Tlajomulco. Esos rumbos tampoco estaban lejos de su natal Jiquilpan y sólo era necesario bordear el Lago de Chapala por el suroeste para arribar a sus lomeríos y llanuras. Las dos fuerzas —la de Cárdenas y la de Buelna— se encontraron en las faldas de un cerro entre Santa Gertrudis y San José de Gracia, a unos kilómetros de Zacoalco, en el estado tapatío.

El 23 de diciembre,[99] después de 14 horas de batalla en las que al parecer las fuerzas de Cárdenas fueron tomadas por sorpresa, la tropas del general Buelna se declararon victoriosas con un saldo de 200 soldados federales muertos, 300 heridos y 1 500 prisioneros.[100] Trece años más tarde, en 1936, el periodista José Pagés Llergo recordaba que "cuatro horas después de haberse iniciado el combate, Cárdenas era herido en el pecho y cruzado de lado a lado, pero así, manando sangre en abundancia, continuaba dirigiendo sus tropas en un esfuerzo por evitar la derrota que se acercaba inminentemente".[101] Un ayudante del general Cárdenas, el telegrafista Carlos Domínguez López, contó que "estando el señor general

---

Desdeldiez, Centro de Estudios de la Revolución Mexicana Lázaro Cárdenas, A. C., México, 1987.

[99] Parece existir cierta discrepancia en la fecha exacta en que sucedió el combate de Huejotitlán. En sus *Apuntes*, Cárdenas consigna el 23 de diciembre, lo mismo que el periodista José Pagés Llergo. Sin embargo, el historiador Enrique Plascencia establece que fue el 26 de diciembre de 1923.

[100] Guillermo Ramos Arizpe y Salvador Rueda Smithers, *Jiquilpan...*, *op. cit.*, p. 569.

[101] José Pagés Llergo, "Cómo fue hecho prisionero el general Cárdenas en 1923", en *Desdeldiez*, Centro de Estudios de la Revolución Mexicana Lázaro Cárdenas A. C., México, 1987.

Cárdenas sentado sobre una cerca de piedras observando y dirigiendo las maniobras de combate, fue alcanzado por un proyectil que se le incrustó en el tórax del lado derecho".[102] Al parecer, después de recibir tal descarga de frente, Cárdenas quedó tirado en la arena con un pulmón perforado desangrándose durante cerca de ocho horas. Una vez declarada la victoria de los estradistas, el general Arnáiz fue comisionado por Buelna para que encontrara a Cárdenas y lo llevara a su comandancia. Al dar con él y encontrándolo en un estado de grave debilidad, Cárdenas pidió hablar con Buelna antes de morir. "Quiero que como soldado y como caballero me prometa que mi gente será respetada —le dijo a Arnáiz—; todos no han hecho otra cosa que cumplir con su deber y con mis órdenes. Yo soy el único responsable; adviértale a Buelna que dispone de mi vida."[103]

El periodista Roberto Blanco Moheno con su consabido amarillismo y su prosa farragosa narró aquella escena de la siguiente manera, aludiendo a cierto morbo prejuicioso:

Sufriendo dolores espantosos, sufre más cuando se da cuenta, entre neblina de estupor, de rabia, de desánimo, que ha caído prisionero. Ha estado inconsciente, roncando como en agonía durante horas, y despierta al vaivén de una camilla que lo lleva al cuartel de su vencedor. Los dolores son tan fuertes que se desmaya una y otra vez hasta que un hombrecillo flaco, duro, lépero y matrero, borracho, perdido, le pone entre los labios un cigarro:

—¡Fúmele, fúmele! Ora verá cómo se le calma luego luego…

Ríos, el sargento de la aguerrida tropa del vencedor Enrique Estrada, confirma sonriente sus palabras: la mariguana hace su efecto analgésico.[104]

---

[102] Carlos Domínguez López, "Una página en la historia militar del general Lázaro Cárdenas", en *Desdeldiez*, Centro de Estudios de la Revolución Mexicana Lázaro Cárdenas, A. C., México, 1987.

[103] Nathaniel y Sylvia Weyl, *The Reconquest of México. The Years of Lazaro Cárdenas*, Oxford University Press, 1939, p.

[104] Roberto Blanco Moheno, *Tata Lázaro. Vida, obra y muerte de Cárdenas, Múgica y Carrillo Puerto*, Diana, México, 1972, pp. 99-100.

Mapa de la región del Lago de Chapala y Ocotlán, Jalisco, con los rumbos de la batalla de Huejotitán y Teocuitatlán.

Después de transportarlo cuidadosamente por el campo de batalla hasta el cuartel general de Estrada, Cárdenas fue puesto a disposición del general Buelna, a quien el mismo general Estrada le había instruido que era imprescindible "hacer la guerra como gentes civilizadas y no como salvajes",[105] por lo que los prisioneros debían de ser tratados como antiguos compañeros. Un paisano jiquilpense, Aureliano Mejía Pinedo, contó:

Cuando llevaron al general herido ante el general Buelna, éste le dijo:

—¿Cómo le va compañero?

—Pos aquí, cómo ve.

---

[105] José Domingo Ramírez Garrido, *Así fue… (artículos de combate por…)*, Imprenta Nigromante, México, 1943, p. 100.

—Sabe que me lo voy a llevar para que lo atiendan, para que se alivie.

—Mira, si tú me vas a llevar con las intenciones de que cuando yo esté aliviado quieras que yo me haga de tu partido, eso nunca lo has de ver. Tú sabes que yo nunca he sido chaquetero ni lo seré. En ese caso estoy en tus manos y haz de mí lo que quieras.

—No, como compañeros que fuimos, te voy a llevar para que te alivies.

Hicieron una silla de mano para no lastimarlo. Lo mandó a Guadalajara, adonde llegó a las cuatro de la mañana y se lo llevaron al sanatorio.[106]

Las noticias de la derrota de las fuerzas del general Cárdenas se difundieron de manera errática en la prensa nacional. Como ejemplo podría tomarse sólo lo publicado por *El Heraldo de México* a finales de diciembre de 1923 y principios de 1924. El 31 de diciembre el periódico anunció que "Cárdenas fue derrotado pero no hecho prisionero". La nota decía que se encontraba en "Jijilpan, Jalisco [*sic*]" esperando instrucciones y lamentando la muerte de su colaborador, el general Paulino Martínez.[107] Sin embargo, el 3 de enero de 1924, ese mismo periódico anunciaba: "Se confirma que el general Cárdenas ha muerto". Aunque la nota sólo informaba que se ignoraba su paradero y que muy probablemente había sido capturado por los estradistas.[108]

A diferencia de lo que suponía la prensa, el trato que Cárdenas recibió por parte de las fuerzas enemigas fue excepcional. Lo mismo parece haber sucedido con el resto de su tropa. Por lo visto les dieron 30 pesos a cada uno de los prisioneros y a los pocos días fueron enviados hacia los límites del estado de Guanajuato donde se encontraban las fuerzas de Joaquín Amaro, leales a Obregón. Al general Cárdenas lo llevaron al sanatorio particular del doctor Carlos Barrière en Guadalajara para que lo atendiera su amigo masón, el doctor Alberto Onofre Ortega. A él se atribuyó la

---

[106] Guillermo Ramos Arizpe y Salvador Rueda Smithers, *Jiquilpan…*, *op. cit.*, p. 571.

[107] *El Heraldo de México*, 31 de diciembre de 1923.

[108] *El Heraldo de México*, 3 de enero de 1924.

solidaridad de Buelna con Cárdenas y principalmente por su pertenencia a tal rito.[109] Al parecer el michoacano no pertenecía al rito masónico, pero es probable que a partir de ese incidente se propusiera entrar en el mismo, cosa que hizo meses después. En los corrillos populares existe otra versión de por qué Estrada le salvó la vida a Cárdenas. Resulta que Dámaso, el hermano del general Cárdenas, tenía preso a un hermano de Estrada, y que a cambio de la vida del jiquilpense se pudo salvar la vida del pariente del general enemigo.[110] Lo cierto es que Cárdenas estuvo bajo la custodia de las fuerzas de Buelna hasta los primeros días de enero de 1924, cuando salió del hospital de Guadalajara ya bastante recuperado.

La razón de la derrota de Huejotitlán se debió, según una versión del general Calles, a que Cárdenas y sus compañeros se empeñaron en combatir a un enemigo superior en número y a un error en la táctica militar que provocó la división de su columna.[111] Por su parte Obregón, incapaz de reconocer que Estrada le puso una certera celada, atribuyó esa derrota a la "incompetencia militar" del joven general Cárdenas.[112] Sin embargo todo parece indicar que el error inicial fue del mismísimo Obregón quien, como ya se vio, envió al michoacano a rodear el Lago de Chapala por el sur con el fin de sorprender a un enemigo supuestamente debilitado que parecía estarse movilizando

---

[109] Llama la atención lo poco que se sabe sobre la masonería durante la Revolución y posrevolución. Es muy probable que además de las alianzas políticas esta práctica generara vínculos de estrecha solidaridad entre los revolucionarios, como había sucedido durante el siglo XIX entre liberales juaristas. Luis J. Zalce y Rodríguez, *Apuntes para la historia de la masonería en México (De mis lecturas y mis recuentos)*, 2 tomos, s. e., México, 1950. Por su parte, Cuauhtémoc Cárdenas consigna que su padre entró al rito masónico varios meses después, el 29 de marzo de 1924, en Colima. Cuauhtémoc Cárdenas, *Cárdenas…*, *op. cit.*, p. 114.

[110] Guillermo Ramos Arizpe y Salvador Rueda Smithers, *Jiquilpan…*, *op. cit.*, p. 575.

[111] Carlos Macías Richard, *Plutarco Elías Calles, Correspondencia personal (1919-1945)*, vol. 2, Gobierno del Estado de Sonora/Fideicomiso Archivo Plutarco Elías Calles/Fernando Torreblanca/FCE, México, 1993, p. 59.

[112] Enrique Krauze, *General Misionero. Lázaro Cárdenas*, FCE, México, 1987, p. 25.

en retirada rumbo a Colima.[113] Esta apreciación resultó fatal y falsa, ya que las fuerzas de Buelna no sólo superaban a las de Cárdenas sino que su ánimo se encontraba muy en alto por haber recuperado recientemente la plaza de Ocotlán.

El diputado cooperativista Jorge Prieto Laurens, que en ese momento se encontraba en Veracruz tratando de apuntalar al movimiento rebelde de De la Huerta, le atribuyó al corresponsal de guerra de *El Universal*, Enrique Ramírez de Aguilar, alias Jacobo Dalevuelta, la siguiente anécdota.

Una vez que se supo de la derrota de Cárdenas en Huejotitlán, el general Francisco Serrano le informó al general Obregón:

Señor presidente, sin más novedad que la columna de caballería del general Lázaro Cárdenas cayó íntegra en poder de los "traidores" estradistas del general Buelna, en el cañón de Teocuitatlán, muriendo el valiente general Paulino Navarro, herido y prisionero el propio general Cárdenas, más de 100 muertos y 200 heridos, entre jefes, oficiales y tropa, y el resto prisioneros del enemigo.

A lo que el general Obregón contestó rascándose la cabeza: "¡Caramba! ¡Qué peligroso es un pendejo con iniciativa!"[114]

Varias versiones plantearon, sin embargo, que la explicación de la derrota más que atribuible a Cárdenas y a la justificación que, como cualquier reelaboración de la historia de los vencedores, se hizo para cantar las glorias militares y estratégicas de Obregón, podría tener otras aristas. No hay que olvidar que Cárdenas intentó proteger a Múgica, y al enemistarse con Obregón quizá el presidente quiso darle una lección al joven general, mandándolo "a la guerra sin fusil".[115]

---

[113] Guillermo Ramos Arizpe y Salvador Rueda Smithers, *Jiquilpan…*, *op. cit.*, p. 569.

[114] Jorge Prieto Laurens, *Cincuenta años de política mexicana. Memorias políticas*, Editora Mexicana de Periódicos, Libros y Revistas, México, 1968, p. 220.

[115] Enrique Plascencia de la Parra, *op. cit.*, pp. 124-125.

Al parecer también hubo un par de telegramas que desde Jiquilpan le debían avisar al general Cárdenas de las condiciones desventajosas con las que se enfrentaría. Estos telegramas no fueron enviados por "los riquillos" del pueblo, lo que hizo que Cárdenas confiara en las órdenes de Obregón, que lo llevaron directo a la derrota. En su pueblo natal, los rumores de que aquellos telegramas fueron determinantes en su desastroso fracaso y en su posterior captura crecieron rápidamente y contribuyeron a una mayor división entre los ricos y los pobres jiquilpenses, que al parecer estuvieron pendientes de la actuación de Cárdenas y de su sometimiento. Pero justo es mencionar que la derrota en el frente occidental fue tan importante que el mismo Obregón decidió reorientar su propia estrategia y prefirió reforzar sus embates en Puebla, Veracruz y Oaxaca, para después regresar a recuperar Jalisco, Colima y Michoacán.

Una vez que salió del hospital, Cárdenas se enteró de que las fuerzas de Buelna había avanzado sobre Morelia y que en una emboscada traicionera el ejército federal atacó su columna dándole muerte a quien le respetó la vida y lo trató con singular respeto. Las tropas rebeldes al mando del general Estrada salieron en seguida de Ocotlán para reforzar a los hombres de Grano de Oro que quedaban y tomaron Morelia. Mientras Cárdenas se recuperaba quien se quedó encargado de la Jefatura de Operaciones de Michoacán era nada menos que el jefe de su estado mayor, el coronel Manuel Ávila Camacho. Éste, junto con su hermano Maximino, también coronel y recién nombrado procurador de los pueblos en el estado de Michoacán, fueron apresados por los militares partidarios del jefe rebelde Adolfo de la Huerta que operaban bajo la responsabilidad del general Estrada. Los dos estuvieron a punto de ser pasados por las armas.[116]

Se les perdonó la vida al ponerlos en un tren para reunirse con las fuerzas de Obregón en Irapuato. Cuenta la historia oficial que Manuel Ávila Camacho se rehusó a firmar un documento que Estrada le puso

---

[116] AGN Ramo Presidentes, Archivo Obregón-Calles, exps. 805-a-85 y 809 A-176.

enfrente y que implicaba una promesa de no volver a levantar las armas en contra de los estradistas. Manuel le dijo a Estrada: "General, aun cuando sé que mis palabras harán que me lleven al paredón, no puedo firmar, porque di mi palabra de honor como soldado al gobierno y sólo tengo una". Según esta versión Estrada lo abrazó y admiró la valentía de quien sería presidente de México un par de décadas después.[117]

Otras versiones cuentan que los hermanos Ávila Camacho sufrieron cierta humillación por parte de Estrada, ya que aun cuando les salvó la vida, no perdió la oportunidad de recordarles su pasado poco afecto a las buenas causas revolucionarias.[118] Para entonces, tanto Manuel como Maximino se consideraban parte del primer círculo de amistades del general Cárdenas, lugar que ambos ocuparían hasta el final de sus vidas. Independientemente del contraste de sus personalidades y conductas, Manuel llevaba tiempo ganándose la confianza del michoacano mientras que Maximino acababa de incorporarse a la Vigésima Jefatura de Operaciones Militares de Michoacán bajo las órdenes del general Cárdenas. No en vano los dos hermanos se encargaron de la oficina en Morelia cuando el jefe fue llamado a combatir estradistas en el estado de Jalisco.

Mientras tanto, Cárdenas siguió en calidad de prisionero de las fuerzas enemigas. Una vez que se repuso de sus heridas fue trasladado de Guadalajara a Colima. En el cuartel general de aquella ciudad lo pusieron bajo la custodia de un capitán de apellido Pérez que al parecer le permitió toda clase de libertades. Poco a poco se fue granjeando a los soldados que lo custodiaban al grado que éstos empezaron a respetarlo casi de igual manera que a sus superiores, haciendo a un lado su condición de prisionero.

Para entonces la rebelión delahuertista había iniciado su debacle tras la cruenta derrota de la batalla de Esperanza cerca de los límites entre

[117] John F. Dulles, *Ayer en…*, *op. cit.*, p. 221.
[118] Alfonso Taracena, *La revolución desvirtuada*, vol. VIII, 1940, Costa-Amic, México, pp. 42-43.

LÁZARO CÁRDENAS

Puebla y Veracruz, a finales de enero de 1924. A principios de febrero los rebeldes también sucumbieron ante los ataques de los obregonistas en Ocotlán, Jalisco. El Bajío se convirtió nuevamente en el escenario triunfal de Obregón, mientras que los rebeldes en Oaxaca y en el sur fueron vencidos por las fuerzas del general Juan Andreu Almazán. En Tabasco la revuelta delahuertista se mantuvo viva todavía durante los meses de marzo y abril de 1924. Sin embargo, el triunfo del régimen obregonista se consolidó en los primeros días del tercer mes de ese año.[119]

Tras la derrota de Ocotlán, las fuerzas estradistas abandonaron Guadalajara e iniciaron su retirada desde Colima hacia la costa del Pacífico. Ante el avance de los obregonistas los soldados y algunos jefes rebeldes se rindieron al gobierno. El general Crispiniano Anzaldo, quien encabezaba las fuerzas rebeldes en ese estado, dejó en libertad al general Cárdenas, y puso sus tropas a su disposición. El michoacano le otorgó un salvoconducto para que abandonara el país desde el puerto de Manzanillo, e incorporó a las tropas bajo su mando. A los dos días de ser liberado Cárdenas se presentó ante el general Joaquín Amaro en Santa Ana, Jalisco, para recibir órdenes.[120] El 24 de febrero el general Cárdenas, por órdenes expresas del general Obregón, regresó a Colima y se hizo cargo de las fuerzas locales. Al poco tiempo informó al cuartel general de Irapuato sobre su situación y solicitó instrucciones.

Entre los jefes que se rindieron en dicha localidad estaban el mismísimo general Enrique Estrada y el general Salvador Alvarado. Al primero, Cárdenas le correspondió el gesto que aquél ofreció cuando lo tuvo preso: lo cuidó y trató como prisionero privilegiado. Salvador Alvarado también había participado en la batalla de Ocotlán e igualmente se encontraba preso. Cárdenas conocía algunas de las medidas radicales que el sinaloense instrumentó mientras fue gobernador de Yucatán y

---

[119] Enrique Plascencia de la Parra, *op. cit.*, pp. 279-280.
[120] Archivo SEDENA, expediente del general Lázaro Cárdenas..., *op. cit.*

272

parecía profesarle un particular respeto, al igual que a Múgica y a otros excarrancistas destacados.[121] Poco después de la batalla de Ocotlán, una columna al mando del general Anzaldo se pasó al bando obregonista y capturó a Alvarado por los rumbos de Zapotlán el Grande junto con algunos de sus seguidores. Él también se incorporó a la escuadra que el general Cárdenas mantenía en custodia. Con un destacamento de caballería llevó a sus prisioneros a Manzanillo. Su paisano Jesús Castillo Flores contaba:

> Cuando las fuerzas se *voltiaron* a favor del gobierno nos fuimos a Manzanillo, ahí le entregaron algunos presos a don Lázaro y ya me dice:
> —Aquí quédate cuidando esos presos.
> —Pero, ¿cómo voy a tener presos en la calle?
> —Ahí déjalos, pero si se pelan, que se vayan.[122]

En Manzanillo el general Cárdenas mandó a hacer las gestiones necesarias para fletar un barco que llevara a los presos que así lo desearan a Estados Unidos. A otros les extendió salvoconductos para que regresaran a sus lugares de origen. En aquel barco partió el general Estrada hacia su primer exilio. Cárdenas desafiaba así la orden que Obregón había dado de fusilar a todos los jefes rebeldes.[123] Con Alvarado también negoció y el mismo general Cárdenas le permitió salir de su territorio a bordo del remolcador *Pacífico*. Así se lo informó a su superior inmediato, el general Joaquín Amaro.[124]

---

[121] Víctor Manuel Villaseñor, *Memorias de un hombre de izquierda*, Grijalbo, México, 1978, p. 217.

[122] Guillermo Ramos Arizpe y Salvador Rueda Smithers, *Jiquilpan...*, *op. cit.*, p. 573.

[123] William C. Townsend, *Lázaro Cárdenas...*, *op. cit.*, p. 39; y Roberto Blanco Moheno, *Tata Lázaro. Vida, obra y muerte de Cárdenas, Múgica y Carrillo Puerto*, Diana, México, 1972, p. 101.

[124] Martha Beatriz Loyo Camacho, *op. cit.*, p. 117.

Después de una breve estancia en Estados Unidos, Estrada volvió a México y todavía logró participar en una serie de batallas contra el ejército comandado por Álvaro Obregón. Junto con el general Manuel M. Diéguez, Estrada regresó a Jalisco y en el enfrentamiento de Palo Verde los rebeldes sufrieron una de sus últimas derrotas en manos del general Gonzalo Escobar. Poco tiempo después Estrada llegó a Acapulco donde se incorporó al ejército federal como un soldado más, sin ser reconocido. Todavía volvió a la Ciudad de México donde desertó para viajar a California, escapando de sus captores en un puerto fronterizo.[125] Esta última versión se podría apuntalar con un telegrama que el mismo Cárdenas le escribió al general Calles el 25 de febrero de 1924 en el que le informaba que Estrada y Diéguez escaparon con rumbo a Guerrero "pues así lo tenían acordado con Alvarado en caso de desastre".[126] El general Alvarado, por su parte, también regresó al país después de una breve estancia en Estados Unidos. Desembarcó en territorio nacional en alguna costa del sur del Golfo de México. Alvarado pretendía encabezar la lucha antiobregonista en el sureste del país. Sin embargo, a los pocos días de arribar, Alvarado cayó preso de sus propias tropas que decidieron pasarse al lado del gobierno.

En la segunda mitad de febrero Lázaro Cárdenas ya se había recuperado, y retomaba el mando militar. Y no sólo eso, sino que también parecía reasumir sus responsabilidades familiares. En telegrama del 25 de febrero Cárdenas le agradecía a Calles el hecho de velar por su hermano Alberto esperando que "sí se le quite a él lo calavera". El joven general mantenía su posición de jefe de familia, y aun con todas las vicisitudes por las que pasó no descuidó a su gente y terruño. Aquel telegrama a Calles, por su

---

[125] John F. Dulles, *Ayer en…*, *op. cit.*, p. 231, Jorge Prieto Laurens, *Cincuenta años de política mexicana. Memorias políticas*; Editora Mexicana de Periódicos, Libros y Revistas, México, 1968, pp. 257-258; Alfonso Taracena, *La verdadera Revolución mexicana, Décima etapa (1924-1925)*, Jus, México, 1962, p. 113.

[126] Plutarco Elías Calles, *Correspondencia…*, *op. cit.*, p. 138.

parte, también establecia su posición de subordinado compartiendo sus problemas familiares y confiándole a su tutor cierta responsabilidad en la educación de su progenie.

De Colima Cárdenas regresó a Guadalajara, donde solicitó una licencia para recuperarse durante unos días más en Jiquilpan. Ante la insistencia de algunos paisanos, el joven general sería nombrado nuevamente jefe de la Décimo Octava Comandancia Militar en Michoacán. Al general Obregón y al general Amaro les fueron enviadas varias cartas en las que se decía que Cárdenas era "un amigo decidido e incondicional del proletariado y del campesino" así como un representante de la Revolución que "siempre se había manifestado a favor de la clase indígena". Se le llegó a mencionar incluso como un hombre "pundonoroso, que no había hostilizado a las agrupaciones obreras como lo hicieron anteriores jefes de operaciones militares".[127]

Y en efecto, tal parecía que Cárdenas se había hecho ya de un prestigio propio cercano a los intereses de las mayorías. Su popularidad en su pueblo natal creció particularmente. Un paisano suyo, José Contreras Ávalos, contó que después de reincorporarse al ejército federal y de ser nombrado nuevamente jefe de operaciones militares de Michoacán, sus coterráneos lo recibieron así:

A los muchos tiempos se rumorizó que iba a venir. Al llegar aquí a Jiquilpan hasta yo fui a encontrarlo, fuimos un gentilismo a recibirlo ahí por el panteón. Entre la gente estaba un sirviente de Agustín Orozco con un caballo y le dijo al general:

—Mi general, buenas tardes.

—Buenas tardes amigo, cómo le va.

—Que aquí le manda don Agustín este caballo para que vaya en él.

—Dígale que muchas gracias, aquí voy bien a pie.

---

[127] Archivo SEDENA, expediente del general Lázaro Cárdenas…, *op. cit.*, tomos 3-004, 3-007 y 3-008.

Porque luego que encontró la gente se bajó de su caballo y se vino a pie, entró en la plaza y dio la vuelta. Y los riquillos nomás se quedaron en el portal, nadien de ellos lo acompañó porque le habían hecho el perjuicio. Él con su palomilla en la plaza y ellos hechos bola en el portal.[128]

Al parecer el pueblo entero conocía la versión de los telegramas que nunca le llegaron al general y a los cuales les atribuyeron buena parte de las responsabilidades de su herida y su derrota. Otro paisano, Jesús Flores Magallón, también narró lo siguiente:

Unos meses después, yo venía con *el Zorro* por la calle y vimos que el general estaba platicando con su estado mayor con los riquillos, entonces *el Queretano* dijo:

—¡Después de lo que le hicieron todavía está platicando con esos hijos de su madre!

Nos le acercamos y cuando nos vio el general se puso hasta descolorido porque *el Zorro* le dijo:

—Mi general, todavía está complaciendo usted a esos traidores. Fueron los que se sentaron en el telegrama y todavía los quiere.

Entonces don Lázaro dejó a los riquillos y nos dijo:

—Vámonos, muchachos, vénganse. Miren, nunca hay que tener agravio ni error con nadie, nunca tengan vergüenza con nadie. Todo el tiempo al perro bravo hay que darle una tortilla y ahí muere la cosa. Lo que no quieras para ti nunca lo desees para otro.[129]

Después de recuperarse y como premio a su lealtad con el gobierno central, el 24 de marzo de 1924 el general Cárdenas fue ascendido por órdenes del general Álvaro Obregón a general de brigada. Poco tiempo

---

[128] Guillermo Ramos Arizpe y Salvador Rueda Smithers, *Jiquilpan…*, *op. cit.*, p. 574.

[129] *Ibid.*, p. 575.

antes de que dejara la silla presidencial, el mismo Manco de Celaya le envió una carta a Cárdenas dándole un voto de confianza y agradeciéndole su lealtad durante el movimiento delahuertista.[130]

A finales de marzo de ese año el general Plutarco Elías Calles declaró a los principales periódicos que había solicitado licencia para separarse del servicio activo en el ejército y que reanudaba su campaña para obtener la presidencia de la República en las próximas elecciones.[131] Aun cuando en algunos estados como Tabasco y Oaxaca las acciones en contra de las fuerzas rebeldes se mantuvieron con singular agresividad, aquel proceso por la sucesión presidencial se terminó organizando alrededor de dos candidatos, el ya mencionado general Calles y el general Ángel Flores, quien surgió en un último momento como candidato del Sindicato Nacional de Agricultores. A pesar de que no significó mucho desafío para Calles, por lo menos se tuvieron que mantener las apariencias de una campaña electoral con ciertos visos democráticos.[132]

Sobra decir que Calles llevó todas las de ganar desde un principio y quizá por eso no tuvo empacho en radicalizar su discurso en la medida en que su campaña prosperaba. Durante sus recorridos proselitistas se hizo acompañar por diversos personajes como Luis N. Morones, Antonio Díaz Soto y Gama, Genaro V. Vásquez, Carlos Riva Palacio, Luis L. León, Ezequiel Padilla y José Manuel Puig Casauranc. Todos ellos asumirían el impulso reformador, ya fuera desde algún gobierno local o desde alguna secretaría, a la que eventualmente llegarían como equipo fiel a los designios callistas.

El 11 de mayo, en un discurso en el teatro Ocampo de Morelia, el general Calles fustigó de manera brutal a los latifundistas y a los terratenientes, con referencias que recordaban los discursos mugiquistas, y

---

[130] Archivo SEDENA, expediente del general Lázaro Cárdenas…, *op. cit.*, cartas del 24 de marzo de 1924 y del 27 de noviembre de 1924.

[131] Alfonso Taracena, *La verdadera Revolución mexicana…*, *op. cit.*, p. 69.

[132] *Ibid.*, p. 104; y Georgette José Valenzuela, *La campaña presidencial de 1923-1924 en México*, INEHRM, México, 1998.

manifestado su clara disposición a confrontar al clero católico. "Yo soy enemigo de la casta sacerdotal que ve en su posición un privilegio y no una misión evangélica", dijo Calles, y continuó:

> Soy enemigo del cura político, del cura intrigante, del cura explotador, del cura que pretende tener sumido a nuestro pueblo en la ignorancia, del cura aliado del hacendado para explotar al campesino, del cura aliado del industrial para explotar al trabajador […] Yo declaro que respeto todas las religiones y todas las creencias, mientras los ministros de ellas no se mezclen en nuestras contiendas políticas.[133]

Sin duda estas afirmaciones caían como balde de agua fría entre aquellos que pensaban que el radicalismo anticlerical del régimen del general Múgica en Michoacán había pasado a mejor vida.

La sucesión presidencial de 1924: el gobierno contra cristeros y petroleros

> Yo le pregunté a la historia
> si me quisiera contar
> lo que hacen patrones e Iglesia
> por la causa popular,
> y entonces la historia me dijo
> un poco disimulada:
> "mejor no te digo nada
> porque me pongo a llorar".
>
> Versos de valona,
> Tierra Caliente, Michoacán

Las tensiones entre el clero católico y el gobierno revolucionario estaban al rojo vivo desde que el régimen del general Obregón había expulsado

---

[133] Alfonso Taracena, *La verdadera…*, *op. cit.*, p. 117.

del país al nuncio apostólico, monseñor Ernesto Filippi. A principios de 1923 el prelado fue puesto en un barco de regreso a Europa por violar la ley de cultos mexicana, al oficiar una misa a cielo abierto y colocar la primera piedra al monumento a Cristo Rey en la cima del Cerro del Cubilete en Guanajuato.[134]

A los pocos días de sus declaraciones de Morelia, el candidato Plutarco Elías Calles visitó la ciudad de Guadalajara. Ahí fue recibido por "el chamaco" Cárdenas. Lo acompañaron también el general Joaquín Amaro y los diputados Manlio Fabio Altamirano, Luis L. León, Melchor Ortega, el doctor José Manuel Puig Casauranc, entre otros. Desde el balcón de la cantina La Fama Italiana, Calles al alimón con el torero Juan Silveti lanzaron una arenga sobre la valentía que se debía tener para acabar con los latifundistas. El general Calles remató: "El clero se asusta de mi programa y dice que soy un enemigo de las religiones [...] respeto todas las religiones y sí detesto al cura miserable, porque se une al latifundista para explotar al trabajador".[135]

De la cantina la comitiva siguió a la Convención de Partidos Revolucionarios de Jalisco a manifestar su tácito apoyo al candidato Calles. La campaña continuó hasta el domingo 6 de julio, día de las elecciones, no sin ciertos escándalos que presagiaban que la presidencia de Calles sería todo menos una administración tranquila y sosegada.

Los ánimos en el país estaban agitados y se percibía en múltiples escenarios que iban desde la protesta de los estudiantes de San Ildefonso en contra de los murales de José Clemente Orozco y Diego Rivera en su edificio en el centro de la Ciudad de México, hasta la muerte del general Salvador Alvarado acaecida a mediados de junio de 1924. Este acontecimiento sin duda impactó al joven Cárdenas pues fue la única entrada en sus *Apuntes* durante todo el año de 1924: "El general Salvador

---

[134] Alicia Olivera Sedano de Bonfil, *Aspectos del conflicto religioso de 1926 a 1929*, México, INAH, 1966, p. 55.

[135] *Ibid.*, p. 126.

Alvarado, distinguido revolucionario, fue muerto en el año de 1924 en el rancho de El Hormiguero, camino de Palenque a Tenosique, por fuerzas de Federico Aparicio".[136] Es probable que esta entrada la escribiera posteriormente, aunque independientemente de ello daría fe de la admiración y afinidad que Cárdenas sentía por el pensamiento socialista del general Alvarado, muy afín, por cierto, con las ideas del general Múgica, con quien Alvarado emprendió la campaña hacia el sureste durante 1915 y 1916.[137] Según un joven conocido y admirador del sinaloense, poco antes de morir el general Alvarado estuvo en la casa del general Francisco J. Múgica en Mixcoac, en la Ciudad de México, y es muy probable que ahí ambos refrendaran sus convicciones socialistas y antiobregonistas.[138] El michoacano se encontraba escondido debido a las iras del Manco de Celaya, sin definirse a favor o en contra de la rebelión delahuertista. Sin embargo, Alvarado sí estaba bastante comprometido con dicho movimiento, ya que el propio De la Huerta lo había nombrado jefe militar y lo dispuso a marchar hacia el sur, donde sería muerto a traición.

Otro escándalo fue la renuncia del ministro de Educación José Vasconcelos después de inaugurar el Estadio Nacional y el centro escolar Benito Juárez, a principios de 1924. Protestando por el asesinato del senador Francisco Field Jurado, quien se oponía rabiosamente a la firma de los tratados de Bucareli, el educador renunció por primera vez a su puesto. Su renuncia no fue aceptada. Sin embargo a mediados de ese año, Vasconcelos volvió a presentar su dimisión, pues tenía intenciones de postularse a la gubernatura de su estado natal, Oaxaca, y porque el gobierno federal había recordado notablemente el presupuesto para la

---

[136] Lázaro Cárdenas, *Obras. I…*, *op. cit.*, vol. I, tercera edición, p. 167.

[137] Francisco José Paoli y Enrique Montalvo, *El socialismo olvidado de Yucatán. Elementos para una reinterpretación de la Revolución mexicana*, Siglo XXI Editores, México, 1977.

[138] Víctor Manuel Villaseñor, *op. cit.*, p. 217.

Secretaría de Educación a su cargo.[139] Con cierto afán futurista Vasconcelos puso la mirada en las elecciones de 1928, en las que parecía tener intenciones de participar como candidato a la presidencia, cosa que hizo hasta 1929, desde una franca oposición a los caudillos revolucionarios. Estos últimos no se cansaron de ponerle piedras en el camino; la primera fue aceptar su renuncia a la Secretaría de Educación y la segunda negarle el apoyo para llegar a la gubernatura de Oaxaca.

El general Plutarco Elías Calles fue declarado presidente electo el 10 de julio. Su triunfo electoral fue indiscutible ya que ganó 84% de los votos.[140] Una vez afianzada la victoria, al poco tiempo partió a Europa y a Estados Unidos donde estuvo hasta noviembre de ese mismo año de 1924.

Durante la segunda mitad de ese año, Cárdenas permaneció en occidente como jefe de operaciones militares de aquella región. Durante ese tiempo estrechó su amistad con otros personajes que parecían apuntar hacia otro rumbo político, bastante ajeno al radicalismo y a las reformas que representaban el general Francisco J. Múgica y el propio general Plutarco Elías Calles. Se trataba de los hermanos Manuel y Maximino Ávila Camacho, quienes, como ya se comentó, colaboraron con Cárdenas durante la rebelión delahuertista desde su puesto en la ciudad de Morelia. Manuel lo acompañó previamente en sus primeras estancias en la Huasteca y el Istmo de Tehuantepec unos años atrás. Cárdenas se encargaría, durante ese año, de defender a los Ávila Camacho, ambos con grado de general, frente a las propuestas de reorganización del ejército ordenadas por el general Joaquín Amaro, mismo que no parecía tenerles demasiada confianza.[141]

---

[139] Claude Fell, *José Vasconcelos. Los años del águila (1920-1925), Educación, cultura e Iberoamericanismo en el México postrevolucionario*, UNAM, México, 1989, p. 667.

[140] Georgette José Valenzuela, *op. cit.*, p. 281.

[141] Fideicomiso Archivo Plutarco Elías Calles y Fernando Torreblanca, archivo del General Joaquín Amaro. Estos documentos se consultaron cuando el archivo

Mientras Manuel siguió bajo las órdenes del general Cárdenas, Maximino fue nombrado jefe del 36° Batallón de Caballería en Arriaga, Chiapas. Ahí tuvo la oportunidad de volver a demostrar su lealtad con los regímenes obregonista y callista, persiguiendo lo que quedaba del delahuertismo en la zona. Posteriormente mantendría una posición ambigua buscando alianzas más estrechas con el callismo, confrontando al gobernador chiapaneco, el general Carlos Vidal, y granjeándose hipócritamente a quien entonces ya ocupaba la subsecretaría de Defensa y Marina, el general Joaquín Amaro.[142] En manos de este último quedó la supervisión del buen funcionamiento de las fuerzas militares, y a partir de 1924 intentó hacerlo a través de las únicas maneras que él conocía y que eran "férreas, enérgicas y violentas".[143] A estas condiciones se sometió Maximino no sin exhibir su capacidad de adulación e incluso con cierta lambisconería coloquial, llegándole a escribir a Amaro lo siguiente: "le juro, mi general, le empeño mi palabra de hombre y de caballero de honor, que el día que se me descubra algo que pueda afectarme, pero que sea verdad, yo seré el primero en pedir mi baja, le evitaré ese trabajito".[144]

Sin embargo, Amaro ya lo traía entre ceja y oreja, y en julio de 1925 interceptó una carta que lo comprometía de una forma incuestionable. Con un lenguaje chabacano y vulgar Maximino le confesó a un amigo suyo, el señor Carlos Arellano, que cuando estuvo en la guarnición de Tuxtla Gutiérrez, el general Vidal le ofreció 30 000 pesos para que

---

se encontraba en proceso de catalogación. Se tiene la referencia de que son cartas fechadas el 13 y 23 diciembre de 1924, y enero y febrero de 1925. Véase también Gustavo Abel Hernández Enríquez y Armando Rojas Trujillo, *Manuel Ávila Camacho. Biografía de un revolucionario con historia*, Gobierno del Estado de Puebla, México, 1986, pp. 79-82.

[142] Fideicomiso Archivo Plutarco Elías Calles y Fernando Torreblanca, Archivo del General Joaquín Amaro, en catalogación, cartas del 21 de enero de 1925 y serie 0302, leg. 7, ff. 410-411 y 413-415.

[143] Martha Beatriz Loyo Camacho, *op. cit.*, p. 125.

[144] Fideicomiso Archivo Plutarco Elías Calles y Fernando Torreblanca, archivo del general Joaquín Amaro, serie 0302, legajo 7, ff. 420-421.

lo apoyara en un intento de aplastar a un contrincante. Textualmente Maximino escribió: "Y al fin me dio puro chile y hasta me acusó con el puto de Amaro para que me quitaran. Por fortuna estoy bien con el viejo turco del Calles, que si no, me las hubiera visto de muy jodido".

Pero lo que mayormente lo comprometía no era acusar a Vidal de corrupto o a Amaro de "puto". Lo que lo convirtió en un sospechoso de traición ante los ojos del subsecretario de Defensa fueron las siguientes frases:

> No tengas cuidado que yo de cualquier manera quedo bien con la nueva rebelión pues ya he dado mis pasos y mi palabra para joder a estos hijos de la chingada, pues no sabes cuántos males me ha causado el puto de Amaro que ya mero le mando pegar un tiro para que se le quite lo cabrón, pero la venganza es muy dulce y pronto verás con la nueva bola qué buenos resultados nos da la maroma, pues ya somos más de 200 generales los que estamos esperando la hora de hacernos independientes por medio de las armas y ya sabes que tú te iras con nosotros para la fecha en que se tienen pensado dar el golpe que no se lo quita Calles ni Amaro, no con la puta madre que los parió [...][145]

Tras interceptar esta carta Maximino fue puesto a disposición de la Secretaría de Defensa durante los últimos meses de 1925 y buena parte del año siguiente. No fue dado de baja del ejército en gran medida por las recomendaciones de Cárdenas y quizás también porque el general Calles decidió ponerlo a prueba frente a los designios de Amaro. Maximino, por su parte, parecía gozar de cierto aprecio del general Obregón, por lo que a finales de 1926 éste le encontró otro lugar en el ejército, pero ahora en la lucha contra la creciente rebelión cristera.

---

[145] Fideicomiso Archivo Plutarco Elías Calles y Fernando Torreblanca, archivo del general Joaquín Amaro, serie 0302001, legajo 7/98, inv. 227, f. 439.

Al parecer Lázaro Cárdenas tuvo una particular estima por Maximino, quien desarrolló ese afán acomodaticio que bien pudo confundirse con cierta sagacidad o con atrevimientos capaces de satisfacer ambiciones personales disfrazadas de beneficios masivos y populares. No obstante, después de sus desatinadas opiniones de 1925 interceptadas por el general Joaquín Amaro, el hermano mayor de los Ávila Camacho ascendería en la escala política hasta alcanzar la gubernatura del estado de Puebla y más tarde la Secretaría de Comunicaciones.

Manuel Ávila Camacho en cambio se mantuvo más cerca de Cárdenas; primero como jefe de su estado mayor y después como general subordinado en la décimo octava demarcación militar. Es probable que con su carácter apacible también apuntalara la serenidad del jiquilpense. Al igual que Cárdenas, Ávila Camacho se empezaba a interesar en algunas lecturas de historia militar francesa con las que ambos trataban de paliar su magra educación autodidacta.[146] Mientras Maximino se alejaba del michoacano para hacerse de un capital político y militar, Manuel quedó bajo la responsabilidad del hombre de Jiquilpan, lo que parecía indicar que aquella relación de lealtad-subordinación-amistad se iba fortaleciendo y consolidando.

A finales de diciembre de 1924 el general Cárdenas defendió la reputación de Manuel Ávila Camacho ante el general Amaro con el argumento de que "se ha distinguido por inspirar confianza al vecindario". Amaro al parecer hizo caso de un anónimo que acusaba a Manuel de cierta desidia ante los ataques de algunas gavillas en las regiones de Yahualica y San Juan de los Lagos, en el estado de Jalisco.[147] Al poco tiempo la Comisión Superior de Hojas de Servicio del Ejército Nacional opinó que no debería reconocérsele personalidad militar alguna. Cárdenas protestó por ello y envió una amplia recomendación de su

---

[146] Enrique Krauze, *Gneral misionero…*, *op. cit.*
[147] Fideicomiso Archivo Plutarco Elías Calles y Fernando Torreblanca, archivo del general Joaquín Amaro, en catalogación, cartas del 13 y 23 de diciembre de 1924.

jefe de estado mayor al subsecretario Joaquín Amaro. Unos días después Amaro le informó a Cárdenas que se había reconocido finalmente el grado de general brigadier a su compañero de armas.[148]

A partir del año siguiente el general Manuel Ávila Camacho hizo algunos intentos por establecer una relación independiente con algunas autoridades militares de mayor influencia política, principalmente con el propio general Amaro. Desde Sayula, Jalisco, donde se encontraba encargado de pacificar la región agitada por la confrontación entre los agraristas y los cristeros "enemigos de la revolución", Ávila Camacho le envió a Amaro varias cartas en las que, entre otros asuntos, le hacía comentarios relacionados con el juego de "polo" al que Amaro era aficionado. En alguna incluso le dijo que le mandaba de regalo un caballo; y en una siguiente le pretendió vender una yegua que le ofrecía "por razones económicas de necesidad", ya que iba a contraer matrimonio.[149]

De esta manera, Ávila Camacho buscó reivindicarse con quien tenía en sus manos su futuro en el ejército. La palanca más influyente, sin embargo, estaría en manos del general Cárdenas y sería gracias a él que el poblano daría pasos más firmes en su ascenso militar y político. No en vano se decía que para finales de 1924, los principales militares que se mantenían fieles al general Obregón eran: Francisco Serrano, Juan Andreu Almazán, Eugenio Martínez, Joaquín Amaro, Arnulfo R. Gómez, Lázaro Cárdenas, y desde luego Plutarco Elías Calles.

Por su parte, el vínculo entre Lázaro Cárdenas y Manuel Ávila Camacho se estrecharía poco a poco, sobre todo en la coincidencia de tiempos en que a ambos les tocaría ascender, peldaño a peldaño, la volátil escala del poder político y militar mexicano de esos años.

---

[148] Fideicomiso Archivo Plutarco Elías Calles y Fernando Torreblanca, archivo del general Joaquín Amaro, en catalogación, cartas del 28 de enero, 18 y 23 de febrero de 1925.

[149] Fideicomiso Archivo Plutarco Elías Calles y Fernando Torreblanca, archivo del general Joaquín Amaro, legajo 6.

El 30 de noviembre de 1924 el general Cárdenas asistió al Estadio Nacional en la Ciudad de México a la protesta del general Calles como presidente de la República, que se celebró ante más de 30000 personas.[150] En una de las primeras ceremonias masivas de transmisión del poder del siglo xx mexicano, el general Obregón le entregó la banda presidencial al general Calles y, después de los consabidos discursos del presidente entrante y del saliente, toda la comitiva oficial con sus amigos se trasladaron al Centro Recreativo Sonora-Sinaloa y poco después a la fiesta brava.

En algún momento en tránsito, Obregón le preguntó a Calles sobre un personaje que los observaba con peculiar entusiasmo. Calles le contestó: "Es el general Francisco J. Múgica".[151] A partir de ese momento el michoacano radical supo que Obregón no tendría el poder para mandarlo fusilar y no tardó en vincularse con otro apestado carrancista, Luis Cabrera, quien para entonces además de ser un acervo crítico de los regímenes de los sonorenses sobrevivía ejerciendo la abogacía y escribiendo en algunos periódicos. Múgica empezó a trabajar en un bufete jurídico con un licenciado llamado Luis G. García que tenía sus oficinas muy cerca del zócalo de la Ciudad de México. A ese despacho llegó Luis Cabrera a pedirle a Múgica que representara los intereses de dos propietarios petroleros mexicanos que fueron defraudados por la poderosa Penn Mex Fuel Company, la cuarta compañía estadounidense de explotación petrolera más importante del país. Tal representación llevaría a Múgica a pasar largas temporadas en la Huasteca y la costa norte del Golfo de México, donde se reencontraría con el general Cárdenas. El radical constituyente llevó con bien el litigio y al final logró cobrar la nada desdeñable cantidad de 50000 pesos, con lo que pudo reponerse

---

[150] Georgette José Valenzuela, *op. cit.*, p. 281.

[151] John F. Dulles, *Ayer en…*, *op. cit.*, p. 247. Esta anécdota también la comenta Armando de María y Campos en su obra *Múgica. Crónica biográfica*, *op. cit.*, p. 207, y aparece igual en Cuauhtémoc Cárdenas, *Cárdenas…*, *op. cit.*, p. 104.

financieramente, después de vivir al garete por un par de años. En unos cuantos años más recuperaría su estrella política.[152]

Unos días después de la toma de posesión del presidente Calles, el general Obregón salió rumbo a Sonora para dedicarse, según él, a las labores agrícolas. El general Calles le entraba al relevo en un país que, si bien anunciaba ciertos visos de turbulencia, también parecía menos agitado que al inicio del año de 1924. Pero la inquietud clerical se empezaba a articular, sobre todo después del rumboso Congreso Eucarístico celebrado en octubre de aquel año en la Ciudad de México. La actitud anticlerical del general Calles no era un secreto para nadie y negros nubarrones se empezaban a formar para los ministros y los feligreses católicos. Sus seguidores le compusieron un ovillejo que decía:

> En el hablar es muy parco
> Plutarco
> A pelear va con los guías
> Elías
> La borra donde la rayes
> Calles.
> A la reacción atornilla
> en los montes y en los valles
> porque es muy hombre el cabecilla
> Plutarco Elías Calles.[153]

Los conflictos internacionales también barruntaban sus tormentas en el horizonte. A finales de diciembre el presidente Calles anunció

---

[152] Anna Ribera Carbó, *La patria ha podido ser flor. Francisco J. Múgica, una biografía política*, Conaculta/INAH, México, 1999, p. 92; y Carmen Nava, "Relaciones Múgica-Cárdenas", en *Memorias de las VII Jornadas de Historia de Occidente dedicadas a Francisco J. Múgica*, CERMLC, A.C. Jiquilpan, 1985, pp. 281-282.

[153] Manuel Sandomingo, *Historia de Agua Prieta. Resumen histórico en su primer cincuentenario*, Imprenta Sandomigo, Sonora, 1951, p. 155.

que el país vivía en una situación económica delicada, pero que trataría de llevar a cabo reformas estructurales económicas sin recurrir a préstamos extranjeros. El gobierno estaba dispuesto a reordenar su administración hacendaria, militar y burocrática, pero sobre todo a reorganizar sus métodos de recaudación tributaria. Por eso dispuso que a partir del 30 de diciembre se discutiera en el senado una "buena" ley del petróleo que fuera particularmente favorable a los intereses de la nación.[154]

Las compañías petroleras, principalmente las estadounidenses y las británicas, presintieron que sus intereses se verían afectados y no tardaron quejarse ante las autoridades mexicanas y las de sus propios países. El embajador estadounidense James Sheffield y el secretario de Estado Frank B. Kellogg, poco complacientes con lo que sucedía en México, fueron especialmente receptivos con tales quejas. Se vislumbraba que el año de 1925 no sería fácil para las relaciones entre el gobierno de Calles, los intereses petroleros y las autoridades estadounidenses. "La cuestión de México" empezó a dar mucho de qué hablar en los periódicos del vecino del norte y el nacionalismo posrevolucionario también se manifestó con vehemencia en el ambiente mexicano. Ante la prensa internacional Calles soltaba ideas como la siguiente:

La Revolución mexicana es, en el ideal, una larga, honda batalla por un nuevo orden social, sin castas y sin privilegios económicos; por una nacionalidad coherente y celosa de su soberanía, cimentada en la justicia y en la educación, y por una personalidad histórica, riquísima en elementos originales. Pero todavía es algo más: es el baluarte más firme de la cultura indo-hispánica en América, y el bastión más avanzado contra el imperialismo.[155]

[154] Alfonso Taracena, La verdadera…, op. cit., p. 201.
[155] Emilio Portes Gil, Autobiografía de la Revolución. Un tratado de interpretación histórica, edición facsimilar, INEHRM, México, 2003, p. 381.

El discurso era por demás elocuente y radical. Y el embajador Sheffield atizó el fuego de la hoguera internacional al usar en diversas ocasiones el establecimiento de relaciones diplomáticas entre México y el gobierno de la URSS como argumento para envenenar el ambiente.[156] Además de acusar al gobierno mexicano de emular el bolchevismo, lo instaba a que se atuviera a los principios del derecho internacional, ya que consideraba que muchos de los planteamientos que se discutían en la preparación de la ley del petróleo eran confiscatorios, además de ir en contra de los Tratados de Bucareli, que se habían firmado en 1923. El asunto petrolero se convirtió así en una cuestión particularmente crítica para los dos gobiernos. El imperio británico tampoco se quedó con los brazos cruzados.[157]

Para colmo la situación interna también se tensó bastante en los primeros meses de 1925 debido a los excesos jacobinos que se vivieron en el estado de Tabasco, donde gobernaba uno de los mayores simpatizantes de las reformas callistas, el licenciado Tomás Garrido Canabal. En aquel.a entidad, el radicalismo se adueñó de las organizaciones campesinas y laborales gracias a los agitadores y funcionarios del gobierno local. En las instituciones escolares primarias una campaña de "desfanatización" se implementó a través de la imposición de la llamada "escuela racionalista" y la acción estatal orientada contra el clero católico empezó a tener secuelas violentas. La quema de santos, la profanación de iglesias y la hostilización a todo aquello que tuviera olor a incienso y vistiera hábitos o sotanas se convirtieron en pan de todos los días. El gobierno de Garrido Canabal expulsó del estado de Tabasco a la mayoría de los sacerdotes y empezó a afectar las tierras de los principales terratenientes

---

[156] James J. Horn, "El embajador Sheffield contra el presidente Calles", en *Historia Mexicana*, vol. xx, octubre-diciembre de 1970, núm. 2, pp. 265-284; y Daniela Spenser, *El triángulo imposible. México, Rusia soviética y Estados Unidos en los años veinte*, CIESAS/Miguel Ángel Porrúa Editor, México, 1998, p. 113.

[157] Lorenzo Meyer, *Su majestad británica contra la revolución mexicana 1900-1950. El fin de un imperio informal*, El Colegio de México, México, 1991, p. 320.

conservadores.[158] El asunto parecía, sin embargo, quedarse en las márgenes del sureste mexicano.

Pero las cosas adquirieron otro tono a mediados de febrero de 1925, cuando en medio de zafarranchos y zacapelas surgió la Iglesia Cismática Mexicana, capitaneada por el patriarca Joaquín Pérez Budar en la Ciudad de México. Orquestada desde los círculos más cercanos del recién electo presidente Plutarco Elías Calles, la fundación de esa iglesia cismática fue particularmente escandalosa.[159] El 21 de febrero de 1925, junto con un sacerdote español de nombre Luis Manuel Monge, el patriarca Pérez Budar, escoltado por los Caballeros de la Orden de Guadalupe que no eran otros que unos golpeadores de la CROM al mando de Ricardo Treviño, secretario general de dicha organización,

---

[158] Carlos Martínez Assad, *El Laboratorio de la Revolución. El Tabasco garridista*, Siglo XXI Editores, México, 1979, pp. 198-199.

[159] La mayoría de los textos consagrados al estudio de la llamada "guerra cristera" consignan la fundación de la Iglesia Cismática Mexicana en 1925 y se refieren a ella como uno de los antecedentes inmediatos de dicha guerra. Varios informes sobre sus actividades aparecen en el AGN, ramo presidentes Obregón/Calles 438-M-6. También se pueden revisar los expedientes relativos a dicho tema en el Archivo Palomar y Vizcarra, caja 61, exps. 499 y 500, en el Centro de Estudios sobre la Universidad/UNAM. Pero las noticias publicadas los días 22, 23, 24 y 25 de febrero de 1925 en los periódicos *Excélsior* y *El Universal* fueron muy elocuentes. Véase también *Colección de las efemérides publicadas en el calendario del más antiguo Galván*, México, Antigua Librería de Murguía, 1950, y el *Cuaderno no. 18 de Historia Gráfica de la Revolución 1900-1940* editado por el Archivo Casasola, México, s. f. (1944); Eduardo Iglesias y Rafael Martínez del Campo (seudónimo de Aquiles P. Moctezuma), *El conflicto religioso de 1926: Sus orígenes, su desarrollo, su solución*, vols. I y II, Jus, México, 1960, vol. I, pp. 49-78; Antonio Rius Facius, *Méjico cristero*, Patria, 1966, pp. 24-54; Alicia Olivera Sedano, *Aspectos del conflicto religioso de 1926 a 1929*, México, INAH, 1966, pp. 99-106; Jean Meyer, *La Cristiada*, vols. I, II, y III, México, Siglo XXI Editores, México, 1973, vol. II, pp. 148-177; David C. Bailey, *¡Viva Cristo Rey!*, en *The Cristero Rebellion and the Church-state Conflict in Mexico*, University of Texas Press, Austin, 1974, pp. 50-55; Francis Patrick Dooley, *Los cristeros, Calles y el catolicismo mexicano*, México, SEP-Setentas, 1976, pp. 46-50; y Mario Ramírez Rancaño, *El patriarca Pérez y La Iglesia católica apostólica mexicana*, UNAM, México, 2006.

tomaron por asalto la iglesia de la Soledad en la Ciudad de México y declararon fundada la Iglesia Apostólica Mexicana. Este acontecimiento dio pie a un gran motín que fue aplacado por la fuerza pública causando mucha alharaca en la prensa nacional e internacional.[160]

A la mañana siguiente, el general Gilberto Valenzuela, secretario de Gobernación, declaró que el gobierno se mantendría neutral ante la controversia entre cismáticos y romanos, pero que no toleraría la violencia suscitada entre religiosos de diversas tendencias. Poniéndolos en un mismo plano pidió informes sobre los hechos tanto al arzobispo de México como al patriarca Pérez. El secretario recomendó a este último no recurrir a la fuerza para obtener lo que el gobierno estaba dispuesto a dar por las vías legales.[161]

A pesar de que "los católicos y todas las personas sensatas de la República se dirigieron al presidente pidiéndole mandara devolver al culto católico a que estaba destinado el Templo de la Soledad", esto no ocurrió. En cambio, el general Calles mandó cerrar dicha instalación clerical y prepararla para convertirla en biblioteca pública. Sin embargo, los cismáticos no se quedaron sin techo. El 24 de abril el gobierno dispuso que el templo de Corpus Christi, secularizado durante el gobierno de Venustiano Carranza, fuera entregado al patriarca Pérez y sus seguidores, siempre y cuando se sometieran a las leyes mexicanas.[162] El recinto se encontraba en la céntrica avenida Juárez, justo en frente de la Alameda, lo que le otorgaba una posición privilegiada en una zona concurrida de la ciudad.

El arzobispo de México, monseñor José Mora y del Río, no tardó en excomulgar al padre Pérez y a sus seguidores. A principios de marzo la

---

[160] Ricardo Pérez Montfort, *Hispanismo y Falange. Los sueños imperiales de la derecha española*, FCE, México, 1992, pp. 40-59; y Mario Ramírez Rancaño, *El patriarca Pérez y La Iglesia apostólica mexicana*, UNAM, México, 2006.

[161] *Excélsior*, 25 de febrero de 1925.

[162] *Colección de las efemérides publicadas en el calendario...*, *op. cit.*, p. 46.

iglesia cismática tendió a desvanecerse ante la andanada del clero católico, sobre todo por falta de fieles.[163]

Sin embargo, antes de diluirse aquel cisma, la confrontación entre católicos y revolucionarios causó múltiples escándalos en otras regiones de la República. En los estados de Aguascalientes, Oaxaca, Puebla, Tabasco y Veracruz, unos cuantos agitadores, apoyados por las autoridades civiles locales, intentaron posesionarse de algunos templos, provocando enfrentamientos con los cristianos tradicionales. En Tabasco y en Aguascalientes incluso hubo varios muertos entre arrebatos e intolerancias.[164] Sin embargo, en términos generales, aquella iniciativa de crear una iglesia mexicana no tuvo seguidores relevantes.[165]

De esta manera las confrontaciones con la iglesia católica en el interior del país y con las compañías petroleras extranjeras en los campos norteños del Golfo de México parecían convertirse en los principales problemas que afrontaría el gobierno del general Calles desde principios de 1925. Por ello el presidente tuvo que hacer uso de sus hombres más leales y capacitados para enfrentar los conflictos que tanto regional como internacionalmente empezaron a aparecer. En marzo de 1925 el general Calles, junto con su secretario de Guerra, el general Joaquín Amaro, transfirió a una buena cantidad de comandantes de tropa para impedir que los regimientos y los batallones se aficionaran demasiado a los generales y tuvieran una mayor ascendencia política en sus milicias. Así Marcelo Caraveo pasó de Durango a Chihuahua, Evaristo Pérez de Coahuila a Tabasco, Arnulfo R. Gómez de Chihuahua a Jalisco, Pablo Macías de Nuevo León a Durango, Alejandro Mange de Oaxaca a Guanajuato y

---

[163] David C. Bailey, ¡*Viva Cristo Rey!*..., *op. cit.*, p. 53.

[164] Archivo Miguel Palomar y Vizcarra, Instituto de Investigaciones sobre la Universidad y la Educación, UNAM, caja 61, exp. 500.

[165] Ricardo Pérez Montfort, "La Iglesia cismática mexicana del patriarca Joaquín Pérez", en Carlos Martínez Assad (coord.), *A Dios lo que es de Dios*, Aguilar, México, 1994, pp. 379-394.

Claudio Fox de Guanajuato a Oaxaca.[166] La disciplina militar y sobre todo la lealtad de los mandos cupulares del ejército debía estar garantizada, para lo cual el general Amaro dispuso medidas enérgicas y determinantes. Esta decisión no siempre redundaría en favor del gobierno federal, como se verá más adelante.

Uno de los militares trasladados desde principios del régimen callista, sin duda leal y disciplinado, fue el todavía joven general Cárdenas. El mismísimo presidente Calles lo designó jefe de Operaciones Militares en las Huastecas, aunque añadiéndole otra comisión que consistía en la pacificación del Istmo de Tehuantepec. En esta última tarea colaboró estrechamente con el general Rafael Sánchez Tapia, quien posteriormente sería uno de sus múltiples operadores. Poco tiempo después Sánchez Tapia se convertiría en comandante militar del Istmo. En marzo Lázaro Cárdenas, quien estaba a punto de cumplir 30 años de edad, abandonó la jefatura de Jalisco y estableció su cuartel general en Villa Cuauhtémoc, Veracruz, a unos kilómetros al sur de Tampico, entre las aguas del Golfo y las de la Laguna de Pueblo Viejo.

Cuenta Cuauhtémoc Cárdenas que antes de partir a las Huastecas tres hechos ocurrieron en la vida privada del general, que tuvieron consecuencias diversas en el futuro. Uno fue una caída en un jaripeo que lo golpeó gravemente, quedando peor que cuando lo hirieron en la batalla de Huejotitlán. Otro fue la intervención en un conflicto entre las poblaciones de Talpa y Mascota, divididas entre sí por la posesión de una imagen de la Virgen particularmente milagrosa. Y la tercera fue ser testigo, junto con Álvaro Obregón, Aarón Sáenz y Manuel Ávila Camacho, del registro del nacimiento de una hija del gobernador de Jalisco, José Guadalupe Zuno: la niña María Esther Zuno Arce, quien sería la esposa del futuro presidente de México, Luis Echeverría Álvarez.[167]

---

[166] Martha Beatriz Loyo Camacho, *op. cit.*, p. 130.

[167] Cuauhtémoc Cárdenas, *Cárdenas…*, *op. cit.*, pp. 117-118.

La afición de Cárdenas por las suertes de jaripeo y charrería se demuestra en una fotografía que recordaba la ocasión en que la Asociación Nacional de Charros de la Ciudad de México le envió un estandarte a los socios de Jalisco en agosto de 1924. Fechada en Guadalajara, dicha foto presentaba a 25 individuos, 10 sentados y 15 parados, alrededor de una bandera. Doce portaban algún atuendo de charro y los otros estaban vestidos de civiles. El general Cárdenas aparecía al centro y a la izquierda de la bandera sentado, con una ancha corbata y un traje claro, bastante relajado y formando parte de aquel grupo de charros jaliscienses.

Los socios de Jalisco de la Asociación Nacional de Charros
(colección CERMLC).

En las Huastecas

> Los petroleros, gambusinos aventureros sin Dios ni
> Ley destructores de la agricultura, de la ganadería y
> del derecho de asociación. Rapacería completa – ni
> caminos ni unión, dominación y odio.
>
> FRANCISCO J. MÚGICA,
> *Libreta* núm. 5 (5 de febrero de 1928)

El general de brigada Lázaro Cárdenas permaneció en territorios de la región norteña del Golfo de México durante tres años. Tal vez fueron los más intensos de su formación política inicial, pero a la vez, y hay que decirlo nuevamente, son los menos documentados. En sus *Apuntes* después de 1919 sólo aparecen dos notas breves correspondientes a 1923 y 1924. La primera se refiere al combate de Huejotitlán el 23 de diciembre, y la segunda sólo menciona la muerte de Salvador Alvarado en el rancho de El Hormiguero, cerca de Palenque, Chiapas. Después no se tiene llamada alguna y su escritura resurge hasta el 10 de junio de 1928.[168] Sin embargo la mayoría de sus biógrafos coinciden en que esos tres años fueron cruciales en su proceso de maduración. Entre marzo de 1925 y febrero de 1928 observó muy de cerca las condiciones de explotación que vivían los trabajadores mexicanos de los campos petroleros y los indignantes contrastes entre la vida que se daban los arrogantes empleadores extranjeros y el padecimiento constante de los operarios nacionales.[169] Él mismo, al evocar su paso por los rumbos huastecos, en abril de 1954, después de referirse y lamentar la muerte del general Francisco J. Múgica, escribió con afán nostálgico:

---

[168] Lázaro Cárdenas, *Obras. I...*, *op. cit.*, vol. I, tercera edición, pp. 163-171.

[169] William C. Townsend, *Lázaro Cárdenas...*, *op. cit.*, pp. 43-51; Adolfo Gilly, *El cardenismo, una utopía mexicana*, Cal y Arena, México, 1994, pp. 221-242; Fernando Benítez, *Entrevistas...*, *op. cit.*

En varias expediciones que realicé por los campos petroleros de las compañías extranjeras me acompañó el general Múgica y juntos presenciamos la actitud altanera de los empleados extranjeros con los trabajadores mexicanos [...] Mantenían a la población obrera en pésimas habitaciones en tanto que en las casas de los empleados extranjeros sobresalían por sus comodidades.[170]

En aquel tiempo las Huastecas estaban un tanto aisladas del centro de la República. Se comunicaban con las zonas aledañas por ferrocarril principalmente y caminos de herradura; en las costas la vinculación con el mundo externo se hacía por barcos, paquebotes y canoas. El puerto principal de la región era Tampico, pero Tuxpan empezaba a ganarse un espacio importante. A través de sus fondeaderos y muelles entraban y salían toda clase de mercancías, pero sin duda las más recurrentes era las que tenían que ver con la industria petrolera. Desde la primera Guerra Mundial el oro negro se asociaba directamente con el comercio de armas, por lo que la militarización de la región fue una obvia secuela de su propio desarrollo. Era bien conocido que las compañías extranjeras pagaban bien a quienes protegían sus intereses, ya fueran guardias blancas o miembros del ejército federal que garantizaran el buen desempeño de sus trabajadores y, por lo tanto, el cuidado de sus inmensas ganancias.

Sin embargo el creciente incremento de las fuerzas del ejército posrevolucionario en la custodia de esa zona respondía a otros intereses. La implantación de las reformas constitucionales referentes a la explotación del subsuelo y a la reorganización de las relaciones entre el trabajo y el capital no debía permitir que las Huastecas fueran una zona de excepción. Ya desde finales de la etapa armada de la Revolución, hacia 1917 y 1918, la presión a favor de que dichas reformas se impusieran afectaría

---

[170] Lázaro Cárdenas, *Obras. I. Apuntes 1941-1956*, vol. II, UNAM, México, 1986, p. 558.

directamente los intereses de las compañías petroleras que, como es sabido en su mayoría estaban en manos del capital extranjero.

Desde 1923 la organización obrera en los campos de dicha industria adquirió visos de agitación, aunque es justo decir que la gran bonanza de los pozos en la región huasteca empezaba a mermar.[171] Después de una exitosa huelga de electricistas en Tampico suscitada a finales de ese año, la identificación de intereses compartidos por trabajadores y autoridades militares revolucionarias nacionalistas contra la impunidad y prepotencia de las compañías petroleras se percibió de manera recurrente.[172] En la Huasteca Petroleum Company, propiedad del magnate Edward Laurence Doheny y en la británica El Águila, heredera de la enorme fortuna del constructor del Ferrocarril Transístmico y del puerto artificial de Veracruz, Weetman Dickinson Pearson, los trabajadores revitalizaron la organización de sus sindicatos y exigieron las satisfacción de algunas demandas que implicaban el cumplimiento de los postulados obreristas de la Constitución de 1917. En medio de huelgas y conflictos poco a poco se constituyeron, entre 1924 y 1925, más de 25 sindicatos de trabajadores petroleros, a los cuales las compañías extranjeras rara vez les concedían algún crédito o representación.[173]

Desde los primeros meses de 1924, como candidato presidencial el general Calles se comprometió, al menos en el discurso, a mejorar la situación de los obreros en esas regiones petroleras. Prometió meter al redil a dichas compañías que vivían una relación particularmente tensa

---

[171] Rosendo Martínez Hernández, *La explotación petrolera en la Huasteca veracruzana, El caso de Cerro Azul, Ver. 1884-1922*, tesis inédita, UNAM, 1990.

[172] Adolfo Gilly, *El cardenismo…, op. cit.*, p. 225.

[173] Lief Adleson, "Coyuntura y conciencia: factores convergentes en la fundación de sindicatos petroleros de Tampico durante la década de 1920", en Elsa Cecilia Frost *et al.*, *El trabajo y los trabajadores en la historia de México*, El Colegio de México/University of Arizona Press, México/Phoenix, 1979 pp. 644-651; y Jonathan C. Brown, "The Structure of the Foreign-Owned Petroleum Industry in Mexico 1880-1938", en Jonathan C. Brown y Alan Knight (eds.), *The Mexican Petroleum Industry in the Twentieth Century*, University of Texas Press, Austin, 1992, pp. 1-35.

con sus sindicatos. Calles resultó particularmente sensible a la constante intromisión de los consorcios extranjeros en asuntos internos del país. Le parecía inaceptable que lo presionaran tanto por las consabidas vías económicas como por las relaciones diplomáticas.

La Ley del Petróleo propuesta por Calles en los primeros meses de su mandato no entraría en vigor sino hasta finales de 1925. Sin embargo en marzo de ese año la inquietud campeaba en la región. Recién nombrado jefe de operaciones de las Huastecas, el treintañero general Cárdenas tuvo que lidiar con paros, agresiones, mítines, huelgas, despidos y hasta muertes ocasionadas por las desavenencias entre sindicatos, empresas y gobierno. En julio de 1924, después de una huelga de cuatro meses y medio en la que los petroleros recibieron la solidaridad de buena parte de los trabajadores del puerto de Tampico, se firmó un contrato colectivo y fue reconocido el único sindicato de trabajadores que podía negociar con la compañía El Águila.[174] La Huasteca Petroleum Co., por su parte, un par de meses atrás intentó dividir al sindicato con el que tenía su contrato para crear una segunda agrupación dócil a sus intereses y a la que llamó el Sindicato Único del Petróleo. Los conflictos entre los trabajadores de uno y otro sindicato no se dejaron esperar. La intervención del gobierno se hacía difícil precisamente por la gran división existente entre las propias empresas y las diversas representaciones sindicales.

Mientras tanto Calles se presentaba radical en sus declaraciones, aunque en la realidad más parecía estar del lado de cierta conciliación con las empresas, o por lo menos se inclinaba a favor de la resolución de conflictos a través de las Juntas de Conciliación y Arbitraje. Sin embargo, antes de la llegada de Cárdenas a la región, las autoridades federales se pusieron claramente del lado opuesto a los trabajadores, como ocurrió durante una manifestación de los obreros de la Mexican Gulf Co. en octubre

---

[174] Rosendo Salazar, *Historia de las luchas proletarias de México*, vol. I, Avante, México, 1938, pp. 127-146.

de 1924. El ejército, en vez de proteger el orden público, disparó contra los manifestantes, causando un muerto y varios heridos.[175]

Los encargados del orden militar no siempre actuarían así. Poco a poco los representantes del gobierno central empezaron a ver con buenos ojos que los agitadores y organizadores de la resistencia laboral fueran particularmente obstinados y decididos en sus demandas. Entre estos últimos destacaron, por ejemplo, las figuras del entonces joven comunista José C. Valadés y del viejo magonista Librado Rivera.[176] Ambos causaron dolores de cabeza a las compañías petroleras así como a las autoridades encargadas del orden público. Aunque justo es decir que sus intereses políticos parecieron congeniar cada vez más con los de las autoridades revolucionarias. Entre los militares afines a los obreros se contaban nada menos que el general Heriberto Jara, recién electo gobernador de Veracruz, y desde luego el general Lázaro Cárdenas, quien ocupó la Jefatura de Operaciones Militares en la región a partir del 1° de marzo de 1925.

No bien se instaló Cárdenas en la región cuando al día siguiente de su arribo los trabajadores de la refinería tampiqueña de la Huasteca Petroleum Co. estallaron una huelga que produjo severos enfrentamientos entre la compañía y los trabajadores. Las compañías petroleras se unieron y plantearon, como había sucedido meses antes, que los trabajadores formaran un sindicato único para tratar todos los asuntos relacionados con las empresas. Esta propuesta generó un conflicto mayor. Mientras la idea de un solo sindicato fue apoyada por algunos representantes del gobierno central a través de la Confederación Regional Obrera de México (CROM), los sindicatos divididos por compañías empleadoras y ramos de producción respondieron de manera

---

[175] *Ibid.*, pp. 158-162.

[176] Anna Ribera Carbó, *op. cit.*, pp. 90-91; y Paco Ignacio Taibo II, *Arcángeles. Cuatro historias no muy ortodoxas de revolucionarios*, Alianza Editorial Mexicana, México, 1988, pp. 180-192.

distinta. Una mayoría se identificaba con la tradición anarcosindicalista local y era más afín con la Confederación General de Trabajadores (CGT), enemiga acérrima de la CROM. Los enfrentamientos entre los
diversos contingentes obreros provocaron la muerte de un trabajador y
algunos heridos. Esto hizo que las compañías demandaran al gobierno
mexicano poner fin al conflicto solicitando la intervención del ejército.

En su cuartel de Pueblo Viejo, Veracruz, el recién desempacado jefe
de operaciones militares recibió instrucciones directas de la presidencia.
Su deber era apoyar a las compañías e imponer el orden. Sin embargo,
después de analizar la situación y de recibir múltiples informes locales,
Cárdenas percibió que las pugnas entre los sindicatos no respondían a
la lucha por la representación de los intereses legítimos de los obreros.
Poco a poco se dio cuenta de que las causas más evidentes del conflicto
eran las manipulaciones de la Huasteca Petroleum Co. A dicha compañía
le interesaba la creación de un sindicato único, y por lo tanto apoyaba a
los dirigentes que lo defendían contra los anarcosindicalistas y la CGT. El
general Cárdenas informó personalmente al presidente de la República
lo que sucedía. El testimonio del general Múgica sobre la conversación
telefónica que el presidente Calles y el general Cárdenas mantuvieron
por esta situación fue consignado de la siguiente manera:

Presidente: ¿Qué opinión se tiene de los directores de cada uno de estos
sindicatos?

General Cárdenas: Hay una pugna muy marcada entre los dos sindicatos y estimo que los directores del Sindicato del Petróleo, si son incompe-
tentes para dirigir la cuestión social en el presente caso, creo también que
han obrado de buena fe.

Presidente: Dígame si tiene noticias de que el Sindicato Único está formado por instrucciones de la compañía y si cuenta con apoyo de la misma.

General Cárdenas: Los directores de ambos sindicatos trabajan por disputarse la primacía y entiendo que el Sindicato Único sí cuenta con el apoyo
de la compañía. Respecto a la opinión de cada uno de los directores de estos

sindicatos, estimo que los directores del Sindicato del Petróleo trabajan en beneficio de los obreros del propio sindicato; y en los del Sindicato Único se respalda a la compañía para contrarrestar las peticiones de los del Petróleo.[177]

El general Calles intervino directamente en el conflicto y solicitó a Cárdenas que viera que los responsables de los enfrentamientos fueran llevados a la justicia. Como estos responsables eran dirigentes del Sindicato Único, la Huasteca Petroleum Co. decidió protegerlos y se negó a separarlos de su trabajo. Los obreros organizaron entonces un paro general que trastornó la producción durante los últimos cinco días de mayo y generó mayores descontentos. Las negociaciones de Cárdenas no parecían llegar a buen término, por lo que el general Calles dio instrucciones para que el conflicto se llevara a las juntas de conciliación. Esto reforzó la posición de las compañías y debilitó la estrategia de los trabajadores, quienes parecían esperar un compromiso mucho mayor de parte del gobierno.

El ahora litigante Francisco J. Múgica había establecido su residencia en Tuxpan desde 1925 puesto que, como ya se comentó, llevaba un querella por fraude por parte de una compañía petrolera estadounidense a una empresa mexicana. Su punto de vista sobre la conflictiva situación de aquellos rumbos justo daba la razón a los trabajadores. Pero más aún, veía también la falta de efectividad de las acciones gubernamentales, así como la causa de los conflictos entre poderes locales y federales. En uno de sus cuadernos personales anotó:

El afán del centro de intervenir en cualquier asunto de importancia de los trabajadores del petróleo ha ocasionado el fracaso del ejecutivo, la protesta del gobierno del estado de Veracruz y el envalentonamiento de las com-

---

[177] Francisco J. Múgica, "Su paso por la Huasteca veracruzana (1926)", transcripción de la señora Carolina Escudero de Múgica, en *Desdeldiez*, Centro de Estudios de la Revolución Mexicana "Lázaro Cárdenas" A.C., México, 1984, p. 83.

pañías petroleras, varios homicidios y riñas entre gremios obreros y daños sin cuento. Los huelguistas son fuertes y tienen razón. La Huasteca es una empresa que no respeta las leyes del país, tiene procedimientos inmorales en su explotación y predomina en la región.[178]

Múgica le daría seguimiento puntual al conflicto petrolero del norte de Veracruz y eso lo acercaría al general Cárdenas. Es muy probable que sus apreciaciones sobre la situación prevaleciente en la zona productora de ese diabólico oro negro fueran compartidas por jiquilpense. Pero poco se supo sobre el fuero interno del joven general en tales circunstancias. Sin embargo tal parecía que se encontraba entre dos fuegos: por un lado debía responder al mandato de poner orden en la región y hacer sentir la presencia del gobierno federal, y por otro veía con simpatía las demandas de los trabajadores frente a la arrogancia de las compañías petroleras y los dirigentes coludidos con ellas. Además, independientemente de que había estado por esos rumbos un lustro atrás combatiendo a los pelaecistas y recibiendo órdenes de los aguaprietistas, entre marzo y junio de 1925, el propio Cárdenas apenas se estaba familiarizando con la problemática de la región.

Cierto que los asuntos petroleros no le eran ajenos, pues mientras estuvo en el Istmo de Tehuantepec lidió con guardias blancas, sindicatos y trabajadores de las compañías establecidas en dicha región en varias ocasiones. Sin embargo, en el extremo norte de Veracruz y sus colindancias con Tamaulipas la situación tenía sus propias características y no era fácil entenderlas de un solo tirón, mucho menos resolverlas por la simple vía militar. Para empezar la situación de las compañías llevaba muchos años de ser excepcional en materia de prebendas y privilegios concedidos por los gobiernos federales y estatales. Como se trataba de una región fronteriza, la migración favorecía el movimiento intenso de mano de obra así como la explotación extrema de traba-

---

[178] Francisco J. Múgica, *Estos mis apuntes*, CNCA, México, 1997, p. 92.

jadores locales. La organización de la fuerza laboral y su contratación dependía en mucho de las circunstancias internacionales, lo mismo que las ganancias de la compañías. Huelga decir que el trato diferencial era parte de la cotidianidad. Los trabajadores administrativos y los extranjeros vivían en sus propias colonias, alejadas de los barrios obreros y las zonas portuarias.

Con cierto arrebato literario Múgica describió aquel corredor de Cerro Azul a Tierra Blanca durante los primeros años veinte de la siguiente manera:

Dos o tres bodegones inmensos; galerías de casas de madera con limpieza y *confort* donde viven los empleados extranjeros y mexicanos que tienen familia. Estas galerías de *casas suyas* se construyen en contados cuadrantes, los frentes fueron desmontados y sembrados a la inglesa de parquecitos y jardines; uno que otro árbol de la región sombrea los parques y trepadoras floridas, tulipanes y bananos hermosean los frentes [...] La selva rodea estas efímeras ciudades y en sus contornos cercanos se elevan profusamente los grandes tanques de hierro que guardan transitoriamente el oro negro. Saliendo de los campos van las brechas en la espesura, algunas arregladas por el tráfico a pie de los trabajadores que se ocupan de perforar, de elevar nuevos faros, de enterrar infinitas tuberías o de extender líneas férreas o líneas telefónicas [...] Maravilla de la tierra mexicana que enriquece a otras tierras. Los trabajadores mexicanos viven como siempre en pocilgas sucias y pobres.[179]

Recién arribado a esa zona el general Lázaro Cárdenas se encontró con que el cuartel general de Pueblo Viejo era "un jacalón de pésimas condiciones [...]" por el que se pagaban 200 pesos de renta. En seguida le solicitó al general Joaquín Amaro, subsecretario de Guerra y Marina, que le autorizara la suma de 5 000 pesos para construir "de madera y

---

[179] *Ibid.*, p. 85.

regularmente acondicionadas, las casas que servirán de oficinas, baños y caballerizas [...] con el objeto de que tengan aspecto militar nuestras oficinas y demás dependencias". También solicitó dos camiones, una lancha y equipo para armar y uniformar a sus fuerzas, "ya que algunas de ellas aún portan indumentaria civil".[180] Al parecer sus requerimientos fueron atendidos, puesto que al encontrarse nuevamente con el ahora ex-general Francisco J. Múgica en aquel lugar que tanto se podía abrir hacia el rumbo de Tuxpan como al cauce del Pánuco, el recién perdonado por los sonorenses escribió en su diario:

> Lo encuentro construyendo. Ni oficinas ni cuartel ni casas para el mando de una jefatura que tenía que haber en esta villa de pescadores, a quienes ha dejado igual o peor la portentosa riqueza del petróleo [...] Era pues natural que el brioso michoacano pensara en hacer oficina y campo militar.[181]

Varias referencias de entonces y de épocas posteriores mencionan cómo los dos michoacanos convivieron en la Huasteca. Algunas anécdotas curiosas y no por eso menos ejemplares pueden dar cuenta de dicha relación entre un exgeneral constitucionalista radical, jacobino y con fama de socialista independiente, y otro general de brigada que cumplía una nueva etapa de su formación política, muy ligado al grupo en el poder. Múgica era siete años menor que Plutarco Elías Calles y le llevaba 11 años a Cárdenas. En mayo de 1925 tenía 41 años de edad mientras que Cárdenas acababa de cumplir 30. Más que una relación de mentor-discípulo o de subordinación entre militares de distinto rango y arma, el vínculo entre los dos michoacanos era de cierta fraternidad, parecida a la de un hermano mayor y otro menor. El primero, seguro de

---

[180] Archivo Calles-Torreblanca (en catalogación durante su consulta), fondo Joaquín Amaro, carta de Lázaro Cárdenas a Joaquín Amaro, 11 de abril de 1925.
[181] Francisco J. Múgica, *Estos mis...*, *op. cit.*, pp. 84-85.

sí mismo y a veces hasta displicente, mientras que el segundo reservado y atento, en ocasiones rayando en la timidez.

El joven comunista José C. Valadés reconoció las diferencias y semejanzas entre ambos generales cierta vez que fue aprehendido como activista de la CGT durante los movimientos huelguistas de 1925. Al parecer Múgica reconoció a Valadés y abogó a su favor frente a Cárdenas, quien era el responsable del orden público. "Obrando benévolamente", Cárdenas liberó al joven agitador después de intercambiar opiniones con otros líderes de trabajadores petroleros con mayor experiencia como Librado Rivera, Pedro Gudiño y Enrique Rangel. Con la arrogancia de un muchacho alebrestado y apelando a cierto aire de superioridad, Valadés anotó sus primeras impresiones sobre el jiquilpense:

El general Cárdenas me dio la idea de hombre bondadoso y persuasivo. Tenía tipo de rancherón ignorante, ajeno a la militancia del cuartel, lo que hacía serio contraste con sus botas federicas. Me habló entre dientes. No entendí más de cinco o seis palabras de las dos o tres docenas que me espetó.[182]

Desde luego que Cárdenas no compartía los ideales del anarcosindicalismo que estos activistas propalaban. Pero al parecer fue sensible a la pasión con que defendían sus principios, y quizá también al compromiso que demostraban en su vida y su acción. Tal vez el más claro representante de esa congruencia y esa pasión fue Librado Rivera, quien llegó a Tampico en 1924, después de pasar muchos años en prisión en Estados Unidos al lado de los hermanos Flores Magón. Escribió para diversas publicaciones anarquistas y fundó algunas otras, que llevaban los nombres de *Sagitario* o *Avante*. Rivera fue particularmente crítico con el gobierno de Calles. Desde la trinchera de sus columnas periodísticas

---

[182] José C. Valadés, *Memorias de un joven rebelde*, vol. II, Universidad Autónoma de Sinaloa, Culiacán, 1986, p. 151.

dio a conocer el caso de los perseguidos políticos Nicola Sacco y Bartolomeo Vanzetti en el noreste estadounidense, entre otras muchas referencias internacionales de la lucha anarcosindicalista.[183] No hay evidencia de que el general Cárdenas y Rivera se conocieran, sin embargo el michoacano mantuvo en su conciencia la relevancia de la lucha magonista como prolegómeno fundamental de la Revolución mexicana desde épocas bastante tempranas.

El régimen del general Calles fue particularmente agresivo con estos personajes y quizá fue ante esta intolerancia que el general Cárdenas buscó la posibilidad de encontrar soluciones menos militares y violentas a las problemáticas suscitadas entre trabajadores y autoridades. Su conciencia se inclinaba menos hacia la coerción y paulatinamente más hacia la operación política. Prefirió poco a poco ejercer su capacidad de diálogo y entendimiento con el enemigo que su simple aniquilación. Es muy probable que el contacto de Cárdenas con la problemática de la representación obrera en las compañías petroleras le sirviera para comprender que a través de las fuerzas organizadas de los diversos sectores sociales se podía limitar la arrogancia y prepotencia de los capitalistas extranjeros y nacionales.[184]

Aquella región petrolera del norte de Veracruz, cuyo paisaje se encontraba intervenido con enormes pozos, complejos industriales, torres de metal, tuberías y tanques, también impactó al ex-general Múgica. Originario de los campos occidentales michoacanos, había sido gobernador de los verdes y húmedos territorios tabasqueños durante la década revolucionaria y recorrido buena parte del centro y noroeste del país. La industrialización de los rumbos huastecos le dejaría una honda impresión en su vasto conocimiento del territorio mexicano. Recién

---

[183] Paco Ignacio Taibo II, *Arcángeles. Doce historias de revolucionarios herejes del siglo XX*, Planeta, Barcelona, 1998, pp. 180-192.

[184] Adolfo Gilly, *El cardenismo…*, *op. cit.*, p. 225; y Luis González y González, *Los artífices del cardenismo*, El Colegio de México, México, 1979, p. 220.

arribado a esa zona que combinaba la selva tropical con el mundo de las máquinas, en su cuaderno de notas dejó el siguiente testimonio:

Una cosa que impresiona mucho al que ve por primera vez un campo de petróleo son las rojas y flotantes llamas de los quemadores de gas. En cada campo hay tres que arden perennemente, parece que la montaña verde y húmeda espesara al quemarse su centro, pues el fuego está rodeado de un horizonte esmeralda. Cuando empieza a amanecer o a anochecer y la brisa del mar llega a los campos la llama enorme de tres brazas se troza como serpentina; va de un lado a otro como una ciega amenaza.[185]

Parecía que la metáfora de las antorchas le servía para describir esa agitación que vivía la Huasteca petrolera. En medio de un trópico caliente y fértil, cubierto con pantanos manchados por charcos negros y caudales de aceite viscoso, las pugnas entre los hombres que transformaban la naturaleza se constataban diariamente. La producción del oro negro se coronaba poco a poco con los logros de las luchas proletarias que, como mechas encendidas y luminosas, alumbraban los caminos de su emancipación. Como miembros de la clase obrera y como habitantes conscientes del desarrollo y la soberanía de su país y recursos, los trabajadores de la industria petrolera se convertían ante los ojos de Múgica, el socialista, en los principales actores de la transformación revolucionaria del pueblo mexicano. Y muy probablemente estas ideas empezaban a ser compartidas y maduradas en la conciencia del joven general Cárdenas.

Durante su estancia en la Huasteca, Cárdenas tuvo además la oportunidad de vincularse con otra figura relevante para su formación política, cuyo nacionalismo y empeño revolucionario también lo llevó a confrontarse con el régimen callista. Se trataba nada menos que del general Heriberto Jara, quien fue electo gobernador del estado de Veracruz

---

[185] Javier Moctezuma Barragán (prólogo y selección de documentos), *Francisco J. Múgica. Un romántico rebelde*, FCE, México, 2001, p. 324.

a finales de 1924. Coincidente con las ideas de Múgica y del propio Cárdenas sobre la defensa de los intereses de los trabajadores petroleros mexicanos, Jara llevó su posición al extremo de desafiar no sólo a las compañías petroleras sino al mismísimo gobierno central. La necesaria restricción a la extraterritorialidad que constantemente se abrogaban las compañías extranjeras en suelo mexicano era enarbolada con apasionada obstinación por el jarocho Jara.

Aquel gobernador veracruzano tenía antecedentes revolucionarios semejantes a los de Múgica. Simpatizó con las luchas magonistas hacia finales del Porfiriato y participó en la formación de clubes antirreeleccionistas. Como diputado maderista fue perseguido por el gobierno usurpador de Victoriano Huerta incorporándose a las fuerzas de Lucio Blanco. Participó junto con Múgica en el primer reparto de tierras en la hacienda de Los Borregos en 1913. Volvió a coincidir con Múgica durante el Congreso Constituyente de Querétaro, y también llegó a ser gobernador de Tabasco en 1918.

Pero justo es decir que Múgica y Jara se encontraban bastante distanciados en aquellos años de 1925 y 1926 debido a un conflicto de intereses y lealtades personales, relacionados con el juicio por fraude que el michoacano llevaba como litigante. Al parecer Jara apoyó a Múgica cuando se encontraba en una situación económica difícil después de ser desterrado de Michoacán en 1922. Recién electo gobernador de Veracruz en 1925 Jara le otorgó una concesión a su antiguo compañero constitucionalista en la construcción del estadio de Xalapa. A pesar de ello Múgica se negó a tener contemplaciones con un sobrino de Jara en el proceso judicial que tenía entre manos. Los dos generales revolucionarios se cruzaron cartas y reclamos poco caballerosos y la relación se enfrió.[186] Curiosamente a partir de 1927 una persecución política semejante a la que Múgica sobrevivió en los primeros años veinte se volvería en contra de Jara, instrumentada ahora por la animadversión y los

---

[186] *Ibid.*, pp. 328-332.

temibles "zarpazos" del presidente Plutarco Elías Calles. En ambos casos el general Cárdenas fue un espectador que terminó simpatizando con los partícipes directos aun cuando tangencialmente estuviera cerca de las operaciones quirúrgicas del poder central. Las diferencias entre Múgica y los sonorenses eran de sobra conocidas. Sin embargo, la tensión entre el régimen callista y el gobierno veracruzano que encabezaba Heriberto Jara se gestó poco a poco, combinando los desajustes entre representaciones y ligas campesinas radicalizadas con las maquinaciones de las fuerzas políticas locales poco afectas a la unidad sometida bajo presiones del gobierno federal. Quizá la gota que derramó el vaso fueron las inquinas y las intimidaciones estadounidenses de los petroleros.[187]

A principios de 1927 Heriberto Jara confrontó a la poderosa Huasteca Petroleum Co., ya que ésta se negó a pagar una deuda de cerca de 20 millones de pesos que mantenía con sus trabajadores por cuestiones de herencias y vacantes. La empresa no sólo se negó a cubrirla, sino que lo hizo de manera arrogante y pendenciera. Jara citó al gerente de la compañía en las oficinas de gobierno de Xalapa. El individuo adujo falta de garantías sobre su seguridad, reviró la cita y le solicitó a Jara que se entrevistara con él en Tampico. Indignado, el veracruzano negó cualquier tipo de custodia al petrolero y lo amenazó con aprehenderlo en el momento que entrara a su estado. Con el fin de calmar los ánimos el gobierno federal pidió al jefe de Operaciones Militares en la región que le proporcionara dos oficiales al extranjero para que custodiaran a Jara en la capital veracruzana. Una vez más Cárdenas se encontró entre dos fuegos. Al parecer simpatizaba con las exigencias de los trabajadores mexicanos que defendía el gobierno de Jara, pero por otro lado tenía la obligación de obedecer al mandato de su superior. Sobra decir que hizo esto último.

El asunto se complicó cuando un enviado del secretario de Industria y Comercio, Luis N. Morones, intervino en la negociación y

---

[187] Romana Falcón y Soledad García, *La semilla en el surco. Adalberto Tejeda y el radicalismo en Veracruz (1883-1960)*, El Colegio de México, México 1986, p. 170.

desautorizó las demandas de Jara. La frustración para los tres militares —los dos michoacanos y el veracruzano— quedó sin remedio hasta que unos meses después la misma Huasteca Petroleum Co. perforó y extrajo petróleo en un predio llamado Chapacao en territorios de Veracruz. Esta vez Cárdenas y Jara, previo acuerdo, reclamaron a la compañía una indemnización de 30 millones de pesos. Múgica no podía aparecer en el conflicto porque no ocupaba ningún cargo oficial, sin embargo, es probable que actuara como eminencia gris detrás del jefe militar de las Huastecas y como invisible cómplice del mandatario jarocho.

Al no obtener respuesta, el gobernador decidió embargar los pozos petroleros que la compañía poseía en el estado de Veracruz. La situación llegó a tal tensión que el mismo Calles tuvo que enviar a su jefe de ayudantes, el general José Álvarez, para exigirle a Jara que pusiera fin al embargo y retirara a los jueces encargados del proceso. Esto implicaba una violación a la soberanía del estado veracruzano; sin embargo, la presión estadounidense se encontraba en pleno apogeo y las voces en el Congreso de Estados Unidos que pedían una intervención militar en México se volvieron cada vez más agresivas.

Gracias al trabajo de un espía mexicano particularmente eficiente en torno de unos documentos muy comprometedores que se encontraban en la oficina del agregado militar de la embajada estadounidense en México, sobre los planes de invasión si se agudizaban los conflictos petroleros, el embajador James R. Sheffield tuvo que renunciar a su puesto y el gobierno norteamericano detuvo dicha andanada.[188] La amenaza, sin embargo, sí respondía a la posible realidad de una confrontación mayor que generó una gran tensión entre ambos países. Por fortuna no creció, aunque el gobierno callista parecía estar dispuesto a dar un golpe espectacular, incendiando todos los pozos petroleros, en caso de que la invasión comenzara.

---

[188] Friedrich Katz, *Nuevos ensayos mexicanos*, Era, México 2006, pp. 275-301.

El entonces gobernador de Tamaulipas, Emilio Portes Gil, recordó años después que el peligro de una invasión era tan real que en septiembre de 1927 él mismo fue llamado con urgencia a la capital. En reunión a puerta cerrada con Calles, el presidente le mostró qué tan cerca estaban de la confrontación militar. Si eso sucedía, el gobernador tenía órdenes de informarle al jefe militar de la región, o sea al mismísimo general Lázaro Cárdenas, lo que había que hacer. Y añadió: "Le ordenaré que, de acuerdo con usted, procedan a incendiar las refinerías de la región, así como los pozos petroleros de la Huasteca, a efecto de que los invasores sólo encuentren escombros y cenizas".[189]

Por fortuna no fue necesario llegar a ese extremo y la amenaza de la invasión fue desarmada por las negociaciones y las audacias callistas. Al poco tiempo que el embajador James R. Sheffield fuera removido las relaciones entre México y el vecino del norte cambiarían notablemente con el arribo del banquero Dwight W. Morrow a la representación diplomática estadounidense. El general Cárdenas se salvaría de cumplir la orden radical que le hubiera exigido su puntual lealtad hacia su máximo jefe Plutarco Elías Calles.

Por otra parte la situación interna del país también se complicaba durante esos años debido al sensible auge del movimiento cristero en diversos estados de la República. La llamada Cristiada inició sus acciones bélicas en agosto de 1926 y para mediados de 1927 adquirió visos de una guerra político-religiosa declarada, que dejó fuera de control diversas áreas rurales de Durango, Zacatecas, Jalisco, Michoacán, Colima y parte de Guerrero.[190] Se añadió a esto una inminente ruptura dentro del círculo de los hombres fuertes del ejército al perfilarse las intenciones reeleccionistas del general Obregón. Las iniciativas de reforma constitucional que permitían la reelección no sucesiva y la ampliación del periodo presidencial a seis años en vez de cuatro, generaron un malestar

---

[189] Emilio Portes Gil, *Quince años de política mexicana*, Botas, México, 1954, p. 397.
[190] Jean Meyer, *La Cristiada…*, *op. cit.*, p. 164.

particular entre la élite militar. Por todo ello el régimen de Calles endureció su política hacia las disidencias regionales.

Como ya se vio, el gobernador Heriberto Jara se resistió a cumplir las órdenes de Calles a la hora de tratar con los intereses de las compañías petroleras, lo que generó una mayor tensión en un área especialmente sensible de las relaciones diplomáticas. Por ello le llovieron amenazas al veracruzano tanto desde los ámbitos controlados por el poder central como por algunos esbirros estatales a sueldo de las petroleras. La tirantez se desató cuando uno de los jueces que atendía el proceso contra las compañías fue asesinado y las fuerzas federales ocuparon el Palacio de Gobierno en Jalapa. Esto obligó al congreso local a sesionar para solicitar la renuncia del gobernador Heriberto Jara. Se rumoraba que detrás de la inquina contra Jara estaba nada menos que el secretario de Gobernación, el también veracruzano y exgobernador Adalberto Tejeda, quien no veía con buenos ojos la administración de su paisano, y tenía como objetivo regresar a la gubernatura de su estado gracias a las modificaciones constitucionales.[191]

Esto sucedió durante los últimos días de septiembre y los primeros de octubre de 1927, justo cuando los generales Francisco Serrano y Arnulfo R. Gómez encabezaron una rebelión contra los generales Obregón y Calles. Como es sabido, Serrano y sus seguidores fueron apresados en Cuernavaca y acribillados en los rumbos de Huitzilac, cuando supuestamente los traían a la Ciudad de México. Gómez, por su parte, intentó llegar a Veracruz, pero después de diversas correrías entre Perote y Xalapa, terminó fusilado en las cercanías de Coatepec.[192] Obregón fomentó las actividades de diversos grupos de apoyo con el fin de presentarse como candidato para la sucesión presidencial de 1928 y, al parecer,

[191] Heather Fowler-Salamini, *Movilización campesina en Veracruz (1920-1938)*, Siglo XXI Editores, México, 1979, pp. 81-83.

[192] Son muchas las crónicas que narran la rebelión de los generales Serrano y Gómez en 1927. Una excelente versión puede leerse en Pedro Castro, *A la sombra de un caudillo. Vida y muerte del general Francisco R. Serrano*, Plaza y Janés, México, 2005.

contaba con el respaldo del presidente Plutarco Elías Calles. Temiendo que el distanciamiento entre Jara y el gobierno federal derivara en una alianza entre el veracruzano y los generales levantiscos, los aliados callistas y obregonistas se coludieron para exigirle su renuncia antes de que fuera demasiado tarde. El poder provisional del estado de Veracruz quedó en manos de Abel S. Rodríguez.[193] En su descargo y tratando de explicar su salida del gobierno del estado, Jara le escribió al coronel Adalberto Tejeda, lo siguiente:

> Al ir al gobierno creí que trabajar con empeño y honradez sería mi mejor garantía para conservarme en el poder, sin dejarme arrastrar por grupos que quisieran tener preponderancias. No supe ni quise saber nada de esa complicada urdimbre, y quien no toma en cuenta los factores del plano en que se desarrollan sus actividades, es un "inadaptado". Eso fui yo y por eso caí.[194]

Al parecer, Jara nada tuvo que ver con la rebelión de los generales Francisco Serrano y Arnulfo R. Gómez. Cuando éste se internó en tierras veracruzanas para buscar el apoyo militar se encontró con que prácticamente ningún revolucionario jarocho lo secundaba. Como bien decía Obregón: "El que se viste de luces todas las tardes y sale al ruedo a torear se expone a que lo cuerne el toro". Al no atender las disposiciones del gobierno central, el general Heriberto Jara se expuso a que el astado callista si no lo mataba de una cornada, por lo menos le dio una buena revolcada.

Aun así Jara y Cárdenas se mantuvieron vinculados tanto por amistad como por afinidades políticas, aunque fuera esporádicamente. Tiempo después se reencontrarían en múltiples situaciones no sólo porque se

---

[193] Ángel J. Hermida Ruiz, *La batalla por el petróleo en Veracruz*, Gobierno del Estado de Veracruz, Veracruz, 1991, pp. 51-60; y Guadalupe Patricia González Alcíbar, *Catálogo del general de división Heriberto Jara Corona: Veteranos y constituyentes*, tesis inédita, UNAM, México, 1987, pp. 64-69.

[194] *Ibid.*, p. 69.

solidarizaban a través del consabido rito masónico, sino también por una fuerte convicción nacionalista en la conciencia de ambos. Aquel nacionalismo posrevolucionario ya pesaba de manera definitiva en el pensamiento de Cárdenas que no sólo se distinguía por su disciplina militar, sino por su personalidad silenciosa, serena y discreta. Múgica ya lo había descrito de la siguiente manera en su cuaderno: "Es sobrio y sencillo para comer como lo es para hablar; prudente como un viejo, cauto como un estadista, enérgico como un soldado, modesto como un hijo de pueblo y generoso y comprensivo con el dolor ajeno y las aspiraciones honradas del trabajo".[195]

Por cierto que la defensa de la honradez y la intransigencia frente a la corrupción a la que invariablemente incitaban las compañías petroleras estuvieron a la orden del día en la Huasteca mientras Cárdenas fue jefe militar de la zona. Se cuenta la anécdota de que alguna vez se le trató de corromper con un flamante automóvil.[196] Y ante la sugerencia de un periodista de que en su nuevo puesto saldría particularmente beneficiado, Cárdenas no tuvo otra respuesta más que espetarle a su interlocutor su indignación y gritarle: "¡Es usted un perfecto animal!"[197]

Uno de los miembros de su estado mayor le comentó al entonces joven capitán Luis Alamillo Flores, cuando recién se incorporaba al regimiento de las Huastecas, que las cosas había cambiado mucho en esa jefatura militar:

> Todos se imaginan que en esta jefatura estamos en jauja, ganando mucho dinero, lo cual no es cierto [...] Antes que viniéramos nosotros probablemente así sucedería, porque las compañías petroleras daban fuertes subsidios que recibían desde el jefe de operaciones hasta los comandantes de destacamento. Ahora todo cambió. Nadie recibe un centavo, el general

[195] Anna Ribera Carbó, *La patria...*, *op. cit.*, pp. 97-98.
[196] William C. Townsend, *Lázaro Cárdenas...*, *op. cit.*, p. 44.
[197] *Ibid.*

todo lo rechaza y ya procesó a varios comandantes por desobedecer estas disposiciones.[198]

Aun así Cárdenas se comportaba generalmente con mucha serenidad y relativa tolerancia ante las indignantes disposiciones locales de las compañías petroleras. Éstas impedían la libre circulación de mexicanos en su propio territorio e incluso llegaban a cerrar el paso a los comandantes militares de la zona en potreros e instalaciones que consideraban ajenas a cualquier injerencia estatal. Consciente de la flagrante violación que cotidianamente se hacían a las disposiciones proclamadas en la Constitución de 1917, esa serenidad también pudo alimentar cierto resentimiento que fortalecería sus ánimos nacionalistas.

En esa tesitura apuntalada por un afán ejemplarizante y proclive a la solemnidad, Cárdenas celebró el décimo aniversario de la promulgación de la Constitución homenajeando a su constituyente amigo Francisco J. Múgica el 5 de febrero de 1927. Éste narró el acontecimiento con su amable vena literaria así:

> Duermo pesadamente en humilde catre de campaña. La vida silenciosa de la noche llena mi estancia y no sé cómo huyen las horas. El sueño del hombre es como la muerte, como el retorno a la vida embrionaria; el corazón contráctil, el calor del cuerpo, la pausada y rítmica respiración, son la única evidencia de vida en el durmiente.
>
> De pronto me alzo presuroso presintiendo gente en mi cuarto […] Es, en efecto, mi huésped y amigo el general Lázaro Cárdenas que llega. Prende la luz y sale nuevamente […] lo interrogo, pero sale violentamente para volver con una inundación de personajes y música que atruena la estancia y un entusiasmo en todos me aplasta. Cien brazos caen sobre mi azoramiento, gritos y vivas, himno nacional y la apoteosis: me dicen palabras de respeto que me conmueven […] todos amigos, llenaron mi corazón

---

[198] Luis Alamillo Flores, *Memorias, Luchadores ignorados al lado de grandes jefes de la Revolución mexicana*, Extemporáneos, México, 1976, p. 284.

del dulce gozo de ser comprendido. Celebraban ellos el aniversario glorioso de la Constitución del 17 y recordaron que el presidente de la Comisión de la Constitución en el Constituyente de Querétaro estaba oscuramente aquí, en mi lecho de campaña, ajeno a los recuerdos, dormido como materia, y vinieron a llenar mi despertar de una lírica gloria.[199]

A esa reunión acudieron, según el propio Múgica, una buena cantidad de militares y figuras regionales, entre las que destacaban Guillermo Nelson, Emilio Portes Gil,[200] Ernesto Aguirre Colorado, Juan Soto Lara, Rafael Sánchez, Tito Ferrer y Tovar, Luis Castillo, Alberto Zuno Hernández, Josué Benignos y varios coroneles, oficiales, abogados, médicos, comerciantes e incluso "algunos árabes".[201]

Con este tipo de celebraciones también se hizo evidente la disposición de los militares y oficiales a la conmemoración de fechas que marcarían el calendario cívico nacional posrevolucionario con cierto lirismo, pero también con la seriedad del ceño fruncido y solemne gesto patriótico. Esta condición no sólo venía de una tendencia a glorificar aconteceres y personajes de la historia patria como lo había promovido el positivismo trasnochado de la educación porfiriana, sino que también surgía de la convencida admiración por los significados del proceso revolucionario gestado la década anterior y cuyos intentos de marcar como referencias históricas contribuían a renovar el calendario civil. Poco a poco el general Cárdenas fue consolidando algunas convicciones políticas que combinaban el nacionalismo posrevolucionario con algunas nociones socialistas.

---

[199] Anna Ribera Carbó, *op. cit.*, p. 98.

[200] Llama la atención esta referencia a Portes Gil, ya que él mismo escribiría tiempo después: "Yo nunca había tenido amistad alguna con el señor general Múgica [...] nuestras relaciones siempre se significaron por una franca repulsa cuando teníamos que dirigirnos la palabra". Véase Emilio Portes Gil, *op. cit.*, p. 526. Si lo que dice es cierto seguramente estuvo ahí por una deferencia particular al general Cárdenas.

[201] Anna Ribera Carbó, *op. cit.*, p. 98.

Desde la perspectiva de una lucha de clases ejemplificada en la pugna entre las compañías petroleras y los trabajadores, o desde la dinámica de ajustes en la reconstrucción del estado moderno mexicano, la figura del general Plutarco Elías Calles se revelaba como la de un gran estadista. Y las ideas que permeaban la conciencia de Cárdenas en ese momento parecían orientarse hacia un socialismo muy peculiar, muy a la mexicana.[202] Las influencias de Múgica y de Jara en este sentido fueron sin duda de gran relevancia para apuntalar la orientación política que le darían a su quehacer como autoridad regional a partir de entonces. No en vano maduraban las raíces de aquel árbol cuyas frondosidades llegarían a cubrir los designios de un país entero en un futuro que todavía no se avistaba del todo pero que estaba a la vuelta de la esquina.

Foto de Cárdenas en la Huasteca frente a la escalera
de la comandancia (Casa Katz).

[202] Adolfo Gilly, *op. cit.*, p. 230.

A pesar de no aparecer claramente en los documentos de la época, algunas orientaciones específicas del socialismo con que simpatizaban aquellos hombres se estaban madurando. Es muy probable que discutieran acerca de las mismas, por lo menos de manera informal y constante. El general Múgica, años después, negó que hubiera sido el mentor del general Cárdenas, y enfatizó el trasfondo socialista de su pensamiento y cómo el proyecto cardenista se alimentó de sus encuentros y discusiones. En uno de sus cuadernos personales anotó lo siguiente:

> El general Cárdenas posee suficiente cultura autodidacta que él mismo se ha proporcionado empeñosamente, seleccionando con inteligencia y perfecto sentido de las necesidades de México la literatura que más le ha convenido conocer. Puedo asegurar, porque vivimos juntos desde el año de 1926 hasta principios de 1928, que ya para entonces tenía muy bien definidas sus ideas en lo que respecta al socialismo como doctrina adecuada para resolver los conflictos de México [...] Fundamentalmente no hay ninguna diferencia, en teoría, entre la filosofía del señor Cárdenas y la tradición socialista en Europa. La más ortodoxa interpretación dialéctica de la historia establece, dentro de la identidad de los principios básicos, una diferenciación en cuanto a los procedimientos prácticos de lucha ajustados éstos a las condiciones económicas, políticas y sociales de cada país.
>
> De tal manera que un socialista auténtico es aquel que busca en la realidad del país donde actúa las formas específicas necesarias para realizar el fin común que es, sencillamente, la reivindicación del proletariado del campo y del taller.[203]

Pero además de sus ideas políticas y sus convicciones acerca del socialismo, otro aspecto que se vio fortalecido en el pensamiento del general Cárdenas durante aquellos años fue la importancia de la educación a

---

[203] *Desdeldiez*, Centro de Estudios de la Revolución Mexicana Lázaro Cárdenas, A. C., México, 1985, pp. 93 y 99.

la par de su consabida disciplina militar. En mayo de 1925 se iniciaron los trabajos para la reforma de la legislación militar federal a través de una comisión cuyo jefe era el general jalisciense Amado Aguirre, que a su vez fungía como subsecretario de Guerra y Marina. Dicha comisión debía plantear además de las propuestas de cambios y reformulaciones a la Ley Orgánica del ejército, la posibilidad de implantar el servicio militar obligatorio. Este último se justificaba como una impronta necesaria en la modernización del propio ejército. A nivel internacional tal servicio obligatorio fue establecido en diversos países con el fin de educar a la población y participar en la defensa nacional.[204] La propuesta que hizo el general José Álvarez, jefe del Estado Mayor Presidencial, incluía la explicación a los niños y adolescentes de la misión del ejército, y la combinación de ejercicios gimnásticos con maniobras de diversa índole.[205] Cuando el general Cárdenas conoció ese proyecto se mostró particularmente interesado en su implantación tanto regional como nacional y mandó su aprobación.

Aquel tema generó una intensa polémica entre los militares y los administradores públicos, pues incorporó muchos más elementos de discusión política que académica o castrense. Las posiciones adversas al servicio militar obligatorio las encabezó el general Francisco Serrano, quien para entonces tenía un peso destacado entre los militares más poderosos del país. Como el régimen del general Calles no quiso exponerse a una división más dentro del ejército, el asunto se desechó poco a poco. Sin embargo es muy probable que las ideas expuestas durante las discusiones castrenses hayan convencido al general Cárdenas de la necesidad de impulsar la educación militar y la preparación del ejército, así como de la población en general. En su cuartel general de Villa Cuauhtémoc, antes Pueblo Viejo, incluso lanzó las primeras propuestas para la instalación de las escuelas militares que llamaría genéricamente Hijos del Ejército.

---

[204] Martha Beatriz Loyo Camacho, *op. cit.*, p. 133.
[205] *Ibid.*

El primer plantel de aquella escuela-internado modelo se inauguró el 17 de mayo de 1928, cuando Cárdenas ya no se encontraba a cargo de la Jefatura de Operaciones Militares en la Huasteca. El general Múgica, sin embargo, anotó solemnemente en sus apuntes que con la apertura de esa escuela se cumplía la tarea de "redimir a estos niños (pues) es de alto deber y justicia; hay que educar a los hijos del soldado como a los hijos de los héroes".[206] De esta manera Cárdenas no sólo se preocupaba por su propia formación política, sino que ensayaba algunos de los métodos que le parecían útiles para propiciar las transformaciones necesarias de la zona militar y el personal castrense que dependía de su mando.

La documentación sobre su instrucción en materia de cultura política y literaria durante estos años y los previos es bastante exigua. Poco se sabe sobre los libros o los intereses intelectuales que rondaron en el pensamiento y en la formación cultural de Cárdenas mientras fue comandante militar en la Huasteca. Sin embargo, gracias a las anotaciones personales que el general Múgica continuó escribiendo en sus pequeñas libretas, es posible atisbar lo que cotidianamente le interesaba y tal vez, por su cercanía con Cárdenas, podían compartir. En los contenidos de dichos cuadernos que comprendieron los años entre 1925 y 1928, aparecían citas de poetas y literatos como los franceses Baudelaire, Victor Hugo y Balzac, o el alemán Heinrich Heine; científicos sociales y filósofos como Le Bon o Marx. En ocasiones se refería a héroes de la mitología grecolatina como Milcíades o Leónidas-Jerjes. Hizo igual algunas anotaciones sobre la música de Georg Friedrich Haendel. No obstante, las referencias más frecuentes eran a autores mexicanos o latinoamericanos. Combinaba frases célebres de Melchor Ocampo con poemas de Rubén Darío "el incomparable", de Amado Nervo, el "ministro sublime", de "Juana de Ibarbourou, Gabriela Mistral, Rosario Sansores, Delmira Agustini y todos los poetas altísimos y las divinas mujeres

---

[206] Francisco J. Múgica, "Libreta núm. 5, 1925 a 1928", en *Desdeldiez*, Centro de Estudios de la Revolución Mexicana Lázaro Cárdenas, A. C., México, 1989, p. 113.

que hacen versos". Esas notas aparecían con otras más mundanas que se relacionaban con los conflictos en las minas inglesas de carbón o con sus impresiones de los lugares por donde pasaba. Un ejemplo podría ser el siguiente que se refería al pueblo huasteco de Tantoyuca visitado junto con el general Cárdenas:

> Su miseria se palpa en sus chozas de varas mal unidas y peor techadas: carecen de toda propiedad y pagan renta al hacendado por el derecho de habitación y milpear, les cobran 25.00 pesos, animales y un día a la semana de trabajo personal. Yo pienso: ¿para qué hemos hecho entonces esta gran revolución? El anciano indio nos cuenta que ahí ha nacido y vivido y que no se hallan en otra parte cuando el dueño los corre; pagan también impuesto personal para la escuela y ni el estado ni el municipio tienen escuela.[207]

Las referencias a la miseria y al abandono serían muy recurrentes en los propios *Apuntes* que el general Cárdenas escribió a partir de 1932. Cierto que esa especie de memoria tuvo algunas entradas durante los años de 1928, 1930 y 1931, pero el diario adquirió una secuencia mucho más formal cuando sólo faltaba un año para que concluyera su gubernatura constitucional en el estado de Michoacán.

Sin mayor evidencia documental, no sería tan arriesgado inferir que la amistad y el intercambio de ideas y experiencias entre Múgica y Cárdenas durante su estadía en la Huasteca pudo llegar a molestar al mismísimo Calles y no se diga a Obregón, quienes por lo general pretendían ejercer un control cerrado sobre sus subalternos. Así tal vez se explican algunas cartas que el para entonces ya nombrado secretario de Guerra y Marina, el general Joaquín Amaro, le enviara en marzo de 1926 a Cárdenas sugiriéndole que tuviera en mejor estado a su corporación, a, su caballada y en general a toda su jefatura militar.[208] Tampoco sería improbable que tanto

---

[207] *Ibid.*, p. 120.

[208] Fideicomiso Archivo Plutarco Elías Calles y Fernando Torreblanca, archivo del general Joaquín Amaro (en catalogación cuando se consultó) carta del 23 de marzo de 1926.

Obregón como Calles vieran la amistad entre Múgica y Cárdenas como una prueba para el joven general que todavía no acababa de atenuar las suspicacias del Manco de Celaya. La soberbia de Calles por su parte reservaba una opinión de Cárdenas que no parecía quitarle lo provinciano y enfatizar su condición de operador político. Para los sonorenses Cárdenas todavía no pasaba de ser un medianamente eficaz apagafuegos.

Estas suspicacias se diluyeron con la decidida actuación y el cuidado que tanto Cárdenas como Múgica tuvieron a la hora de perseguir al general Arnulfo R. Gómez, quien, como ya se anotaba, se levantó en armas a la par del general Francisco Serrano contra el régimen a finales de septiembre de 1927. Aprovechando esta situación Cárdenas intentó gestionar ante el general Amaro el reingreso de Múgica al ejército con el fin de que comprobara su "adhesión absoluta al gobierno". La solicitud en la Secretaría de Guerra y Marina no prosperó, pero aun así los dos michoacanos se mantuvieron fieles al gobierno federal durante la persecución de los rebeldes.

Hacia los primeros días de octubre de ese año el general Cárdenas fue informado que el general Arnulfo R. Gómez se encontraba en el Fuerte de Perote a la espera del apoyo de algunas fuerzas militares que jamás llegaron. Desde la Barra de Nautla el michoacano esperó las instrucciones para atajar la fuga de los conspiradores que estaban prácticamente acorralados en las colinas de la Sierra Madre Oriental que bajan hacia el Golfo de México. El 18 de octubre el general Cárdenas, acompañado por Múgica y un destacamento militar, remontó la sierra por la región circundante a la población de Martínez de la Torre con rumbo a Tlapacoyan. "Ahí hay rebeldes y vamos a verlos ¿cómo nos irá? Veremos", escribió Múgica en su libreta.[209]

Quizá la acción más destacada de esa persecución se suscitó el 24 de octubre al derrotar a cerca de 50 hombres con su comandante, el capitán

---

[209] Francisco J. Múgica, "Libreta núm. 5, 1925 a 1928", en *Desdeldiez*, Centro de Estudios de la Revolución Mexicana Lázaro Cárdenas, A. C., México, 1989, p. 125.

Cuéllar.[210] Si bien el hecho no tuvo importancia relevante en cuanto a la situación general de los alzados que de por sí estaban bastante diezmados, el nombre del general Cárdenas apareció en diversos periódicos de la capital como uno de los responsables del debilitamiento de la rebelión de Gómez. Los militares siguieron patrullando la zona desde la sierra alta hasta bajar a San Rafael y Jicaltepec, y de ahí de vuelta a Nautla. Según Múgica, los días pasaron entonces en pleno "aburrimiento de una campaña sin incidentes; sólo viajes pequeños y expediciones: emboscadas y detenciones". El 4 de noviembre recibieron el informe de que el general Gómez había sido capturado por el rumbo de Teocelo.[211] Nuevamente el nombre del general Cárdenas apareció en los periódicos, ahora como el gran defensor de la Barra de Nautla.[212]

De regreso a Villa Cuauhtémoc los michoacanos tuvieron la oportunidad de visitar la entonces tranquila y señorial ciudad de Papantla. La expedición visitó las ruinas arqueológicas de El Tajín, cuya pirámide de los nichos apenas se descubría entre el follaje y la espesura tropical. Emocionado por lo que percibía de tal enhiesto edificio de piedras y verdor, Múgica anotó en su libreta:

¡Oh, monumento! ¡Caduco como todo lo viejo! ¡Abandonado como lo nuestro y atrayente como lo histórico! Dicen que es una tumba de un rey, sería un gran rey para merecer esta tumba en que hay un nicho para cada una de las deidades del año, en que el número siete ejecuta su danza simbólica. Si es verdad que los túmulos tienen en su arquitectura todo aquello que representa el gusto del yacente, el rey desconocido que mora en estas ruinas debió ser poeta y monje, sumo sacerdote de una teogonía que barrió la conquista, que ha dejado grandes huellas en la raza de bronce.

---

[210] *Excélsior*, 25 de octubre de 1927.
[211] Francisco J. Múgica, "Libreta núm. 5...", *op. cit.*, p. 132.
[212] *El Universal*, 7 de noviembre de 1927.

La pirámide está en medio de una montaña sombría saturada de savia fecunda y esmeralda como una inmensidad. ¿Quién guarda estas ruinas? Vimos un jacal con una mujercita simpática y solitaria, vimos otro jacal con dos indios viejos de más de un siglo.[213]

El interés por la historia antigua, por su magnificencia y por su increíble, casi imposible vínculo entre la miseria contemporánea de sus pobladores y quienes vivieron inmersos en aquella grandeza, le generaban una sensación orgullosa pero a la vez contradictoria del pasado prehispánico. Múgica registró sus reflexiones sobre la historia antigua al mismo tiempo que deliberaba sobre las posibilidades del presente y el futuro de esa región y, en general, de México. Esta condición de observador puntual y fino la compartía con Cárdenas. Y no fueron pocas las ocasiones en que la prosa de Múgica manifestó el gran optimismo que ambos sentían al entrar en contacto con las comunidades que hundían sus raíces en un pasado remoto, pero que poco a poco se organizaban para defender sus tierras y sus valores culturales.

Otro ejemplo, un tanto más largo y abigarrado, casi de carácter etnográfico, apareció en las anotaciones que Múgica hiciera en enero de 1927, después de asistir a una asamblea popular:

Estamos reunidos en un galerón ruinoso y lleno de telarañas, unas bancas de rudimentaria factura, de distintos altos y tamaños, dos sillas tapizadas de cretona floreada y una mesa forman el mobiliario del cuarto. Cerca de 100 campesinos ocupan los estrados. Son presidentes de comités administrativos y representan más de 60 agrupaciones agrarias con más de cinco mil miembros, La asamblea es, pues, una fuerza social y un organismo vigoroso. Las figuras campesinas son variadas en edad, en saber y en físico; junto a las caras indígenas puras asoman barbas anchas y crespas cabelleras de bien definidos conquistadores. Pero son más los rostros cetrinos, imberbes, los

---

[213] Francisco J. Múgica, "Libreta núm. 5...", *op. cit.*

ojos oscuros y cabellos lacios. Muchas de estas fisonomías indias son astutas e inteligentes; otras tienen en el gesto trágico de la resignación y las caras mestizas una expresión de ignorancia. Sin embargo, administran, ahora, como antaño, los bienes comunales; acaudillan a sus vecinos en incursiones guerreras o de pillaje, se quejan, suplican y agitan sus contornos para lograr la tierra y trabajar el monte. A semejanza de las tribus o grandes razas de Michoacán, de Oaxaca o de Puebla, son disciplinados en su organización y firmes en sus compromisos...

Ellos son la fuerza viva de las ideas. La mano que dispara el arma vengadora o justiciera. El ojo práctico de la vereda y del repecho. El oído avizor de los rumores alarmantes y de las amenazas en ciernes. Si alzan los ojos al cielo saben del aguacero y del temporal futuro. En los halos de la luna adivinan el calor que madura y agobia y en la espesura amenazante y triste de la calina descubren el horizonte lejano de la tempestad. ¡Son los pebeteros de la patria! ¡Los infantes de toda redención![214]

Así, el interés por lo que sucedía a su alrededor no sólo se orientaba hacia los fenómenos políticos o militares, hacia la geografía o hacia los restos arqueológicos. Una particular preocupación por los aconteceres cotidianos y particularmente hacia sus manifestaciones culturales y sus interacciones con la naturaleza parecía descubrir en Múgica cierta vocación por el detalle al estilo de algún antropólogo o un observador científico. Quizá eso también lo compartía con Cárdenas, más allá de sus convicciones y de su compromiso político.

Los descubrimientos que Múgica anotaba sobre las poblaciones y sus entornos parecían reforzar sus nociones nacionalistas y la necesidad de aprender de la sabiduría local y popular. Las descripciones de las aldeas y de algunos personajes concretos, así como de sus actividades, de cuándo y cómo las realizaban, solían ser especialmente cuidadosas. El registro del uso medicinal de ciertas hierbas, la forma y las características de

---

[214] Francisco J. Múgica, "Su paso por...", *op. cit.*, pp. 53-54.

los insectos y los animales, así como sus impresiones sobre las fiestas y los ritos regionales fueron una constante en sus libretas. A manera de los cronistas-viajeros de los siglos XVIII y XIX, el general michoacano también se interesó en el complejo cultural de los fandangos locales en julio de 1926 y los describió así:

> El huapango: baile popular lleno de tristes melodías inarmónicas, una guitarra de cinco cuerdas y un mal violín son todo el instrumental que toca el son. Lo complementan dos voces: una en falsete lamentoso y doliente que recorre la gama entera del diapasón en un esfuerzo increíble para otra laringe que no sea la de los [ilegible] y otra voz grave, también triste, que responde a la anterior. A la vez que cantando lo bailan varias parejas, según el entusiasmo. Las indias o mestizas se ponen limpias y vistosas cintas en las negras y largas trenzas, para bailar. Bailan sueltas, colocadas frente al varón, quien lleva con el taconeo el ritmo de la música, que se repite largas horas. Lo curioso de este baile es que la bailadora continúa el pesado ejercicio mientras varios varones se relevan frente a ella, previa caravana de cortesía que el entrante hace al suplantado, a guisa de solicitud de su compañera. El calor de la región exige que el huapango se realice en campo libre. Muchas veces bajo los árboles, pero en terreno parejo y sobre tablado, para meter ruido al ejercitarlo, y así, mientras los cantores repiten las *trovas* con tristes historias de amor hasta desgañitarse, los bailarines sudan el kilo rimando con su cuerpo el lamento eterno de esa raza romántica y triste.[215]

En diciembre de 1927 Múgica abandonaría la Huasteca, dejando al general Cárdenas por un par de meses más sin su compañía en la región. Durante aquel tiempo que estuvieron juntos seguramente ambos habían conversado sobre la viabilidad de que Cárdenas se lanzara

---

[215] *Ibid.*, pp. 41-42.

a la gubernatura de su estado natal, cuyas elecciones deberían llevarse a cabo en junio de 1928.

Desde finales de 1927 y tras la eliminación de las fuerzas rebeldes comandadas por los generales Serrano y Gómez, el plan del general Obregón para ocupar nuevamente la presidencia de la República en 1928 debía llevarse a cabo sin mayores tropiezos según los sonorenses afincados en el poder y sus no pocos aliados. La Coalición de Partidos Socialistas Michoacanos y la Confederación de Partidos Revolucionarios de Michoacán propusieron sumarse a la campaña de Obregón y, de paso, ofrecerle su apoyo al general Cárdenas para que presentara su candidatura al gobierno estatal. Las dos organizaciones políticas de su estado natal, aun cuando representaban tendencias relativamente antagónicas, parecían coincidir en apoyarlo sin compromisos evidentes con los grupos de acción local. La idea era que el candidato jugara un papel unificador frente a la mayoría de las tendencias políticas y revolucionarias del estado.[216]

El general Cárdenas asumió ese papel pensando en la posibilidad de conciliar a los grupos en pugna en un momento particularmente complicado en Michoacán, y debido a que gozaba de una tácita y reconocida alianza con el general Calles.[217] El movimiento cristero amenazaba con crecer en diversas regiones del estado y la actitud de los creyentes se hacía cada vez más arisca, contraviniendo cualquier iniciativa del gobierno local y federal. Las autoridades de la iglesia católica hacían muy poco por distender dicha animadversión y en cambio parecían oscilar entre los intentos de diálogo y la incitación a la rebelión.

[216] Alejo Maldonado Gallardo, "Los cardenistas michoacanos: una década de lucha social, encuentros y desencuentros", en Eduardo N. Mijangos Díaz (coord.), *Movimientos sociales en Michoacán, Siglos XIX y XX*, Universidad Michoacana de San Nicolás de Hidalgo, Morelia, 1999, p. 225.

[217] Eitan Ginzberg, *Lázaro Cárdenas…*, *op. cit.*, pp. 49-50; y Luis González y González, *Los artífices…*, *op. cit.*, p. 221.

En medio de tales circunstancias el particular arraigo de Cárdenas en algunas regiones michoacanas no parecía ser razón suficiente para fortalecer su candidatura al gobierno del estado. Lo que sí pesaba era su fidelidad al gobierno federal encabezado por los generales Calles y Obregón. El jiquilpense llevaba un buen tiempo alejado de su terruño y las organizaciones populares locales que lo podían apuntalar se encontraban bastante gastadas.

Las circunstancias locales no presentaban un camino fácil. En abril de 1926 al dirigente agrario Primo Tapia lo habían asesinado, al parecer por órdenes del mismísimo general Calles, y las contradicciones en el seno del movimiento campesino y obrero michoacano menoscababan la presencia del agrarismo y de las organizaciones sindicales en cualquier actividad política.[218]

Sin embargo desde agosto de 1927 se había considerado la posibilidad de que Cárdenas se convirtiera en un candidato capaz de iniciar cierto acercamiento entre las fuerzas que contendían en el estado. Ya se sabía que Cárdenas simpatizaba con los agraristas y con las corporaciones fabriles, ahora era necesario buscar una alianza con los propietarios. Esto se logró con relativa rapidez. En un acto que pretendía favorecer a los productores de Tierra Caliente, el todavía gobernador constitucional de Michoacán, el general Enrique Ramírez, junto con el general Lázaro Cárdenas, enviaron al presidente Calles una petición al alimón para que se construyera el ferrocarril de Uruapan hasta Apatzingán, con aportaciones tanto de los terratenientes como del gobierno estatal. En la solicitud se apelaba a la institucionalidad, pero también se adosaba la petición con cierta lisonja propia del trato entre políticos posrevolucionarios. Decían, por ejemplo:

Nos ha animado esta vez a reunir la mayor cooperación de parte del estado y los propietarios, el entusiasmo y la actividad que usted ha manifestado

---

[218] Manuel Diego Hernández, *op. cit.*, p. 21.

por hacer que progrese el país y por ello esperamos que en esta vez sí sea un hecho la construcción de esta vía, que tanto se desea para que dé vida a todas las actividades agrícolas de aquella región por ahora suspendida por falta de comunicaciones.[219]

El general Cárdenas había hecho las veces de gestor ante el presidente Calles con la clara intención política de obtener el apoyo de los terratenientes y los productores locales. De esa manera mostraba que ya tenía cierto colmillo a la hora de negociar y procurar acuerdos. Esa habilidad la había empezado a cultivar desde su época como responsable militar en el Istmo de Tehuantepec, pero ahora la ejercía de manera bastante más sutil y con una sagacidad que eventualmente pondría en juego con mayor eficacia.

El último día de agosto de 1927, los poderes Legislativo, Ejecutivo y Judicial de Michoacán organizaron un banquete en su honor y curiosamente fue el guanajuatense Melchor Ortega quien propuso la candidatura del jiquilpense a la clase política local, encadenándola a la candidatura presidencial del general Obregón.[220] A partir de entonces Ortega sería uno de los operadores políticos más eficaces del propio Cárdenas, quien supo aprovechar sus servicios de manera muy particular.

Sin embargo, en septiembre, octubre y noviembre de 1927, el general Cárdenas tuvo que regresar a la región huasteca para estar pendiente de la rebelión de los generales Serrano y Gómez. Al parecer en diciembre estuvo en tránsito entre su Jiquilpan natal y su cuartel general en Villa Cuauhtémoc, organizando sus ideas y propuestas con el fin de lograr su candidatura al gobierno de su estado natal.

El 10 de enero de 1928 el general Cárdenas lanzó un manifiesto al pueblo de Michoacán, desde Villa Cuauhtémoc, Veracruz, en el que

---

[219] *Boletín del Centro de Estudios de la Revolución Mexicana "Lázaro Cárdenas", A.C.*, Jiquilpan, diciembre de 1980, núm. 3, vol. 3, p. 106.

[220] Eduardo Nava Hernández, *op. cit.*, p. 120.

exponía su "criterio político y social" con el fin de ser aceptado como candidato al gobierno de aquel estado. En este documento Cárdenas enfatizaba su alianza con los generales Calles y Obregón y se declaraba partidario de la política agraria revolucionaria, del mejoramiento económico, intelectual y moral de la clase trabajadora, de la instrucción pública, del respeto a la Constitución del 1917 y de unas elecciones verdaderamente democráticas. Decía finalmente: "Llevaré como único lema: subordinar el interés personal al bien colectivo".[221]

Para entonces Cárdenas parecía tener muy claro lo que había aprendido cerca de los círculos sonorenses al lado de los generales Obregón y Calles. El Manco de Celaya había dicho alguna vez: "En México nada se puede lograr cuando se está lejos del poder",[222] y la aspiración de Cárdenas a la gubernatura de Michoacán parecía atender a dicha consigna. A partir de entonces su carrera se orientaría mucho más al quehacer político que a la milicia.

El 28 de febrero de 1928 desde Tuxpan, Veracruz, el general Cárdenas solicitó su retiro temporal del servicio activo en el ejército para dedicarse a la contienda política en Michoacán, dejando al general Rafael Sánchez Tapia en la jefatura provisional de las operaciones militares en la Huasteca.[223] Como premio a su fidelidad y su actuación en esa región, el 1º de abril Cárdenas fue ascendido a general de división, grado con el cual emprendió su regreso a las tierras michoacanas.

En una carta que le escribiera a Múgica en abril de 1928, ya en plena campaña electoral, además de certificar la amistad que existía entre ambos, el jiquilpense le confesaba que recordaba con especial afecto algunos momentos que los dos habían vivido en la Huasteca. Evocaba los coñacs que disfrutaron en Tuxpan conversando y descansando de sus extenuantes giras. Pero también iba un poco más lejos en su atrevimien-

[221] Lázaro Cárdenas, *Palabras y…*, *op. cit.*, pp. 85-86.
[222] John F. Dulles, *Ayer en…*, *op. cit.*, p. 306.
[223] Fideicomiso Archivo Plutarco Elías Calles y Fernando Torreblanca, archivo del general Joaquín Amaro, en catalogación, cartas del 28 febrero y del 2 de marzo de 1928.

to, recordando a la Negra Mora o a las "cotorronas, altas, esqueléticas güeras deslavadas y flácidas" de Jicaltepec.[224] En aquella misiva quedaba claro que Múgica y Cárdenas no sólo habían compartido experiencias intelectuales y militares. También se dieron tiempo para echar alguna cana al aire y, cediendo ante la lujuriosa naturaleza tropical, es probable que igualmente enamoraran a una o varias muchachas locales y se dieran una buena escapada del rigor militar en alguna francachela o diversión de índole privada.

Pero en esa misma misiva, Cárdenas también mostraba su nostalgia por las enseñanzas aprendidas de aquel amigo, quien era recordado justo en el momento en que se llevaba a cabo una reunión organizada por los partidos socialistas michoacanos en el teatro Ocampo de Morelia. En aquella ocasión el candidato descubrió que lo acompañaba el espíritu de su colega, consabido gran orador y tribuno constitucionalista. Cierto que hasta ese momento Cárdenas había demostrado ser bastante parco a la hora de hablar. No se le conocían discursos ni elocuencias, mucho menos alegatos y disertaciones en torno a temas filosóficos o políticos. Sin embargo, al entrar en la carrera política, el General tuvo que aprender sobre la marcha cómo comportarse en una asamblea o reunión en la cual estaba obligado a tomar la palabra. Sufriendo de un paludismo contraído durante sus andanzas por las selvas huastecas, el jiquilpense le contó a Múgica su primera experiencia como disertador político:

El teatro estaba lleno, la mayoría gente de la nuestra, me sentí sereno y parece pude hacer una exposición de las tendencias de mi candidatura; creo que al estar hablando bailaba la pierna que descansaba, pero me dio valor recordar a Mirabeau cuando dijo su discurso defendiéndose de un proceso ante la multitud que atónita escuchó por primera vez al que creía desposeído de toda facultad oratoria [...]

---

[224] Francisco J. Múgica, "Libreta núm. 5…, *op. cit.*, pp. 132 y 133.

Hubo aplausos a cada punto que toqué y posiblemente me resuelva en otra ocasión y en otra plaza a creerme orador.[225]

Así, una etapa más en el proceso de formación política e ideológica del general Cárdenas había concluido. Un viraje en su carrera lo alejaría momentáneamente de Múgica. Las enseñanzas y las experiencias que compartieron estos dos michoacanos volverían al escenario político, económico y cultural del país entero algunos años más tarde. Mientras tanto Cárdenas ya mostraba que bien podía brillar con luz propia. Para entonces su luminosidad era muy diferente a la de aquellas antorchas de los campos petroleros que le hicieron escribir al general Múgica en 1925 las siguientes frases:

Yo siento que así como esa antorcha de gas sean los espíritus si existen; calor y color, violencia y actividad; rachas lumínicas […] un mechero de esos sería suficiente para iluminar un villorrio o alimentar muchos hogares. Aquí, en la tierra de tormentas petroleras sacadas ingeniosamente por el hombre, se pierden.[226]

En claro sentido opuesto a esas "tormentas petroleras" perdidas de la Huasteca, Cárdenas y Múgica saldrían de esas región con muchas ganancias tanto ideológicas como políticas, tal como lo demostrarían en los años por venir. Para ambos su estancia en la Huasteca había sido especialmente luminosa, y esa luz cultivada irradiaría su resplandor, con algunas intermitencias, a partir de entonces en sus trayectorias políticas.

---

[225] *Desdeldiez, op. cit.*, pp. 101-102.
[226] Javier Moctezuma Barragán (prólogo y selección de documentos), *Francisco…*, *op. cit.*, p. 234.

Cárdenas y Múgica posando para una foto de estudio.
(Casa Katz)

IV

En el gobierno de Michoacán
y en la antesala de la presidencia
1928-1934

La vocación por la vida provinciana, la campaña
y el instinto de anidación

> Considero que para conocer la voluntad del Pueblo,
> no necesito dinero.
>
> LÁZARO CÁRDENAS, 10 de enero de 1928

Desde 1921 el general Cárdenas había mostrado sus intenciones de retornar a la vida civil, solicitando al general Calles su apoyo para montar un aserradero en Michoacán. Pero las vicisitudes del medio castrense lo regresaron al mando de su regimiento. Al poco tiempo volvió a la guerra y estuvo al borde de la muerte. A pesar de ello continuó su carrera militar hasta convertirse en un imprescindible alfil del régimen callista durante la conflictiva situación internacional generada entre petroleros y gobierno federal en las Huastecas entre 1924 y 1928. A lo largo de estos años, Cárdenas aprovechó cualquier oportunidad para regresar a su terruño, no sólo para cumplir responsabilidades como ocupar el puesto de jefe de operaciones militares o el de gobernador sustituto, sino para velar por el bienestar de su parentela que vivía entre Jiquilpan y Guadalajara. En aquella región nororiental de Michoacán así como en los rumbos de Tierra Caliente o Morelia, al igual que en la zonas boscosas y lacustres de la meseta tarasca, el general había establecido querencias importantes.

335

Desde luego, la más significativa estaba en Jiquilpan. Había heredado la casa donde vivió durante su primera juventud con su padre, su madre, su tía Ángela y sus hermanos. Con el tiempo adquirió los terrenos aledaños a aquel solar originario y logró construir una pequeña residencia al estilo tradicional michoacano con tres patios: uno para los dueños, otro para los domésticos y otro para los animales. En ese espacio vivirían, después de la muerte de su madre en 1923, sus hermanas y hermanos menores, junto con su tía Ángela. Él mismo tendría ahí su despacho y alojamiento, en un inicio sólo para él pero después también para su esposa e hijos, cuando visitaran Jiquilpan. Esa casa no la concluyó sino hasta los años treinta y en varios momentos le añadió alguna construcción. El solar creció de tal manera que incluso con el tiempo pudo donar el patio trasero para que se convirtiera en un jardín de niños. Según uno de los mejores cronistas de aquellas regiones, el historiador, Álvaro Ochoa Serrano, ésa fue la razón por la que Jiquilpan adquirió el mote de *cardenista y jacarandosa*.[1] Él mismo contaría una anécdota curiosa sobre la residencia de los Cárdenas en aquel terruño del noroeste michoacano: Ya siendo expresidente, el general le compró a su vecino Cucho Martínez la casa que colindaba con la suya. A la semana Cucho empezó a quitarle las tejas a la morada recién vendida. El General le preguntó: "¿Por qué le quitas las tejas, hombre Cucho?" El interpelado contestó: "Le vendí la casa, no las tejas, general".[2]

Muchos años antes, mientras levantaba el cuartel general en Villa Cuauhtémoc, Veracruz, y tal vez sintiendo cierta nostalgia por sus primeros tiempos revolucionarios, Cárdenas quiso concretar su deseo de hacerse de alguna propiedad en tierras michoacanas para llevar cierto ganado cebú que lo había impresionado en los pastizales huastecos. En septiembre de 1926 se escapó algunos días de sus obligaciones militares

---

[1] Álvaro Ochoa, *Juiquilpan…*, *op. cit.*, p. 285.

[2] Debo esta anécdota, como muchas otras, a la generosidad y erudición de Álvaro Ochoa Serrano. Espero haberla reproducido fielmente, tal como él me la contó en algún momento entre los años de 2014 y 2016.

y aprovechó una visita a Apatzingán para reunirse con Leonardo Neill, aquel norteamericano que era esposo de su prima hermana, Julia del Río, hija de José María, su tío que lo había recibido en la hacienda La Concha durante sus andanzas de revolucionario en 1913. Neill y Cárdenas decidieron comprarle a la señora María Carreón, viuda de don Miguel Silva, el exgobernador maderista michoacano, la hacienda de San Antonio Tangamacato. Como el General no tenía capital suficiente le pagó a su pariente abonos hasta llegar a los 18 000 pesos correspondientes a su inversión. Ambos decidieron entonces dividir la propiedad: la finca de Agua Buena quedó en manos de Neill y Cárdenas adquirió una superficie de 2 500 hectáreas a la que llamó California. En esa tierra que no era más que un gran terreno de monte, el michoacano sembró árboles frutales y crió ganado.[3] Posteriormente se levantaría el ejido Colonia Cenobio Moreno y el General cedería 420 hectáreas para la construcción del hospital civil de Apatzingán. Otras más las daría a "compañeros de armas que lucharon en las filas de la Revolución". Finalmente restarían alrededor de 150 hectáreas que formarían el rancho Galeana, nombre con el que se conoció eliminar propiedad de los Cárdenas en aquella región.[4]

Hacia finales de 1927 y principios de 1928 el General tenía en mente que sus próximos años los dedicaría a encabezar el gobierno de Michoacán por lo que buscó una propiedad más cercana a la capital del estado. Para ello escogió un terreno en las afueras de Pátzcuaro, muy cerca de la estación del ferrocarril y a un centenar de metros del embarcadero principal. Se trataba de una ladera de un pequeño cerro que subía por la parte suroriental de la población, justo a un costado del límite marcado apenas por la carretera que llegaba hasta las goteras de la magnífica plaza de Don Vasco. Aquella avenida ascendía custodiada por unos

---

[3] Cuauhtémoc Cárdenas, *Cárdenas...*, *op. cit.*, pp. 133-134.
[4] Lázaro Cárdenas, *Obras. I. Apuntes 1967-1970*, vol. IV, tercera edición, UNAM, México, 1986 (primera edición 1972), p. 63.

eucaliptos que, con los años, se convertirían en gigantes. Dichos árboles distintivos de esa señorial vereda marcaban la subida que llegaba hasta la entrada principal del pueblo. Desde la cima del mediano promontorio adquirido por el General la vista hacia el lago era prodigiosa, ya que además de la inmensa superficie lacustre con su isla Janitzio al centro, el horizonte dibujaba a la izquierda las verdes colinas de El Estribo; al fondo podía verse la sierra de Pichátaro, más hacia la derecha el pico del Parían, y los poblados de San Jerónimo y Chupícuaro, y ya en el extremo oriente la imponente mole de la montaña del Tariácuri. Dicha finca fue llamada La Eréndira y ahí Lázaro Cárdenas se construiría una gran casa, a partir de 1928, con un magnífico mirador que dominaba la región. En los alrededores plantaría una huerta de árboles frutales y ordenaría un jardín repleto de caminitos y vericuetos capaces de recorrer la propiedad entera. Ése sería su primer hogar de hombre casado. Ahí, su futura esposa, Amalia Solórzano Bravo, también contribuiría a convertir La Eréndira en un vergel. No lejos de aquella propiedad el general Francisco J. Múgica también edificaría, años más tarde, su granja La Tzipecua, en el camino rumbo a Tzentzénguaro y Huecorio, también casi en las orillas del hermoso lago de Pátzcuaro.

En los primeros días de marzo de 1928 Cárdenas inició su campaña para gobernador de su estado natal. La Confederación de Partidos Revolucionarios de Michoacán y la Alianza de Partidos Socialistas de la República Mexicana estrecharon sus vínculos y, teniendo en cuenta su militancia a favor del candidato que nuevamente se lanzaba para llegar a la presidencia de la nación, el general Álvaro Obregón, decidieron formar un frente único. Se llamó simplemente la Unión de Partidos, misma que apoyó también la candidatura del general Lázaro Cárdenas al gobierno de Michoacán. Mientras, a nivel nacional, la Alianza terminó disolviéndose para formar el Bloque Obregonista de la Cámara de Diputados, comandado por el impetuoso representante popular de San Luis Potosí, Gonzalo N. Santos; a nivel local, dicho grupo quedó bajo el mando del diputado Melchor Ortega.[5] Este último, aunque a principios de aquella década fue un terrateniente rico terracalentano opositor al gobierno de Múgica no tardó en convertirse en un entusiasta promotor de la candidatura cardenista, demostrando que para 1928 ya tenía una gran capacidad organizativa. Desde mayo del año anterior Ortega logró unificar a los partidos revolucionarios michoacanos en una convención a la que asistieron alrededor de 600 delegados de comunidades agrarias y organizaciones obreras. Ahí no sólo se declararon a favor de la candidatura del general Álvaro Obregón para presidente de México, sino que orientaron su militancia a favor de Cárdenas, quien entonces cumplía con el principal requisito para ser considerado candidato a la gubernatura michoacana: su comprobada filiación callista y el visto bueno obregonista.

Otras personalidades también participaron en el primer impulso de Cárdenas como candidato a la gubernatura de Michoacán, entre los que destacaban Silvestre Guerrero, líder de la Coalición de Partidos Socialistas del Estado, y Justino Chávez, quien junto con José Solórzano, Perfecto Carranza, Silecio Morales y Francisco Campos, eran los líderes de la Liga Agraria de aquella entidad federal. Chávez había sustituido a Primo Tapia como representante de los agraristas de la región de Zacapu. Los miembros de la Liga Local Comunista de Morelia también apoyaban a Cárdenas. Sin embargo fue Melchor Ortega quien logró juntar a izquierdas y derechas a favor del michoacano tan leal al presidente Plutarco Elías Calles.[6]

Sin embargo, existían otros méritos que contaron a favor del jiquilpense: había participado en los intentos de pacificación del estado a finales de la década anterior; se destacó como militar independiente durante

---

[5] Gonzalo N. Santos, *Memorias*, Grijalbo, México, 1987, pp. 320-321; y Verónica Oikión, *Michoacán: los límites del poder regional*, tesis de doctorado, Colegio de Historia de la Facultad de Filosofía y Letras-UNAM, México, 2001, pp. 149-150.

[6] Eitan Ginzberg, *Lázaro Cárdenas...*, *op. cit.*, p. 48.

la conflictiva gubernatura de Francisco J. Múgica, de 1921-1922; y había mantenido una ambigua alianza con la clase política michoacana, tanto del lado de los agraristas como de los poderes Legislativo y Judicial. También cultivaba amistades y tratos con ciertas personalidades que ya habían formado parte del poder ejecutivo estatal, como Pascual Ortiz Rubio y Porfirio García de León. Cárdenas era igualmente amigo de varios terratenientes y caciques locales, como los Canedo y los Aldrete por los rumbos de Maravatío,[7] los Landa y Piña de Zitácuaro[8] o los Mendoza Guízar de Cotija.[9] Estas alianzas se dejaron ver en el banquete que la clase política, y por instancias del mismo Melchor Ortega, le ofrecieron a Cárdenas en Morelia a finales de agosto de 1927.[10] A partir de entonces quedó claro que el jiquilpense sería prácticamente el único contendiente en la sucesión gubernamental.

El 3 de marzo de 1928 Cárdenas pidió licencia para separarse del servicio activo y "dedicarse a asuntos políticos".[11] La campaña empezó de manera simbólica en su natal distrito de Jiquilpan. Al general Calles, Cárdenas le escribió que quería comenzar en el nororiente de Michoacán, no sólo porque de ahí era oriundo, sino porque por ese rumbo la guerra cristera había cobrado singular virulencia, especialmente en la región de Coalcomán. De Jiquilpan, ubicado casi en las riberas del Lago de Chapala, a Coalcomán, situado en el extremo norponiente de Tierra Caliente, había una considerable distancia. Sin embargo, Cárdenas se ofreció a recorrer esos rumbos "con el objeto

---

[7] Ramón Alonso Pérez Escutia, *Resumen histórico de Maravatío*, H. Ayuntamiento Constitucional 1987-1989/Balsal Editores, 1988, pp. 31-32.

[8] Jesús Teja Andrade, *Zitácuaro*, Monografías Municipales/Gobierno del Estado de Michoacán, 1978, p. 113.

[9] Heriberto Moreno García, *Cotija*, Monografías Municipales/Gobierno del Estado de Michoacán, 1978, p. 212.

[10] *Ibid.*, pp. 144-146.

[11] Archivo SEDENA, expediente del general Lázaro Cárdenas del Río..., *op. cit.*, carta al secretario de Guerra y Marina, general Joaquín Amaro, 2 de marzo de 1928.

de cooperar a la pacificación de aquella zona".[12] Frente al presidente Calles, Cárdenas presentaba aquel proceso de apaciguar a su estado como si fuera una responsabilidad personal y haría lo posible por lidiar con los "fanáticos rebeldes" antes de que terminara el periodo presidencial del sonorense en diciembre de 1928. Esto lo empujaría a tratar de cumplir la primera meta que como candidato de apenas 33 años de edad se propuso lograr en los primeros meses de su gobierno: terminar con la guerra cristera en su estado.[13]

No obstante apenas se encontraba en los inicios de su campaña para la gubernatura cuando arribó a Coalcomán. Allí se enteró de que los alzados comandados por Gregorio Guillén estrechaban sus vínculos con otros cristeros de más al sur y al oriente de aquella entidad federal. Entre Zitácuaro, Angangueo y Tlalpujahua se mantenían alzados Elías Vergara y Benjamín Mendoza; allá por la Sierra Fría que se levantaba desde Morelia hasta Ciudad Hidalgo los campesinos armados seguían los designios de su fe lidereados por el carismático Simón Cortés, y éstos a su vez también reconocían, por la región lacustre de Pátzcuaro y Zirahuén, entre las localidades de Quiroga y la Huacana, a Ladislao Molina, a Modesto Durán y a Jerónimo Medina.[14] Todos ellos estaban en pie de lucha contra el gobierno de Calles y de ninguna manera representaban la visión romántica de los campesinos que parecía permear en cierta concepción agrarista de entonces. Una historiadora estadounidense resumía

---

[12] Verónica Oikión, *Michoacán: los límites del poder regional*, tesis de doctorado, Colegio de Historia de la Facultad de Filosofía y Letras-UNAM, México 2001, p. 151.

[13] Christopher R. Boyer, "Revolución, reforma agraria e identidad campesina en Michoacán", en Verónica Oikión y Martín Sánchez (coords.), *Vientos de rebelión en Michoacán. Continuidad y ruptura en la Revolución mexicana*, El Colegio de Michoacán/ Secretaría de Cultura/Gobierno del Estado de Michoacán/Bicentenario 2010, México, 2010, p. 171.

[14] Enrique Guerra Manzo, "Católicos y agraristas en Michoacán: del conflicto al *modus vivendi*" en Verónica Oikión y Martín Sánchez (coords.), *Vientos de rebelión en Michoacán...*, *op. cit.*, p. 189.

C, GRAL. DE DIV. LAZARO CARDENAS
didato de los humildes al primer puesto
del Estado

Afiche de propaganda política
del candidato al gobierno del estado
de Michoacán (colección Casa Katz).

la idealización de los trabajadores del campo michoacanos como "el lugar común de la insensibilidad".[15]

A pesar de los primeros encuentros con las turbulencias sociales del estado a principios de 1928, como se acostumbraba en las giras políticas, Cárdenas siguió su recorrido por diversas localidades, mucho más allá de las ciudades de Morelia, Zamora o Uruapan. El General viajó por los rumbos de Ario de Rosales, Ajuno, Tiríndaro, la Cañada de los Once Pueblos y el Cortijo, en donde, además de ver a los campesinos formando frentes a favor de la "lucha social", le sorprendió que las mujeres también se organizaran en sindicatos. Así se lo hizo saber en una carta a su

---

[15] Marjorie Becker, *Setting the Virgin on fire. Lazaro Cardenas, Michoacan Peasants and the Redemption of the Mexican Revolution*, University of California Press, Los Ángeles, 1995, p. 58.

amigo y mentor Francisco J. Múgica.[16] Como Cárdenas no era un hombre con facilidad de palabra y carecía de las dotes de un jilguerillo político, no tardó en pedirles a sus colaboradores que hicieran las veces de oradores en los mítines y reuniones que celebraría durante la campaña. Cada uno se especializaría en un tema relevante: Juan Manuel Castillo se ocuparía de los asuntos religiosos, Carlos González Herrejón de los problemas agrarios, Donaciano Carreón trataría la materia de las cooperativas, y Antonio Mayés Navarro hablaría sobre la escuela y su trascendencia en el proyecto de emancipación social del campesinado.[17]

En los primeros días de abril de 1928 Cárdenas recibió la noticia de su promoción a general de división, aunque todavía debía ser ratificado por el Senado de la República, lo que sucedería hasta octubre de ese año.[18] De cualquier manera dicha promoción sirvió para que le expresara al general Calles su amistad y lealtad, como lo afirmó en una carta: "que seguirá guiándose en la ideas revolucionarias y ejemplo de honradez que nos ha señalado usted".[19] Aquel "chamaco" no perdía la oportunidad de ratificar su filiación callista, ahora que la estrella sonorense parecía orientar su luminosidad hacia los flancos del general Álvaro Obregón, cuya campaña aparecía en todos los diarios y revistas del momento. Aprovechando los buenos términos en los que se encontraba la relación de Cárdenas con el gobierno federal, éste decidió echarle una mano a su amigo, el general Francisco J. Múgica, apoyando su solicitud para reingresar al ejército. La respuesta se tardaría un poco más, pero quedaba claro que poco a poco se harían las paces entre los sonorenses y el michoacano rebelde.[20]

---

[16] Verónica Oikión, *Michoacán:…*, *op. cit.*, p. 155.

[17] *Ibid.*

[18] Archivo SEDENA, expediente del general Lázaro Cárdenas…, *op. cit.*, carta del 1° de abril de 1928.

[19] Verónica Oikión, *Michoacán…*, *op. cit.*, p. 157.

[20] Archivo Calles-Torreblanca, fondo Plutarco Elías Calles, exp. 119, inv. 3901, leg. 1, 1920.

La gira de Cárdenas continuó durante los meses de abril y mayo, aunque si bien destacaba el esfuerzo por llegar a los campesinos y a los obreros michoacanos, por lo general las propuestas políticas, sociales y económicas del joven candidato se quedaban entre los representantes oficiales y las autoridades locales, o cuando mucho entre las llamadas "fuerzas vivas". Por más que se mezclara entre los hombres del campo y las fábricas, sus ideas y proyectos no lograban arraigar entre las huestes de acarreados y analfabetos. Habría que reconocer que entonces los revolucionarios solían reflejar sus méritos y fracasos a través de representaciones contradictorias: se percibían con mucha complacencia, por lo que difícilmente reconocían el mínimo arrastre de sus liderazgos. Entre ellos se adulaban y cortejaban, pero vivían en medio de una popularidad bastante menguada y artificial cuando no era demasiado obvio el contundente rechazo generado por la suspicacia y el resentimiento de sus gobernados. En la segunda mitad de los años veinte la decepción y el desencanto permeaban los ánimos que antes habían exaltado los ideales revolucionarios, y una cruel desilusión se dejaba sentir entre diversos sectores de la sociedad mexicana.

A pesar de sus discursos y sus giras Lázaro Cárdenas carecía de simpatías generalizadas entre el pueblo michoacano; no era entonces la figura popular en la que se convertiría años después. La revolución que trataba de implantar y de la que se hablaba en los discursos políticos "vista desde abajo, aparecía más como arbitrariedad, corrupción y caciquismo".[21] Una natural desconfianza se percibía a la hora de presentar los programas de gobierno y era más notoria durante los momentos en que el candidato se acercaba a la gente para entender las problemáticas locales. El mundo rural marcaba claramente su distancia frente a los revolucionarios arrogantes y pretenciosos. Para colmo, el candidato Cárdenas,

---

[21] Marco Antonio Calderón Mólgora, *Historias, procesos político y cardenismos*, El Colegio de Michoacán, Zamora, 2004, p. 20.

por más que se presentó como mediador y sosegado, representaba también a un gobierno que desde mayo de 1926 había confrontado a la iglesia católica, una institución que fungía desde épocas muy remotas como una aliada natural del mundo rural michoacano. El enfrentamiento entre la iglesia y el gobierno revolucionario provocó el cierre de templos y escuelas confesionales lo que implicaba que muchos campesinos humildes se sintieran desamparados e inseguros. Tal circunstancia generó una enorme animadversión hacia las autoridades oficiales, que para entonces debían lidiar con una fuerza rebelde que oscilaba entre los 12 000 y los 8 000 cristeros tan sólo en Michoacán.[22] La mayoría campesina, católica e iletrada, culpaba al gobierno por no poder ir a misa, impedir el matrimonio bajo el amparo de la iglesia o contrariar la posibilidad de bautizar a sus hijos. Tampoco era posible confesarse o pedir redención por los pecados, mucho menos tener acceso a recibir los santos oleos. En Michoacán, entre los pueblos que se encontraban en plena rebeldía destacaban San Juan Parangaricutiro, Cotija, Sahuayo, Puruándiro, Coalcomán, Yurécuaro, San José de Gracia, Parácuaro, Peribán y Cojumatlán.[23] En muchas ocasiones la comitiva del candidato Cárdenas arribó a las comunidades lejanas con calles abandonadas y gente enclaustrada. De vez en cuando las autoridades civiles los recibían, pero sólo se presentaban con quejas y descreían las posibles soluciones que se les ofrecían.

Sin embargo, en medio de este panorama trágico y de violencia latente, sucedían otros momentos festivos y condescendientes. Uno de ellos ocurrió en los primeros días de junio de 1928, al final de la campaña. El candidato Cárdenas y sus partidarios llegaron a Tacámbaro, un pueblito pintoresco y acogedor, de unos 10 000 habitantes, enclavado

---

[22] Enrique Guerra Manzo, "Católicos y agraristas en…, *op. cit.*, p. 187; y Matthew Butler, *Popular Piety and Political Identity in Mexico's Cristero Rebellion. Michoacán: 1927-1929*, Oxford University Press, Reino Unido, 2004, p. 197.

[23] *Ibid.*

en la sierra purépecha, con calles estrechas, casas blancas ordenadamente alineadas y decoradas con guardapolvos rojos y techos de teja. Era una población rodeada por bosques espesos y montañas de color esmeralda, algunas de ellas con antiguos cráteres que contenían espejos de agua cristalina. El poeta y novelista José Rubén Romero le había dedicado los siguientes versos versos:

> Cuando sentí el aroma de tus verdes laderas
> y contemplé tus casas con insaciable anhelo
> pensé que eras el mago país de las quimeras
> y un escalón de rosas para subir al cielo.[24]

Ahí en Tacámbaro la población recibió al candidato y a su comitiva con música y una lluvia de confeti. Venían de recorrer otros pueblos de la región y cuando entraron por las calles empedradas, desde un balcón en la plaza central unas jovencitas saludaron risueñas al General arrojándole puños de papel picado. Entre esas muchachas destacaba una chica de 17 años de nombre Amalia, quien era la mayor de las seis hijas de doña Albertina Bravo y don Casimiro Solórzano, un afamado ranchero y comerciante de Tacámbaro, dueño de un molino de aceite y de una fábrica de jabón.

"Yo me di cuenta de que él se dirigió a mi saludándome con el sombrero", contaba doña Amalia años después al recordar su encuentro con Lázaro Cárdenas. "Le pregunté a la esposa del recaudador de rentas si era casado y ella me respondió: 'No, no es casado pero tiene por ahí una chamaca'".[25] Desde su cabalgadura hasta el balcón que daba a la plaza principal de Tacámbaro, el candidato cruzó varias veces la mirada con

---

[24] José Rubén Romero, *Obras completas*, Oasis, México, 1957, p. 655.
[25] Fernando Benítez, *Entrevistas…*, *op. cit.*, p. 89. En esta entrevista y en otra concedida al periodista Luis Suárez, Amalia Solórzano dice que tenía 14 años cuando conoció al general, lo cual resulta inverosímil. Nació el 10 de julio de 1911, por lo que en junio de 1928 tendría 17 años. Véase también Luis Suárez, *Cárdenas…*, *op. cit.*, p. 34.

esa joven reconociendo su "mutua la simpatía".[26] La comitiva y el General continuaron con la gira y permanecieron tres días en dicha población, recorriendo la región por los rumbos de Santa Clara y posteriormente siguiendo hacia Ario de Rosales. Al parecer Amalia y Lázaro se encontraron en varias ocasiones. En una de sus remembranzas ella comentó que en la noche del arribo del candidato a Tacámbaro "le ofrecieron una cena muy sencilla" en su casa. "Yo traté de arrojarle confeti al subir la escalera, pero él metió la mano a la bolsa y me echó el confeti. Esa noche platicamos un rato y al día siguiente me escribió diciéndome que volvería la otra noche."[27]

La señorita Amalia Solórzano Bravo de Tacámbaro, Michoacán
(colección Familia Cárdenas).

---

[26] Amalia Solórzano de Cárdenas, *Era otra cosa la vida*, Nueva Imagen, México, 1994, p. 1.

[27] Fernando Benítez, *Entrevistas…*, *op. cit.*, p. 89.

En otras memorias un tanto más formales, doña Amalia recordó que, durante la segunda noche, una familia destacada de Tacámbaro, los Espinosa, prestaron la huerta de su casa, llamada Los Pinos, para que las monjas del colegio de dicha población agasajaran al candidato. Doña Albertina, mamá de Amalia y muy amiga de la madre superiora, ofreció a sus hijas para ayudar en el servicio. Si bien en esa ocasión no tuvieron oportunidad de cruzar palabra, al final de la cena Lázaro se las agenció para dejarle una tarjeta a Amalia en la que le anotó que regresaría al día siguiente. "Así transcurrieron tres días. Desde ese momento me mandó tarjetitas informándome adónde iba y a qué horas regresaba. En cortos encuentros nos tratamos."[28]

Como buena familia provinciana, los papás de Amalia la traían cortita. Al parecer desde que cumplió los nueve años la habían puesto a disposición de las monjas de la localidad. A partir de los 11 años, la enviaron a un convento a la Ciudad de México en el barrio de Tacuba.[29] Su padre era notablemente conservador y consideraba que el general Cárdenas era "un rojillo". De cualquier manera, después de aquellos días en que el candidato permaneció en el pueblo de Amalia, la pareja se consideró comprometida. Tácitamente doña Amalia contaría: "Estuvo tres días en Tacámbaro y al irse ya éramos novios".[30] Aunque al parecer Lázaro dio un paso más allá pues deseaba satisfacer con rapidez su ideal de emparejarse para construirse un nido. Según doña Amalia "recién que nos conocimos, me dijo el General que le gustaría que nos casáramos antes de que tomara posesión del gobierno de Michoacán".[31] Eso debía de sucedería sólo un par de meses después,

---

[28] Amalia Solórzano de Cárdenas, *op. cit.*, p. 2.

[29] Fernando Benítez, *Entrevistas…*, *op. cit.*, p. 90; y Luis Suárez, *Cárdenas…*, *op. cit.*, p. 33. Nuevamente la edad de Amalia a la hora de ingresar al convento es imprecisa: en la primera entrevista dice que fue enviada a México a los 11 años mientras que en la segunda asegura que fue a los nueve.

[30] Fernando Benítez, *Entrevistas…*, *op. cit.*, p. 90.

[31] Amalia Solórzano de Cárdenas, *op. cit.*, p. 3.

a mediados de septiembre. Según sus planes, él regresaría en julio a Tacámbaro para pedirla.

Tanto la madre como el padre de Amalia se opusieron tajantemente. Doña Albertina quiso enviarla de inmediato al convento de la Ciudad de México, pero el padre mandó a hija y madre juntas a Puebla, para que estuvieran una temporada con sus hermanas o tías, lejos de Tacámbaro y del osado general jiquilpense. Don Casimiro se quedaría a cargo de los hermanos menores de Amalia, que entre todos sumaban ocho: dos hombres y seis mujeres. De cualquier manera, la relación entre Amalia de 17 años y Lázaro de 33, se mantuvo por medio de cartas, notas y de vez en cuando de algunos mensajes, que el General enviaba y que ella respondía diligentemente durante los siguientes cuatro años.

En vista de la oposición inicial de los padres de Amalia, los novios decidieron que esperarían hasta que el General terminara su mandato en Michoacán para casarse. Mientras tanto intentarían aprovechar la mayoría de las visitas de Lázaro a la Ciudad de México o cualquier estancia de Amalia en Tacámbaro para encontrarse. Cuando ella regresaba a la sierra purépecha, solían encontrarse en un puente en construcción en la brecha que unía Tacámbaro con Pátzcuaro. A ese sitio lo nombraron Uruapan, y la clave para concertar sus citas era cuando el General escribía que "iba a salir a Uruapan". También se citaban en El Ciprés, el rancho de don Casimiro, el padre de Amalia, que quedaba a unas horas cabalgando desde Pátzcuaro. "Con mi hermana nos salíamos a caballo y nos veíamos con el General en alguna parte del rancho o en el cerro." Estos encuentros no carecía de cierto peligro, ya que para entonces los cristeros rondaban por los caminos y veredas de la región. Incluso en alguna ocasión unos rebeldes se le acercaron al padre de Amalia para comentarle que "tu hija con alguna frecuencia se escapa a tal lugar y un día va a caer el gobierno y ella en nuestras manos. Si no lo hemos hecho es por consideración que te tenemos a ti y a la familia, pero tu hija se escapa seguido a la carretera".[32] Independientemente de esos riesgos, lo que quedaba claro era que la atracción que sentían aquellos jóvenes resultaba tan intensa como para que ella se escapara y él cabalgara ocho horas desde Pátzcuaro o Uruapan para encontrarse.

Unos días después del primer lance de Lázaro con Amalia se celebraron las elecciones para gobernador y diputados locales de Michoacán.[33] El 10 de junio culminó el proceso, y aunque Cárdenas era el único candidato para encabezar el gobierno de aquella entidad federativa, los comicios para elegir las representaciones legislativas estuvieron plagados de conflictos e irregularidades. Los "robos y sustitución de ánforas, fraudulentos, atropellos y presión de las autoridades municipales" estuvieron a la orden del día. En algunos lugares, debido a la agitación cristera, se tuvieron que suspender las elecciones por falta de garantías.[34] Aun así la mayoría de los diputados que resultaron electos se identificaron de entrada con el candidato ganador. El general Cárdenas llegaría a la gubernatura con un importante soporte político, al que no sería muy difícil controlar y moldear conforme a sus intereses y proyectos. El apoyo que ahora recibiría de las huestes controladas por Melchor Ortega se sintió desde el siguiente día de las elecciones.

Asimismo, ese 10 de junio la Secretaría de Guerra y Marina nombró al general Lázaro Cárdenas jefe de Operaciones Militares del estado

---

[32] *Ibid.*

[33] Algunos autores plantean que las elecciones se llevaron a cabo el mismo 3 de junio que Amalia y Lázaro se vieron por primera vez. Véase Ignacio Marván, "Sé que te vas a la Revolución… Lázaro Cárdenas 1913-1929", en Carlos Martínez Assad, *Estadistas, caciques y caudillos*, Instituto de Investigaciones Sociales-UNAM, 1988, p. 115; y Verónica Oikión, *Michoacán…*, *op. cit.*, p. 161. Eitan Ginzberg y Cuauhtémoc Cárdenas, por su parte, sugieren que fue una semana después, el 10 de junio. Eitan Ginzberg, *Revolutionary Ideology and Political Destiny in Mexico, 1928-1932. Lázaro Cárdenas and Adalberto Tejeda*, Sussex Academic Press, Brighton, 2015, p. 30; y Cuauhtémoc Cárdenas, *Cárdenas…*, *op. cit.*, p. 139.

[34] Verónica Oikión, *Michoacán…*, *op. cit.*, pp. 161-162.

de Michoacán "por el tiempo que falta para tomar posesión del gobierno del estado", aunque asumió dicha jefatura hasta el 6 de julio.[35] En la entrada de sus *Apuntes* de aquel día también informó sobre un acontecimiento que mostraba la agitación en su estado debido a los constantes asonadas cristeras. Además, tal suceso afectaba particularmente una región que no hacía mucho ocupaba un lugar especial en su corazón: los rumbos de la sierra purépecha donde vivían los familiares de Amalia y donde la conoció. Decía en su anotación del 10 de junio:

> Hoy fue asaltado el tren maderero Ajuno-Ario en el km 59, por los rebeldes Ladislao Molina, Elizondo y Nieto, asesinando al señor diputado federal José Carrasco Sandoval, su hermano Carlos y el señor Severo, presidente municipal de Tacámbaro. Inmediatamente se destacaron fuerzas en su persecución.
>
> Hoy salí en tren de Morelia para Pátzcuaro.
>
> Salí de Pátzcuaro para Ario de Rosales a caballo.
>
> De Ario a Tacámbaro a caballo.
>
> De Tacámbaro para Acutzio del Canje a caballo.
>
> Seguí en tren a Pátzcuaro.
>
> Los rebeldes Molina, Elizondo y Nieto son perseguidos por el 5º. Regimiento de caballería y por las defensas del departamento de Pátzcuaro, al mando del señor Santiago Hernández, presidente.[36]

La responsabilidad militar del general Cárdenas pasaría entonces a ocupar su ánimo con el fin de perseguir a aquellos rebeldes a los que consideraba delincuentes comunes, por el momento haciendo a un lado sus dotes de político negociador.

---

[35] Lázaro Cárdenas, *Obras. I...*, *op. cit.*, vol. I, tercera edición, p. 171.
[36] *Ibid.*

El asesinato de Álvaro Obregón y los primeros afanes del gobierno en Michoacán

> En este país si Caín no mata a Abel, entonces Abel
> mata a Caín.
>
> ÁLVARO OBREGÓN, 1927-1928

La campaña obregonista para la presidencia de la República no estuvo tampoco exenta de sobresaltos. Las fricciones y combates entre el ejército federal y los cristeros aumentaron poco tiempo después de que el presidente Plutarco Elías Calles promulgara la ley que supeditaba la autoridad de la iglesia a la del estado nacional en 1926. La ley Calles planteaba el necesario registro de todos los sacerdotes como cualquier profesionista ante el gobierno mexicano, prohibía terminantemente la enseñanza de la religión en las escuelas, e indicaba que todo "ministro" religioso debía tener nacionalidad mexicana para ejercer su oficio.[37]

Además, dicha ley parecía haberse emitido con el fin preciso de atentar en contra de los muy arraigados intereses de la iglesia católica al tocar las sensibles cuerdas de la religión popular y las tradiciones campesinas. Con el fin de resistir a dicha política anticlerical, la alta jerarquía católica decidió suspender el culto público a partir del 1° de agosto de 1926. En las ciudades se inició un boicot contra el gobierno que pedía consumir no más de lo necesario y provocarle una crisis económica al régimen. Algunas agrupaciones como la Liga Nacional de Defensa de la Libertad Religiosa o la Asociación Católica de la Juventud Mexicana intentaron coordinar tanto las resistencias pacíficas como las violentas en las zonas urbanas. La aguda tensión derivó en más violencia y, sin mayor organización ni dirección, la rebeldía armada se propagó principalmente en los

---

[37] Alicia Olivera Sedano, *Aspectos del conflicto religioso de 1926 a 1929*, INAH, México, 1966, pp. 121-122.

estados de Jalisco, Guanajuato, Querétaro, Zacatecas, Colima, Nayarit y Michoacán.

La guerra cristera puso a prueba a buena parte el ejército mexicano. Aun cuando diversos regimientos contaron con el apoyo de armamento moderno, aviones y equipo motorizado, la guerra de guerrillas emprendida por los cristeros mantuvo a raya la milicia federal. Sin embargo los cristeros tenían poca experiencia en la batalla y un armamento exiguo. Las características generales de aquellas huestes correspondían a las de los campesinos armados sin mayores nociones de organización militar y expuesto a los sinsabores de la guerra, con su indignación a cuestas, partiendo a luchar contra el gobierno ateo y anticlerical.

Por otra parte, algunos comandantes del ejército federal aprovecharon la ocasión para beneficiarse y llevar la represión a extremos crueles y salvajes. El general Juan Andreu Almazán le comentaría al general Calles que "los militares negociantes fueron los que obligaron con sus abusos a tomar las armas a la mayor parte de los rebeldes". Calles respondió: "Tiene usted razón. Yo mismo he tenido que tomar el telégrafo para detener trenes enteros y mandar desembarcar ganado y otros productos de los robos de los tales generales".[38]

A pesar de ello todo indicaba que la violencia entre los cristeros y el ejército se mantenía con cierta obcecación porque era necesaria la persistente actividad de los militares callistas. Se pensaba que si estaban activos en menesteres de campaña o de labores de guardia, las insurrecciones dentro del propio medio castrense disminuirían.

El general Luis Alamillo Flores planteó que el presidente Calles tenía "el firme propósito de aniquilar sin discutir los medios, cualquier obstáculo que impidiera el triunfo de la Revolución", por eso no se dejaría amedrentar por algunos "pequeños brotes de rebelión, aislados y sin

---

[38] Alfonso Taracena, *Historia extraoficial de la Revolución mexicana*, Jus, México, 1972, p. 344.

importancia".[39] Así, una de las mejores armas del régimen era minimizar el impacto nacional e internacional de la guerra cristera.

Mientras tanto, el 13 de noviembre de 1927 en la Ciudad de México un grupo de católicos radicales arrojó una bomba al coche del general Obregón cuando recorría con amigos la avenida principal del Bosque de Chapultepec. Ninguno de los atacados, ni el general ni sus acompañantes, fue herido de gravedad. Obregón sólo sufrió algunos rasguños. Sin embargo, la persecución de los implicados inició inmediatamente y la mayoría de los participantes en el atentado fueron capturados y torturados. Lo peor fue que algunos inculpados al poco tiempo fueron pasados por las armas, de buenas a primeras. Entre ellos estaba el padre Miguel Agustín Pro Juárez, quien rápidamente se convirtió en mártir y símbolo de la persecución cristera.[40]

Este atentado confirmaba los rumores de que los católicos tenían la clara intención de matar a quienes consideraban los principales instigadores de la guerra cristera: el general Obregón y el general Calles. El régimen tuvo, una vez más, la oportunidad de mostrar su reacción implacable contra quienes lo desafiaban. El general Obregón, al comentar el atentado y sus consecuencias frente a un grupo de senadores, dijo que se trataba de una "alerta", pues el clero seguía combatiendo al "obregonismo" que no era "sino la Revolución misma que nos viene marcando sus derroteros, desoyendo las maniobras de individuos y grupos que tratan de desunirlo, y cuyas pugnas entre sí valen siempre mucho menos que los altos intereses de la Revolución".[41] El general Obregón

---

[39] Luis Alamillo Flores, *Memorias. Luchadores ignorados al lado de grandes jefes de la Revolución mexicana*, Extemporáneos, México, 1976, p. 356; y Alberto J. Pani, *El cambio de regímenes en México y las asonadas militares*, Le Livre Libre, Francia, 1930, p. 16.

[40] Joseph H. L. Schlarman, *México. Tierra de volcanes. De Hernán Cortés a Miguel Alemán*, Jus, México, 1950, p. 602.

[41] *Discursos del General Álvaro Obregón*, Biblioteca de la Dirección General de Educación Militar, México, 1932, p. 292.

no desaprovechaba la ocasión para hacerse propaganda. Tenía claro que quería volver a la presidencia a como diera lugar.

Durante la primera mitad de 1928 la intensidad de la guerra cristera disminuyó. Por el lado de los rebeldes se pretendió darle cierta dirección militar al movimiento. Las organizaciones rebeldes contrataron al general Enrique Gorostieta —curiosamente agnóstico— como su principal comandante, lo que implicó una necesaria reestructuración de las fuerzas armadas cristeras. Así pues, el natural desgaste de aquel ejército popular mal armado y constantemente asediado hizo imprescindible su repliegue. Pero mientras la situación parecía regresar a la normalidad en algunas regiones, en otras brotaba una nueva fuerza rebelde, mal armada y desorganizada, pero muy violenta y la mayoría de las veces letal. Así sucedió a principios de julio de 1928 en Michoacán con el asalto al tren de Ajuno y el "ajusticiamiento" de seguidores del régimen por parte de los cristeros. El jefe de operaciones militares del estado, Lázaro Cárdenas, quien acababa de ganar las elecciones para gobernador, tomó muy a pecho su responsabilidad e inició una severa persecución con el fin de capturar a los responsables.

Mientras tanto, el proceso y la campaña electoral para la presidencia no se detuvieron. El representante popular y coronel Gonzalo N. Santos, al mando del Bloque Obregonista de la Cámara de Diputados, entró en conflicto con los miembros del Partido Laborista y la CROM, encabezados por el todavía Secretario de Industria, Comercio y Trabajo, Luis Napoleón Morones. Al cuestionar la viabilidad de la reelección y amenazar con el retiro del apoyo al candidato sonorense de parte de estas dos instituciones, la tensión entre los líderes de los trabajadores y los promotores del voto obregonista creció. Al poco tiempo de que el entonces joven líder de los obreros, Vicente Lombardo Toledano, todavía estrechamente vinculado a la CROM, cuestionara la validez de la reelección de Obregón, Gonzalo N. Santos le espetó la siguiente sentencia plagada de fanfarronería: "Bájate de las nubes color de rosa donde andas cabalgando; pon los pies en la tierra, aquí no hay más cera que la que arde, el Manco vuelve a la presidencia y además con la complacencia del general Calles y de completo acuerdo conmigo".[42]

Obregón mismo también tuvo ese tipo de desplantes contra los líderes de la CROM, y el distanciamiento entre él y Luis Napoleón Morones intensificó el nerviosismo imperante. Morones, además de ser el mandamás de los laboristas y sempiterno jefe cromista, fungía como parte del gabinete del general Calles y se presentaba como un fuerte aliado del mismo. Entre fuertes rumores de que tanto los católicos como los laboristas pretendían acabar con su vida, el candidato presidencial regresó a la Ciudad de México de una gira de proselitismo y ratificación de alianzas por el estado de Veracruz a finales de junio de 1928. Pocos días antes de celebrarse las elecciones tuvo la desvergüenza de decirle a su hijo: "Viviré hasta que haya alguien que cambie su vida por la mía".[43] Después de concluir su campaña se retiró a su hacienda Náinari en Sonora a esperar los resultados de los comicios.

El 1° de julio se llevaron a cabo las elecciones federales, tanto para la presidencia de la República como para el Congreso de la Unión. El general Obregón saboreó su triunfo en clara alianza con su antecesor, el general Calles, y con algunos miembros importantes de su comité proselitista, como el general Aarón Sáenz, entonces gobernador de Nuevo León, y el coronel Ricardo Topete, su coordinador de escoltas, además de varios amigos y correligionarios como los potosinos Aurelio Manrique y Antonio Díaz Soto y Gama, y desde luego sus leales generales Gonzalo Escobar, Roberto Cruz y Francisco R. Manzo. Estos últimos se hospedaron en la capital en el Hotel Regis, y para nadie era un secreto que se encontraban maquinando la forma en que debían regresar a las primeras filas del poder haciendo a un lado al general Calles.[44]

---

[42] Gonzalo N. Santos, *op. cit.*, p. 306.

[43] Ángeles Magdaleno Cárdenas, "¿Qué hacemos? Matar a Obregón", en Gerardo Villadelángel Viñas (coord.), *El libro rojo*, vol. 2 1928-1959, FCE, México, 2011, pp. 3-11.

[44] Gonzalo N. Santos, *op. cit.*, p. 331.

El 15 de julio Obregón regresó a la Ciudad de México, ya como presidente electo y se dejó homenajear. Dos días después una delegación de diputados de Guanajuato lo invitó a una comida en el restaurante La Bombilla en el pueblo de San Ángel, al sur de la ciudad. El festejado llegó aproximadamente a las 13:30 y se sentó de buen humor al centro de la mesa principal, custodiado por el general Aarón Sáenz y el jefe de la diputación guanajuatense, Federico Medrano. Al evento asistieron los diputados Enrique Fernández, Antonio Díaz Soto y Gama, Aurelio Manrique, Ezequiel Padilla, José Luis Solórzano, David Montes de Oca, y el médico de cabecera del sonorense, Alejandro Sánchez, entre otros. Amenizada por la orquesta del maestro Alfonso Esparza Oteo, la comida comenzó sin contratiempos. No parecía haber ningún dispositivo de seguridad, salvo un par de agentes y el escolta Ricardo Topete, quien se encontraba departiendo con los demás comensales.

Un dibujante se acercó por detrás al presidente electo mientras comía para mostrarle un par de caricaturas. En el acto sacó una pistola y vació los seis tiros de la misma en la cabeza y la parte superior del cuerpo del general Obregón quien cayó fulminado sobre la mesa. La confusión se generalizó y los más cercanos al sonorense sujetaron al asesino, quien resultó ser un fanático religioso de nombre José de León Toral. Entre golpes y tirones lograron sacar el cuerpo de Obregón para llevarlo de inmediato a su casa. Cuando llegó ya estaba muerto. El asesino fue llevado a la Inspección de Policía, donde lo esperaba el jefe y general Roberto Cruz. Se cuenta que tras recibir la noticia, el general Calles fue de inmediato a la casa de Obregón. Muy disgustado se acercó a la cara inerte del Manco de Celaya, quien se encontraba acostado en el centro de la sala y le espetó: "¿Querías ser presidente, pendejo? Pues no llegaste".[45]

---

[45] Agustín Sánchez González, *El general en la Bombilla. Álvaro Obregón 1928: Reelección y muerte*, Planeta, México, 1993, p. 45.

El asesinato del general Obregón sorprendió al mundo entero. En 1927 —10 años después de promulgarse la Constitución que fue el resultado legal más relevante del movimiento revolucionario— el poder legislativo modificó la consigna maderista de "no reelección" y logró que se permitiera siempre y cuando no fuera por periodos consecutivos. De esta manera el general Álvaro Obregón, quien fue presidente entre 1920 y 1924, se reeligió en 1928. Sin embargo su aspiración a ocupar por segunda vez "la dirección de los destinos de la Patria y de la Revolución" no fue satisfecha.

El general invicto de la Revolución, el Rayo de la Guerra, en fin el Caudillo, cayó abatido por una serie de disparos a quemarropa, mientras disfrutaba de un último plato de cabrito en mole al sur de la Ciudad de México. La conmoción fue brutal en todos los niveles de la sociedad mexicana. La élite política, el ejército, los ambientes eclesiásticos y el pueblo de México quedaron estupefactos. El escritor Mauricio Magdaleno, testigo de aquel momento, comentó que aún siendo el país particularmtne iletrado: "Fue la primera vez que se vendieron en México toneladas de periódicos".[46]

La muerte de Obregón causó una fisura profunda en la dividida élite política mexicana. Un primer sospechoso de estar detrás de la mano del asesinato fue el líder de la CROM, Luis Napoleón Morones; otro fue el mismo presidente Plutarco Elías Calles. Uno de los protagonistas más conspicuos de dicha camarilla, Emilio Portes Gil, quien sería electo para ocupar el puesto de presidente provisional durante 1929, recordó el panorama político tras la muerte de Obregón de la siguiente manera: "Los principales jefes militares y políticos del obregonismo asumían actitudes de franca rebeldía contra el presidente Calles, a quien no vacilaban en acusar públicamente como instigador del crimen. El prestigio del gobierno se debilitaba rápidamente y la autoridad del presidente se discutía en mítines callejeros, en los que lanzaban las

---

[46] Mauricio Magdaleno, *Las palabras perdidas*, FCE, México, 1956, p. 15.

más apasionadas acusaciones contra el jefe de la nación y sus más connotados colaboradores".[47]

Sin embargo las extrañas confesiones de José de León Toral y sus profundas convicciones religiosas, así como la implicación de la monja Concepción Acevedo de la Llata —la madre Conchita— señalaron inmediatamente a la iglesia católica como cómplice del magnicidio. En el manifiesto que el propio presidente Calles publicó al día siguiente del asesinato, él mismo decía que "el criminal ha confesado ya, con amplitud, que su funesta acción fue movida por el fanatismo religioso".[48] Nuevamente Portes Gil sentenciaría: "Así logró el clero una vez más detener el curso de la Revolución mexicana, al asesinar al mejor intérprete de la misma y al más prestigiado caudillo, evitando que se aprovechara la experiencia y la madurez del presidente electo para el bien del país."[49]

En Michoacán la noticia también se regó como pólvora encendida. El gobernador electo, Lázaro Cárdenas, viajó a la Ciudad de México para mostrar su respaldo al general Calles y ponerse a sus órdenes. Además, después de su nombramiento como jefe de Operaciones Militares de esa entidad, Cárdenas debía entrevistarse con el secretario de Guerra, el general Joaquín Amaro, para solicitar pertrechos y apoyo para controlar los conflictos locales causados por los levantiscos cristeros. Hospedado en un hotel del centro, el mismo día del asesinato de Obregón recibió la llamada de Enrique Aguilar, un primo de Amalia, quien le pidió encontrarse en una casa donde ella pernoctaba con su madre en las calles de Tacuba. "Mi mamá se había salido con una amiga de Guadalajara, Conchita Ochoa, y nos habíamos quedado con Enrique en casa", contó Doña Amalia. El general se apersonó inmediatamente, "y estábamos muy bien, platicando y todo, cuando en eso oímos que mi mamá llegaba

---

[47] Emilio Portes Gil, *Autobiografía de la Revolución mexicana. Un tratado de interpretación histórica*, Instituto Mexicano de Cultura, México, 1964, p. 409.

[48] Agustín Sánchez González, *op. cit.*, pp. 34-45.

[49] Emilio Portes Gil, *Autobiografía* ..., *op. cit.*, p. 408.

con su amiga. No hallábamos qué hacer con el General. Entonces Enrique y yo corrimos un ropero que era lo único que había, y pusimos al General detrás del mueble".[50] Los dos jóvenes tuvieron entonces que reconocer que tenían al gobernador electo de Michoacán escondido en algún lugar en la casa, lo que al parecer no significó mayores contingencias entre doña Albertina, su hija y su sobrino. Lo más probable es que el General calmara los ánimos de la familia que seguramente se encontraba igual de conmovida que el resto de la sociedad mexicana por el brutal asesinato del presidente electo. Al día siguiente el michoacano regresó a su estado para enterarse sobre cómo habían recibido la noticia las fuerzas vivas de su terruño.

El 19 de julio el general Cárdenas escribió desde Pátzcuaro una carta al general Calles en la que le afirmaba que después de la tragedia no quedaba otra opción más que mantenerse leales, reconociéndole su máxima autoridad le pidió que se cuidara, porque los diablos parecían estar sueltos. Aquella carta decía, en un tono por demás solemne y afectado, lo siguiente:

Ha sido dolorosa y muy sentida la muerte de mi general Obregón, y sus amigos y subalternos llevamos profundo luto por la pérdida del jefe y porque la nación se conmueve ante este nuevo crimen. Ahora, señor, que en vuestras manos ha quedado resolver la situación del país; y en estos momentos en que la nación pone sus esperanzas en usted, tened presente que si un grupo tuvo empeño en asesinar al general Obregón, puede existir otro que tenga igual interés en vuestra muerte, y si esto sucediere, pensad en los trastornos enormes que sobrevendrían al país faltando usted, que es el único que tiene ascendiente en toda la república.

En bien de la patria y de los intereses de la Revolución, cuidad vuestra persona para evitar un nuevo desastre a la nación.

---

[50] Amalia Solórzano de Cárdenas, *op. cit.*

El golpe ha sido tremendo y la situación se presenta a usted con más responsabilidades; pero confiamos en su energía y experiencia, para lograr que el país no sufra trastornos.[51]

La crisis política no tardó en mostrar sus intenciones destructoras y sediciosas. Los militares reunidos en el hotel Regis conspiraban sin demasiada discreción contra el gobierno del general Calles. Destacaban en el grupo los generales Gonzalo Escobar, Francisco Manzo y el coronel Ricardo Topete, a los cuales se añadían ocasionalmente en sus visitas a la Ciudad de México los generales Francisco Urbalejo y Marcelo Caraveo.

El primer mes que transcurrió después de la muerte del general Obregón fue de gran incertidumbre. A mediados de agosto no se tenía claro si procedía la permanencia en el poder del general Calles una vez que terminara su periodo presidencial a finales de 1928, o si la legislatura saliente debía nombrar a un presidente interino que ejerciera el poder durante un periodo especial y se encargara de organizar el proceso electoral para elegir al Poder Ejecutivo de la nación. El general Calles dijo públicamente que abandonaría la presidencia al concluir su mandato constitucional, aunque no estaba claro si lo hacía por convicción o si estaba llamando a sus partidarios para que le rogaran que se quedara. El día 18 de ese mes el general Cárdenas, fiel a su mentor sonorense, se manifestó a favor de que el general Calles prolongara su mandato por un par de años más para que bajo su mandato se lograra estabilizar la entonces efervescente situación nacional. En un mensaje que le envió al general Rafael Sánchez Tapia, quien en ese momento era jefe de Operaciones Militares del estado de Guerrero, el michoacano se autonombró vocero del "actual sentimiento nacional que se inclina en su mayoría a que debe el sr. gral. Plutarco Elías Calles continuar en el poder por

---

[51] Archivo Calles-Torreblanca, fondo Plutarco Elías Calles, exp. 206, inv. 820 leg.3/9; y Lázaro Cárdenas, *Epistolario*, Siglo XXI Editores, México, 1974, p. 24

dos años más para asegurar la paz", y advirtió que si todas las legislaciones locales le enviaban al presidente en funciones esa solicitud de manera conjunta, fijando para ello la fecha del día 10 de septiembre, tal vez sería posible que el sonorense hiciera "el sacrificio de aceptar la designación que de él hace el pueblo mexicano".[52]

Sin embargo, el 1° de septiembre de 1928, en su último informe ante el Congreso de la Nación, el general Calles afirmó de manera categórica que por ningún motivo permanecería en el poder más allá del tiempo que le correspondía por mandato constitucional. Unos días después reunió a los principales generales del ejército para presentarles y a la vez imponerles la estrategia a seguir en los próximos meses y así preparar su salida de la presidencia sin mayores contratiempos. A dicha reunión acudieron los generales Joaquín Amaro, Saturnino Cedillo, Juan Andreu Almazán, Abundio Gómez, Agustín Mora, Gilberto R. Limón, Jesús M. Aguirre, Francisco Urbalejo, Francisco Manzo, Roberto Cruz, Gonzalo Escobar, Lázaro Cárdenas y varios más. El todavía presidente Calles les comentó que se avecinaban tiempos turbulentos dado que a finales de noviembre él dejaría la presidencia y era necesario generar un consenso sobre quién ocuparía su lugar de manera interina para proceder a organizar unas nuevas elecciones. Les planteó que, como miembros del ejército, era preferible que ninguno de ellos se presentara como candidato porque eso generaría una mayor división de las fuerzas armadas, que ya de por sí, con la muerte de Obregón, estaban particularmente inquietas. Añadió además la importancia de dejar que el Congreso de la Unión designara a su sucesor, con el fin de que se actuara bajo las normas constitucionales. En ese momento ninguno de los militares se opuso a la petición del general Calles.

Pero al poco tiempo el todavía presidente celebró otra reunión con el general Manuel Pérez Treviño, quien entonces era gobernador de Coahuila, y a la que asistieron varias figuras relevantes del momento,

---

[52] Lázaro Cárdenas, *Epistolario…*, *op. cit.*, p. 27.

como el general y licenciado Filiberto Gómez, el ingeniero Marte R. Gómez, los licenciados Emilio Portes Gil y Aarón Sáenz, entonces gobernadores de Tamaulipas y de Nuevo León, respectivamente, el ingeniero Luis L. León y el diputado por Yucatán Bartolomé García Correa. Calles les propuso apoyar al licenciado Portes Gil como su posible sucesor. Éste aceptó la propuesta y los invitados estuvieron de acuerdo. También se planteó la necesidad de formar un partido que aglutinara a la mayoría de las muy dispersas fuerzas políticas actuantes en la República. La construcción de tal organismo debía generar más seguridad en la continuidad del poder y de esa manera evitar mayores tensiones en la élite política. Fue así como se empezaron a organizar los principios y los objetivos del Partido Nacional Revolucionario. De entre aquellos invitados a esa segunda reunión saldrían los miembros del primer comité directivo de ese nuevo partido, quienes convocarían a una primera gran asamblea fundadora el 5 de enero de 1929. Desde octubre y noviembre de 1928 la maquinaria para conformar a este gran partido que "sirviera de unión a la familia revolucionaria" se había echado a andar.[53] Su comité organizador quedó en manos de Plutarco Elías Calles, Aarón Sáenz, Luis L. León, Manuel Pérez Treviño, Basilio Vadillo, Bartolomé García, Manlio Fabio Altamirano y David Orozco. El 1° de diciembre se publicaría el Primer Manifiesto del Comité Organizador del PNR, que desde el principio demostró su claro tinte demagógico y rollero. Decía textualmente:

A falta de recias personalidades, imán de simpatías y lazos de unión de las fuerzas sociales dispersas que se impongan en la lucha y conquisten las voluntades por cualidades muy personales, se necesitan, para controlar la opinión y respaldar después a los gobiernos, fuerzas políticas organizadas, los partidos que lleven ante el pueblo, no ya de personas sino de programas de gobierno.[54]

---

[53] Rogelio Hernández, *Historia mínima de El PRI*, El Colegio de México, México, 2016, p.; y Lázaro Cárdenas, *Epistolario…, op. cit.*, p. 27.

[54] Instituto de Capacitación Política, *Historia documental del Partido de la Revolución, PNR, 1929-1932*, PRI, México, 1981, p. 37.

Para ello invitaba a todos los partidos, agrupaciones y organizaciones políticas "de credo y tendencias revolucionarias" para unirse y formar el Partido Nacional Revolucionario el PNR.[55] Dicho partido todavía tardaría un par de meses en adquirir una estructura más o menos formal.

Mientras tanto, el 15 de septiembre de 1928 el general Cárdenas tomó posesión de la gubernatura de Michoacán. Diez días antes el Senado de la República ratificó su grado de general de brigada y su posición en la Jefatura de Operaciones Militares.

Poco antes de asumir el gobierno, Cárdenas abogó nuevamente por su amigo y colaborador, el general Francisco J. Múgica, ante el presidente Calles. Sin Obregón de por medio, el sonorense tenía más margen de acción para reincorporar al michoacano al ejército y lo puso a prueba en una labor poco atractiva para cualquier soldado, pero que resultó beneficiosa para el afán reformador de Múgica y las instituciones correccionales mexicanas. El 10 de septiembre Soledad González, la eficientísima y muy influyente secretaria particular del general Calles le informó a Cárdenas que el asunto del general Múgica había quedado "arreglado satisfactoriamente": el presidente lo lo había nombrado jefe del Resguardo Penal de las Islas Marías.[56] Desde mayo de 1928 se autorizó el reingreso de Múgica al ejército con su nombramiento de general brigadier con licencia. Con dicha licencia vigente se le rehabilitó para ocupar el cargo de director de una de las colonias penales más significativas del país, aquellas islas situadas en el océano Pacífico frente a las costas de Nayarit.[57] Con el tiempo el general Múgica convertiría ese lugar en una penitenciaría modelo.[58] A las pocas semanas de llegar al lugar que llamó

[55] Instituto de Capacitación Política, *op. cit.*, p. 38.

[56] Archivo Calles-Torreblanca, fondo Plutarco Elías Calles, exp. 206, inv. 820, leg. 3/9, 10 de septiembre de 1928.

[57] Archivo SEDENA, expediente del general Francisco J. Múgica, cancelados XI/III/1-325, vol. 2, cartas del 12 de abril de 1928 al 3 de enero de 1929.

[58] Alfonso de María y Campos, *op. cit.*, pp. 212-214.

"su paraíso", aquel carcelero *sui generis* le describió a Cárdenas la situación en la Isla Mayor: "los colonos o reclusos están bien disciplinados y son muy sumisos en el trabajo: siembras, talleres y salinas se encuentran aún en embrión, pero pueden llegar a ser de mucha importancia en el futuro de un año".[59]

El penal de las Islas Marías recibió a varios presos célebres durante la administración de Múgica, como la famosa madre Conchita, que fue acusada de cómplice en el asesinato del general Álvaro Obregón; o el muy jovencito comunista radical José Revueltas, quien daría a conocer su experiencia en ese sitio en su magistral novela *Los muros del agua*. Múgica también se preocupó por la educación de los reclusos y le pidió a su amigo Cárdenas que le enviara los nombres de maestros que quisieran ocupar las vacantes que las islas tenían para instructores básicos. Refiriéndose a una maestra conocida por ambos le escribió: "Si Lola Contreras quiere venirse le ofrezco empleo para los varones de su familia que la acompañen, pero si tiene miedo de venir, creo que no faltará en Morelia una muchacha recibida de corazón bien puesto, que quiera venir a este paraíso".[60]

En Michoacán, al asumir el gobierno y la jefatura militar del estado, el general Cárdenas mostró inicialmente cierta sagacidad, aprendida probablemente en sus pláticas con Múgica en la Huasteca. Al ocupar ambas posiciones de mando, la gubernatura y la máxima autoridad castrense se impedía que otro miembro del ejercito le disputara el mando dentro de su entidad, como había sucedido tiempo atrás. De esta manera la gubernatura recuperó "la hegemonía como órgano conductor de la vida política del estado".[61] Uno de sus primeros actos de

---

[59] *Ibid.*, p. 212.

[60] *Ibid.*, p. 215.

[61] Jorge Zepeda Patterson, "Los caudillos en Michoacán: Francisco J. Múgica y Lázaro Cárdenas", en Carlos Martínez Assad, *Estadistas, caciques y caudillos*, Instituto de Investigaciones Sociales-UNAM, 1988, p. 260; y Álvaro Ochoa y Gerardo Sánchez Díaz, *Breve historia…, op. cit.*, p. 227.

gobierno fue de orden republicano; el General redujo su sueldo de 60 pesos diarios a 30 y el de los funcionarios públicos de 25 a 15 pesos. Como la entidad "yacía en bancarrota" el flamante gobernador solicitó al secretario de Hacienda, Luis Montes de Oca, un apoyo especial para aliviar la situación de precariedad económica en la que se encontraba la administración pública michoacana.[62]

El gobernador Lázaro Cárdenas se propondría lograr por lo menos cinco objetivos a lo largo de su gobierno. El primero era intentar pacificar los territorios violentados por la persistencia de la guerra cristera. A continuación haría todo lo posible por reanimar la reforma agraria para crear un sector campesino productivo con acceso a un decoroso bienestar económico. Para lograr el tercer punto se requeriría de la organización de los diversos sectores populares y, en seguida crear un contacto cercano con los órganos administrativos y constructivos del estado local y nacional; ésa sería la cuarta meta por alcanzar y en la cual la escuela debía jugar un papel fundamental. En quinto lugar era necesario incorporar la "geopolítica de todas la regiones del estado", lo que llevaría a una "integración multiclasista", lo cual se lograría a través del impulso a las vías de comunicación, pues este era el requisito fundamental para la modernización del estado y de la nación entera.[63]

El trato con los rebeldes cristeros se llevó a cabo de diversas formas. En especial, el gobierno de Cárdenas intentó negociar y llegar a acuerdos, y fue contrario a la persecución o la coerción violenta, aunque no se le podía calificar de blando o poco firme cuando el orden era requerido y se hacía necesario someter al clero y a los rebeldes a las leyes federales. En muchas ocasiones el propio General hacía los arreglos al

---

[62] Verónica Oikión, *Michoacán…*, *op. cit.*, pp. 167-168; Ignacio Marván, "Sé que…", *op. cit.*, p. 117.

[63] Eitan Ginzberg, *Lázaro Cárdenas…*, *op. cit.*, p. 243; y Christopher R. Boyer, "Revolución…, *op. cit.*, p. 172.

acudir personalmente al encuentro con los líderes cristeros. Así sucedió, por ejemplo, con el carismático Simón Cortés a principios de 1929, de quien se decía que encabezaba a más de 200 hombres. Después de que la viuda del general Rentería Luviano hiciera el contacto con Cortés en una localidad llamada Copullo, el General comisionó al señor Emilio Moreno a que estableciera las bases para un encuentro. Tras saber cuáles eran sus condiciones Cárdenas acudió a la cita con el rebelde en las cercanías de Santa María de los Altos. Sólo lo acompañaba el coronel Miguel Henríquez Guzmán, jefe de su estado mayor y a quien se hizo pasar como su chofer.[64] A pesar de que la Liga Nacional por la Defensa de la Libertad Religiosa consideró que Cortés traicionaba a sus seguidores, el cristero y sus lugartenientes depusieron las armas al acordar con el gobierno. El trato oficial, en caso de rendición, consistía en darles 20 pesos a los exrebeldes que entregaran sus armas y 30 a quienes entregaran su caballo. Sin embargo, para aquellos hombres hubo un trato especial. Además de algunas dotaciones de tierra en la hacienda de Tafetán, el general Cárdenas les asignó al propio Cortés y a algunos de sus seguidores un sueldo como cuidadores forestales, y éstos ayudaron a que otros cristeros se pacificaran.[65]

Dada la importancia de esta primera rendición de una fuerza cristera, el general Cárdenas solicitó que se tomara una serie de fotografías de él al lado de Simón Cortés, conversando a la sombra de un árbol o posando frente a la cámara con sus acompañantes.

---

[64] Froylán Manjarrez y Gustavo Ortiz Hernán (relatores), *Lázaro Cárdenas I Soldado de la Revolución, II Gobernante, III Político nacional*, Imprenta Labor, México, 1934, p. 43.

[65] Archivo Calles-Torreblanca, fondo Joaquín Amaro (en catalogación al momento de su consulta), cartas de 25 de enero de 1929 y de 2 de febrero; Eitan Ginzberg, "Cárdenas íntimo: su política de diálogo durante la gubernatura de Michoacán", en Verónica Oikión y Martín Sánchez (coords.), *Vientos de rebelión...*, *op. cit.*, p. 215; y Matthew Butler, *Popular Piety and Political Identity in Mexico's Cristero Rebellion. Michoacán: 1927-1929*, Oxford University Press, Reino Unido, 2004, pp. 180-185.

El gobernador Lázaro Cárdenas conversando
con el líder cristero Simón Cortés
(archivo CERMLC).

En la foto en la que aparecían juntos el gobernador se encontraba
vestido de militar con abrigo, botas y sombrero de campaña, mientras
que el suspicaz guerrillero se mostraba con sombrero de palma, atavia-
do con una cotona que le cubría la espalda y terminaba a la altura de los
tobillos, vestía pantalones de manta y una camisa oscura. Sobre el pecho
lo cruzaba un cinturón que sujetaba un garnil de cuero, bordado y con
flecos, por encima de su cintura. Vestía un paliacate oscuro anudado al
cuello. Un mechón de cabello negro le tapaba la mitad de la frente y

lo distinguía, así como sus inconfundibles bigotes espesos color de azabache. Los dos personajes posaban para la cámara fingiendo una conversación y mirándose el rostro. Los cubría la sombra de un gran árbol y estaban sentados uno frente al otro en una especie de redondel que le permitía al General aparecer a la par del excristero. Con esta foto se intentaba comunicar el trato justo y negociador que el gobierno de Cárdenas ofrecía a quienes se sometían al imperio de la ley.

En la región de Pátzcuaro la situación de los rebeldes cristeros también se intentó controlar, y Simón Cortés influyó para que el cabecilla Ladislao Molina se pacificara. Sin embargo en esa región las conciliaciones fueron más complicadas y antes de llegar a un arreglo el propio Molina se suicidó.[66] El general Joaquín Amaro había autorizado al jefe de Operaciones Militares para que tomara las medidas que creyera necesarias con el fin de que los rebeldes depusieran su actitud y "regresaran a la vida del trabajo honrado". Incluso envió al ingeniero Juan de Dios Avellaneda, quien conocía a Molina, para interceder entre el gobierno del estado y los rebeldes. Con la consigna de recibir 30 pesos si los desafectos entregaban armas y caballo y un salvoconducto para radicar donde desearan, se intentó apaciguar el rumbo donde Molina estaba ejerciendo su mando. El ingeniero Avellaneda le escribió a Amaro informándole que las cosas iban por buen camino y que "todos los rancheros y los indios de Cuanajo hasta Tacámbaro están contentísimos porque ahora sí ya podrán trabajar de día y de noche".[67] Las cosas se complicarían y Ladislao Molina regresaría a sus andanzas. En junio de 1928 atacó el tren de Pátzcuaro justo cuando el general Cárdenas celebraba su triunfo como candidato ganador de los comicios estatales. Molina fue así uno de los primeros perseguidos por el recién nombrado Jefe de Operaciones Militares de Michoacán y

---

[66] Christopher R. Boyer, "Revolución…, *op. cit.*, p. 174.

[67] Archivo Calles-Torreblanca, fondo Joaquín Amaro (en catalogación al momento de su consulta), cartas del 22 de enero de 1929 y del 2 de febrero de 1929.

gobernados electo. Un año más tarde las huestes de Molina dejaron a su paso cadáveres e incendios en la región de Ario de Rosales. Al poco tiempo se vio acorralado en la localidad de El Durazno y se inmoló. Al parecer Molina era un cristero bastante atípico; durante la década de la Revolución se convirtió en terrateniente y cacique en los alrededores de Pátzcuaro y Huiramba, actuando como liberal y hasta revolucionario. Pero ante los avances agraristas y al notar que estos pretendían afectar sus propiedades asumió la bandera de la "cristeriada". La propia Liga de la Defensa de la Libertad Religiosa no lo reconoció como cristero sino como un católico liberal.[68] De cualquier manera ante los ojos del gobierno de Michoacán se trataba de un rebelde al que se debía someter a como diera lugar.

En la región de Coalcomán también se intentó llegar a un acuerdo pacífico, pero de insistir en la violencia no se dudaría en reducir a los rebeldes cristeros por la vía armada. El trato llegaría hasta 1929. A principios de marzo de ese año los hombres del cabecilla Jesús Degollado Guízar incursionaron en el extremo oriente del estado en la población de Chacalapa. Los rebeldes incendiaron una finca y las casas de los vecinos, generando pánico en la región. Cárdenas solicitó a la Secretaría de Guerra que se les otorgaran 50 piezas de armamento a los pobladores para defenderse de los alzados.[69] Sin embargo el propio General fue llamado para incorporarse al servicio activo militar por parte de la misma secretaría en vista de que un nuevo alzamiento, el del general Escobar y sus seguidores, ya se había declarado en contra del gobierno provisional.

Pero de vuelta a Michoacán, también por Tangamandapio, Jacona, Zacapu y Zamora, el rebelde Ramón Aguilar había accedido a deponer las armas gracias a los buenos oficios de una agente confidencial de

[68] Matthew Butler, "The Liberal Cristero: Ladislao Molina and the Cristero Rebellion in Michoacan 1927-1929", en *Journal of Latin American Studies*, vol. 31, núm. 3, Cambridge University Press, Reino Unido, octubre, 1999, pp. 645-671.

[69] Archivo Calles-Torreblanca, fondo Joaquín Amaro (en catalogación al momento de su consulta), carta del 3 de marzo de 1929.

la Secretaría de Gobernación, la señora Amalia M. Díaz, quien a través de la esposa de Aguilar logró el sometimiento del cristero.[70]

En San José de Gracia la tensión tampoco había cedido, y un testigo de singular trascendencia para la historia del propio cardenismo y de Michoacán contaba que era costumbre "atender más al padre Pablito y menos a Antonio Ávila, aquel jefe de tenencia que dispuso cambiar el calzón blanco por los pantalones y prohibió el uso del jorongo que quitaba el frío pero que también era usado para esconder cuchillos y pistolas".[71] Con el tiempo empezó a correr el rumor de que el General podía portarse como un caballero en medio de la "trifulca cristera". Sin embargo había muchos aspectos del gobierno estatal que era imprescindible atender sin demora.

Para finales de los años veinte Michoacán era un territorio con una enorme fragmentación tanto en materia económica como política, que se vinculaba internamente en mayor o menor medida a través de pequeñas comunidades y pueblos. Morelia era una capital que apenas contaba con 40 000 habitantes y las ciudades más importantes eran Uruapan con 17 000, Zamora con 13 000 y Zitácuaro con 9 000 individuos.[72] La entidad estaba poblada por alrededor de un millón de personas, cuya "mayor parte residía en el campo dedicada a enriquecer a otros".[73] El recién inaugurado gobierno del estado pretendía cambiar esa situación y por ello puso en marcha un ambicioso programa de redistribución de riqueza, organización del trabajo y reparto de tierra.

---

[70] Archivo Calles-Torreblanca, fondo Joaquín Amaro (en catalogación al momento de su consulta), cartas del 1º de febrero y 13 de febrero de 1929.

[71] Luis González y González, "Una visión pueblerina de Lázaro Cárdenas", en *XVII Jornadas de Historia de Occidente. Lázaro Cárdenas en las regiones*, Centro de Estudios de la Revolución Mexicana, Lázaro Cárdenas A. C., México, 1996, p. 39.

[72] Álvaro Ochoa y Gerardo Sánchez Díaz, *Breve historia...*, *op. cit.*, p. 228.

[73] Jorge Zepeda Patterson, "Los caudillos en Michoacán: Francisco J. Múgica y Lázaro Cárdenas", en Carlos Martínez Assad, *Estadistas, caciques y caudillos*, Instituto de Investigaciones Sociales-UNAM, 1988, p. 252.

Para echar a andar su proyecto agrario Cárdenas impulsó la creación de una organización representativa que se llamó la Confederación Revolucionaria Michoacana del Trabajo (CRMT), heredera de la Liga de Comunidades y Sindicatos Agraristas de Michoacán, fundada por Primo Tapia a mediados de los años veinte, y del Frente Único de Trabajadores del Estado de Michoacán. La convocatoria para formar la CRMT fue lanzada por el propio Cárdenas a principios de 1929 con el fin de construir "un solo frente de defensa de los asalariados". Una buena cantidad de líderes campesinos y trabajadores atendió al llamado, y los días 29, 30 y 31 de enero de 1929 se organizó el Primer Congreso Constitutivo de la CRMT en el cine Apolo de la ciudad de Pátzcuaro.[74] A nivel sindical la CRMT impulsó varias reformas como el establecimiento del horario de ocho horas diarias de trabajo, el salario mínimo de 1.5 pesos al día, la asistencia médica de los trabajadores a cargo del empleador o patrón, y una vez proclamada en 1931, el cumplimiento de las disposiciones generales de la Ley Federal del Trabajo.[75] En materia campesina dicha confederación sería el brazo derecho del gobierno cardenista y el órgano a través del cual se instrumentaría la transformación del campo y de los campesinos michoacanos siguiendo un modelo de reforma agrarista revolucionaria, muy a la mexicana. Este modelo consistía principalmente en la promoción y recepción de solicitudes de tierra, para posteriormente proceder al reparto. Según uno de los estudiosos más puntuales de aquella administración estatal, a Cárdenas le atraía el agrarismo comunal "más por su potencial cooperativista", pues pensaba firmemente que a través del mismo se lograría una mayor igualdad socioeconómica en el campo michoacano.[76] La CRMT sería así la encargada de enseñar a los

---

[74] Jesús Múgica Martínez, *La Confederación Revolucionaria Michoacana del Trabajo. Apuntes acerca de la evolución social y política de Michoacán*, EDDISA, México, 1982, p. 93.

[75] Jorge Zepeda Patterson, "Los caudillos...", *op. cit.*, pp. 254-255; y Eitan Ginzberg, *Lázaro Cárdenas...*, *op. cit.*, p. 247.

[76] Eitan Ginzberg, *Lázaro Cárdenas...*, *op. cit.*, p. 245.

campesinos una nueva cultura revolucionaria que fomentara las formas colectivas de trabajo y la autonomía de las comunidades en materia política y de organización económica, siempre bajo la guía del gobierno estatal.

En la asamblea constitutiva de dicha confederación, un acuerdo inicial tuvo que ver con la defensa de los intereses de las organizaciones campesinas ligadas al nuevo gobierno. Las violentas dinámicas que vivían los trabajadores del agro michoacano en esos momentos de inseguridades rurales, debidas a la guerra cristera y a los acechos de terratenientes y caciques, parecían obligar a las representaciones del gobierno y de los campesinos a tomar medidas radicales. El primer punto de aquella asamblea se refirió a la necesidad de distribuir armas para defender la vida y el patrimonio de quienes veían afectados sus deseos de poseer un trozo de tierra para dejar de trabajar para las haciendas y los latifundistas.[77] Los organizadores de la CRMT solicitaron el apoyo al gobernador y éste atendió la solicitud bajo el pretexto de instrumentar las defensas rurales michoacanas.[78] Esto ponía en entredicho las mismísimas funciones del ejército y de la policía estatal, sin embargo Cárdenas logró sortear las posibles críticas y sanciones que el poder federal le hizo llegar por tal situación. Además, la CRMT no tardó en aliarse con otras instancias federales como la CROM e incluso en febrero de 1929, junto con la Alianza de Partidos Revolucionarios de Michoacán, pudo mandar a sus representantes al primer Congreso del Partido Nacional Revolucionario el PNR. Silvestre Guerrero, Gabino Vázquez y Ernesto Soto Reyes estuvieron presentes en la formación inicial de la CRMT y eran de sobra conocidos como voceros y aliados del gobernador Cárdenas. Los tres se ligaron a las bases formadoras del Partido que debía unificar a todos los revolucionarios a partir de ese año.[79] Entre todos los cardenistas que se integraron al

---

[77] Jorge Zepeda Patterson, "Los caudillos…", *op. cit.*, p. 254.
[78] Jesús Múgica Martínez, *La Confederación…*, *op. cit.*, p. 108.
[79] Ramón Alonso Pérez Escutia, *Historia del PNR en Michoacán*, PRI-Mich/Icadep, México, 2011, p. 65.

PNR, quizá fue Melchor Ortega quien terminó como el más influyente. Fue integrante del Comité Nacional Directivo, del Comité Ejecutivo Nacional y su primer secretario de Prensa.[80] La alianza entre Cárdenas y Ortega descansaba también en que compartían su fidelidad al expresidente y general Plutarco Elías Calles, y entre los dos sentarían las bases para el establecimiento del propio partido en el estado de Michoacán.

La CRMT, no sólo se concentraría en los asuntos agrarios y sindicales del estado, también tendría injerencia en la construcción de caminos, en la organización y edificación de escuelas, y especialmente en el combate al conservadurismo de las autoridades municipales, aliadas con el clero y los terratenientes locales. Asimismo tendría influencia en la legislatura local e incluso en los nombramientos de los integrantes de los ministerios públicos.[81] Sin embargo, antes de instrumentar a fondo y de participar directamente en esta gran transformación de la sociedad michoacana, el general Cárdenas tuvo que separarse del gobierno de su estado natal a partir del 3 de marzo y hasta el 16 de mayo de 1929 para combatir una nueva asonada militar.

La rebelión escobarista y los empeños del gobierno michoacano

> De nuevo ya, señores ahí está la rebelión porque pa'presidentes no hay más que un sillón…
>
> Trío México Lindo, 1929

A pesar de los esfuerzos del recién nombrado presidente interino Emilio Portes Gil y del grupo encabezado por los generales Plutarco Calles,

---

[80] Verónica Oikión, *Michoacán…*, *op. cit.*, pp. 183-184.

[81] Romana Falcón, "El surgimiento del agrarismo cardenista. Una revisión de las tesis populistas", en *Historia Mexicana*, núm. 107, El Colegio de México, México, 1978, p. 345.

Aarón Sáenz y Manuel Pérez Treviño, empeñados en dar forma al Partido Nacional Revolucionario que pretendía dejar atrás "la era de los caudillos, para dar pie al México de las instituciones", un importante sector del ejército mantenía su descontento con con mucha más visibilidad de la que ellos creían mostrar.

Los rumores de un inminente levantamiento se extendían con tal velocidad que el propio gobernador Cárdenas pidió una licencia al congreso local michoacano para incorporarse al servicio activo en el ejército federal desde el 21 de enero de 1929.[82] Lo sustituyó nada menos que el diputado por el distrito de Sahuayo, su hermano el coronel Dámaso Cárdenas, quien se ocuparía del gobierno estatal hasta el 10 de septiembre del mismo año.

Si bien el 30 de noviembre de 1928 el general Plutarco Elías Calles le entregó la banda presidencial al licenciado Emilio Portes Gil, el sonorense no parecía haber soltado las riendas del poder. La indispensable figura de Calles, como Jefe Máximo de la Revolución, no perdió oportunidad de "mangonear" el quehacer político de México sino hasta muy avanzada la década de los años treinta. De ahí que su enemigo, el exministro de educación, el licenciado José Vasconcelos, tildara a dicho periodo como la época de los gobiernos "peleles",[83] y que muchos historiadores posteriormente se han referido al mismo como "el Maximato".[84]

El propio Vasconcelos tomó al pie de la letra el mensaje callista en cuanto a la intención de poner fin a la época de los caudillos y el afán de dar principio a la era institucional mexicana. Él mismo se lanzaría a la contienda electoral de 1929 como candidato a la presidencia

---

[82] Archivo Calles-Torreblanca, fondo Plutarco Elías Calles, exp. 206, inv. 820, leg. 3/9, telegramas del 21 y 23 de enero de 1929.

[83] José Vasconcelos, *Breve Historia de México*, Libreros Mexicanos Unidos, México, 1957.

[84] Lorenzo Meyer, Rafael Segovia y Alejandra Lajous, *Los inicios de la institucionalización: la política del Maximato*, en *Historia de la Revolución Mexicana*, vol. 12, El Colegio de México, México, 1978.

apoyado por el Frente Nacional Renovador y el Partido Nacional Anti-rreeleccionista. Bajo el amparo de viejos maderistas y de algunos sectores medios y estudiantiles reconoció que era hora de unir al país en torno de su propuesta civilista e inició su campaña desde el norte de la República. "Lo cierto es que la mayor parte de nuestras ilusiones revolucionarias han quedado deshechas [...] un país dividido no puede hacer frente a los intereses rivales del exterior", vaticinaba el exministro de Educación. Planteaba que Calles y Obregón se habían encargado de destrozar la República Mexicana, y que la presidencia del primero había dejado al país en zozobra, por lo que era necesario recuperarlo de las manos de quienes tanto lo habían desprestigiado.[85] Para Vasconcelos era evidente que Calles seguía moviendo los hilos del poder, aun cuando lo hubiera entregado a un presidente provisional el último día de noviembre de 1928.

Sobre el mismo asunto, en su crónica de esos años el también exsecretario de Educación Pública, regente del Distrito Federal y diligente operador político del callismo, Manuel Puig Casauranc, vio "con dolor y con respeto cómo Calles fue bajando la empinada pendiente de la pérdida de los prestigios".[86] Esto sucedió por no respetar lo enunciado en su último informe presidencial y por seguir manipulando el mundo de la grilla política mexicana. Pero un acontecimiento de primera importancia le permitió al propio Calles un descanso en aquel proceso de descrédito. El 3 de marzo de 1929, en plena celebración de la Primera Convención del Partido Nacional Revolucionario, el presidente del partido y general Manuel Pérez Treviño dio la noticia de que acababa de suscitarse un nuevo levantamiento militar.

Los generales Gonzalo Escobar, Francisco R. Manzo, Fausto Topete, Marcelo Caraveo, Jesús M. Aguirre, Claudio Fox, Roberto Cruz,

[85] John W. F. Dulles, *Ayer en…*, *op. cit.*, p. 387.

[86] José Manuel Puig Casauranc, *Galatea rebelde a varios pigmaliones. De Obregón a Cárdenas. El fenómeno mexicano actual*, Impresores Unidos, México, 1938, p. 295.

Jesús M. Ferreira, Ramón F. Iturbe, Jesús Palomera López, Antonio
I. Villarreal, Francisco Urbalejo y Román Yocupicio se declararon formalmente en rebeldía contra el gobierno del licenciado Emilio Portes
Gil, pero sobre todo en contra del poder tras el trono que mantenía el
general Plutarco Elías Calles, a quien identificaban como el primer responsable de las muertes de Álvaro Obregón, Benjamín Hill, Francisco
Villa, Francisco Serrano, Arnulfo R. Gómez y tantos otros. La mayoría
de estos insurrectos se reconocía como obregonista y en su momento
había esperado escalar algún peldaño si es que Obregón hubiera asumi-
do la presidencia a finales de 1928. Con el asesinato del caudillo todos
parecieron quedarse colgados de la brocha. Enarbolando el llamado Plan
de Hermosillo, estos generales acusaban a Calles de "diabólico inspira-
dor de persecuciones inhumanas y salvajes, de inventor de instituciones
tabernarias y de delincuencia y de crimen", desconociendo de entrada
al régimen de Portes Gil. En dicho plan se nombraba al general Gonzalo Escobar como jefe supremo del Movimiento del Ejercito Renovador
de la Revolución y se invitaba al pueblo a secundar su lucha.[87]

Más que el pueblo fueron los soldados rasos los que se vieron obligados a seguir a los mandos militares. Un observador del movimiento comentó: "El Plan de Hermosillo huele a cuartel, pero no al cuartel
donde se hospedan los buenos hijos de la patria, que todo lo abandonan
para servirle algún tiempo, sino el que habita la pobre gente mercenaria
que sigue al que le paga su soldada".[88]

Justo es mencionar que la mayoría de los rebeldes había mostrado su
apoyo al régimen de Portes Gil unos meses antes. El general Aguirre,
jefe de Operaciones Militares en Veracruz, se acercó al presidente provisional el 7 de febrero de 1929 para ofrecerle su ayuda en caso de que

---

[87] Lorenzo Meyer, Rafael Segovia y Alejandra Lajous, *op. cit.*, p. 69.

[88] Anónimo, *La rebelión militar contra el gobierno legítimo del sr. presidente de la república lic. d. Emilio Portes Gil descrita y comentada por un observador*, s. e., San Antonio Texas, 1933, p. 35.

los generales Escobar, Manzo o Topete "intentaran algo".[89] Aun así, tanto Calles como Portes Gil, junto con el secretario de Guerra, Joaquín Amaro, sabían que dichos generales, que se manifestaban particularmente descontentos por el proceso de desarticulación que vivía el obregonismo tras el asesinato de su líder, se rebelarían algún día. Y en el fondo este tipo de asonadas también resultaban bastante útiles a la hora de identificar aliados, sobre todo si se estaba intentando reestructurar a las fuerzas armadas, como era el caso en aquella segunda mitad de los años veinte. Al igual que en 1923 con la rebelión delahuertista, en 1929 la llamada "rebelión escobarista" permitiría eliminar a aquellos "elementos inadaptables a las condiciones de la vida institucional del régimen revolucionario".[90]

Eran muchos los indicios que hacían suponer que los generales se levantarían en armas. Por su parte el gobernador de Sonora, Fausto Topete, invitó abiertamente al general Abelardo L. Rodríguez, gobernador de Baja California Norte, y hombre muy cercano a Calles, a la conspiración desde principios de febrero.[91] Rodríguez no tardó en informar a Calles, quien ya contaba con los detalles que el general Manuel Pérez Treviño le había dado sobre las reuniones que estaba llevando a cabo el grupo escobarista.[92] El descuido entre los rebeldes era tal que el mismo general Escobar le preguntó al secretario particular de Portes Gil si sabía quién podría comprarle su coche para irse al norte poco tiempo antes de iniciar su insurrección.[93]

Una vez que estalló la rebelión en marzo de 1929 se dijo que los estados de Sonora, Sinaloa, Durango, Chihuahua, Coahuila, Nayarit, Jalisco, Zacatecas, Veracruz y Oaxaca estaban bajo control de los militares insubordina-

---

[89] John W. F. Dulles, *Ayer en...*, *op. cit.*, p. 392.

[90] Alberto J. Pani, *op. cit.*, p. 18.

[91] John W. F. Dulles, *Ayer en...*, *op. cit.*, p. 392.

[92] Tzvi, Medin, *El minimato presidencial. Historia política del Maximato 1928-1935*, Era, México, 1983, p. 36.

[93] *Ibid.*, p. 48.

dos. En total parecía que una vez más la mitad del ejército se había puesto al servicio de los rebeldes, aunque el régimen de Portes Gil reconoció que los generales anticallistas comandaban apenas 30 000 efectivos.[94]

El presidente interino le solicitó al general Calles que ocupara la Secretaría de Guerra y Marina para dirigir la campaña contra los rebeldes. Para algunos se trató de una clara muestra de debilidad por parte de Portes Gil, pero para otros significó el regreso y la confirmación de la figura de Calles como único capaz de controlar la situación. Un sobreviviente de esos días puso en labios del general sonorense el siguiente razonamiento tragicómico: "Necesito tener yo, y solamente yo, la fuerza necesaria, para imponerla como un derecho, en los acontecimientos futuros que plantean mis pensamientos institucionales. Y como lo más seguro es lo más amarrado, pues me nombro secretario de Guerra y exterminaré a mis enemigos".[95] Se dio la casualidad de que por aquellos días el general Joaquín Amaro, secretario de Guerra del gabinete de Portes Gil, había sufrido un accidente. Al jugar polo le golpearon el rostro y tuvo que salir de urgencia hacia Estados Unidos para operarse y recuperarse por semanas.[96] Amaro regresó a México hasta el 15 de mayo, mientras el general Calles ocupaba su lugar.

Al instalar su cuartel general en Irapuato, luego en Aguascalientes y finalmente en Torreón, Calles organizó la batida contra los rebeldes escobaristas organizando al ejército en cuatro grandes divisiones: la centro-oriental bajo las órdenes del general Miguel N. Acosta; la nororiental al mando del general Juan Andreu Almazán; la del centronorte, cuyo responsable fue el general Saturnino Cedillo; y la del norponiente comandada por el general Lázaro Cárdenas. El secretario de Guerra y Marina envió a los generales Almazán, Cárdenas y Cedillo a combatir a las fuerzas

---

[94] Emilio Portes Gil, *Autobiografía…*, *op. cit.*, p. 511.

[95] Francisco Díaz Babio, *Un drama nacional. La crisis de la Revolución. Declinación y eliminación del general Calles, primera etapa 1928-1932*, Imp. León Sánchez, México, 1939, p. 63.

[96] Archivo Calles-Torreblanca, fondo Joaquín Amaro (en catalogación al momento de su consulta), correspondencia, 11-15 de mayo de 1929.

de Escobar que se parapetaron primero en Monterrey y posteriormente en Saltillo. Al general Acosta lo mandó a exterminar a los rebeldes que en Veracruz seguían las órdenes del infidente Jesús M. Aguirre. El general Jaime Carrillo recibió órdenes de organizando al ejército en Mazatlán y combatir a los insurrectos Roberto Cruz, Francisco M. Manzo y Ramón F. Iturbe. El general Cárdenas avanzó desde Irapuato primero a Torreón y en seguida reforzó a Carrillo por el sur de Sinaloa.[97]

La ofensiva fue tal que ni Escobar ni Manzo ni Topete mantuvieron sus plazas. Entre marzo y abril las fuerzas rebeldes recibieron golpe tras golpe, obligándolos a replegarse hacia el norte. Una de las últimas batallas se libró en el campo de Barriles y Limón, en la cual se utilizó la fuerza de la aviación al mando del coronel Pablo L. Sidar.

El gobernador con licencia Lázaro Cárdenas con sus compañeros pilotos de aviación y una comitiva militar en Coalcomán, Michoacán (archivo CERMLC)

Esa misma fuerza aérea fue utilizada en el estado de Michoacán poco tiempo después durante los intentos por pacificar la región de

---

[97] John W.F. Dulles, *Ayer en...*, *op. cit.*, pp. 406-408.

Coalcomán, pendiente desde principios del mismo año. Una foto de aquel regreso de la aviación militar a Michoacán reflejaba al general Cárdenas orgulloso junto con sus colaboradores frente al aparato biplano y monomotor. El conjunto no podía ser más disparejo. Tres pilotos lo acompañaban con sus grandes anteojos protectores que los identificaban. También posaban varios militares vistiendo sus uniformes, sus kepís o sus sarakoffs departiendo con un par de civiles. El gran motor y la hélice del aeroplano destacaban en el fondo y tal parece que se trató de una instantánea tomada para registrar el uso de la aviación en las acciones militares que comandaba el general Cárdenas.

Pero volviendo a la rebelión escobarista, poco tiempo después de los avances de las fuerzas combinadas de Lázaro Cárdenas y Plutarco Elías Calles por el sur, desde Sinaloa hacia el estado de Sonora, de Almazán por los rumbos de Agua Prieta y del general Abelardo L. Rodríguez en la región fronteriza de Nogales, las fuerzas enemigas fueron obligadas a internarse en territorio estadounidense, abandonando a los pocos hombres leales que quedaban. Para finales de mayo de 1929 la rebelión estaba derrotada y todo el territorio nacional estaba bajo control del gobierno. Portes Gil sentenció: "Los verdaderos responsables de esta nueva vergüenza de nuestra historia se pusieron a buen recaudo, cruzando la frontera con buena oportunidad o presentándose a las fuerzas leales en solicitud de gracia".[98]

Gran parte de los combates se llevó a cabo sobre líneas férreas, sin embargo, tanto la caballería como la aviación participaron en las principales batallas. En la costas sinaloenses incluso barcos de guerra bombardearon los trenes escobaristas. El crítico analista Luis Cabrera describió esa rebelión como "ferrocarrilera y bancaria" y, considerándola menos complicada que la de 1923, comentó que sólo constistió en que "los rebeldes cogieran el dinero de los bancos y se retiraran a Estados Unidos por la vía del Central y por la vía del Sud-Pacífico, destruyendo las

---

[98] Emilio Portes Gil, *Autobiografía…*, *op. cit.*, p. 511.

comunicaciones ferrocarrileras".[99] No obstante otros periodistas consideraron que el aniquilamiento de los rebeldes fue un triunfo más del expresidente sonorense y sus leales militares. "El general Calles había salvado una vez más las instituciones del país."[100]

En algún momento se pensó que los cristeros se unirían al movimiento escobarista, lo mismo que los grupos de intelectuales y sectores medios que promovían la candidatura de Vasconcelos a la presidencia. Pero estos últimos, así como los cristeros, se mantuvieron al margen de la rebelión. Si bien los escobaristas tuvieron contacto con los vasconcelistas y también con los representantes del general cristero Enrique Gorostieta, ninguno logró coordinarse con el otro. Quizá tampoco se interesaron en lo que sucedía al margen de su propia lucha. Al iniciarse la rebelión militar, Vasconcelos declaró, por ejemplo, que esa "no era la buena" y, por más que Escobar tratara de granjearse a los cristeros, éstos nunca confiarían en el ejército, mucho menos en sus facciones rebeldes.[101]

Para algunos de los militares que participaron en la rebelión, su fracaso consistió en la ausencia de una coordinación y dirección firme y no tanto en la superioridad del ejército federal. El diputado Ricardo Topete le confesó al periodista José C. Valadés que el miedo y la poca decisión para encabezar el movimiento fueron el origen de su final tan poco digno.

A la *amiedada* de todos, agregamos la actitud de Escobar —decía Topete—. Desde que Escobar llegó a Sonora se limitó a dormir, no bajaba de su carro especial en el que parecía sultán. Se levantaba a las dos de la tarde, regañando

---

[99] Blas Urrea (Luis Cabrera), *Veinte años después*, Botas, México, 1937. Citado también en John W. F. Dulles, *Ayer en...*, *op. cit.*, p. 420.

[100] Froylán Manjarrez y Gustavo Ortiz Hernan (relatores), *Lázaro Cárdenas I. Soldado de la Revolución, II. Gobernante, III. Político nacional*, Imprenta Labor, México, 1934, p. 41.

[101] Jean Meyer, *La cristiada...*, *op. cit.*, tomos I y II, Siglo XXI Editores, México, 1973, pp. 287-288.

a todos los que lo rodeaban, sin tomar una resolución definitiva. Parecía que entonces no hacía más que [preparar] los planes para la fuga.[102]

La revuelta duró 65 días y le costó al país cerca de 2000 muertos y una pérdida de más de 37 millones de pesos. Además, Plutarco Elías Calles utilizaría esta acción para darle un último jalón de orejas a la clase política mexicana así como para afirmar su condición de Jefe Máximo.

El general Cárdenas, aprovechando que todavía estaba al mando de la División Noroeste del ejército mexicano, el 6 de mayo distribuyó las corporaciones para que se dirigieran a diversos destinos. Tres batallones y dos regimientos permanecieron en Sonora; un batallón más y un regimiento se quedó en Sinaloa; otro regimiento en Nayarit; siete batallones y cinco regimientos se enviaron a Jalisco; uno a Colima; tres batallones y tres regimientos a Michoacán; un batallón a Hidalgo, Guanajuato y Morelos, y un regimiento más al Estado de México. En su circular felicitaba a todos los que estuvieron bajo su mando "y muy especialmente a la Fuerza Aérea, por el patriotismo y actividad que todos pusieron de manifiesto en las operaciones desarrolladas durante el avance de la división a los estados de Sinaloa y Sonora, siendo motivo de verdadera satisfacción la circunstancia de que se haya logrado dominar la asonada militar en tan corto tiempo".[103]

El General aprovechó que mantenía su puesto en la jefatura militar de Michoacán, sin retomar el mando del gobierno estatal, para organizar la pacificación que dejó pendiente en los rumbos de Coalcomán, en el nororiente extremo del estado. El 31 de mayo le escribió al general Calles que "por distintos conductos, sábese [sic] que gente trabajadora de la región de Coalcomán está cansada de la estancia de los rebeldes y espera la llegada de las fuerzas para cooperar en su pacificación, sabiéndose también que

---

[102] Froylán C. Manjarrez, *La jornada institucional. La crisis de la política*, Talleres Gráficos y *Diario Oficial*, Ciudad de México, 1930, p. LXIV.

[103] Archivo Calles-Torreblanca, fondo Joaquín Amaro (en catalogación durante su consulta), circular del 6 de mayo de 1929.

varios grupos tienen deseos que presentar al ocupar el Gobierno aquella zona". La ofensiva cardenista fue bastante significativa y contundente. En total, el General comandaba una fuerza que incluía a 15 jefes en infanterías, 107 oficiales y 1815 individuos de tropa. En caballería contaba con tres jefes, 47 oficiales y 650 rasos; la artillería constaba de seis oficiales y 104 soldados. También incluía a la aviación con dos aparatos Corsarios y un Stinson, operados por dos jefes y tres oficiales.[104] El avance se hizo al dividir las corporaciones en dos columnas que cubrieron la región desde Tepalcatepec hasta Aguililla. Desde estas dos poblaciones los dos aviones se elevaron para, desde el aire, lanzar volantes sobre diversas comunidades de la región instando a los rebeldes a dejar las armas y someterse a las fuerzas del gobierno. Las columnas avanzaron por tierra y detrás de ellas un tren de provisiones y transportes se encargó de cubrir la retaguardia hasta que llegaron a Coalcomán, donde fueron recibidos sin novedad. Un mes después Cárdenas le informaría a Calles que llegaron a Coalcomán sin contratiempos y encontraron al enemigo disperso y sin resistencia. Textualmente le comunicaba que "el cuartel general desarrolla acción tendiente a dejar resuelta situación esta zona en forma definitiva y satisfactoria".[105] Todavía en julio de ese año el General le solicitaba al secretario de Defensa que le permitiera mantener un batallón en dicha región para que ayudara a construir la carretera Uruapan-Coalcomán, que era una inminente necesidad tanto para las operaciones militares como para el comercio y, sobre todo, "para impulsar la cultura de la gente de esta zona". La respuesta negativa de parte de la máxima autoridad militar federal mantuvo en ascuas la integración de aquella lejana región al resto de Michoacán.[106]

---

[104] Archivo Calles-Torreblanca, fondo Joaquín Amaro (en catalogación durante su consulta), telegrama del 31 de mayo de 1929 y circular del 1° de junio de 1929.

[105] Archivo Calles-Torreblanca, fondo Joaquín Amaro (en catalogación durante su consulta), telegramas del 6 y del 14 de junio de 1929.

[106] Archivo Calles-Torreblanca, fondo Joaquín Amaro (en catalogación durante su consulta), cartas del 30 de julio y del 5 de agosto de 1929.

De cualquier manera poco a poco algunos rebeldes se acercaron a la comandancia militar asentada en Coalcomán resueltos a dejar las armas; pero no fue sino hasta agosto de ese año, en el rancho de Las Tabernas, que se llegó a un acuerdo preliminar con los cristeros rebeldes.[107] El general Cárdenas les ofreció cambiar sus fusiles por nuevos, y convenció a varios de entrar a formar parte de las defensas rurales. El vicario Luis María Martínez participó en las negociaciones y desde entonces fue notorio que tanto los católicos como el gobierno podían dejar la confrontación y sentarse a la mesa a negociar.[108] Monseñor Martínez se convertiría posteriormente en una figura muy relevante de la iglesia católica en México y desde entonces mantendría una relación de mutuo respeto con el General. Pero también es cierto que a mediados de 1929 la alta jerarquía entró en pláticas con las autoridades oficiales y no tardaron en llegar a un acuerdo, mismo que se pactó el 21 de junio de 1929. La versada popular pronto personalizó la intención de que las cosas volvieran a la normalidad:

Esta es la historia, señores,
del problema religioso
que Portes Gil arreglara,
pacifista y generoso.

Tras muchos días amargos
en que no hubo religión,
se han abierto las iglesias
y cesó la rebelión.[109]

---

[107] Enrique Guerra Manzo, "Católicos y agraristas en…", *op. cit.*, p. 198.

[108] Eitan Ginzberg, "Cárdenas íntimo…", *op. cit.*, p. 214.

[109] Álvaro Ochoa, "El corrido y el drama en la gran rebelión mexicana", en Eduardo N. Mijangos Díaz y Alonso Torres Aburto (eds.), *Revalorar la Revolución mexicana*, Universidad Michoacana de San Nicolás de Hidalgo, Morelia, 2011, p. 350.

El general Cárdenas, unas semanas después de que se llevaran a cabo aquellos arreglos, envió una circular a todos los presidentes municipales instruyéndolos a que devolvieran las iglesias a las comisiones de vecinos católicos y sacerdotes. En dicha circular tuvo a bien excluir los edificios anexos de tal medida, puesto que éstos debían permanecer en manos del gobierno con el fin de servir a las autoridades locales y a servicios públicos.[110] Varios pueblos celebraron apertura de los templos con bombo y platillo. En Tlalpujahua y en Ciudad Hidalgo se hicieron procesiones y fiestas. En Zinapécuaro, en cambio, los fieles denunciaron a "la mafia bolchevique" que seguía a la cabeza del municipio.[111]

Pero por más *modus vivendi* que hubiese, en el fondo, la resistencia se mantenía latente y alrededor de ocho meses después la situación se volvió a complicar. En abril de 1930 la tensión entre autoridades militares, jefes locales y católicos se desbordó en Coalcomán. Durante un zafarrancho el presbítero Epifanio Madrigal y seis de sus seguidores fueron asesinados. Cárdenas se trasladó a la región y finalmente logró que la población se calmara al nombrar al exjefe cristero Ezequiel Mendoza Barragán comandante del destacamento militar de la zona. Y la verdad es que los arreglos entre la iglesia católica y el gobierno federal no habían llegado a una región tan apartada, y un año después, en 1931, la situación entre los prelados locales, los campesinos y el gobierno del estado llegaría a una confrontación bastante crítica. Las llamas de la Guerra Cristera no se querían apagar.[112]

Mientras tanto la reforma agraria ejidal en el estado aceitó sus engranajes y echó a andar su maquinaria, apoyada por la Confederación Revolucionaria Michoacana del Trabajo. Durante sus primeros dos años

---

[110] Eitan Ginzberg, *Lázaro Cárdenas…*, *op. cit.*, pp. 133-134.
[111] Matthew Butler, *Popular Piety and Political Identity in Mexico's Cristero Rebellion. Michoacán: 1927-1929*, Oxford University Press, Reino Unido, 2004, pp. 220-221.
[112] Enrique Guerra Manzo, "Católicos y agraristas en…", *op. cit.*, p. 198.

de trabajo la consigna fue la "remodelación política" del campo michoacano. Esta orientación continuó durante los dos años siguientes, a pesar
de que el gobernador Cárdenas tuvo poco tiempo para ocuparse personalmente la administración de su estado. El debilitamiento de las grandes propiedades, que se logró por lo que un estudioso llamó "el galanteo
revelado hacia las fuerzas oligárquicas",[113] también se llevó a cabo a través de la creación de algunos municipios. Entre enero de 1930 y marzo de 1932 se establecieron ocho municipios de reciente formación:
Ocampo, Churumuco, Charo, Tocumbo, Tarímbaro, Álvaro Obregón, Tzintzuntzan y Turicato.[114] De esta manera Michoacán organizó
su territorio en 96 municipios. Durante ese mismo periodo el gobierno creó 16 tenencias a partir de las distribución de 10 grandes haciendas
y cuatro ranchos. Una de las tenencias más representativas de esta nueva administración fue la que se echó a andar el 25 de octubre de 1929
en terrenos que pertenecían a la hacienda de Guaracha, aquel enorme
latifundio edificado en las cercanías de Jiquilpan desde tiempos coloniales. Dicha tenencia se llamó Emiliano Zapata y aunque en un principio
el otorgamiento de la tierra causó desconcierto entre los beneficiados,
poco a poco los antiguos dueños de la hacienda como los nuevos posee-
dores se ajustaron a las disposiciones gubernamentales.[115] Recién regresado Lázaro Cárdenas a ocupar la gubernatura a mediados de septiembre
de ese año "el solar natal se convirtió en el centro de actividades políti-
co-agrarias del occidente michoacano".[116]

A lo largo de su gobierno se crearon 15 tenencias más como comités
agrarios, que más adelante serían importantes para la promoción de los

---

[113] Eitan Ginzberg, *Lázaro Cárdenas…, op. cit.,* p. 252.

[114] Eitan Ginzberg, *Revolutionary…, op. cit.,* p. 46.

[115] Eitan Ginzberg, *Lázaro Cárdenas…, op. cit.,* p. 93 y John Gledhill, *Casi nada. Capitalismo, estado y los campesinos de Guaracha,* El Colegio de MIchoacán, Zamora, Mich. 1993.

[116] Álvaro Ochoa, *Juiquilpan…, op. cit.,* p. 285.

repartos definitivos.[117] Así, esta política de instauración de nuevas tenencias y atención a reclamos de restitución de tierras reajustó las concentra-
ciones de grandes territorios en esas regiones apartadas de Michoacán.
Ello posibilitó, a su vez, la intervención del gobierno estatal en la redistribución del agro y la promoción de la equidad socioeconómica de sus
pobladores.

La distribución de tierra, la organización de ejidos, la promoción
del municipio libre y el claro tutelaje de parte del gobierno sobre los
procedimientos agrarios no fueron, sin embargo, asuntos que sólo
estaba sucediendo en el estado de Michoacán. Los afanes por acabar con la hacienda como eje económico y político del México rural
y la instauración de un nuevo orden en el campo se estaban imple-
mentando en varios estados de la República. En Veracruz, a partir de
diciembre de 1928, el regreso a la gubernatura del estado del coronel Adalberto Tejeda, quien había sido gobernador a principios de los
años veinte, significó también una revitalización en la organización
campesina y los procesos de distribución de la tierra. Un año antes el
general Saturnino Cedillo fue electo gobernador de San Luis Potosí, y ni tardo ni perezoso empezó a instrumentar un reparto que dio
lugar a sus supuestamente novedosas colonias agrícola-militares. Algo
parecido sucedió en Jalisco con el gobernador Margarito Ramírez,
desde junio de 1926, y el propio Emilio Portes Gil que, como titular
del gobierno de Tamaulipas desde 1925, igualmente repartió la tierra
creando nuevas tenencias, reestructurando los espacios económicos y
políticos a partir de la libertad constitucional otorgada al municipio.
Todo ello se hacía interviniendo las grandes propiedades de sus estados respectivos.[118] A estos gobernadores se les pudo identificar bajo
el rubro de "agraristas".[119] Además de los ya mencionados, habría

---

[117] Eitan Ginzberg, *Lázaro Cárdenas...*, *op. cit.*, p. 91.

[118] Eitan Ginzberg, *Lázaro Cárdenas...*, *op. cit.*, pp. 82-83, y del mismo autor *Revo-lutionary...*, *op. cit.*, p. 44.

[119] Romana Falcón, "El surgimiento...", *op. cit.*, p. 348.

que incluir a Saturnino Osornio del estado de Querétaro, a Leónides Andreu Almazán de Puebla, a Agustín Arroyo Ch. de Guanajuato y a Bartolomé Vargas Lugo de Hidalgo. También se podrían añadir otras dos figuras que, aunque no ejercían ninguna gubernatura, compartían principios agraristas: el diputado Graciano Sánchez quien no tardaría en figurar como uno de los líderes mas importantes de la Confederación Campesina Mexicana y el ingeniero Marte R. Gómez, quien además fungió como secretario de Agricultura y Fomento durante el gobierno de Emilio Portes Gil.

La instrumentación de estas políticas agrarias, entre radicales y moderadas, en los diversos estados antes mencionados, no estuvo exenta de roces con el gobierno federal. Los gobiernos de Obregón y Calles promovieron un modelo de medianos propietarios o de empresarios rurales que debía aumentar la productividad de sus campos con todo el apoyo del gobierno federal. En el fondo no estaban de acuerdo con la distribución masiva y mucho menos con el reparto de la tierra a comunidades que no tenían capacidad de amplia inversión ni de una producción extensiva. No hay que olvidar que a finales de los años veinte y principios de los treinta el México campesino era pobre y su producción bajísima. La agricultura que lo caracterizaba era de subsistencia. Carecía de tecnología y comunicaciones, y estaba supeditada a las variaciones climatológicas, que en algunas regiones eran completamente imprevisibles. Para esos años todavía un altísimo porcentaje de las áreas de cultivo en todo el país correspondía a fincas privadas.[120]

La excesiva concentración de recursos en unas cuantas enormes extensiones contribuía a que las depresiones económicas y las crisis en la agricultura mexicana fueran prácticamente perenes. Sin embargo una combinación de heladas con sequías se suscitaron entre 1929 y 1931, lo que agudizó la crisis en el campo, y fue precisamente en ese momento

---

[120] *Ibid.*, p. 337.

cuando los gobernadores "agraristas" emprendieron las medidas que pretendían cambiar el panorama rural mexicano.

Durante su periodo al frente del gobierno de Michoacán el general Cárdenas distribuyó 141 663 hectáreas a 181 poblados, beneficiando a más de 15 000 campesinos, según las cifras de la CRMT.[121] Si se compara esa cantidad con la totalidad de hectáreas distribuidas durante el interinato de Portes Gil, que fueron poco más de 1 700 000, la cifra no resulta tan espectacular. Tampoco si se toma en cuenta que el gobernador de Veracruz, Adalberto Tejeda, entregó poco más de 334 000 hectáreas durante su cuatrienio.[122] Sin embargo hay que tomar en cuenta que en aquel estado de Michoacán se trató "del reparto agrario más extenso de los realizados por cualquier gobierno revolucionario hasta entonces".[123] Dicha distribución se hizo sorteando los problemas locales surgidos entre las violencias cristeras y los enfrentamientos entre terratenientes, líderes campesinos y comuneros, pero sobre todo toreando la conflictiva relación que en materia agraria se suscitó entre el gobierno federal y los gobiernos "agraristas" a partir de 1930. Aún con la animadversión callista, la condición serena y taimada, pero firme y decidida del general Cárdenas y su proyecto agrario en el interior de su estado natal fue saludada, en octubre de 1929, por su amigo, el general Múgica. Haciendo cierto acto de contrición, desde el penal de las Islas Marías, le escribió: "Yo he sido un rebelde, un agresivo y si se quiere un imprudente, y casi merezco haber sufrido el cataclismo que sufrí, pero no hay derecho a

---

[121] Jesús Múgica Martínez, *La Confederación…*, *op. cit.*, p. 127. Estas cifras también las anota Romana Falcón en "El surgimiento del…", *op. cit.*, p. 354; y Cuauhtémoc Cárdenas, *Cárdenas…*, *op. cit.*, p. 174. Sin embargo, Luis González y González afirma que entre 1928 y 1932 "la obra agrarista de Cárdenas consistió en repartir muchos latifundios y hacer 200 dotaciones ejidales con extensión de 408 807 hectáreas para 24 000 ejidatarios". Véase Luis González y González, *Pueblo…*, *op. cit.*, p. 182. Este dato también lo reproduce Álvaro Ochoa en su libro *Juiquilpan…*, *op. cit.*, p. 286.

[122] Romana Falcón, "El surgimiento…", *op. cit.*, p. 354.

[123] Cuauhtémoc Cárdenas, *Cárdenas…*, *op. cit.*, p. 174.

que usted cauto, profundamente subordinado y siempre atento a secundar pensamientos y órdenes, sea interpretado con el criterio ruin y tonto del autoritarismo callista".[124]

Las intermitencias políticas y la fallida presidencia del ingeniero Pascual Ortiz Rubio

> Hay remedio para esta situación, pero no quiero derramar sangre, no es patriótico el camino…
>
> PASCUAL ORTIZ RUBIO,
> 1º de abril de 1930

En la arena nacional un cisma de mediana importancia en el grupo que organizaba al Partido Nacional Revolucionario dio lugar a la resurrección política de un antiguo correligionario michoacano como posible sucesor del presidente interino Emilio Portes Gil. Se trataba nada menos que del ingeniero Pascual Ortiz Rubio. Durante los últimos años, este exgobernador de Michoacán había sido embajador de México en Alemania y en Brasil, y fue en ese país donde se le urgió a regresar al solar nativo para ser nombrado miembro del gabinete portesgilista y así entrar al quite en la sucesión presidencial de 1930.

Como se mencionó, en marzo de 1929 la primera convención del PNR celebrada en la ciudad de Querétaro se empañó por la noticia de la asonada escobarista. Sin embargo, sus trabajos continuaron en las mesas de discusión de sus estatutos, aunque los asistentes sabían perfectamente que su trabajo era designar al candidato que debía ocupar la presidencia de la República Mexicana durante los siguientes cuatro años, y así completar el sexenio trunco debido al asesinato del general Obregón. El favorito parecía, en un principio, ser el gobernador de Nuevo León,

---

[124] Carta citada en Jorge Zepeda Patterson, "Los caudillos…", *op. cit.*, p. 251.

el licenciado Aarón Sáenz, pero en último momento el recién nombrado secretario de Gobernación del gabinete de Portes Gil, el ingeniero y general Ortiz Rubio, apareció como precandidato. Las maquinaciones políticas de Plutarco Elías Calles y Emilio Portes Gil, a las que por cierto también contribuyeron el gobernador del Estado de México, Carlos Riva Palacio y el mismísimo gobernador de Michoacán, Lázaro Cárdenas, vaticinaron que si el licenciado Sáenz llegaba a la presidencia, tanto el poder del sonorense como el del tamaulipeco correrían peligro. El regiomontano representaba al obregonismo persistente, que no se rebeló con Escobar y compañía, pero que sin duda tenía varias cuentas pendientes con los callistas y los portesgilistas. Esa razón y algunos detalles como su carácter manipulable y un tanto pusilánime hacían posible que Ortiz Rubio fuera un candidato capaz de oponerse a la postulación de Sáenz. Y desde luego se aprovechó la convención de Querétaro para desbancar al regiomontano. Se sabía que Ortiz Rubio tenía ciertas ambiciones personales y además, como llevaba tanto tiempo fuera de México, no parecía que lo secundase ninguna base política importante para poder moverse con fuerza propia.

En medio de un sainete digno de las mejores tandas de teatro de revista, la convención del PNR se convirtió en una batalla de volantes y gritos que los simpatizantes de uno y otro candidato protagonizaron durante los últimos días del encuentro. Manifestaciones en las calles, bandas de música y acarreos agitaron las tranquilas calles de esa ciudad colonial provinciana que veía cruzar de un lado a otro los contingentes alebrestados que apoyaban a Aarón Sáenz o a Ortiz Rubio. Finalmente el general Sáenz entendió desde qué altura venía el mensaje que le "sugería" dar un paso atrás y de plano no apareció en la reunión en la que se votó por quién ocuparía la candidatura del PNR a la presidencia. Los simpatizantes de Ortiz Rubio acudieron en masa y con la consabida práctica del "mayoriteo" lograron convertir al michoacano recién incorporado al gabinete presidencial en el candidato oficial del "partidazo", que así comenzaba su vida plagada de truculencias y chanchullos. Con cierta saña y desparpajo los ortizrubistas pasaron frente a las oficinas de Aarón Sáenz y le cantaron la canción de moda:

> Adolorido, adolorido… adolorido del corazón,
> por una ingrata, por una ingrata
> que me ha jugado una cruel traición.[125]

A partir de junio la campaña de Ortiz Rubio se organizó con toda clase de técnicas de acarreo, manipulación y hostigamiento a la oposición, estrenando y poniendo a prueba la potente maquinaria del PNR. Su principal oponente fue José Vasconcelos, quien a pesar de su popularidad en los sectores medios, estudiantiles y conservadores no logró levantar suficientes simpatizantes para hacer mella alguna al "candidato oficial". Cierto que hizo una campaña intensa y que sus correligionarios se enfrentaron constantemente a los esbirros penerristas comandados por Gonzalo N. Santos. Este último, por cierto, blasonaría en sus memorias sobre las barbaridades que sus golpeadores y él mismo protagonizaron durante la campaña.[126] El resultado fue violento y se contaron varios muertos, entre los que destacaron el vil asesinato del estudiante Germán del Campo y la llamada Masacre de Topilejo, que mostró, poco tiempo después de haberse llevado a cabo las elecciones, toda la saña de la que eran capaces los penerristas. Este acto generó una vez más la frustración y el desencanto en las conciencias democráticas mexicanas.[127]

Las campañas políticas coincidieron también con las movilizaciones de los estudiantes y profesores de la Universidad, quienes finalmente consiguieron que el gobierno de Portes Gil expidiera la ley de autonomía universitaria y se desentendiera de la responsabilidad estatal

---

[125] Andrés Garrido del Toral, "La fundación del PNR en Querétaro en marzo de 1929" en *La Voz del Norte*. México, 23 de marzo 2014.

[126] Gonzalo N. Santos, *Memorias…*, *op. cit.*, pp. 397-442.

[127] John Skirius, *José Vasconcelos y la cruzada de 1929*, Siglo XXI Editores, México, 1979, pp. 146 y 188.

en la educación superior.[128] Un gigantesco fraude se pergeñó el 17 de noviembre de 1929, fecha de las elecciones, pues a los pocos días se dio a conocer que Ortiz Rubio había ganado con 93.58% de los votos.[129] Vasconcelos desconoció los resultados, se exilió en Estados Unidos y llamó a sus correligionarios a sublevarse. Sin embargo, las pasiones electoreras se enfriaron, aunque no dejaron de presentar algunas sorpresas cargadas de violencia.

El 5 de febrero de 1930 el ingeniero Pascual Ortiz Rubio tomó posesión de la presidencia de la República en el Estadio Nacional. En el automóvil en el que regresó a Palacio Nacional fue víctima de un atentado. Un personaje llamado Daniel Flores González le disparó en el rostro al presidente hiriéndolo en un carrillo. El impacto de la bala lo mantuvo dos meses en convalecencia. Entre abril y mayo un primer magistrado temeroso y algo achantado se incorporó a las funciones de gobierno. Mientras tanto el general Plutarco Elías Calles sujetó con mano firme los hilos del poder en México.

El arribo de Ortiz Rubio a la presidencia debió causarle al general Lázaro Cárdenas una sensación ambigua y extraña. Por un lado su relación personal con el presidente era afable y respetuosa, pero por otro conocía las debilidades de su carácter y sus posiciones políticas conservadoras. Sabía que aquel ingeniero no era un partidario entusiasta de las reformas agrarias, y en más de una ocasión observó cómo se oponía a la distribución de los latifundios en Michoacán. Uno de los principales antagonistas a las acciones agraristas que instrumentó el general Múgica durante su breve gubernatura a principios de los años veinte fue nada menos que Ortiz Rubio, quien incluso intrigó contra el constitucionalista radical frente al presidente y general Álvaro Obregón. De cualquier manera Cárdenas apoyó a aquel insidioso y taimado ex-revolucionario cuando el PNR lo

[128] Víctor Díaz Arciniega y Alejandro Gómez Arias. *Memoria personal de un país*, Grijalbo, México, 1990, pp. 107-119.

[129] Las cifras oficiales fueron 1 825 732 votos para Ortiz Rubio y 105 655 votos para Vasconcelos. Véase John Skirius, *José Vasconcelos...*, *op. cit.*, p. 166.

proclamó candidato presidencial, y, como se trataba también del candidato de su mentor Plutarco Elías Calles, supo alinearse y manifestarle su lealtad.

En enero de 1930, para poner en evidencia esa misma condición, Cárdenas invitó al general Calles como delegado de honor al Primer Congreso Agrario del Estado de Michoacán "para que el más grande exponente de la ideología revolucionaria de México impulse y aliente organizaciones agrarias y campesinas de este Estado". Como era de esperarse, Calles no acudió al congreso pero se le distinguió como presidente de la directiva, dada "su firmeza de carácter y por sentar los principios revolucionarios de México".[130] Las posiciones en materia agraria del jefe máximo y las de su "chamaco" empezaban a distanciarse, aunque este último tuvo el talento político de no enfrentarlo todavía.

En mayo de 1930 el gobierno federal mostró su animadversión al reparto agrario llevado a cabo en diversas regiones del país, sobre todo en los estados donde los gobernadores "agraristas" habían echado a andar la distribución de tierra y pretendido armar a los campesinos con el pretexto de la defensa de su patrimonio y dotación. Para nadie era una novedad que en dichos estados los gobernadores utilizaron la política agrarista para consolidar sus bases sociales. Incluso en San Luis Potosí y en Veracruz los gobernadores Cedillo y Tejeda sostuvieron un acuerdo de mutuo apoyo en caso de que los terratenientes o sus guardias blancas organizaran algún ataque a sus contingentes de campesinos armados.[131] Las reticencias de Calles y Ortiz Rubio ante tal situación generaron el intento federal de detener el reparto. El mismo Cárdenas en mayo de 1930 envió a la legislatura del estado de Michoacán un decreto de aprovechamiento de tierras ociosas y se encaminó a consolidar algunos de los repartos que ya había otorgado. A finales de mayo se llevó a cabo el segundo congreso de la CRMT al que asistió el gobernador y, aunque hizo

---

[130] Archivo Calles-Torreblanca, fondo Joaquín Amaro (en catalogación durante su consulta), cartas del 1°, 2 y 6 de enero de 1930.

[131] Romana Falcón, "El surgimiento…", *op. cit.*, p. 356.

lo posible por no confrontar al gobierno federal, no pudo evitar el espíritu triunfante que los avances agraristas imbuían en los asistentes, quienes veían que finalmente se les tomaba en cuenta.[132]

El propio Plutarco Elías Calles, que entonces no ocupaba puesto alguno en la administración pública, declaró que era necesario dar garantías a pequeños y medianos propietarios, rematando su propuesta con una evidente intención detener las peticiones y los reclamos de restitución de tierras. El secretario de Agricultura del gabinete de Ortiz Rubio, el general Pérez Treviño, incluso planteó la defensa de "los hacendados honestos", al insistir que los terratenientes eran un factor relevante de la producción del campo mexicano, quienes contribuían de manera fehaciente a la emancipación de los obreros y los campesinos.[133] Pérez Treviño tenía una larga trayectoria como defensor de los intereses de los grandes propietarios, fundada en su natal Coahuila, es donde mantenía vínculos muy estrechos con latifundistas de la región algodonera de La Laguna.[134] Las tensiones entre los propios gobernadores "agraristas" afloraron, sobre todo porque el coronel Adalberto Tejeda insistió en la necesidad de intensificar los repartos en Veracruz mientras que otros mandatarios locales como Cedillo y Osornio se inclinaban por frenar aquel proceso. Los conflictos entre autoridades municipales y agraristas también generaron desavenencias en tierras michoacanas como se verá más adelante. Todo ello puso en alerta al gobierno federal, al que parecía que ya le habían colmado la paciencia tantos conflictos entre agraristas y terratenientes, entre gobernadores y propietarios, y entre las fuerzas militares y los campesinos armados.[135]

---

[132] Jesús Múgica Martínez, *La Confederación…*, *op. cit.*, p. 113.

[133] Romana Falcón, "El surgimiento…", *op. cit.*, p. 358.

[134] María Candelaria Valdés Silva, "Educación socialista y reparto agrario en La Laguna", en Susana Quintanilla y Mary Kay Vaughan, *Escuela y sociedad en el periodo cardenista*, FCE, México, 1997, p 232.

[135] Eitan Ginzberg, *Revolutionary…*, *op. cit.*, pp. 51-52.

Mientras tanto la presidencia del ingeniero Ortiz Rubio vivió uno de sus muchos momentos de intranquilidad. La tensión entre el presidente del PNR, Emilio Portes Gil, y el titular del Ejecutivo llegó a sus límites, provocada en buena medida por la interferencia de Calles y sus operadores en las tirantes relaciones entre el Congreso de la Unión y el presidente. Las diferencias en materia agraria, pero sobre todo de influencia política entre Portes Gil y Calles, confrontaron a partidarios y simpatizantes. Ortiz Rubio congeniaba con la postura de Calles de poner fin a la distribución de tierra, pero no parecía tolerar la injerencia del sonorense en decisiones que desde su punto de vista sólo a él le competían. Portes Gil, por su parte, pretendió encabezar al grupo de gobernadores "agraristas", asunto que tanto Tejeda como Cedillo y el propio Cárdenas, veían con suspicacia. Manteniéndose fiel a Calles, Cárdenas se alineó a las maquinaciones políticas del primero, y al restarle fuerza a Portes Gil contribuyó a que se confrontara con Ortiz Rubio. El gobernador de Michoacán le escribió al general Calles: "Los enemigos de la Revolución y otros malos elementos hacen labor de zapa que mina en todas partes y sólo usted puede serenar la situación y evitar un nuevo desastre al país".[136] En dicha coyuntura varios gobernadores "agraristas" se mantuvieron fieles a Calles. Cedillo, Tejeda, Almazán y, desde luego, Cárdenas apuntalaron al sonorense.[137]

El 16 de octubre de 1930 el presidente del PNR renunció y dejó vacante su puesto dentro de la urdimbre política más encumbrada del país. La ruptura entre Portes Gil y Ortiz Rubio no era poca cosa. El titular del ejecutivo llevaba casi un año en funciones y no acababa de consolidar sus propias alianzas políticas. Creyendo que encontraría un incondicional entre su propio paisaje, decidió llamar al general Cárdenas a ocupar el puesto al día siguiente de la renuncia de Portes Gil. Tres semanas después, el 7 de noviembre el gobernador de Michoacán pidió licencia al congreso del

---

[136] Archivo Calles-Torreblanca, fondo Joaquín Amaro (en catalogación durante su consulta), carta del 10 de octubre de 1930.

[137] Romana Falcón, "El surgimiento…", *op. cit.*, p. 360.

estado para ocupar la presidencia del partido.[138] Esta vez dejó en su lugar a su correligionario Gabino Vázquez, quien se encargaría de continuar con la labor de reformas en el estado apoyado sólidamente por la CRMT.

El traslado del general Cárdenas a la Ciudad de México no implicó que abandonara su ímpetu agrarista. Como presidente del PNR apoyó al ejido sin incomodar al general Calles, pero de alguna forma ignorando las intenciones del presidente Ortiz Rubio. Aunque su estilo a la hora de hacer declaraciones públicas se vio impregnado del inconfundible tono demagógico penerrista, al poco tiempo de ser nombrado presidente del partido, comentó a la prensa: "El resurgimiento de México sólo puede ser producto de una justa y mejor distribución de la propiedad".[139] De no haber sido porque efectivamente Cárdenas sí parecía creer en lo que decía, tal declaración formaría parte de las miles de palabras vacías que ya se contaban en el repertorio del PNR.

El general Cárdenas mantuvo su postura a favor de la distribución de la tierra. Desde inicios de los años treinta no perdió oportunidad para insistir en que "el ejido, el fraccionamiento de la tierra, será la base de la prosperidad del país. Ello se habría ya demostrado plenamente si los gobiernos hubiesen estado en posibilidad de auxiliar al ejidatario en la medida de su necesidad, particularmente por cuanto hace al crédito ejidal".[140]

A lo largo de 1931 varios acontecimientos ocuparon la atención del michoacano. A principios de ese año inauguró la primera estación de radio perteneciente al partido, la XEFO, antes llamada XE-PNR, cuyo discurso inaugural fue pronunciado por el presidente Ortiz Rubio. Esa estación funcionó durante casi 15 años promoviendo políticas gubernamentales y contrastando su emisión con la de otra estación que se volvería el emblema de la iniciativa privada en materia de radiocomunicación:

---

[138] Archivo SEDENA, expediente del general Lázaro Cárdenas…, *op. cit.*, permiso del 7 de noviembre de 1930 al 31 de octubre de 1931.

[139] Romana Falcón, "El surgimiento…", *op. cit.*, p. 359.

[140] Lázaro Cárdenas, *Palabras y…*, *op. cit.*, citado en Cuauhtémoc Cárdenas, *Cárdenas…*, *op. cit.*, pp. 200-201.

la XEW, cuyo conocido lema era el pretencioso enunciado de ser: "La voz de la América Latina desde México". Esta radiodifusora se inauguró un año antes, y su propietario, Emilio Azcárraga Vidaurreta, se convertiría en uno de los empresarios más conspicuos de la primera mitad del siglo XX. Su claro propósito de convertir la radio en un negocio con amplios márgenes de utilidad y beneficio económicos inició un estilo muy peculiar de hacer dinero a través de la explotación de la sensiblería de diversas expresiones culturales populares mexicanas. Para algunos analistas la XEW fue desde sus inicios la gran escuela del mundo romántico y sentimental de la sociedad mexicana durante la primera mitad del siglo. La radio comercial tendría en el señor Azcárraga a uno de sus más preclaros representantes.[141]

En materia de comunicación, Cárdenas también se preocupó por la prensa. Desde 1929 el general Calles fundó el periódico *El Nacional Revolucionario*, que después mantuvo el título de *El Nacional*. El presidente del PNR lo retomó a partir de 1930 y lo convirtió en un periódico que trascendió los límites del partido y se ocupó de la noticia diaria, de laciencia, la higiene, la política y la religión. Durante esta primera etapa el diario se rehusó a publicar nota roja porque la consideraba "una peligrosa apología del crimen y escuela de perversión".[142] De cualquier manera el periódico vivió un pequeño repunte mientras el General mantuvo su presidencia en el PNR. Más tarde se convertiría en uno de los principales periódicos del país y en uno de sus panegiristas más insignes.

El 14 de enero de 1931 un intenso sismo ocurrió en las costas de Oaxaca afectando señaladamente a la capital del estado, a algunas ciudades de la mixteca alta como Huajuapan de León, Tlaxiaco y Miahuatlán

---

[141] Ricardo Pérez Montfort, "*Esa no porque me hiere*. Semblanza superficial de treinta años de radio en México 1925-1955", en *Avatares del nacionalismo cultural. Cinco ensayos*, CIESAS-CIDEHM, México, 2000, pp. 91-115.

[142] Jacqueline Covo, "El periódico al servicio del cardenismo: El Nacional 1935" en *Historia Mexicana*, núm. 46, vol. 1, El Colegio de México, México, 1996, pp. 133-161.

y también a la región zapoteca del Istmo de Tehuantepec. Una vez que el General conoció las noticias del desastre se trasladó a la ciudad de Oaxaca y recorrió la zona los días 19 y 20 para apoyar las labores de rescate y alivio de los miles de afectados. Días antes el equipo del cineasta soviético Serguéi Eisenstein aterrizó en Oaxaca.[143] El director filmaba en México una película que jamás concluiría y que originalmente se identificó como *The Mexican Picture*.Las imágenes en movimiento de aquella antigua ciudad de Antequera destruida —filmadas por el fotógrafo Edouard Tissé para el breve documental que posteriormente editó Eisenstein—, mostraban las dimensiones de dicha tragedia. Muros destrozados, arquerías derruidas, huecos desnudos en las bóvedas, columnas y portales derribados, el cementerio infestado de dolientes, las ruinas de las casas de los ricos y pobres; todo ese desastre aparecía frente al espectador con tomas impresionantes. La gente retratada mantenía una expresión de zozobra y estupefacción. La desgarradora miseria de los pobladores indígenas aparecía entre los escombros. Un conjunto de tomas de santos fuera de las iglesias mostraba el desamparo, pero también el arraigo de la religiosidad popular y la fuerza de las creencias católicas.[144]

A esa tragedia arribó el general Cárdenas para apoyar al gobernador Francisco López Cortés, quien asistido por un general de apellido Pérez y un amplio contingente de soldados, inició la reconstrucción de las ciudades y pueblos. El presidente del PNR participó en la organización de la edificación de albergues, que según él "era problema más urgente".[145] A los tres días regresó a la capital del país a continuar con sus labores de gestión y grilla política.

[143] Aurelio de los Reyes, *El nacimiento de ¡Que viva México!*, Instituto de Investigaciones Estéticas-UNAM, México, 2006.

[144] Véase *El desastre en Oaxaca, 1931*, cortometraje de Sergéi Eisenstein, en Aurelio de los Reyes, *Oaxaca*, en la colección Imágenes de México de la Filmoteca de la UNAM, 2005.

[145] Archivo Calles-Torreblanca, fondo Plutarco Elías Calles, núm. de expediente 206, núm. de inventario 820, legajo 4/9, telegrama del 19 de enero de 1931.

A finales del mes de enero y principios de febrero tuvo la ocasión de poner a prueba su retórica revolucionaria. El licenciado Luis Cabrera, aquí connotado carrancista que en ese momento se erigía en crítico de la Revolución, dio una conferencia sobre el resultado del movimiento iniciado por Francisco I. Madero en 1910 y concluido con la Constitución de 1917. La conferencia, hecha en el enorme edificio del antiguo templo de San Agustín que albergaba la Biblioteca Nacional, formaba parte de una serie de pláticas que el recinto organizó con motivo del vigésimo aniversario del inicio de la contienda revolucionaria. En dichas pláticas participaron figuras como Juan Sánchez Azcona, Félix F. Palavicini, Pastor Rouaix, Antonio Díaz Soto y Gama, Isidro Fabela y el embajador de Cuba en México, Manuel Márquez Sterling. Aquellas charlas no generaron ninguna molestia, sin embargo, la disertación de Luis Cabrera consistió en una extensa descripción de los derroteros que siguió la Revolución durante los 10 años que siguieron después del arribo al poder de los caudillos sonorenses. Los principales diarios del país, ni tardos ni perezosos, publicaron algunos fragmentos de manera sucesiva, aunque sólo *El Hombre Libre* la publicó completa.[146] Al parecer lo dicho por Cabrera mostraba mucho resentimiento, pero también decía algunas verdades, externaba bastantes opiniones personales y se regodeaba en no pocas mentiras.

En primer lugar atacó la política agraria, especialmente la creación de ejidos, explicando que sólo entorpeció la producción en el campo. Denunció la inexistencia de un verdadero ejército nacional dado que era imposible erigirlo por la alta desigualdad social. Sostuvo que la educación impartida por el estado no servía para nada, y que la secundaria "preparaba para la empleomanía y la profesional al parasitismo". Establecía que la Revolución no resolvió ninguno de los problemas políticos del país, en gran medida por la falta de valor civil de los propios mexicanos, pues se temía afectar las sensibilidades de las altas

---

[146] Instituto de Capacitación Política, *Historia documental del Partido de la Revolución, PNR, 1929-1932*, PRI, México, 1981, pp. 210-218.

autoridades mexicanas. En su discurso, remató: "tememos lastimar al general Calles, al licenciado Portes Gil, al ingeniero Ortiz Rubio y por eso no hacemos nada".[147]

La respuesta a su conferencia no tardó en aparecer y se convirtió en la comidilla de la prensa y la opinión pública. A Luis Cabrera le contestaron el general Manuel Pérez Treviño, el diputado Manlio Fabio Altamirano y el mismísimo presidente, Pascual Ortiz Rubio, que le dedicó la siguiente frase: "Yo lo digo sin ambages y sin exageraciones: tenemos un admirable, un excepcional ejército", y tal logro se lo endosó al general Joaquín Amaro.[148]

Lo que resultó inédito fue que el general Cárdenas, como presidente del PNR, respondió al licenciado Cabrera con una larga carta en la que defendió al ejército; en seguida, criticó al régimen de Carranza, del cual el propio Luis Cabrera formó parte; especialmente se refirió al rubro de la educación. Le echó en cara una acción del presidente constitucionalista que no resultaba menor y le recordó que durante aquel gobierno se suprimió la Secretaría de Instrucción Pública. También se refirió a los reparos de Cabrera a la política agraria, misma en la que el propio presidente del PNR reconoció que tenía errores, pero que el gobierno continuaba con "la dotación y restitución que en derecho corresponde a los pueblos". Finalmente asestó un último golpe en el que insistió que la Revolución no se limitaba al proceso violento, en el cual Cabrera participó lo mismo que muchos otros, sino que se debía incluir aquella época de guerra hasta el gobierno de entonces que "como los anteriores, emana de la Revolución misma".[149]

Días después, Luis Cabrera se lamentó diciendo que quienes le contestaron no lo habían leído leído correctamente, y acusó de "neurasténicos" a sus detractores. Se quejó también de que muy cristianamente

[147] *Ibid.*
[148] *Ibid.*, p. 212.
[149] *Ibid.*, p. 192.

el presidente Ortiz Rubio lo "excomulgó oficialmente proscribiéndo-
me del seno de la Iglesia Católica Revolucionaria, negándome la sal y el
agua, por hereje, logrero, heterodoxo, tránsfuga, judío, mochuelo y ave
de mal agüero".[150] Así terminó la polémica entre uno de los críticos de la
Revolución y algunos miembros destacados del partido que con el tiempo adquiriría el mote de "oficial". Habría que mencionar que Cabrera
no hizo ninguna mención en la misiva de Cárdenas.

Las labores del presidente del PNR no sólo se limitaban a algunas par-
ticipaciones en debates públicos o la elaboración de discursos y comuni-
cados. Mientras ocupó la presidencia del partido, gran parte del tiempo
lo ocupaba en negociar con las diversas facciones que constantemente
pugnaban dentro del Congreso de la Unión. Si bien la mayoría simpatizaba o formaba parte del partido, el control de las facciones fue sin
duda una labor titánica. Los diputados y senadores parecían vivir en agitación constante. Entre griteríos, delirios y balazos, durante la XXXIV
legislatura constituida a principios de 1930 se distinguían principalmente dos grupos: los "rojos", que solían blasonar su cercanía con el general Calles, y los "blancos", que respaldaban al ingeniero Ortiz Rubio.
Ambos debatían por cualquier minucia demostrando no sólo sus lealtades y afanes protagónicos, sino también sus fanfarronerías y hasta su falta de instrucción básica.

La polarización se hizo evidente cuando se discutió la posibilidad de
instaurar la reelección de los representantes en las cámaras. Si bien el
presidente del PNR parecía inclinarse a favor de la no reelección, en concordancia con uno de los principios fundamentales del discurso revolucionario, dejó abierta la posibilidad de que los senadores y los diputados
regresaran por un segundo o tercer periodo, "siempre y cuando hayan
realizado una positiva labor de colaboración para el desarrollo de los programas en materia de educación, de comunicaciones, de organización

---

[150] *Ibid.*, p. 220.

agraria y obrera de los gobiernos federales y locales".[151] La reelección era la propuesta que también apoyaba el general Calles, mientras que Ortiz Rubio prefería la "no reelección".

Como mediador el general Cárdenas intentó quedar bien con Dios y con el Diablo. Pero sus lealtades hacia Calles eran todavía inquebrantables. A pesar de ello consecuente con su papel en la presidencia del PNR tuvo que lidiar con situaciones en las que los aliados del presidente Ortiz Rubio se enfrentaban con los del general Calles, o incluso con algunos de sus testaferros menos relevantes. Era necesario mediar entre grupos que no se caracterizaban precisamente por ser caballerosos o educados. De vez en vez los diputados y senadores asistían a las sesiones con sus pistolas en la cintura y no era raro que dirimieran sus diferencias a gritos y sombrerazos. De los 160 miembros de la cámara de diputados, poco más de la mitad se reconocía como militante de las filas del PNR. Algunos como Manlio Fabio Altamirano, Wenceslao Labra, Manuel Riva Palacio, Graciano Sánchez o Ernesto Soto Reyes eran de clara filiación agrarista. Saturnino Osornio, quien había sido gobernador de Querétaro y no ocultaba sus alianzas con los tejedistas de Veracruz y los cedillistas de San Luis Potosí, también se alineó entre los agraristas. Todo ellos resistieron los embates de las posiciones que coincidían en frenar el reparto de la tierra que inicialmente respaldaban las opiniones del general Calles con las del ingeniero Ortiz Rubio. El presidente del PNR tenía además operadores importantes dentro y fuera de las cámaras, como los michoacanos Rafael Picazo, Manuel Avilés y Efraín Pineda, aunque a veces no se sabía claramente si estaban más con Ortiz Rubio que con el propio Cárdenas. A otros representantes como Gonzalo N. Santos, Rafael Melgar o Práxedis Balboa era imposible mantenerlos a raya. Cada uno seguía la postura que le parecía de momento la más conveniente, aunque siempre se cuidaban la espalda al intentar ganarse

---

[151] Lázaro Cárdenas, *Palabras y…*, *op. cit.*, citado en Cuauhtémoc Cárdenas, *Cárdenas…*, *op. cit.*, p. 202.

la protección del jefe Calles.[152] El primero, también conocido como el Alazán Tostado, era temido por sus métodos de convencimiento entre los que rara vez faltaban golpeadores y ametralladoras.[153]

En febrero de 1931 el general Cardenas acompañó al ingeniero Ortiz Rubio en una visita al oriente de Michoacán. En Jiquilpan, con toda la comitiva presidencial y también contando con la presencia del gobernador interino Gabino Vázquez, el general Cárdenas se enteró de que las guardias blancas de los terratenientes de la hacienda Guaracha habían arrasado con las casas y las pertenencias de los agraristas instalados en un terreno llamado Las Zarquillas, que aquellos latifundistas reclamaban como suyo. El general tomó el tren presidencial para trasladarse al lugar donde ocurrió el zafarrancho y constató la intransigencia de quienes se consideraban los mandamases de la localidad. Ahí mismo tomó la determinación sobre el latifundio. Hasta el 21 de septiembre se formalizaría la primera dotación y cuatro años después se establecería en esas mismas tierras el ejido Emiliano Zapata.[154] En aquella ocasión pareció que al General se le había agotado la paciencia y estaba dispuesto a resolver de una vez por todas el asunto de Guaracha.

Después del incidente, Cárdenas se dio cuenta de que su labor resultaba mucho más útil y trascendente como gobernador de Michoacán que como presidente del partido. Por ello en mayo decidió volver a encabezar la gubernatura de su estado sin renunciar a su puesto en el partido.[155] La violencia, tanto por cuestiones agrarias como por asuntos religiosos, no cedía en aquellos territorios. En Zitácuaro, Arocutín y Nocupétaro, entre finales de 1930 y principios de 1931, hubo

---

[152] Tzvi Medin, *El minimato presidencial: historia política del Maximato 1928-1935*, Era, México, 1982, pp. 77-79.

[153] Gonzalo N. Santos, *Memorias...*, *op. cit.*, pp. 431-442.

[154] Eitan Ginzberg, *Lázaro Cárdenas...*, *op. cit.*, p. 170.

[155] Lázaro Cárdenas, *Obras. I...*, *op. cit.*, vol. IV, tercera edición, UNAM, México, 1986 (primera edición, 1972), p. 181.

enfrentamientos significativos entre campesinos armados que defendían su religión o su tierra.[156]

A nivel federal, la intención de detener la distribución agraria también empezó a generar una actitud defensiva entre los gobernadores "agraristas". La presión por parte del gobierno de Ortiz Rubio, en concordato con la voluntad de el Jefe Máximo, Plutarco Elías Calles, se había intensificado. La consigna de desarmar a quienes protegían sus patrimonios y tierras con la venia de las autoridades estatales se dejó sentir desde la Secretaría de Guerra y Marina hasta los corrillos que fomentaban las pugnas entre callistas y ortizrubistas. La tensión entre los convencidos del cambio en la tenencia de la tierra y quienes insistían en detener el proceso confrontó al secretario de Gobernación, Carlos Riva Palacio, con el presidente Ortiz Rubio. El presidente le solicitó su renuncia a quien tampoco quería desairar al jefe Calles. Empezar la siguiente frase:

Riva Palacio respondía en primera instancia a las órdenes del sonorense, aunque se conocían sus dudas acerca del proceso de desarme de los campesinos, sobre todo en los estados de Veracruz y San Luis Potosí. Saturnino Cedillo y Adalberto Tejeda se negaron a despojar de sus rifles y pistolas a sus huestes, e incluso el potosino cometió la imprudencia de enviar 15 vagones repletos de campesinos armados a asistir a sus correligionarios agraristas en Querétaro.[157] Mientras los veracruzanos y potosinos se mostraban rejegos, Cárdenas se mantuvo en una posición ambigua aunque aprovechó aquel río revuelto para irse haciendo de una base política que trascendiera su propio terruño y alcanzara cierta significación en otros estados. Pero no cabe duda que su núcleo particular estaba entre los campesinos, los obreros y las fuerzas vivas michoacanas.

---

[156] Enrique Guerra Manzo, "Católicos y agraristas en…", *op. cit.*, p. 206.
[157] Romana Falcón, "El surgimiento…", *op. cit.*, p. 360.

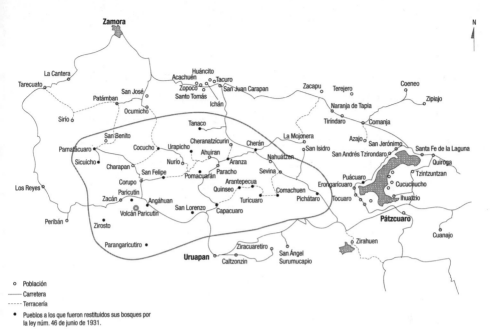

Mapa de la meseta tarasca con todos los pueblos beneficiados por la ley 46. Tomado
del libro de Eithan Ginzberg Lázaro Cárdenas Gobernador de Michoacán p.207

En junio de 1931, Lázaro Cárdenas remitió al congreso de Michoacán la iniciativa de ley número 46 que nulificaba los contratos de
explotación de los bosques de la meseta Tarasca establecido entre las
comunidades indígenas y diversas compañías madereras, tanto extranjeras como nacionales. Algunos de esos contratos se habían establecido
desde épocas porfirianas y en 1928 fueron renovados por las autoridades
en turno. En esta última fecha incluso se ampliaron las áreas de explotación, mismas que llegaron a producir exorbitantes ganancias, mientras
las comunidades recibían la irrisoria cantidad de 13 centavos por hectá-
rea talada.[158] Entre esas compañías se encontraban la Mexican Finance
Company S. A., Bosques Mexicanos, S. A., Lumber and Development
Company of Michoacán S. A., Compañía Industrial de Michoacán y
Michoacán Transportation Company.[159] Con aquel decreto Cárdenas

---

[158] Cuauhtémoc Cárdenas, *Cárdenas...*, *op. cit.*, p. 178.
[159] Lázaro Cárdenas, *Obras. I...*, *op. cit.*, vol. IV, p. 183.

ordenó que 220 000 hectáreas correspondientes a 20 comunidades de dicha meseta boscosa fueran restituidas a sus antiguos dueños, quienes todavía guardaban celosamente sus títulos virreinales.

Si bien es cierto que muchas de estas comunidades no tenían la capacidad y la infraestructura para explotar los recursos forestales—incluso tal parece que fueron pocas las que solicitaron el reparto—, Cárdenas se justificó argumentando que aquella disposición respondía al compromiso adquirido cuando había vivido como soldado rebelde en sus correrías revolucionarias iniciales entre 1913 y 1914. En su memoria quedaba la promesa que le le había hecho al jefe indígena Casimiro López Leco, a quien conoció cruzando los parajes entre Cherán y Paracho.[160] Con la ley número 46 parecía haber cumplido su palabra. Las cooperativas indígenas que debían velar por esos bosques al parecer no sobrevivieron mucho tiempo.[161] Sin embargo el reparto mostró no sólo la buena voluntad de parte del gobierno cardenista, sino su clara convicción de poner los recursos naturales del país en manos de sus habitantes originarios.

La propuesta educativa en el estado de Michoacán

> Es preciso, que la escuela sea una preparación para la vida, en todas los órdenes y en todos los planos de la existencia…
>
> LÁZARO CÁRDENAS, 1932

Los días 22, 23 y 24 de julio de 1931 celebró en Morelia el tercer congreso de la Confederación Revolucionaria Michoacana del Trabajo. Para entonces la CRMT era un organismo vigoroso gracias a sus bases laborales militantes. Tenía una organización disciplinada y leal que

---

[160] Véase el capítulo II.
[161] Eitan Ginzberg, *Lázaro Cárdenas…, op. cit.*, pp. 212-213.

actuaba en concordancia con el gobierno local y federal, misma que respondía a una estructura vertical, pero con cierta "representación de clase". Esta confederación comprobó su eficacia a la hora de "cumplir las leyes revolucionarias del estado, particularmente en materia agraria, de trabajo, de cultos y de educación pública".[162] El gobernador Cárdenas asistió a aquellas sesiones junto con el general Benigno Serrato y algunos diputados del congreso local. En las mesas de trabajo se destacaron principalmente dos asuntos: la necesidad de implementar una efectiva campaña antialcohólica en el estado y la importancia de detener la actitud sediciosa y disolvente de la iglesia católica entre las comunidades campesinas y obreras michoacanas.[163] Por más que los arreglos entre el gobierno federal y la alta jerarquía eclesiástica hubiesen puesto fin a las hostilidades, la situación en los pueblos seguía sin mayores cambios y no tardaría en convertirse nuevamente en un polvorín. A partir de la segunda mitad de 1931 una embestida por parte del espíritu jacobino posrevolucionario pondría a los católicos una vez más contra las cuerdas, lo que produjo una reacción popular que se manifestó con particular lujo de violencia.

Al fanatismo y a las resistencias de los religiosos católicos michoacanos el gobierno del general Cárdenas intentó responder por la vía educativa. Además de los repartos agrarios, la organización e integración de sus bases políticas y sociales de combatir la fragmentación de su territorio gracias a la construcción de vías de comunicación y los esfuerzos por pacificar la muy desunida sociedad campesina y trabajadora, quizá el mayor empeño del general Cárdenas durante los cuatro años de su gobierno fue la ampliación y diseminación del sistema escolar a lo largo y ancho del estado.

Para llevarlo a cabo se valió de las instituciones gubernamentales responsables de la educación a nivel estatal, a las que destinó cerca de 40%

---

[162] Verónica Oikión, *Michoacán…*, *op. cit.*, p. 1.
[163] Jesús Múgica Martínez, *La Confederación…*, *op. cit.*, pp. 118-121.

del presupuesto anual de la entidad. Se apoyó en los secretarios de Educación, Ezequiel Padilla en 1929 y Narciso Bassols a partir de 1930, y dio la instrucción que la escuela debía llegar sobre todo a las regiones que necesitaban pacificarse tratando de dar fin a la rebelión cristera.[164] Desde el inicio de su gobierno Cárdenas incorporó a los maestros y autoridades educativas a la Confederación Revolucionaria Michoacana del Trabajo. Ahí se consolidó el Bloque Estatal de Maestros Socialistas de Michoacán, organización que se encargaría de celebrar diversos congresos magisteriales para optimizar la impartición de la instrucción básica. Sobre todo se les encargó la misión de terminar con el fanatismo que imperaba entre aquellos jóvenes y niños michoacanos, así como en el resto de la población.

Un estudioso de aquel proceso concuiría que a los maestros se les "reconocía su papel activo en la disputa por la hegemonía social" que debía ejercer el estado laico y moderno mexicano, frente a la iglesia católica. Había que "desplazarla de la conducción moral e ideológica de las masas campesinas"[165] y era necesario renovar la escuela. La institución educativa debía ser "esencialmente dinámica, activa, social, creadora de mejores hábitos y costumbres". Además de combatir al fanatismo debía fomentar el cooperativismo y fraternidad, así como velar por el bien del prójimo. Se decía que uno de los requisitos fundamentales de la educación era el de "socializar la escuela" al generar una conciencia de solidaridad entre los educandos y los trabajadores en general gracias al conocimiento "de normas sindicalistas y cooperativistas".[166]

En sus programas se hizo necesario que los alumnos se acercaran más a la naturaleza para conocerla y respetarla, pero también que se instruyeran en labores de agricultura, comercio e industria. Su preferencia era enseñarles oficios para mantenerse de manera independiente y honrada.

---

[164] Archivo Calles-Torreblanca, fondo Joaquín Amaro (en catalogación al momento de su consulta), carta del 23 de julio de 1929.

[165] Eitan Ginzberg, *Lázaro Cárdenas…*, *op. cit.*, p. 116.

[166] *Ibid.*

Para incorporar estos nuevos contenidos a la enseñanza impartida por las instituciones ligadas al gobierno del estado fue imprescindible organizar cursos especiales para los maestros. El Departamento de Educación del estado de Michoacán se encargó, desde finales de 1929 y a lo largo de todo el cuatrienio cardenista, de capacitar a sus cuerpos docentes, con el fin de que las escuelas oficiales se convirtieran en semilleros de "verdaderos seres humanos, tanto espiritual como corporalmente" y que de ahí salieran individuos libres y conscientes que trabajaran a favor del bienestar de sus congéneres.

Al inicio del gobierno del General las escuelas federales, urbanas y privadas sumaban alrededor de 820 unidades en todo el estado de Michoacán. Para 1932 en esos mismos rubros la cifra aumentó a 1 023. Fue en el universo rural donde se percibió un aumento de poco menos de 200%. En 1928 había 782 escuelas rurales en Michoacán. Para 1932 ya existían 1 254.[167] Otros sectores de la población disfrutaron de estos beneficios educativos. En las principales ciudades se abrieron jardines de niños. En diversas fábricas los hijos de los obreros asistieron a las escuelas Artículo 123. Para 1932 se inauguraron 326 colegios cuya manutención corría por cuenta de los dueños de las empresas o haciendas, aunque la supervisión estaba en manos del Departamento de Educación y la CRMT. Para preparar a los maestros se fundó la Escuela Normal Mixta, separando sus funciones de la Universidad Michoacana de San Nicolás de Hidalgo, cuyo prestigio se reconocía en diversas partes del país. La Normal estaría bajo responsabilidad del Departamento de Educación, lo mismo que otros colegios técnico-industriales. En Morelia y Pátzcuaro se fundaron las escuelas industriales para mujeres y para indígenas, que llevaban los nombres de Josefa Ortiz de Domínguez y José María Morelos, respectivamente. En esas dos ciudades también se instalaron las escuelas Hijos del Ejército 1 y 2.[168]

---

[167] *Ibid.*, pp. 114-115.

[168] María Teresa Cortés Zavala, *Lázaro Cárdenas…, op. cit.*, p. 49.

La iniciativa de llevar las letras y la educación a los jóvenes descendientes de los miembros de las fuerzas armadas había germinado en la conciencia y los planes del general Cárdenas durante su estancia en las Huastecas. Se trataba de escuelas-internados que dignificaban la vida castrense y buscaban que se unieran a la sociedad a través de una instrucción útil y servicial.[169] En ese mismo sentido se abrieron otras dos escuelas más enfocadas al entrenamiento agrícola-industrial en Coalcomán y Paracho. En la capital del estado se impulsaron la Escuela de Artes y Oficios —que ya había instalado el gobierno del general Múgica en 1921— y el colegio técnico-industrial Álvaro Obregón, fundado el año en que el general Cárdenas inició su gobierno en el estado. En las afueras de Morelia, en el antiguo casco de la hacienda de La Huerta, se había fundado una escuela agrícola en 1926. Cárdenas la convirtió a partir de 1930 en la Escuela Regional Campesina.[170]

Mención aparte merecen las misiones culturales, iniciadas durante la gestión de José Vasconcelos en la Secretaría de Educación Pública durante el gobierno del general Álvaro Obregón. En aquella época sólo una se echó a andar en Ixmiquilpan, en el estado de Hidalgo, pero la iniciativa continuó durante la administración del secretario Manuel Puig Casauranc, siendo presidente el general Plutarco Elías Calles. Sus principales promotores fueron Rafael Ramírez y Moisés Sáenz. Para la segunda mitad de los años veinte las misiones culturales estaban a prueba y sus resultados habían sido más bien magros.

Sujetas a la sanción de las autoridades que sustituyeron a los responsables de la educación federal a partir de 1928-1929, se requirió de una reorganización de las mismas en 1930. Las misiones crearían los institutos sociales, que implementarían una serie de cursos intensivos preparados para cada región en donde se instalaran. Estos cursos

---

[169] Véase el capítulo III.
[170] Cuauhtémoc Cárdenas, *Cárdenas…, op. cit.*, pp. 180-181.

consistirían en una instrucción elemental agrícola, un poco de educación física, cierta enseñanza de oficios y pequeñas industrias, y alguna recomendación en materia de trabajo social. El nuevo secretario de Educación a partir de 1930, Narciso Bassols, intentó aprovechar la experiencia acumulada de las misiones y, además de considerar su impacto en territorios donde la guerra cristera no se apaciguaba del todo, estableció una tercera reestructuración de dicho programa tan ambicioso y revolucionario que la Secretaría de Educación Pública deseaba implantar en todo el país.[171] En la memoria oficial de esos años se informó:

> 1930 señala un progreso más para las misiones. Su número se eleva a 14, 12 ambulantes y dos permanentes, a las que se encomienda la muy importante labor de realizar la pacificación de los espíritus en varios estados de la república; recorriendo 19 de ellos llevan a cabo 85 institutos, el número más crecido de su historia hasta entonces, a los que asistieron 282 maestros y maestras. Una misión permanente permanece en Actopan, Hidalgo, y la otra es trasladada a Paracho, Michoacán.[172]

Aquella misión establecida en el corazón de la meseta tarasca, además de maestros, convocó a artistas y a escritores, a médicos y a enfermeras, a músicos y a actores que con sus conocimientos y artes contribuyeran a enriquecer la educación de campesinos y obreros de la región. Entusiasmados por la riqueza musical purépecha, por ejemplo, los integrantes de la misión de Paracho convocaron a un concurso de sones y bailes regionales en varias localidades durante enero y febrero de 1931. A Tzintzuntzan y a Pátzcuaro acudieron los finalistas, y las piezas *Los negritos*, *Las sembradoras* y la *Danza de los viejitos* obtuvieron los primeros premios.

---

[171] David L. Raby, *Educación y revolución social en México*, SEP-Setentas, México, 1974, p. 36.

[172] *Las misiones culturales, 1932-1933*, SEP, México, 1933, p. 14.

413

Fueron los maestros misioneros los jueces en esa ocasión y determinaron que, aun cuando la danza de *Las sembradoras* fue interpretada "por las más bellas muchachas indígenas del lugar, y como legítimas *guaris* van adornadas con sus mejores prendas", la danza de *Los viejitos* ganaría el primer premio por ser uno de los "más originales y característicos del estado de Michoacán".[173] Reconocidas tales danzas como las más hermosas y "auténticas" del folclore michoacano, la Secretaría de Educación Pública se encargó de editar 2500 ejemplares para que los maestros misioneros las enseñaran en otras localidades con el fin de promover las expresiones musicales mexicanas. Gracias a esa labor de promoción, la *Danza de los viejitos* se convertiría en una expresión cultural que a partir de entonces representaría a los michoacanos.[174] A la menor provocación, grupos de jóvenes vestían sus máscaras de madera que reproducían caras arrugadas de hombres mayores. Además, sumaban a su atuendo pelucas de ixtle bajo sus sombreros y vistiendo ropas de manta. Por lo general el baile culminaba con una coreografía llamada "El trenecito", que formaba a los integrantes uno detrás del otro como una cola ensamblada por los carros de un ferrocarril que circulaba cada vez a mayor velocidad. El último viejito terminaba jaloneado con gracia y simpatía entre traspiés y zapateos.

---

[173] Liliana Toledo, *Usos y funciones de la música en las misiones culturales y escuelas normales rurales (1926-1932)*, tesis de maestría, El Colegio de Morelos, Cuernavaca, 2017.

[174] Jorge Amós Martínez Ayala, "Bailar para el turismo. La 'Danza de los Viejitos' de Jarácuaro como artesanía", en Georgina Flores Mercado y Fernando Nava L,. *Identidades en venta. Músicas tradicionales y turismo en México*, Instituto de Investigaciones Sociales, UNAM, México, 2016, pp. 139-163.

Registro de la *Danza de los viejitos* ganadora del 1° Concurso
de Danzas de las Misiones Culturales celebrado en Pátzcuaro
en 1931 (Archivo Histórico del Cenidim).

Las misiones culturales fueron aprovechadas por el gobierno del
general Cárdenas para promover un proyecto educativo de mayor
envergadura. Dado el éxito tras el concurso de música purépecha, se
encomendó a las escuelas de todo el estado que promovieran las artes
escénicas, el baile y el folclore regional para presentarlos de manera más formal en el Teatro Ocampo de Morelia. Las llamadas "Fiestas
de arte para el pueblo" se organizaron todos los domingos para exhibir
los humildes espectáculos o las vistosas representaciones de los diversos
centros escolares del estado. En dichos eventos no se perdía la oportunidad para bailar, entonar algunas canciones o recitar poesías románti-
cas o patrióticas.[175]

---

[175] María Teresa Cortés Zavala, *Lázaro Cárdenas...*, *op. cit.*, p. 53.

La acción educativa del gobierno cardenista tendría así un impacto enorme en el prestigio del estado, al fomentar a nivel nacional su gran riqueza cultural, su creatividad y sus expresiones populares. Ese ascendente también traería beneficios al gobernador jiquilpense: para entonces empezaban a aparecer en la lírica popular panegíricos empalagosos y chabacanos dedicados al "benefactor" Lázaro Cárdenas como el siguiente:

> Redentor de multitudes
> desnudas y hambrientas
> clamaron tus virtudes
> las turbas harapientas.

> Quitaste las riquezas
> a todos los tiranos
> amaste la pobreza
> de todos tus hermanos.

> Demoledor constante
> de vicios y oropeles
> y constructor amante
> de brechas y planteles.[176]

La labor pedagógica de aquel gobierno no sólo se concentró en la instrucción primaria, secundaria y técnica. Al igual que en el resto del país, y principalmente en la Ciudad de México, la educación superior se había distanciado de las instancias gubernamentales. Los estratos medios y los sectores más pudientes eran las que podrían darse el lujo de enviar a sus hijos a las universidades o a las preparatorias, y por lo tanto, no resultaba frecuente que aquellos jóvenes congeniaran con los intereses de los gobiernos posrrelvolucionarios. Es más, tanto por sus desplantes conservadores como por sus espíritus rebeldes, las pocas instituciones de educación superior establecidas en las capitales de los estados o en la propia

---

[176] Estos versos se le atribuyen al profesor Hilario Reyes Garibaldi y aparecen en Jesús Múgica Martínez, *La Confederación*..., *op. cit.*, pp. 138-139.

Ciudad de México solían albergar algunos de los ánimos más contestatarios de aquella época. Queriendo entrarle al toro por los cuernos y sabiendo que en Morelia los estudiantes y profesores de la Universidad Michoacana de San Nicolás de Hidalgo se reunían con cierta periodicidad para discutir problemas políticos y sociales que los involucraban, Cárdenas movió algunos hilos para que lo invitaran a conversar en una de sus reuniones. Con el afectado nombre de "cafés nicolaítas", en aquellos ágapes también se discutían algunas aspectos de la cultura local y nacional, pero eran sobre todo asuntos políticos los que llamaban al intercambio de opiniones e ideas. El gobernador visitó en varias ocasiones dichos convites entre maestros y alumnos, y después de escuchar sus inquietudes, acordaron que era necesario un mayor compromiso de parte de los futuros profesionistas con los procesos de su estado. El General conminó a los profesores a que impartieran "enseñanza cultural entre las masas obreras y campesinas".

Una resolución que se tomó en la reunión del 1° de agosto de 1931 fue que se presentara al congreso estatal un "proyecto de ley socializando las profesiones" que obligara a los profesionistas que se recibieran de esa institución a "prestar sus servicios por determinado tiempo en las zonas que el estado les señale".[177] En febrero del año siguiente el gobernador presentó al Congreso estatal la iniciativa de Ley para la Socialización de las Profesiones. En dicha ley el gobierno se convertía en mediador entre la "oferta excesiva" de algunas profesiones, las que tenía derecho a regular, y la necesidad de implementar nuevas "orientaciones" al propio proceso educativo superior para impulsar "la productividad y prosperidad para el bien de la sociedad".[178] Con esa ley se establecía un antecedente de lo que sería el servicio social, que en el futuro se implantaría en la mayoría de las universidades del país.

---

[177] Lázaro Cárdenas *Obras.1…*, *op. cit.*, vol. I, tercera edición, p. 229-230.
[178] Eitan Ginzberg, "Cárdenas íntimo…, *op. cit.*, p. 218.

De la misma manera como lo hizo cuando estuvo al frente del PNR, Cárdenas se propuso aprovechar los medios de comunicación dentro de los límites de su estado para fomentar lecturas y promover actividades culturales y políticas. Durante su cuatrienio impulsó varias publicaciones para maestros y alumnos como *El Surco* y *La Chispa*. En periódicos locales como *El Heraldo Michoacano* y *La Voz de Michoacán* también se difundieron actividades que promovía el gobierno del estado. Desde las oficinas del gobernador salían de pronto los recursos para publicar la revista *La Universidad* y en no pocos diarios se crearon campañas oficiales contra el alcoholismo y fanatización. En Morelia, la estación de radio XEI transmitió una emisión semanal llamada "La Hora Cultural de la Revolución" en la que se daban noticias sobre las acciones locales del gobierno y los aconteceres de relevancia nacional.[179]

Desde el Departamento de Educación del gobierno del estado en combinación con la CRMT se organizaron Consejos Técnicos de Maestros en todas las escuelas. En dichos consejos también se invitaban a participar a los padres de familia. Una vez a la semana se debía celebrar "la hora social", en la que se discutían los problemas de la escuela y los diversos programas que se querían impulsar desde las instancias gubernamentales. El general Cárdenas externaría así su visión de los educadores en aquel momento: "El maestro debe alzarse en guiador social […] debe ser el conductor que penetre con pie firme al surco del campesino organizado y al taller obrero fuerte por su sindicalización".[180]

Desde otro ángulo, también fue necesario reconocer algunos fracasos. El caso de la Estación Experimental de Incorporación del Indio, también conocido como el proyecto "Carapan", encargado nada menos que a Moisés Sáenz en julio de 1932 fue bastante fallido. Poco antes de que el General dejara la gubernatura de Michoacán se instaló en aquella comu-

---

[179] Alejo Maldonado Gallardo y Casimiro Leco Tomás, *Una educación para el cambio social 1928-1940*, Universidad Michoacana de San Nicolás de Hidalgo, Morelia, 2008, p. 107.
[180] *Ibid.*, p. 113.

nidad, perteneciente a la todavía muy aislada Cañada de los Once Pueblos, dicha estación que debía estudiar las posibles vías de integración de los indígenas michoacanos al desarrollo económico y social. La pretensión era dar seguimiento a la directriz que el secretario de educación, Narciso Bassols, planteó en agosto de 1930 en la Asamblea Nacional de Maestros que indicaba que "la función principal de la educación rural debe ser la contribución al mejoramiento económico del campesinado con el objetivo a largo plazo de transformar sus métodos de producción". La estación tenía la intención de estudiar y experimentar diversas formas de cambiar las costumbres de las comunidades para insertarlas en la senda del progreso económico.[181] El proyecto "Carapan" lo integraron, además de Moisés Sáenz como coordinador general, Carlos Basauri, especialista en etnología, Miguel Othón de Mendizábal como economista, Vera Sturges como trabajadora social, Humberto Herrera como director del área de recreación, Juan B. Medina como músico, Agustín Pérez Toro como agrónomo y Felipe Malo Juvera como médico.

El inicio del proyecto estuvo marcado por la resistencia de la propia comunidad indígena a la incorporación de aquel pequeño grupo a su vida cotidiana y por la manipulación activa de la iglesia católica, la cual mostró una clara animadversión hacia quienes consideraba intrusos en sus dominios. Un testigo que acompañó al general Cárdenas en una visita a Carapan contó que antes de arribar al lugar se informó a la comitiva que aquel conjunto de individuos que "pretendían realizar una obra civilizadora por cuenta de la SEP" fueron atacados por "un grupo de gentes [sic] de los once pueblos que fueron incitados por elementos refractarios del clero de Zamora; la chispa que encendió los ánimos fue la conversión que se hizo de una capilla católica en biblioteca". Cuando el gobernador arribó al pueblo "no había alma viviente en las calles. Los atacantes se habían retirado y los profesionistas redentores estaban refugiados en sus casas, temerosos

---

[181] David L. Raby, *Educación y revolución social en México*, SEP-Setentas, México, 1974, p. 36.

y sorprendidos". Según el acompañante en cuanto habló con los indígenas en purhépecha y les explicó la razón por la que los enviados de la SEP
se encontraban ahí "la duda y la desconfianza con que ven siempre las
gentes [sic] que descienden de las culturas precolombinas [...] se convirtieron en alegría ingenua y confianza plena".[182] Si bien este testimonio
rebosa condescendencia y jactancia, como muchos otros que hiciera el
intérprete y colaborador de Cárdenas a partir de 1932, Victoriano Anguiano Equihua, también en cierto modo mostraba las singulares condiciones de abandono y manipulación de las que era víctima la comunidad de
Carapan. Al ser la última población de la Cañada de los Once Pueblos,
había mantenido su condición marginal hasta muy avanzada la década de
los de los años veinte, e incluso así se mantuvo mucho tiempo después.

Portada del libro *Carapan* de Moisés Sáenz publicado en 1936
(foto colección RPM).

---

[182] Victoriano Anguiano Equihua, *Lázaro Cárdenas. Su feudo y la política nacional*,
Colección El Libro Oculto, México, 1989, p. 45.

Aquel experimento duró sólo seis meses. El aislamiento y los conflictos de personalidad entre Sáenz y Bassols al parecer dieron al traste con aquella estación que intentó la integración cultural y económica de la comunidad indígena. Sáenz renunció a la Secretaría de Educación Pública y al frente del proyecto quedó Basauri por unos meses más. El fracaso de la propuesta se dio por la ineficiencia del equipo que la llevó a cabo y por la terrible comunicación en la que vivían dichas comunidades.[183] El resultado de aquel experimento se aprecia en la brutal sentencia de su coordinador: "Para resolver el problema del indio le voy más a la carretera que a la escuela".[184] Después de su experiencia en "Carapan", Moisés Sáenz escribió desangelado:

> Las escuelas no merecen siquiera el mote despectivo de escuelas de leer, escribir y contar, pues el aprovechamiento que de estas artes observamos es casi nulo. Todos aquellos atributos que solemos asociar con las metas de las escuelas rurales fundadas por la Revolución, están ausentes de estas.[185]

Pese a todo, en el recuerdo del general Cárdenas la Estación Experimental de Incorporación del Indio en Carapan era un modelo para afrontar la segregación y miseria de las comunidades indígenas a nivel nacional. Así lo reconocería un par de años después en plena gira como candidato presidencial.[186]

Los festivales y el fomento a las expresiones populares, así como su reconocimiento como "folclore típico michoacano" continuaron, en gran medida promovidos por las escuelas rurales. Así lo constató el embajador de la recién fundada II República Española, el periodista

---

[183] Se llegó a decir que el abuso de bebidas alcohólicas y "la desaprensión sexual" de sus promotores contribuyó a su fracaso. Marco Antonio Calderón Mólgora, *Historias, procesos políticos y cardenismos*, El Colegio de Michoacán, Zamora, 2004, p. 142.

[184] Alejo Maldonado Gallardo y Casimiro Leco Tomás, *op. cit.*, p. 142.

[185] David L. Raby, *op. cit.*, p. 32.

[186] Lázaro Cárdenas, *Obras. I...*, *op. cit.*, vol. I, tercera edición, p. 276.

y escritor Julio Álvarez del Vayo, al visitar aquella entidad en junio de 1932. El día 4 de ese mes el General anotó en sus *Apuntes* que, en Ihuatzio, un pueblo pequeño situado en las orillas del Lago de Pátzcuaro, durante la visita de aquel "buen amigo de la causa Revolucionaria de México", su paciencia fue puesta a prueba con múltiples representaciones de "michoacanismo", pues según el propio general, al distinguido invitado "se le hizo una fiesta regional que le agradó".[187]

La presencia del embajador Álvarez del Vayo en el estado —además de ser el primer embajador español que no ostentaba algún título nobiliario, sino que al contrario tenía una carrera de socialista convencido— se debía también al pintor de la generación del 27, Gabriel García Maroto, amigo suyo quien llevaba tiempo trabajando en Michoacán en los proyectos de educación artística popular. Ambos mantenían un vínculo ideológico y de camaradería desde su temprana juventud inmersa en movimientos revolucionarios pro soviéticos y europeos. García Maroto se casó con la mexicana Amelia Narezo y gracias a su colaboración con varios escritores del grupo Contemporáneos, como Jaime Torres Bodet y Javier Villaurrutia, se relacionó con México, su literatura y su expresión artística, para establecerse en México a partir de 1927 hasta 1934.

Su pintura de trazo libre y preciso recordaba las ilustraciones que algunos forjadores de la escuela mexicana de pintura —como Diego Rivera, Amado Chávez y Fermín Revueltas— pusieron al servicio de sus compromisos políticos. Fermín Revueltas tendría el encargo de pintar un par de murales en el salón de actos del palacio de gobierno de Michoacán y la decoración de la biblioteca de la quinta La Eréndira del general Cárdenas.[188]

Cuado García Maroto se encontró en Michoacán se topó con las flores, las trenzas, los sombreros y las demás vestimentas de los indígenas y de las mayorías campesinas, muy al estilo de los que fueron temas favoritos de los pintores mexicanos del momento. Supo combinar téc-

---

[187] *Ibid.*, p. 200.
[188] *Ibid.*, p. 190.

nicas impresionistas con un realismo muy particular al retratar el paisaje michoacano, en el que los árboles, las iglesias y los edificios coloniales daban la nota regional.[189] Aquel pintor trabó una buena amistad con el general Cárdenas y colaboró con su gobierno hasta 1932, fecha en que Narciso Bassols lo llamó para pintar un mural en la escuela primaria Francisco Giner de los Ríos en la Ciudad de México. En 1934 saldría del país para volver a España después de varios periplos y participar en la Guerra Civil bajo las órdenes de Álvarez del Vayo.[190]

Dibujo de Gabriel García Maroto, circa 1928-1929
(libro *Veinte dibujos mexicanos*).

---

[189] Aunque pueda resultar un tanto anacrónico, véase el libro Gabriel García Maroto, *Veinte dibujos mexicanos*, comentario de Jaime Torres Bodet, Biblioteca Acción, Madrid, 1928.

[190] Larissa Pavlioukóva, "La huella del artista viajero. Los únicos murales de Gabriel García Maroto en México", en *Crónicas*, núm. 2, Instituto de Investigaciones Estéticas-UNAM, 2011, pp. 53-59.

Después de visitar Michoacán, el embajador español informó a sus superiores en Madrid que junto con el general Cárdenas se había planeado la edificación de una estatua de Vasco de Quiroga, el primer obispo de la diócesis y benefactor de los indígenas en la isla Xanicho (Janitzio). El monumento de 35 metros de alto sería construido por Guillermo Ortiz, director de la Escuela de Talla Directa, al mando de un grupo de "los mejores artistas de México". Con el fin de "limpiar la historia de la Conquista de cuantas sombras se han hartado de proyectar", aquella estatua sería "la mayor de América, una especie de Estatua de la Libertad […] dominando todos los campos de Morelia".[191]

Este proyecto pretendía contrarrestar la imagen negativa de España y de la conquista que Diego Rivera presentó en los murales del Palacio de Cortés en Cuernavaca, y que causaron bastante malestar entre los hispanistas tanto mexicanos como peninsulares.[192] Finalmente aquel proyecto no se llevó a cabo tal como Álvarez del Vayo había notificado a sus autoridades. La estatua sí se erigió en Janitzio, unos años después bajo los designios del cardenismo, pero representó nada menos que a José María Morelos, y no tardó en convertirse en una referencia geográfico-turístico-histórica de la región de Pátzcuaro.

---

[191] Hugo García, "Las utopías de la diplomacia. Julio Álvarez del Vayo y la construcción de la amistad hispano-mexicana 1931-1933", en Manuel Pérez Ledesma (editor), *Trayectorias trasatlánticas (siglo XX) Personajes y redes entre España y América*, Polifemos, Madrid, 2013, p. 277.

[192] Ricardo Pérez Montfort, "Las peripecias diplomáticas de un mural o Diego Rivera y la hispanofobia", en Agustín Sánchez Andrés, Tomás Pérez Vejo y Marco Antonio Landavazo (coords.), *Imágenes e Imaginarios sobre España en México siglos XIX y XX*, Porrúa/Instituto de Investigaciones Históricas Universidad Michoacana de San Nicolás de Hidalgo/CONACYT, México, 2007, pp. 465-490.

La Secretaría de Gobernación y el fin del gobierno en Michoacán

> Un pueblo sin política y sin políticos es un pueblo
> sin sensibilidad histórica.
>
> Froylán Manjarréz, 1934

Desde el 12 de junio de 1931, fecha en la que Carlos Riva Palacio renunció a la Secretaría de Gobernación del gabinete del presidente Ortiz Rubio, el general Calles envió un mensaje a Cárdenas sugiriéndole que se regresara en cuanto pudiera a la Ciudad de México. El gobernador de Michoacán tardó casi un mes y medio en arribar a la capital. El 28 de agosto ocupó el despacho de quien se decía era el principal operador político del gobierno federal.[193] Antes de arribar Cárdenas viajó a la comunidad de Huetamo, situada en Tierra Caliente cerca de la frontera con el estado de Guerrero, donde se había suscitado un conflicto violento por el reparto de tierras desde diciembre de 1930. En ese entonces cuatro líderes agrarios fueron asesinados por las guardias blancas de quienes se asumían como los dueños de aquellas tierras. Aquel extenso territorio presentaba tantos problemas entre los terratenientes, el clero católico y los campesinos, que desde enero de 1931 Cárdenas había enviado una comisión de ingenieros de la Comisión Local Agraria para estudiar la región y proponer alguna solución que beneficiara a los campesinos. Después de dirimir diferencias y apenas controlar la violencia, Cárdenas dejo la situación con cierta tensa tranquilidad y volvió a la capital del estado. Hasta mediados de 1931, aquella región fue calmando sus ímpetus de conflicto para terminar dividida en ocho grandes ejidos, mismos que recibieron formalmente sus títulos hasta 1933.[194]

---

[193] Lázaro Cárdenas, *Obras. I…*, *op. cit.*, vol. 1, tercera edición, UNAM, México, 1986 (primera edición, 1972), pp. 181 y 184.

[194] Eitan Ginzberg, *Lázaro Cárdenas…*, *op. cit.*, p. 246; y Eitan Ginzberg, *Revolu-*

Después de su regresó a Morelia todavía del 21 al 23 de julio estuvo presente en la celebración del tercer congreso de la CRMT. A principios de agosto se encontró con los universitarios y logró el acuerdo entre los nicolaítas y el gobierno del estado. El 19 de agosto llegó a la Ciudad de México después de pedir una licencia al congreso de Michoacán para ausentarse y ocupar la Secretaría de Gobernación. Como ya se mencionó, en su estado natal quedó Gabino Vázquez como gobernador interino. El 27 de agosto Cárdenas renunciaría a la presidencia del partido, y en su lugar quedaría el general Manuel Pérez Treviño. Al día siguiente el General estaría sentado en el despacho principal de Gobernación.

La estancia de Cárdenas en esa secretaría duraría hasta el 15 de octubre: sólo un mes y medio. La presidencia de Ortiz Rubio era asediada por múltiples conflictos y grillas, y parecía que muy pocos de sus allegados tenían el tiempo, la capacidad y tal vez las ganas, de afrontar o arreglar tal cúmulo de desatinos. Sólo la terquedad del presidente y su necesidad de sacudirse la tutela del Jefe Máximo continuaban marcando el ritmo de las discordias.

La Cámara de Diputados era una arena donde se libraban verdaderas batallas campales. No hacía poco, a principios de agosto, las diferencias entre "rojos" y "blancos" en torno de las políticas locales, específicamente las instrumentadas por el gobernador de Jalisco, Ignacio de la Mora, se dirimieron a balazos dentro del recinto parlamentario, con el resultado de un muerto y dos diputados heridos.

El escándalo y la corrupción también se colaban en las primeras páginas de los periódicos y desprestigiaban a la élite política de forma constante y contundente. Una ola de xenofobia se apoderó del ambiente y chinos, judíos, polacos y libaneses fueron víctimas de múltiples abusos, de las altas autoridades como de burócratas menores.[195] En el norte del país

---

tionary Ideology and Political Destiny in Mexico, 1928-1932. Lazaro Cardenas and Adalberto Tejeda, Sussex Academic Press, Brighton, pp. 125-126.

[195] Moisés González Navarro, *Población y sociedad en México (1900-1970)*, vol. II, Facultad de Ciencias Políticas y Sociales-UNAM, México, 1974, pp. 71-74.

la política sinófoba estaba encabezada por el hijo del general Calles, quien decretó leyes que atentaban contra los orientales: prohibían matrimonios entre chinos y mexicanas, o marginalizaban los barrios donde vivían aquellos migrantes de Oriente. El caso de un grupo de chinos adinerado extorsionado por el jefe del Estado Mayor Presidencial y el entonces secretario de Gobernación, Riva Palacio dio pie a una crisis que reflejó el quiebre de la administración del presidente Ortiz Rubio.[196] Por ese motivo el presidente pidió la renuncia al secretario con el conocimiento de que se trataba de un golpe directo al propio general Calles, ya que Riva Palacio era uno de sus allegados favoritos en aquel momento.

Las discusiones en las cámaras eran barrocas y acaloradas. Finalmente, una diferencia sobre el lugar donde debía suceder el informe presidencial del 1º de septiembre colmó el vaso al general Cárdenas, quien todavía era jefe del PNR y renunció a su presidencia poco antes de que fuera nombrado secretario de Gobernación.

En dicha secretaría continuó su labor como mediador, cuando no de apagafuegos. Las intrigas entre los propios miembros del gabinete, los militares, los diputados y los senadores estaban a la orden del día. Una pléyade de altos y medios funcionarios, de secretarios particulares y hasta de correveidiles se sentían capaces de influir en tal o cual grupo, oponiendo invariablemente al general Calles contra Ortiz Rubio. El presidente contaba con varios secretarios leales como el general Joaquín Amaro, que ocupaba la Secretaría de Guerra, el general Juan Andreu Almazán, que era entonces el secretario de Comunicaciones y Obras Públicas, y el general Saturnino Cedillo, a cargo de la Secretaría de Agricultura. A pesar de que el potosino no congeniaba con la política de contención al agrarismo que enarbolaba el presidente, no carecía de reticencias ante la marrullería de los seguidores del general Calles. El licenciado Narciso Bassols, secretario de Educación Pública, estaba concentrado

---

[196] Tzvi Medin, *El minimato presidencial: historia política del Maximato*, Era, México, pp. 104-105.

en impulsar la renovación del proyecto educativo revolucionario y no entraba en las grillas políticas, aunque se conocía su fuerte alianza con el general Calles. El secretario de Industria y Comercio, el licenciado Aarón Sáenz, sabiendo de lo que eran capaces las maquinaciones de los callistas, también se mantuvo al margen de los conflictos entre "rojos" y "blancos". Y Luis Montes de Oca, secretario de Economía, así como Genaro Estrada, secretario de Relaciones Exteriores, parecían más aliados de Ortiz Rubio que del Jefe Máximo, aunque en cualquier momento podían dar el bandazo.

En general el trato de los miembros del gabinete con el presidente era de respeto y conciliación, pero al parecer el coronel Eduardo Hernández Cházaro, secretario particular de Ortiz Rubio, era quien prefería la intriga y el corrillo palaciego. El coronel fue uno de los intrigantes que llevó al expresidente interino y primer jefe del partido, Emilio Portes Gil, a enemistarse de forma poco elegante con el primer magistrado. Calles consideraba a Hernández Cházaro como un obstáculo en su relación con el presidente, quien tuvo que prescindir de sus servicios al notar la pequeña crisis política que se había creado gracias a sus embrollos y enredos.[197]

Si bien aquel gabinete pretendía estar mas o menos balanceado, los militares conservaron un papel importante, mismo que influía en mayor medida que el de los civiles. El conflicto llegó a mediados de octubre cuando el nuevo presidente del partido, el general Manuel Pérez Treviño, amenazó con renunciar a su puesto por no encontrar afinidades con el presidente Ortiz Rubio. Un grupo de senadores, encabezado por Gonzalo N. Santos, también se mostró desafecto al presidente, pero sus ojos estaban puestos en el general Joaquín Amaro. Santos estaba resentido con Amaro por obstaculizar su carrera militar al negarle el grado de general años antes y lo aborrecía también, según su propio testimonio; por ordenar el desarme de los agraristas. Con esa acción se ganó la

---

[197] Tzvi Medin, *El minimato presidencial: historia política del Maximato*, Era, México, p. 93.

animadversión del general Cedillo, quien entonces era el poder detrás de Santos.[198] Según el general Cárdenas se intentó crear con esa andanada de intrigas una mayor confrontación entre Ortiz Rubio y Calles al poner en entredicho las lealtades del general Joaquín Amaro, quien en esos momentos parecía apreciar más al presidente que al Jefe Máximo.

Para evitar la confrontación el gabinete acordó solicitarle a Ortiz Rubio el nombramiento del general Calles al frente de la Secretaría de Guerra y Marina, con lo que estuvo de acuerdo el mismísimo Amaro, temiendo incluso que se suscitara una guerra civil en caso de que los espíritus agitados continuaran. A la cabeza de aquella secretería, Calles estaría mas cerca del presidente y podría evitar tantos dimes y diretes. El general Cárdenas sugirió que todos los militares del gabinete renunciaran a sus puestos para que Amaro se sintiera respaldado y el propio Calles tuviera libertad de maniobra.[199]

De esa manera, el 15 de octubre de 1931, Cárdenas renunció a la Secretaría de Gobernación y resolvió una crisis dentro del gobierno de Ortiz Rubio. Por lo que anotó aquellos días en sus Apuntes, el General quizá se quedó con la espina de haber obrado contra el presidente:

El ingeniero Ortiz Rubio no merecía las diatribas de sus enemigos políticos. No fue irresponsable en la primera magistratura del país; fue un patriota que vio unidos a los políticos que inclinaban en su contra al propio general Calles y sabía que un rompimiento público con el general Calles provocaría la guerra civil; guerra que sería sangrienta por los irresponsables influyentes que formaban la oligarquía política, viciosa y claudicantc dc los principios de la Revolución.[200]

---

[198] *Ibid.*, p. 108.

[199] Lázaro Cárdenas, *Obras. I...*, *op. cit.*, vol. 1, tercera edición, UNAM, México, 1986 (primera edición, 1972), pp. 185-188; y Cuauhtémoc Cárdenas, *Cárdenas por Cárdenas...*, *op. cit.*, pp. 210-211.

[200] Lázaro Cárdenas, *Obras. I...*, *op. cit.*, vol. 1, tercera edición, UNAM, México, 1986 (primera edición, 1972), p. 188.

Por el tono de esa nota el Gneral también parecía cansado de las grillas y para no perder más tiempo decidió regresar a Michoacán, a encargarse una vez más del gobierno del estado. Hasta octubre se mantendría a disposición de la Secretaría de Guerra y Marina[201] y el 23 de noviembre retomaría las riendas de Michoacán.[202]

Pero no todo fueron intrigas y maquinaciones en la Ciudad de México. Como secretario de Gobernación el General aprovechó para atender asuntos del corazón. Durante el mes y medio que estuvo en la capital no perdió la oportunidad de visitar a su novia Amalia Solórzano, que estaba internada en un colegio de monjas en Tacuba. "Pocas veces fue —recordaría ella—, pues era natural que a las religiosas no les pareciera bien su presencia." No hay que olvidar que para entonces la tensión entre católicos y revolucionarios había entrado en una segunda fase, bastante más radical. Las monjas temían que cerraran su convento. "Pero cuando vieron y se enteraron de que realmente no había esa intención, lo miraron ya con simpatía. Me dejaban verlo, no muy seguido ni mucho menos, sino cuando yo les pedía."[203] La situación debió ser incómoda tanto para las religiosas como para el General. Al fin y al cabo él representaba un gobierno que hostilizaba todo lo que oliera a incienso y mojigatería. Sin embargo, Amalia recordaría muchos años después que

siempre fue muy cortés con todos. No me dejaban sola, una se quedaba dizque tocando el piano. Como era una sala relativamente chica, cuando entraba el General a verme siempre se quedaba alguna religiosa por ahí. Cuando lo trataron un poco más lo llegaron a estimar de verdad y lo

---

[201] Archivo SEDENA, expediente del general Lázaro Cárdenas del Río, cancelados XI/III/1-4, vol. 1, disposición del 16 de septiembre de 1931 a octubre de 1932.

[202] Verónica Oikión, *Michoacán: los límites del poder regional*, tesis de doctorado, Colegio de Historia de la Facultad de Filosofía y Letras-UNAM, México, 2001, p. 168.

[203] Amalia Solórzano de Cárdenas, *Era otra cosa la vida*, Nueva Imagen, México, 1994, p. 32.

consideraban su amigo. Tan fue así que al correr de los años, siendo candidato a la presidencia, le bordaron una de las bandas presidenciales que usó durante su gobierno.[204]

A su regreso a Michoacán Cárdenas encontró que en muchas regiones estaban inconformes por asuntos religiosos, combinados con conflictos de tierra, autoridades municipales y maniobras políticas. A finales de 1931 aparecieron rumores que avisoraban una nueva embestida contra la iglesia católica. En Zacapu, el 13 de diciembre, en medio de un congreso campesino organizado por la federación distrital de la CRMT, el General supo que en el templo de aquella población habían destruido varias imágenes de santos. Las mujeres se organizaron y protestaron. Los perpetradores de la agresión fueron aprehendidos y consignados, pero la sensación de malestar flotaba en el aire.[205]

El 8 de enero de 1932 Cárdenas fue llamado nuevamente a la Ciudad de México. Las grillas entre los seguidores del presidente Ortiz Rubio y los testaferros de Plutarco Elías Calles volvieron al ruedo. Esta vez los emisarios presidenciales: el secretario de Hacienda, Luis Montes de Oca, y el de Agricultura, Francisco Elías, querían ajustar cuentas con el presidente del PNR, el callista Manuel Pérez Treviño. Los ortizrubistas pidieron a Cárdenas que encabezara una reprimenda contra el penerrista, a lo que el michoacano se negó. En sus *Apuntes* anotó: "Se quieren tomar caminos que no proceden".[206] Molesto e incómodo con tales maquinaciones, regresó a su estado.

En seguida continuó sus visitas de un rincón a otro en las muy extensas y accidentadas demarcaciones de Michoacán. Cárdenas había puesto mucho empeño en construir carreteras y líneas de ferrocarril. También dispuso terrenos adecuados para el aterrizaje de aviones en una buena

---

[204] *Ibid.*

[205] Lázaro Cárdenas, *Obras. I...*, *op. cit.*, vol. 1, tercera edición, UNAM, México, 1986 (primera edición, 1972), p. 189.

[206] *Ibid.*, p. 194.

cantidad de localidades apartadas. La fragmentación natural de esa entidad federativa se terminaba poco a poco y era posible atisbar la integración de algunos remotísimos parajes al resto del desarrollo local.

A finales de los años veinte la ciudad de Morelia estaba comunicada con la capital del país por ferrocarril y una carretera que en tramos era sólo una brecha. Sería el presidente Ortiz Rubio quien inauguraría esa pista que tenía como fin unir a la Ciudad de México con las principales poblaciones de Occidente y llegar a los puertos de Manzanillo y Mazatlán en el Pacífico. Esa carretera pasaba por Toluca, en el Estado de México, y seguía al oeste hasta llegar a la frontera con Michoacán, a la pequeña ciudad de Zitácuaro, adelante de la cual ascendía en una de sus más accidentadas peripecias, para llegar al famoso paraje Mil cumbres. Posteriormente bajaba serpenteando hasta las orillas de la ciudad de Morelia para continuar hacia Zacapu, Zamora y Jiquilpan, y de ahí llegar a la capital de Jalisco, la entonces todavía bella e industriosa Guadalajara. Al salir de la Perla de Occidente subía la sierra rumbo a Tepic, Nayarit, y terminaba sobre la costa del Pacífico en el puerto de Mazatlán, Sinaloa. Aquel trayecto lo hizo primero el ferrocarril, y hasta la década de los treinta la carretera México-Guadalajara, pasando por Morelia, dio el paso hasta la costa.[207]

En el interior de Michoacán el General promovió la construcción de la autovía de la antigua Valladolid, hoy Morelia, a la ciudad de Pátzcuaro. Esta carretera salía de la capital a través de una calzada protegida por hermosos eucaliptos rumbo al pueblo de Quiroga, en la ribera oriental del lago; después bordeaba sus orillas hasta llegar a la playita de Chupícuaro, donde a Cárdenas le gustaba nadar en las aguas de aquella orilla lacustre. El terraplén recién pavimentado continuaba a la antigua capital del imperio purépecha, Tzintzuntzan, que convivía con su magnífico

---

[207] *Los caminos de México. The roads of Mexico,* Secretaría de Comunicaciones y Obras Públicas/Comisión Nacional de Caminos México, 1931, pp. 64-71, y ver *MAPA Revista de Turismo, Edición Guía del Camino México-Morelia-Guadalajara,* núm. 63, vol. VI, México, 1939.

convento franciscano de Santa Ana y sus yácatas, todavía cubiertas de maleza. El tramo carretero seguía hasta Tzurumútaro, un pueblito aledaño al conglomerado de casas coloniales y bellas plazas que componen la cuadrícula urbana de Pátzcuaro debería ser punto y aparte. El deseo de comunicar la región continuó el trazo de la carretera hacia los altos de la sierra purépecha y llegaron hasta el poblado que hiciera famoso el escritor José Rubén Romero, Santa Clara del Cobre gracias a las andanzas de su insigne personaje Pito Pérez. La labor de emparejar la brecha y preparar el aplanado siguió hasta Ario de Rosales para bajar al pie de las montañas con dirección a la región de la Huacana y llegar a la todavía pequeña pero muy frondosa y húmeda ciudad de Uruapan. Con esta vía se unían tres de las principales ciudades del centro del estado: Morelia, Pátzcuaro y Uruapan. Su intención no terminó ahí, los trabajos carreteros siguieron hasta los rumbos de Coalcomán, en la parte noroccidental de Tierra Caliente, uniendo a Uruapan con los fértiles valles de Apatzingán y de ahí hasta 30 kilómetros adelante de Tepalcatepec, a un paraje llamado Álvaro Obregón. El 15 y 16 de mayo de 1931 el general Cárdenas inauguró aquel camino y colocó una placa en homenaje a uno de sus promotores, el general Juan Soto Lara, en una de las salidas de Uruapan que bordeaba el caudaloso río de Cupatitzio.[208]

Su determinación por unir las diversas regiones del estado también llevó al General a impulsar la construcción de más vías de ferrocarril. Debido a que Morelia se encontraba unida al ramal que salía del centro del país hacia Occidente, las regiones mineras de Tlalpujahua y Angangueo también se conectaban a través de los trenes que salían de Acámbaro y Maravatío para unirse con el resto de la red nacional. Dentro del espacio correspondiente al interior del estado michoacano el ferrocarril salía de Morelia hacia el suroccidente con dirección a Pátzcuaro. Todavía se tardaría en llegar a Uruapan, donde se proyectó que

---

[208] Lázaro Cárdenas, *Obras. I...*, *op. cit.*, vol. 1, tercera edición, UNAM, México, 1986 (primera edición, 1972), p. 181.

arribaría hacia el final del de su administración. Asimismo, de la capital del estado partían otras vías rumbo a Acámbaro, en la frontera con Guanajuato, y llegaban a Salamanca e Irapuato, de donde salían para encausar el rumbo que terminaba en Guadalajara. En ese trayecto que seguía por Guanajuato cruzaba el noroccidente de Michoacán y tocaba la estación de La Piedad. De ahí no quedaba lejos La Barca, donde llegaba un pequeño ramal que salía de la estación Moreno, en terrenos de la hacienda de Guaracha, bastante cerca de Jiquilpan. Debido a eso la región nororiental, tan cercana al corazón de general, no parecía tan incomunicada con el resto del estado y el país.

Al poco tiempo de tomar las riendas del gobierno de Michoacán, el general Cárdenas otorgó la concesión para la construcción de una ruta ferroviaria que partiera de Ajuno, a pocos kilómetros de Pátzcuaro. Ésta cruzaría la serranía boscosa de Tacámbaro para bajar a Huetamo. Sin embargo, de esa concesión sólo se lograron construir 24 kilómetros durante el cuatrienio cardenista.[209]

Uno de los sueños del gobernador era unir de manera eficiente y expedita las principales ciudades del estado con la costa del Pacífico. Para ello cabildeó, sin mucho éxito, en las oficinas del gobierno federal para que se invirtiera en el proyecto ferrocarrilero que empezara en Uruapan y llegara hasta la paradisiaca bahía guerrerense de Zihuatanejo. Este largo trayecto cruzaría la región del bajo río Balsas y vincularía a la muy aislada y casi abandonada Tierra Caliente con el resto de las zonas medianamente desarrolladas del estado. Tardarían muchos años en cumplirse esos deseos, que tampoco se lograrían realizar tal como el General lo soñó.

En materia de comunicaciones se aprovecharon los avances técnicos que trajo consigo la aviación. En muchos lugares beneficiados con la edificación de carreteras o ferrocarriles, así como en remotas regiones del estado, el gobierno de Cárdenas construyó campos de aterrizaje. En primer lugar equipó a Morelia con una pista moderna y bien orientada.

---

[209] Cuauhtémoc Cárdenas, *Cárdenas…*, *op. cit.*, p. 184.

Pero también lo hizo en parajes más complicados como Uruapan, Ario de Rosales o Tacámbaro, en medio de la sierra o al pie de la misma. En la región nororiental mandó poner carriles de descenso aéreo en Maravatío y Melchor Ocampo. Pátzcuaro y Jiquilpan, dos de los lugares predilectos del General, contaron con su pista, y lejanas poblaciones como Arteaga, Huetamo, Coalcomán y Apatzingán, fueron seleccionadas para tener su cancha aeronáutica.

La obra de infraestructura de aprovechamiento de aguas y desecación de lagos formó también parte de los propósitos del gobernador. En el Lago de Cuitzeo, cuyas planicies acuíferas son bastante superficiales sobre todo cerca de sus riberas, se planeó un proyecto de drenaje que permitiera el aprovechamiento de sus fondos para tierras de cultivo. En su momento se dividió una parte del lago a través de una calzada que todavía existe y que une los estados de Michoacán y Guanajuato. Algo parecido se intentó hacer en la Ciénega de Chapala, que tenía una larga historia sobre deshidratación y recuperación de aguas. La intermitencia del proceso de explotación también trajo algunas inundaciones y no pocas calamidades en los pueblos ribereños. Por ello en 1932 el gobernador consiguió de la Secretaría de Agricultura un fondo de 60 000 pesos para realizar obras de defensa del bordo del Lago de Chapala. Al echar a andar esa labor aprovechó para construir la carretera entre Jiquilpan con Sahuayo, La Palma y Briseñas, en la zona fronteriza entre Michoacán y Jalisco.[210]

En la región de la Cañada de los Once Pueblos se intervino el cauce del río Duero que desaguaba hasta el llamado Mar Chapaleño, pasando por Zamora, para evitar inundaciones y aprovechar el riego en los valles vecinos. Lo mismo se hizo en la región cercana a Morelia que da al oriente del Lago de Cuitzeo, donde también se modificó la vertiente del río Queréndaro para que los pobladores de la región que va desde Zinapécuaro hasta Indaparapeo se beneficiaran de sus aguas.

---

[210] Álvaro Ochoa, *Juiquilpan…*, *op. cit.*, p. 288.

Pero la obra constructiva y la mediación que justificaba la acción del gobierno que poco a poco se estaba consolidando sufriría un duro revés a mediados de 1932. Las relaciones entre autoridades municipales, gobierno estatal y pueblo en general, que ya estaban entrando en un proceso de pacificación y edificación se vieron empañadas por un nuevo golpe del gobierno federal. El general Calles, quien ocupaba entonces el puesto de secretario de Guerra y Marina, promovió una nueva embestida en contra de la iglesia católica. El Congreso de la Unión aprobó la Ley 100 el 12 de mayo de 1932, que limitaba la acción de los curas en los ámbitos económicos y sociales de las poblaciones pequeñas y medianas. En sus 33 artículos dicha ley ponía a las autoridades revolucionarias en franca hostilidad contra los ministros de culto. En un telegrama que el general Calles le envió al gobernador de Michoacán el 14 de mayo resumió los alcances inmediatos de aquella ley en su estado y a nivel nacional. En lenguaje autoritario y lacónico planteaba los cuatro puntos fundamentales del decreto:

I. Autoriza tres ministros ejercer cada distrito de los once en que se dividió el Estado.

II. Plazo de registro de treinta días expidiéndoseles boleta respectiva con autorización de los tres autorizados en cada Distrito con permiso para ejercer y al resto sin permiso para ejercer.

III. No se registrará a ningún ministro cualquier culto que dentro del territorio del estado haya ejercido o represente autoridad jerárquica de su ministerio, como arzobispos, obispos, delegados, etc.

IV. No podrá tener como domicilio ningún ministro los anexos de los templos en virtud de destinarse estos a servicios públicos. Sanciones autoridades no hagan cumplir esta ley: inhabilitación cinco años.[211]

---

[211] Archivo Calles-Torreblanca, fondo Plutarco Elías Calles, exp. 206, inv. 820, leg. 5/9.

Ese mismo 14 de mayo Cárdenas le contestó al general Calles que se daba por enterado del contenido de la ley 100. Comentó que haría que se obedecieran dichas leyes para hacer salir de Michoacán a los obispos de Morelia y Zamora por considerarse nociva su labor y para obligar a los ministros la devolución de "los locales que se venían utilizando en escuelas y oficinas de Comunidades Agrarias y Sindicatos Obreros, y que hoy han vuelto a ocupar como habitaciones distintos sacerdotes". El gobernador de Michoacán añadió con cierto tono radical que:

> La expedición de esta ley puede traer alguna agitación entre los afectados, pero no creo que hagan algo que pudiera ser problema, y sí juzgo que tanto en este estado como en los demás, precisa se expida la Ley de Reglamentación que servirá para limitar las actividades de los numerosos sacerdotes que hay en varios estados de la república, que se dedican a hacer agitación de desconfianza entre la opinión pública y otros a obstaculizar el plan de educación que en las escuelas desarrollan los gobiernos federal y del estado, entre tanto el gobierno de la revolución está en condiciones de desalojarlos del país.

Cárdenas terminó su carta con una invitación al general Calles a que visitara Michoacán y pudiera dar cuenta del avance que tenían los programas de distribución de la tierra, educación y apoyo a la infraestructura carretera que el gobierno del estado había implementado.[212]

El orgullo de Cárdenas por su propia obra era notable: no había pasado ni una semana desde la inauguración del edificio escolar de Etúcuaro, como resultado de una extensa labor educativa en la quinta zona de la sierra purépecha. Como ejemplo de aquel entusiasmo el inspector escolar Lamberto Moreno afirmó que pese "a todos los conflictos y resistencias" la obra educativa del gobierno cardenista empezaba

---

[212] *Ibid.*

a cosechar numerosos éxitos. Si bien se encontró con la renuencia de los curas y la desconfianza de las comunidades indígenas, la inauguración de aquella escuela parecía "un ejemplo para los pueblos circunvecinos". Al decir de Evangelina Rodríguez, otra inspectora federal, la presencia de Cárdenas en la ceremonia mostraba el apoyo que dicho gobernador mantenía "con frases candentes y llenas de esperanza para el campesino que empezaba a emanciparse del capital". La misma inspectora testificó que "allí se ve el esfuerzo del campesino que se preocupa por tener una buena casa donde se eduque a sus hijos, antes que una buena iglesia".[213]

Mientras la situación en estas localidades pequeñas transitaba de la confrontación a la moderación y tolerancia, a nivel federal regresaba el discurso anticlerical y jacobino que desde mediados de la década anterior había confrontado a los católicos con el gobierno revolucionario. La Ley 100 era una clara muestra de ello. La aplicación de esta ley permitía que sólo 33 sacerdotes oficiaran en todo Michoacán. Si bien no se sabía cuántos seguían ejerciendo funciones dentro de los límites del estado, se suponía que no rebasaban por mucho los 200 curas y prelados.[214] La alta jerarquía católica en aquel estado, quizá por influencia del vicario moderado Luis María Martínez, no hizo mayores aspavientos, convino con el gobernador tratando de impedir que se removieran las aguas y así tratar de convivir sin sin mayores aspavientos. Sin embargo no parecía haber consenso al respecto. El obispo de Tacámbaro, Leopoldo Lara y Torres, mantuvo una actitud aguerrida contra la nueva ley, y con frecuencia manipulaba a su gente para resistir cualquier acción del

---

[213] Citado en Marco Antonio Calderón Mólgora, *Historias, procesos políticos y cardenismos*, El Colegio de Michoacán, Zamora, 2004, p. 137.

[214] Enrique Guerra Manzo, "Católicos y agraristas en...", p. 205.

gobierno. Aún así aquel prelado fue contenido medianamente por sus cófrades católicos.[215]

A nivel popular y campesino la posibilidad de una confrontación entre la iglesia, el gobierno estatal y la voluntad de las comunidades no estaba del todo diluida. Aquel colaborador de Cárdenas, que al final de su cuatrienio lo acompañó y lo admiró, aunque después pretendió dar una visión crítica de su gobierno, contó una anécdota que ilustraba con claridad la situación tan tensa suscitada por la implantación de la Ley 100. Sucedió entre los meses de julio y agosto de 1932. En el trayecto entre Zamora y La Piedad el General arribó con su comitiva al pueblo de Tzináparo "rompiendo la tranquilidad del pueblo con el golpe de pezuñas de nuestras cabalgaduras sobre el empedrado". Las calles estaban vacías, pero la iglesia estaba muy adornada con guirnaldas de flores puesto que se celebraba una ceremonia religiosa de especial importancia para el pueblo. Tanto así que al General le avisaron que el presidente municipal y todos los regidores se encontraban en la misa que en ese momento se oficiaba en el interior del templo. En términos formales se violaba la ley de cultos, ya que no había ninguna autorización para que el sacerdote continuara con su ritual cristiano. El General pidió a las autoridades del pueblo, mismas que salieron del templo "ostentando brazaletes de listón encarnado en el brazo derecho, símbolo de la Asociación del Sagrado Corazón de Jesús" que se reunieran en la plaza del pueblo. También solicitó la presencia del sacerdote. El testigo de ese encuentro afirmó que "ya la muchedumbre vibraba de zozobra pues sin duda esperaban que (al sacerdote) se le fuera a desollar o a aplicarle otro castigo inquisitorial". Cárdenas le preguntó con cortesía si tenía licencia para oficiar, a lo que el cura le contestó que no. El General le sugirió que lo hiciera y que él daría instrucciones a la Secretaría de Gobierno para que lo atendieran. Después lo conminó

---

[215] Eitan Ginzberg, "En la encrucijada de intereses contradictorios: Lázaro Cárdenas y la cuestión clerical, 1928-1932", en *Estudios Michoacanos IX*, vol. 9, El Colegio de Michoacán, Zamora, 2001, pp. 267-270.

a que, dado que era un hombre instruído y conocía el valor de las leyes, no las violara, y menos aún que instigara a sus feligreses a hacerlo, pues eso equivalía a una falta al respeto. Aquellos campesinos indígenas, ignorantes "y poseídos de un fuerte sentimiento religioso" debían ser conducidos con responsabilidad y consideración. "Cuando la gente vio salir a su pastor ileso, sonriente, satisfecho, comenzaron a lanzar vítores al gobernador del estado."[216]

Pero habría que reconocer que no todo se resolvía pacífica y serenamente. Ese mismo testigo contó también que en el pueblo de Purépero, cerca de Carapan, durante las negociaciones entre gobierno y diversos contendientes por la presidencia municipal y el control de los grupos ejidales, comenzó la discrepacia. Las injurias y las maledicencias afloraron, y el General se levantó de la mesa donde estaban disputándose las posiciones y dijo: "yo no discuto con majaderos que no saben controlarse". Acto seguido le pidió a su ordenanza que le preparara su caballo para partir inmediatamente.[217]

A lo largo de sus andanzas lo que sorprendió más a aquel contador de anécdotas y emisor de sentencias "para la historia", fue la actitud que asumía el general Cárdenas frente a los campesinos purépechas. Victoriano Anguiano Equihua contaba:

Yo servía de interprete y me consta la cordialidad con que trataba a los indígenas. Pero lo que más me impresionó fue el severo empeño paternal con que rechazaba las actitudes de hinojos o los ademanes de besarle la mano que los representantes, señores principales de los poblados indígenas, querían hacerle en señal de reconocimiento y autoridad. Los tomaba de la mano con cordial energía y los hacía erguirse para que lo vieran de frente.[218]

---

[216] Victoriano Anguiano Equihua, *Lázaro Cárdenas. Su feudo y la política nacional*, Colección El Libro Oculto, México, 1989, pp. 42-43.

[217] *Ibid.*, p. 41.

[218] *Ibid.*, p. 39.

Por más que el propio General y muchos de sus seguidores mostraran serenidad, aplomo y sensibilidad para tratar de resolver los problemas de la población michoacana, las rencillas personales, los agravios a las comunidades y las intransigencias de propietarios y conservadores se mantenían, como si no se percibiera el "gran cambio socioeconómico e histórico" que el gobierno de Michoacán estaba instrumentando.[219] Debajo del conflicto perenne habia cierto pragmatismo que establecía múltiples compromisos políticos que permitían la interacción dinámica de grupos con relevancia económica y social dentro del estado. Así, más que oponerse, debían insistir en complementarse en la conducción, organización y liderago social. La iglesia católica lo lo había entendido muy bien, lo mismo que el gobierno cardenista. Para llevar a cabo su proyecto Cárdenas tuvo que contar con la condescendencia de la iglesia, sin ser del todo reciproco ni radicalizar sus medidas anticlericales. Incluso el propio aparato de la CRMT, más que arremeter contra los católicos, lo que hizo fue fortalecer la educación revolucionaria y promover la distribución de la tierra.[220]

El mismo General, después de ausentarse del estado por seis días para acompañar al general Calles en un viaje hasta Laredo para internar a su esposa en una clínica estadounidense y en el camino conversar con sus allegados, al regresar a Morelia se encontró con que nada había avanzado en materia de negociaciones con la iglesia local. El anticlericalismo seguía desatado aunque las acciones gubernamentales contra los creyentes fueran moderadas y aquiescentes. El 19 de junio de 1932 anotó en sus *Apuntes*: "A las 12 horas se verificó una manifestación de elementos y organizaciones anticlericales, pidiendo que las autoridades sean inflexibles con el clero y se aplique la Ley de Cultos decretada el 10 del

---

[219] Eitan Ginzberg, *Lázaro Cárdenas…*, *op. cit.*, p. 255.

[220] Eitan Ginzberg, "En la encrucijada de intereses contradictorios: Lázaro Cárdenas y la cuestión clerical, 1928-1932", en *Estudios Michoacanos IX*, vol. 9, El Colegio de Michoacán, Zamora, 2001, p. 278.

pasado". Durante la manifestación alguién disparó un arma de fuego frente a la catedral y resultó en una persona herida. Después de que las autoridades intervinieran "se calmó el escándalo".[221]

Con cierta presteza se mitigó la violencia, pero los ánimos federales estaban bastante lejos de sosegarse.

En marzo de ese año el presidente Pascual Ortiz Rubio y el general Calles visitaron las hermosas playas de Cuyutlán, en Colima. Cárdenas también fue invitado, al igual que el general Amaro. De regreso pasaron a Guadalajara para aisistir a la toma de posesión del gobernador electo Sebastián Allende. Las relaciones entre el presidente y el general Calles, que entonces seguía a cargo de la Secretería de Guerra y Marina así como con el general Amaro, parecían estar en calma.[222] Tres meses después, a principios de julio, Ortiz Rubio quiso sacudirse el tutelaje de Calles. Se reconcilió con Emilio Portes Gil, quien no estaba en tan buenos términos con el sonorense por su negativa a que regresara a gobernar Tamaulipas por segundo periodo. Pretendiendo hacer las paces el presidente le ofreció la Secretaría de Gobernación. El tamaulipeco se negó a colaborar, pero el asunto pasó a mayores cuando el general Calles renunció a la Secretaría de Guerra. Era tanta la tensión que se rumoraba que el Jefe Máximo presionaría al presidente para que renunciara en cualquier momento.[223] En la secretaría dejada por Calles quedó nada menos que uno de sus incondicionales, el general Abelardo L. Rodríguez, conocido como el gran financiero de los sonorenses. Rodríguez había organizado pingües negocios en Baja California mientras fue gobernador a principios de los años veinte, y se sabía que era dueño de grandes extensiones de tierra en el noroeste del país, así

---

[221] Lázaro Cárdenas, *Obras. I...*, *op. cit.*, vol. 1, tercera edición, UNAM, México, 1986 (primera edición, 1972), p. 204.

[222] *Ibid.*, p. 198.

[223] Tzvi Medin, *El minimato presidencial. Historia política del Maximato 1928-1935*, Era, México, 1983, p. 112.

como de algunas industrias, hoteles y casinos.[224] Él mismo reconocía que no era un político sino un hombre de empresa, y no parecía tener una base política propia.[225] Su poder se lo debía fundamentalmente al Jefe Máximo.

Los malentendidos y las consabidas marrullerías se desataron. Bajo la presidencia de Manuel Pérez Treviño el PNR entró en conflicto con el presidente, pues no lograba ordenar las filas que lo apoyaban en las cámaras. El grupo comandado por el muy calculador y acomodaticio Gonzalo N. Santos tampoco defendió al primer magistrado en el Congreso de la Unión y Calles le retiró su aval. A pesar de que el general Cárdenas apuntaló a Ortiz Rubio, el 21 de agosto le envió una carta al Jefe Máximo para confirmarle su fidelidad.[226]

El cielo se nubló para el presidente de tal manera que un día después de rendir su segundo informe, el 1° de septiembre de 1932, presentó su renuncia al Congreso de la Unión. El día 3 las cámaras designaron al general Abelardo L. Rodríguez como presidente sustituto, quien debía concluir aquel mandato a finales de 1934. A los dos días el general Calles tuvo la desfachatez de declarar a la prensa que "nuestro país ha entrado de lleno en la vida institucional".[227]

Mientras tanto, en Michoacán, también el general Cárdenas llegaba al final de su gubernatura. En abril la convencion estatal del PNR discutió el apoyo a las candidaturas del general Benigno Serrato para ocupar la gobernatura del estado y del teniente coronel Dámaso Cárdenas para incorporarse al Congreso de la Unión como senador.[228]

---

[224] José Alfredo Gómez Estrada, *Lealtades divididas. Camarillas y poder en México 1913-1932*, Instituto Mora/Universidad de Baja California, México, 2013.

[225] Abelardo L. Rodríguez, *Autobiografía*, Novaro, México, 1962, citada en Tzvi Medin, *El minimato presidencial. Historia política del Maximato 1928-1935*, Era, México, 1983, p. 121.

[226] *Ibid.*, p. 113.

[227] *El Nacional Revolucionario*, 5 de septiembre de 1932, citado en Tzvi Medin, *El minimato presidencial. Historia política del Maximato 1928-1935*, Era, México, 1983, p. 183.

[228] Lázaro Cárdenas, *Obras. I...*, *op. cit.*, vol. 1, tercera edición, UNAM, México, 1986

La designación de Serrato contó con la venia del general Cárdenas. Aquel militar y aspirante a gobernador tenía una trayectoria que incluía una cierta militancia maderista y hasta una destacada participación en la lucha contra la rebelión escobarista de 1929. Anteriormente ocupó diversas jefaturas regionales, en especial por los rumbos de Pátzcuaro, Ario y Tacámbaro. Desde 1930 se le engargó la Jefatura de Operaciones Militares del estado de Michoacan, después de que el propio Cardenas la dejara en sus manos. Al poco tiempo se le confió ese mismo puesto pero en Nuevo León. Fue en Monterrey donde le ofrecieron la candidatura oficial para regresar a ocupar la gubernatura de Michoacán. Cárdenas lo pastoreó durante algunas semanas antes de las elecciones y lo invitó a algunas ceremonias escolares e inauguraciones de obras. Desde el cuarto congreso celebrado entre el 13 y el 15 de septiembre de 1932 se percibía que el nuevo gobernador no seguiría los mismos pasos ni tendría los mismos operadores que el saliente.[229] No tardaría en mostrar el cobre y daría marcha atrás a algunos de los logros de la gubernatura cardenista. Cómo buen aprendiz de los métodos que ya estaban bien arragados en el PNR, los meses que siguieron a su toma de posesión el 15 de septiembre se irían en el intento de desmontar buena parte de los logros del del gobierno anterior.[230]

Aquel día en que también se celebraba la víspera de la independencia a las 23 horas ante el Congreso del estado, el general Cárdenas rindió su último informe de gobierno. Entre las múltiples referencias a sus obras, avances y éxitos, el gobernador expresó en una sola frase lo que resumía su credo político básico: "Es preciso que el estado asuma una actitud dinámica y consciente, proveyendo lo necesario para el justo encausamiento de las clases proletarias, señalando trayectorias para que

---

(primera edición, 1972), p. 199.

[229] Jesús Múgica Martínez, *La Confederación Revolucionaria Michoacana del Trabajo. Apuntes acerca de la evolución social y política de Michoacán*, EDDISA, México, 1982, p. 180.

[230] Cuauhtémoc Cárdenas, *Cárdenas…, op. cit.*, pp. 213-215.

el desarrollo de la lucha de clases sea firme y progresista".[231] La idea de un estado participativo, mediador y regulador de la vida económica, social y política del pueblo en general, y sobre todo de las clases trabajadoras, se había afincado en el pensamiento empírico de Lázaro Cárdenas. Pero no todo era pragmatismo ni lucha inmediata. Su gobierno en Michoacán, al decir de uno de sus estudiosos más destacados, había dejado una secuela en su proceder que podría identificarse como un humanismo vitalista. Según Eitan Ginzberg "su humanismo atribuía un valor sagrado a la vida por sí y un valor supremo a la dignidad humana, que a su vez incluía el derecho a una vida digna".[232] En ese sentido un profundo cambio se cristalizó en la conciencia del General. A diferencia de sus mentores y muchos de sus congéneres militares y políticos, un respeto profundo por la vida lo convenció de que no era eliminando a sus enemigos como lograría sus propósitos. Un nuevo estilo de hacer política se afincaría en los espacios iría saldando sus ambiciones de poder y mando.

Otro asunto que marcaría cierto hito en la trayectoria política del general Cárdenas fue el evitar la intromisión en los asuntos de gobierno de su sucesor. Al jactancioso Victoriano Anguiano Equihua le confesó poco antes de la entrega del poder estatal que "no intervendría para nada en los asuntos oficiales y políticos. Que cada gobernador debía ser responsable del periodo gubernamental que le tocaba y [...] él se alejaría completamente de la política del estado".[233] Más adelante se vería si tales

---

[231] Froylán Manjarrez y Gustavo Ortiz Hernán (relatores), *Lázaro Cárdenas I. Soldado de la Revolución, II. Gobernante, III. Político nacional*, Imprenta Labor, México, 1934, p. 83.

[232] Eitan Ginzberg, "Cárdenas íntimo…", *op. cit.*, p. 226.

[233] Victoriano Anguiano Equihua, *Lázaro Cárdenas. Su feudo y la política nacional*, Colección El Libro Oculto, México, 1989, p. 63.

intenciones se cumplirían o no, pero daba por sentado que sacaría las manos de Michoacán.

Una hora después de rendir aquel informe el general Serrato asumiría las riendas del gobierno del estado de Michoacán. Al día siguiente el general Cárdenas se puso a las órdenes de la Secretaría de Guerra con una licencia de mes y medio para atender asuntos personales.

En el vestíbulo de la candidatura presidencial

> La política debe servir a la sociedad y no a la inversa.
>
> LÁZARO CÁRDENAS, 1930

Diez días después de dejar la gubernatura el General cumplió su promesa de contraer matrimonio con Amalia Solórzano Bravo. Ambos habían mantenido vivo su noviazgo a pesar de los constantes ires y venires de Cárdenas. Cono ya se ha visto, los padres de Amalia no habían aprobado del todo aquella unión. Don Casimiro Solórzano se mantenía firme y rechazaba que su hija se relacionara con un militar. Le decía: "Te vas a casar con un soldado y vas a andar de soldadera, con un perico al hombro".[234] Por más que el General no se comportara como un oficial cuartelero, la posición del futuro suegro no varió. En febrero de ese año don Casimiro había sufrido una apendicitis aguda y el general Cárdenas le había enviado al doctor Rubén Leñero hasta Tacámbaro a que lo curara.[235] Por fortuna la situación no empeoró, pero aún así no se logró el consentimiento del padre. Doña Albertina, en cambio,

---

[234] Amalia Solórzano de Cárdenas, *Era otra cosa la vida*, Nueva Imagen, México, 1994, p. 34.

[235] Luis Suárez, *Cárdenas…*, *op. cit.*, p. 36; y Lázaro Cárdenas, *Obras. I…*, *op. cit.*, vol. 1, tercera edición, UNAM, México, 1986 (primera edición, 1972), pp. 196-197.

aceptaba con mayor agrado al General y fue ella quien lo recibió en su casa el 25 de septiembre para entregarle a su hija en una ceremonia muy discreta y reservada. "Nos casamos en la sala de mi casa siendo mis testigos el licenciado don Juan Ortiz, el juez, quien me dijo 'si quieres soy testigo tuyo'." Gorgonio Sosa, un amigo cercano de Amalia, igualmente firmó el acta como su aval. También por ella testificó el tío de Lázaro, José María del Río, quien se convirtió en protector de los novios, pues desde tiempo atrás sabía de los afanes revolucionarios de Lázaro al socorrerlo durante su temprano escape a Tierra Caliente en 1913. "Por parte del General atestiguaron sus amigos el licenciado Silvestre Guerrero […] y Efraín Buenrostro, que había sido compañero suyo desde los bancos de la primaria en Jiquilpan."[236] Amalia se había mandado a hacer, con la venia del general, un vestido de novia que le encargó a la esposa de Silvestre Guerrero, María Laguardia. Lo tenía escondido en México, pero lo llevó a Tacámbaro para el día de la boda sin que se enterara don Casimiro. Al parecer, su padre conoció las intenciones de su hija y no se entrometió. El General anotó en sus *Apuntes* que había "verificado" su enlace civil con Amalia a las 10 horas y que sus padres "se abstuvieron de estar presentes en el acto por no estar conformes en que prescindamos del matrimonio eclesiástico, que en nuestro caso no es necesario".[237] La ceremonia fue breve pues los invitados eran únicamente los hermanos menores de Amalia y no hubo brindis. "Todavía el General […] después que nos habíamos casado bajó a la tienda para ver si mi papá lo recibía, y mi papá no salió a saludarlo."[238]

La determinación de Amalia había vencido la negativa de sus padres de reconocer su voluntad y casarse con quien no sólo era el exgober-

---

[236] Amalia Solórzano de Cárdenas, *Era otra cosa la vida*, Nueva Imagen, México, 1994, p. 34.

[237] Lázaro Cárdenas, *Obras. I…*, *op. cit.*, vol. 1, tercera edición, UNAM, México, 1986 (primera edición, 1972), p. 206.

[238] Amalia Solórzano de Cárdenas, *Era otra cosa la vida*, Nueva Imagen, México, 1994, p. 34.

nador de Michoacán, sino también expresidente del PNR y exsecretario de Gobernación. Años más tarde Amalia le comentó al periodista Luis Suárez: "Date cuenta de que estando en el colegio, resulta que ya era novia de un ministro de gobernación [...] No tenía la menor idea".[239] En efecto, aunque había cumplido la mayoría de edad, era una joven de 21 años al lado de un militar madurón de 37 años, que no sólo se se había fogueado en las guerras revolucionarias, sino que era uno de los generales más influyentes del país. Como decía uno de los primeros interesados en estudiar su gubernatura: "Antes de su gobierno en el estado de Michoacán, Cárdenas era un miembro de segunda línea en la élite política mexicana, al terminar ya era parte del selecto grupo de políticos que gobernaban al país".[240] A pesar de eso los padres de Amalia no habían cedido y seguían negándole su consentimiento de matrimonio a la pareja.

Al final lograron contraer nupcias en la propia casa de la novia en Tacámbaro y quedó como testimonio una fotografía memorable. En ella la pareja ocupa el centro del cuadro; él un poco más alto y robusto, vestido de civil con saco y corbata, y ella con un ajuar blanco y brillante, con una cola enorme desplegada sobre sus hombros hasta el piso, donde se abría como un abanico para mostrar sus bordados de flores y guirnaldas. De forma discreta Amalia descansaba su brazo paralelo a su figura, y a la altura de su cadera dejaba descubierta su mano que ostentaba en el anular derecho su anillo de bodas.

---

[239] Luis Suarez, *Cárdenas...*, *op. cit.*, p. 41.
[240] Jorge Zepeda Patterson, "Los caudillos en Michoacán: Francisco J. Múgica y Lázaro Cárdenas", en Carlos Martínez Assad, *Estadistas, caciques y caudillos*, Instituto de Investigaciones Sociales-UNAM, 1988, p. 260; y Álvaro Ochoa y Gerardo Sánchez Díaz, *Breve historia...*, *op. cit.*, p. 261.

La foto de la boda de Amalia Solórzano Bravo y Lázaro Cárdenas del Río
25 de septiembre de 1932 (colección Doña Amalia).

Al mediodía los novios se fueron a Ajuno y de ahí al rancho de Aranjuez, en las orillas del Lago de Pátzcuaro, donde la familia de Alberto Espinosa les preparó un pequeño ágape. Por la tarde se retiraron a la finca La Eréndira, la primera casa de aquella pareja que esperó cuatro años, pero que finalmente logró casarse contra todos los pronósticos. Al día siguiente el General envió un telegrama a Plutarco Elías Calles con la noticia de su matrimonio. El Jefe Máximo respondió dos días después con felicitaciones y sus "mejores deseos por su completa felicidad".[241]

---

[241] Archivo Calles-Torreblanca, Fondo Plutarco Elías Calles, exp. 206, inv. 820, leg. 5/9, telegramas del 26 y 27 de septiembre de 1932.

A mediados de octubre Lázaro llevó a Amalia a su rancho California, en Apatzingán. En el camino pasaron por Uruapan, donde la recién casada descubrió algunas expresiones culturales de la región, como "las canacuas". "Nunca había visto esos grupos con trajes típicos, sus bailes cadenciosos y muchachas bonitas", comentaría años más tarde. Finalmente llegaron a Tierra Caliente. Según su propia versión, la joven novia no se sintió tan a gusto en aquellos carrascales ganaderos. "Nunca había visto sapos del tamaño de un conejo [...] había bichos de toda especie y tamaño y había que hacer lumbre para alejar por la noche a los mosquitos."[242] Ahí pasaron todo el mes de octubre hasta el 1º de noviembre cuando regresaron a las húmedas riberas del lago de Pátzcuaro.[243] Durante su luna de miel el General y Amalia conversaron largamente sobre la historia amorosa del primero y su responsabilidad como padre de Alicia. Amalia la aceptó sin mayores reticencias. En una carta que el general Múgica le escribió a Cárdenas para felicitarlo por su reciente matrimonio también se congratuló del lugar que la pareja le concedía a la primogénita del general. Decía: "Mucho agrado me causó ver unido a la solución de este problema el propósito de considerar a la pobre Chatita[244] con los mismos fueros que antes tuvo".[245]

La pareja pasó una holgada luna de miel a pesar de la incomodidad del viaje a Apatzingán, que concluiría en las riberas del Lago de Pátzcuaro, en la quinta La Eréndira. Ahí recibieron la noticia de que el General había sido nombrado jefe de Operaciones Militares en Puebla. El 11 de noviembre salieron rumbo a la Ciudad de México. Un par de jornadas después arribaron a la capital del estado poblano. Gobernaba

---

[242] Amalia Solórzano de Cárdenas, *Era otra cosa la vida*, Nueva Imagen, México, 1994, p.

[243] Luis Suárez, *Cárdenas...*, *op. cit.*, p. 40.

[244] Sobrenombre que le daban a Alicia.

[245] Carta citada en Cuauhtémoc Cárdenas, *Cárdenas...*, *op. cit.*, p. 147.

aquel estado el doctor Leónides Andreu Almazán, quien también era considerado uno de los gobernadores "agraristas". Como era de todos conocido, Lázaro Cárdenas formó parte de ese grupo aunque se había distanciado del mismo debido a sus alianzas con el gobierno de Ortiz Rubio y su lealtad al Jefe Máximo. Después de la crisis ministerial de 1931 había comenzado una andanada contra los "agraristas" desde las cúpulas del gobierno federal. A finales de ese año se derogó el amparo agrario, y la consigna del gobierno era "limpiar de comunistas" las administraciones estatales. Por esa razón tanto Adalberto Tejeda como Leónides Almazán se ganaron la animadversión del general Plutarco Elías Calles. Cierta resistencia a desarmar a los campesinos que formaban las ligas agrarias confrontó al veracruzano con el gobierno federal y más aún cuando en mayo de 1932 Tejeda lanzó un decreto que socializaba toda la propiedad privada en el estado.[246] A partir de ese momento la tensión entre Calles y Tejeda creció de manera exponencial. El 30 de noviembre de 1932 concluyó el mandato del veracruzano y quedó en su lugar el moderado Gonzalo Vázquez Vela. A partir de ese momento la consigna fue desmantelar el poder local tejedista y dar marcha atrás con sus reformas agrarias.[247]

El doctor Almazán también recibió los embates del callismo y la presencia de Cárdenas en Puebla estaba relacionada con esa situación. El presidente Abelardo L. Rodríguez se apoyó en el ejército para controlar a los agraristas resistentes. Al conocer la ponderación y serenidad del michoacano decidió enviarlo a Puebla para mantener alerta a sus soldados en caso de que se suscitara una reacción desmedida. Afortunadamente no pasó a mayores, aunque el agrarismo que Cárdenas había implementado en su estado natal empezó a desmontarse y a generar conflictos. El gobernador y general Benigno Serrato, electo

---

[246] Eitan Ginzberg, *Revolutionary Ideology and Political Destiny in Mexico, 1928-1932. Lazaro Cardenas and Adalberto Tejeda*, Sussex Academic Press, Brighton, 2015, pp. 157-158.

[247] *Ibid.*, pp. 167-175.

para ocupar el gobierno de Michoacán después del cuatrienio del general Cárdenas, puso en marcha aquella desarticulación. A partir de septiembre de 1932 le quitó gran parte de su poder a la CRMT y la dividió; persiguió a los líderes agraristas y suscitó un clima de inusitada violencia en el estado. Tan sólo en los primeros ocho meses de gobierno se contaron 40 asesinatos de líderes agrarios.[248]

Por órdenes del propio Serrato y tal vez con el apoyo de la mano invisible del Jefe Máximo, en febrero de 1933 la Cámara Nacional de Comercio, Agricultura e Industria, atacó al general Cárdenas, quien acababa de ser nombrado secretario de Guerra del gobierno de Abelardo L. Rodríguez.[249] Dicha cámara calificó al michoacano de "gobernador inepto o inmoral utopista". En el periódico *Excélsior* los miembros de aquel grupo de empresarios y terratenientes publicaron un artículo que informaba que en Michoacán "los agraristas armados, solivantados con el virus de la política y la demagogia comunista, ni siembran el ejido ni permiten que otros cultiven su tierra porque con sus crímenes aterrorizan las haciendas".[250]

Detrás de esta denuncia estaba la intención de Serrato de desmontar los avances agrarios cardenistas en Michoacán apuntalada a su vez por la tensa situación en los terrenos de las enormes haciendas de Lombardía y Nueva Italia, en la región de Apatzingán. Desde 1929 el gobierno de Cárdenas había tomado en cuenta y secundado las iniciativas de organización de los trabajadores de aquellas haciendas. A finales de 1932 el Sindicato de Trabajadores de Nueva Italia y Lombardía estalló en huelga por

---

[248] Álvaro Ochoa Serrano y Gerardo Sánchez Díaz, *Breve historia…*, *op. cit.*, p. 230; y Jesús Múgica Martínez, *La Confederación Revolucionaria Michoacana del Trabajo. Apuntes acerca de la evolución social y política de Michoacán*, EDDISA, México, 1982, pp. 143-144.

[249] Victoriano Anguiano Equihua, *Lázaro Cárdenas. Su feudo y la política nacional*, Colección El Libro Oculto, México, 1989, pp. 75-77.

[250] *Excélsior*, 16 de febrero de 1933, citado en Romana Falcón, "El surgimiento del agrarismo cardenista. Una revisión de las tesis populistas", en *Historia Mexicana*, núm. 107, El Colegio de México, México, 1978, p. 373.

mejores salarios y condiciones de trabajo, pero el general Serrato apoyó a los patrones, la familia Cusi. Utilizando como pretexto ese conflicto se dio un duro golpe a la CRMT y la violencia en el discurso y en la región se incrementaron.[251]

A finales de 1932 tuvo lugar el nombramiento de general Cárdenas como jefe de Operaciones Militares en Puebla y ahí sólo tuvo que permanecer mes y medio. Además de mantener en alerta a los diversos batallones y regimientos de su jurisdicción, la contribución más importante de Cárdenas en aquel estado fue la iniciativa de abrir un museo de guerra en los fuertes de Guadalupe y Loreto. A mediados de noviembre visitó el sitio con algunos veteranos de la famosa batalla de Puebla contra los franceses en 1862, y al darse cuenta de lo ruinosas que estaban aquellas instalaciones decidió formar una comisión para que se encargara de la apertura del recinto.[252] Al parecer en Puebla también se encargó de apuntalar la construcción de algunas carreteras vecinales y ciertos edificios de servicios públicos.

El 1° de enero de 1933 visitó al general Calles en Las Palmas, su casa en Cuernavaca, Morelos, y se encontró con el presidente Abelardo L. Rodríguez, quien le ordenó que a la mañana siguiente ocupara la Secretaría de Guerra y Marina.[253]

Así, a principios de ese año, la pareja formada por Lázaro Cárdenas y Amalia Solórzano se volvió a mudar, sin ser éste un cambio radical. El General tenía una casa al sur de la Ciudad de México, por los rumbos de Guadalupe Inn, en la calle de Wagner número 50. Ahí se establecieron a

---

[251] *Cuéntame tu historia 1, Múgica, La Nueva Italia*, Gobierno del Estado de Michoacán/Secretaría de Desarrollo Social, Morelia, 2003, pp. 14-16; Romana Falcón, "El surgimiento del agrarismo cardenista. Una revisión de las tesis populistas", en *Historia Mexicana*, núm. 107, El Colegio de México, 1978, p. 374; y Victoriano Anguiano Equihua, *Lázaro Cárdenas. Su feudo y la política nacional*, Colección El Libro Oculto, México, 1989, pp. 97-98.

[252] Lázaro Cárdenas, *Obras. I…, op. cit.*, vol. 1, tercera edición, UNAM, México, 1986 (primera edición, 1972), pp. 208-209.

[253] *Ibid.*, p. 213.

partir de entonces, y fue en esa casa donde nacer sus dos únicos hijos: Palmira, quien murió poco después de venir al mundo, en 1933, y Cuauhtémoc, quien vio su primera luz en 1934.[254]

Como ya se mencionó, el nombramiento de Cárdenas en aquel alto puesto de la jerarquía militar obedecía a la intención de calmar los ánimos de los "agraristas" radicales, y proceder al desarme de las ligas y defensas en algunos de los estados de la República, sobre todo en Veracruz. Durante su permanencia en el gabinete del presidente Rodríguez, Cárdenas percibió que la relación entre el primer magistrado y el Jefe Máximo era muy distinta a la que el Jefe mantuvo con el expresidente Pascual Ortiz Rubio. Si bien la autoridad de Calles era la misma, Rodríguez parecía concentrar el vínculo con el sonorense sin dejar que los otros miembros del gabinete o del congreso pasaran por encima de él. Esto otorgaba una nueva imagen a la presidencia que finalmente contribuyó a que su mandato fuera menos tenso y más eficiente.[255]

La administración del general Abelardo L. Rodríguez puso atención en el ordenamiento de los códigos fundamentales de la organización estatal posrevolucionaria. Durante los dos años que duró su gestión, mucho de lo que se hizo no contó con las contribuciones del general Cárdenas, pues se encontraba en plena grilla para lograr la candidatura a la presidencia o en la misma campaña. Sin embargo el balance de aquel par de años resultaría bastante positivo. Bajo el mando de Rodríguez se estableció en septiembre de 1933 el Departamento Autónomo del Trabajo, que asumió las funciones de la Procuraduría Federal de la Defensa del Trabajo y de las Juntas Federales de Conciliación y Arbitraje. Después de un estudio puntual se impuso el salario mínimo en cada una de las entidades de la federación. También se crearon la

---

[254] Luis Suárez, *Cárdenas...*, *op. cit.*, p. 81; y Fernando Benítez, *Entrevistas...*, *op. cit.*, p. 91.

[255] Tzvi Medin, *El minimato presidencial. Historia política del Maximato 1928-1935*, Era, México, 1983, pp. 126-12.

Compañía Nacional Financiera y el Banco Nacional Hipotecario Urbano y de Obras Públicas. El 15 de enero de 1934 se instaló el Departamento Agrario, mismo que sustituyó a la Comisión Nacional Agraria. Y el 22 de marzo se reunió prácticamente toda la legislación en materia de tierras y aguas, para promulgar el primer Código Agrario. En dicho código se acomodaron las leyes de dotaciones y restituciones de tierra y aguas, la Ley de Repartición de Tierras Ejidales y del Patrimonio Parcelario Ejidal, la Ley de los Centros de Población Agrícola y el Registro Nacional Agrario. El 9 de abril se estableció la Ley del Servicio Civil, que sería el estatuto jurídico de los trabajadores al servicio del estado. Y en septiembre de ese año se creó la primera compañía estatal petrolera, que se llamó Petromex, misma que entraría en la muy desnivelada competencia por la explotación de algunos mantos no trabajados por las voraces empresas extranjeras.[256]

Y aunque estas disposiciones eran poco vistosas no se descuidaron aquellas que podían acicalar la obra pública, sobre todo la que tendía a lo suntuoso. En 1933 se instaló la comisión para edificar el Monumento a la Revolución, sobre los cimientos abandonados de lo que alguna vez se planeó que sería el Congreso Nacional durante el gobierno de Porfirio Díaz. También se reanudó la restauración y terminación del Palacio de Bellas Artes, mismo que se inauguró el 29 de septiembre de 1934. Aquel recinto cuya construcción también se había iniciado durante el porfiriato, bajo la dirección del arquitecto Adamo Boari, había quedado suspendida en 1913. El arquitecto Federico Mariscal retomó la obra misma que se inauguró el 29 de septiembre de 1934, imprimiéndole cierto sabor *art déco*, que era la moda arquitectónica de finales de los años veinte y principios de los años treinta. Finalmente, y para no quedarse como continuador de la obra porfiriana, el gobierno de Rodríguez planeó y

---

[256] Lorenzo Meyer, Rafael Segovia y Alejandra Lajous, "Los inicios de la institucionalización: la política del Maximato", en *Historia de la Revolución Mexicana*, vol. 12, El Colegio de México, México, 1978, pp. 163-165.

comenzó el parque y monumento a Álvaro Obregón, en el mismo sitio donde el Manco de Celaya fue asesinado, el restaurante La Bombilla en las antiguas huertas de Chimalistac, al sur de la Ciudad de México.

Aquel afán constructivo también contagió al general Cárdenas y a sus jefes y oficiales durante su gestión como secretario de Guerra y Marina. Como director del Departamento de Educación Militar, el general Joaquín Amaro tomó la iniciativa de construir la Escuela Superior de Guerra aprovechando las antiguas instalaciones y los terrenos del Convento de San Jerónimo, situado en las colinas que suben al Cerro del Judío, en el sur de la capital.[257]

La mayor parte del tiempo en que Cárdenas ocupó aquel supremo puesto militar se encontró de viaje entre la Ciudad de México y Cuernavaca, donde el general Calles residía por su quebrantada salud. Ahí sucedían las principales reuniones del gabinete bajo la estrecha supervisión del presidente Rodríguez. En Las Palmas se llevaron a cabo tantas reuniones que el general Cárdenas decidió comprar una propiedad en Morelos para estar cerca del Jefe Máximo. El General le compró al señor Pedro Cepeda, quien había sido exrepresentante del "general de hombres libres", el nicaragüense Augusto César Sandino, el rancho Palmira, situado a seis kilómetros al sur de Cuernavaca. El día que cumplió 38 años Cárdenas describió aquellas 25 hectáreas de la siguiente manera: "Es una loma con fuertes pendientes que he dedicado al cultivo de la morera y frutales".[258] Ahí también se construiría una casa donde pasaría la noche o temporadas enteras debido a las constantes maquinaciones que el general Calles llevaba a cabo en sus residencia o en el club de golf de Cuernavaca que se inauguraría un año después.

Pero no todo eran cabildeos y grillas. En la segunda semana de enero de 1933 se procedió al desarme de las defensas municipales de Veracruz

---

[257] Lázaro Cárdenas, *Obras. I...*, *op. cit.*, vol. 1, tercera edición, UNAM, México, 1986 (primera edición, 1972), p. 216.

[258] *Ibid.*, p. 225.

y se recogieron cerca de cinco mil rifles y pistolas.[259] La acción contra el agrarismo de Tejeda resultaba cada vez más evidente, al grado que la prensa insistió en que los agraristas veracruzanos no sólo eran "bolcheviques y comunistas" sino delincuentes comunes. Muchos de los antiguos colaboradores del exgobernador perdieron sus puestos o fueron perseguidos por la ley. El propio Tejeda fue declarado *persona non grata* en Veracruz y se le orilló a salirse del sistema político construido por el general Calles y su Partido Nacional Revolucionario.[260] En abril de 1933, Tejeda, junto con algunos de sus seguidores, fundaron el Partido Socialista de las Izquierdas. Sus distintivas "camisas rojas" fueron estigmatizadas por la prensa conservadora y sus campañas proselitistas frecuentemente acababan en enfrentamientos con la policía. De esa especie de cofradía construida por los gobernadores "agraristas" Tejeda, Cárdenas, Cedillo y Almazán, ya sólo quedaban ciertas inercias y algunos buenos recuerdos.

Desde finales de marzo hasta mediados de abril de aquel año de 1933 el ambiente político en torno del general Cárdenas empezó a agitarse un poco más. El futurismo barajaba los nombres de Manuel Pérez Treviño y de Carlos Riva Palacio como seguros precandidatos del PNR, aunque existía la probabilidad de que también fueran los civiles Manuel Puig Casauranc y Alberto J. Pani. De pronto se mencionaba al general Lázaro Cárdenas entre los posibles nominados. Lo cierto es que la disciplina partidaria parecía resquebrajarse.

El 26 de marzo, de regreso de un viaje hasta El Sauzal, un paraje que estaba en las afueras de Ensenada, Baja California, donde Abelardo L. Rodríguez tenía una casa en la que el general Calles le gustaba descansar, Cárdenas declaró a la prensa que él no se veía como precandidato

---

[259] *Ibid.*, p. 215.

[260] Eitan Ginzberg, *Revolutionary Ideology and Political Destiny in Mexico, 1928-1932. Lazaro Cardenas and Adalberto Tejeda*, Sussex Academic Press, Brighton, 2015, pp. 174-175.

y que no pretendía otra cosa más que "desempeñar bien su cargo en la Secretaría de Guerra".[261]

En abril el presidente Rodríguez pidió al General que lo acompañara a una gira por Jalisco y Michoacán. El gobernador Benigno Serrato acompañó a los dos generales por diversos lugares de su entidad y el presidente logró que las tensiones entre Cárdenas y su sucesor se apaciguaran. El día 18, en el tren de regreso a la Ciudad de México, el primer magistrado llamó a su secretario de Guerra y Marina y le preguntó a boca de jarro si estaba considerando lanzarse como candidato a la presidencia. Le advirtió que era una decisión que debía tomar solo. El jiquilpense le contestó que su propósito era abstenerse de tomar parte en la contienda.[262] El 19 de abril se reunieron Rodríguez y Cárdenas, y y el presidente le comentó al michoacano que varias personalidades importantes como Aarón Sáenz y Rodolfo Elías Calles preguntaban a quién debían apoyar como precandidato del PNR, puesto que arreciaban los rumores a favor del propio Cárdenas. El presidente le sugirió "guardar una actitud expectante", y su secretario de guerra se comprometió a esperar hasta junio, pero le indicó que "por mi parte no quería tampoco se me tomara como individuo que rehuía semejante responsabilidad".[263]

Al día siguiente Aarón Sáenz, quien no deseaba estar fuera de la grilla, comió con el general Cárdenas y lo sondeó, comentándole sobre los posibles candidatos entre los que se volvió a nombrar a Manuel Pérez Treviño y a Carlos Riva Palacio.

El 22 de abril tres miembros del congreso le informaron al General que traían consigna desde Sonora para apoyar su precandidatura y que los gobernadores de Sinaloa, Nayarit, Colima y Jalisco lo apoyaban.

---

[261] Lorenzo Meyer, Rafael Segovia y Alejandra Lajous, "Los inicios de la institucionalización: la política del Maximato", en *Historia de la Revolución Mexicana*, vol. 12, El Colegio de México, México, 1978, p. 280.

[262] Lázaro Cárdenas, *Obras. I...*, *op. cit.*, vol. 1, tercera edición, UNAM, México, 1986 (primera edición, 1972), p. 219.

[263] *Ibid.*, p. 220.

También le comentaron que los hijos del general Calles hacían proselitismo a su favor en Chihuahua, Durango y Zacatecas. Cárdenas mantuvo la cordura y les dijo: "Cuando sea oportuno daré mi resolución".[264] No tardaron en sumarse los apoyos de otros representantes de Querétaro, San Luis Potosí, Michoacán, Tlaxcala, Campeche, el Estado de México, Oaxaca, Guerrero y Baja California.

El 1° de mayo, mientras las organizaciones obreras, la CROM y la recién creada Confederación General Obrera y Campesina Mexicana (CGOCM) se disputaban la titularidad del movimiento laboral en plena marcha por las principales calles del zócalo capitalino, la Liga Campesina Úrsulo Galvan, apuntaló su posible vinculación con otras organizaciones para formar la Confederación Campesina Mexicana (CCM). A esta organización contribuyeron con mucho los contingentes organizados por el general Saturnino Cedillo, los agraristas tamaulipecos comandados por Emilio Portes Gil, la CRMT y las ligas campesinas de Chihuahua y Tlaxcala, organizadas por Graciano Sánchez. La fundación de la CCM sucedería en San Luis Potosí hasta el 31 de mayo, pero en aquel día de los trabajadores ya se podía percibir cómo las organizaciones campesinas se unificaban a favor del general Cárdenas.

La efervescencia creció y, aunque no se tomó ninguna determinación de parte del posible precandidato ni de los contingentes que lo apoyaban, el 3 de mayo el presidente Abelardo L. Rodríguez le envió un memorándum al general Calles:

He llegado al convencimiento de que [Cárdenas] no tiene un temperamento radical y que su actuación en el gobierno de Michoacán fue precisa y necesaria tomando en cuenta que a ese estado no había llegado propiamente la Revolución en uno de sus aspectos principales y que era necesario por todos conceptos implantar ahí la reforma agraria [...] estoy seguro

---

[264] *Ibíd.*, p. 221.

de que es un hombre respetuoso de la ley, animado de buena fe y deseoso de realizar una obra nacionalista.

Considero, por otra parte, que el general Cárdenas no tiene ambiciones personales, pues en reiteradas ocasiones me ha manifestado que no tiene aspiraciones a llegar a la Presidencia de la República y que se encuentra perfectamente satisfecho colaborando conmigo en el puesto de Secretario de Guerra y Marina y que es, y así lo creo yo, un elemento disciplinado no solamente dentro de la Revolución sino dentro de su organismo político que es el PNR [...] Tengo la convicción de que el general Cárdenas es un hombre honrado, pero al mismo tiempo le reconozco dos graves defectos: primero que se deja adular por personas interesadas, y segundo, que es afecto a dar oído a los chismes.[265]

En ese memorándum Rodríguez le informaba a Calles que Cárdenas le había confesado que por ningún motivo aceptaría su postulación. Para sustentar su aserto el michoacano argumentó que no quería que ni el Jefe Máximo ni el presidente supusieran que tenía ambiciones políticas. Además, no quería dar el ejemplo nocivo al ejército de que como secretario de Guerra aceptaba su postulación, pues no quería que el país pensara que el instituto armado era "el incubador de presidenciables". Con cierta modestia creía no tener la capacidad suficiente para ser presidente del país.

El general Abelardo L. Rodríguez terminó esa nota con el comentario de que lo mejor era que el partido presentara a la nación varios precandidatos a la presidencia que fueran "elementos genuinamente revolucionarios".

Con letra manuscrita, el presidente le comunicó al sonorense que "Lázaro esperaba que usted o yo le indicáramos si debía aceptar o no. Desde

---

[265] Archivo Calles-Torreblanca, fondo Plutarco Elías Calles, exp. 189, inv. 5010, leg. 9/11, memorándum del 3 de mayo de 1933.

luego le dije que ni usted ni yo haríamos tal cosa, que era una cuestión muy personal y delicada, y que por lo tanto debería usar su propio juicio".[266]

El 6 de mayo 50 senadores hicieron público su apoyo al General, lo mismo que un amplio grupo de diputados encabezados por el general Rafael E. Melgar. Siguiendo un estilo que sería conocido en el futuro del partido, "la cargada" creció sin mayores restricciones, una vez que la consigna consistió en apoyar al candidato michoacano.

Siete días después, el viernes 13 de mayo, el presidente llamó a su secretario de Guerra y Marina y le recomendó que el lunes próximo presentara su renuncia "para atender los asuntos de carácter político que de manera tan intempestiva se presentaban a mi favor en todo el país".[267] En efecto, el 15 de mayo el general Lázaro Cárdenas presentó su solicitud de licencia temporal para "poder en su oportunidad aceptar o declinar el honor que se me hace" por parte de distintos sectores que pretendían exaltarlo "a la categoría de presunto candidato a la presidencia de la república".[268]

El 5 de junio Lázaro Cárdenas aceptó públicamente su precandidatura a la presidencia y declaró su confianza en la lucha democrática para incorporar "todos los núcleos de opinión revolucionaria que me están postulando a nuestro organismo político para que dentro de él se haga conocer la voluntad popular". Cierto que la declaración no era del todo afortunada, pero estaba claro que intentaría conquistar la postulación de su partido, el PNR, como candidato a la presidencia de la República.[269]

En otro frente, el general Manuel Pérez Treviño consideraba que podía lograr el apoyo del general Calles y contender por la precandidatura contra el general Cárdenas. Sus afiliados presionaron a favor de su nominación hasta el último momento. Sin embargo, el 6 de junio el presidente

---

[266] *Ibid.*

[267] Lázaro Cárdenas, *Obras. I…*, *op. cit.*, vol. 1, tercera edición, UNAM, México, 1986 (primera edición, 1972), p. 224.

[268] *Ibid.*

[269] *Ibid.*, p. 226.

Rodríguez reunió en su despacho al presidente del PNR, Melchor Ortega, al secretario tesorero del Comité Ejecutivo Nacional del mismo partido, Gilberto Flores Muñoz, y a los generales Pérez Treviño y Lázaro
Cárdenas, para escuchar un mensaje que el Jefe Máximo, Plutarco Elías
Calles, envió por conducto de Flores Muñoz. Dicho mensaje decía que si
la balanza de la precandidatura se inclinaba a favor del general Cárdenas,
lo mejor sería que el general Pérez Treviño "evitara una lucha entre com-
ponentes del mismo partido" y desistiera de su pretensión. El coahuilense
aceptó los términos de la propuesta callista y se comprometió a renunciar públicamente a la precandidatura presidencial del PNR al siguiente día.[270] Pérez Treviño le había apostado todo al apoyo que le pudiese
dar el general Calles; sin embargo, éste finalmente tomó en cuenta la
fuerza popular que Cárdenas había logrado gracias a sus bases campesinas y trabajadoras, e inclinó la balanza a favor del michoacano. Cierto que Cárdenas había contribuido a desarmar y a desmovilizar a los
contingentes agrarios de Tejeda, pero también había logrado aprovechar sus alianzas con Cedillo y otros agraristas; y en Michoacán mantenía sus vínculos con diversos organizaciones campesinas y obreras.[271]

El Comité Director Cardenista se estableció después de conocer la
aceptación del precandidato y quedó conformado por Rodolfo Elías
Calles, como presidente, y como vocales: Ignacio García Téllez, Ernesto Soto Reyes, Francisco Terminel y Gabino Vázquez. A partir de ese
momento estaría en sus manos la organización de las giras de proselitismo y de convencimiento de todos aquellos que todavía dudaban a quién
apoyar dentro de las filas del partido.

Pasado este primer escollo era necesario llegar a la Segunda Convención Nacional del PNR que elegiría oficialmente al candidato presidencial y elaboraría el plan de gobierno, que llevaría el pretencioso nombre

[270] *Ibid.*, p. 227.
[271] Alejandra Lajous y Susana García Travesí, *Manuel Pérez Treviño*, serie Los Senadores, LII Legislatura, Senado de la República, México, 1987, p. 39.

de "Plan Sexenal". Dicha convención se llevaría a cabo en Querétaro el 6 de diciembre de 1933.

Seis meses se necesitaron para preparar el arribo a esa magna reunión y el General se propuso restablecer algunas de sus viejas alianzas, así como recorrer el territorio nacional para conocer las problemáticas locales, buscando nuevos vínculos y refrendando acuerdos. Un primer intento de restitución de consonancias sucedió el 17 de junio, cuando se encontró con el coronel Adalberto Tejeda. Resentido por el trato que había recibido de parte del gobierno federal y por su distanciamiento del general Calles, el veracruzano criticó acremente al PNR, sobre todo a quienes deseaban intervenir en el diseño del programa del próximo gobierno. Refiriéndose a Pérez Treviño, Puig Casauranc, Riva Palacio y Melchor Ortega, entre otros, le advirtió a Cárdenas sobre la posibilidad de que antes, durante o después de la convención penerrista le arrebataran su candidatura. Por lo pronto el propio Tejeda continuaría en la oposición como candidato del Partido Socialista de las Izquierdas.[272]

Después de la tensión que general Cárdenas vivió durante su camino a la precandidatura, una vez resuelto su propósito llegó un momento de distensión y complacencia que fue opacado por un doloroso trance familiar. Después de seis meses de embarazo, su esposa Amalia parió prematuramente una niña, a la que llamaron Palmira. Por fortuna la madre logró sobreponerse, pero la bebé murió a los dos días de nacida, el 19 de junio de 1933. "El general no quiso que se supiera la muerte de su hija y la enterró casi en secreto", contó doña Amalia años después.[273] En sus *Apuntes* Cárdenas dejó escrito que la llamaron Palmira por ser el lugar donde Amalia y él se dedicaron a sembrar árboles y flores, "a semejanza de los hijos". Remató con la siguiente frase: "Así, allí en Palmira, aislados del bullicio de la ciudad, respirando el aire sano

---

[272] Lázaro Cárdenas, *Obras 1…*, *op. cit.*, vol. 1, tercera edición, UNAM, México, 1986, (primera edición 1972), pp. 229-230.

[273] Fernando Benítez, *Entrevistas…*, *op. cit.*, p. 91.

del campo vimos crecer ilusionados el fruto de nuestro afecto para verlo morir hoy".[274]

Una semana después el General se subió al tren para ir a la finca El Sauzal en Ensenada, Baja California, donde se encontraba Plutarco Elías Calles. En esa comarca convivió con el Jefe Máximo, anotando algunos puntos que creía importantes para su programa de gobierno. Pensaron juntos sobre la necesidad de impulsar las vías de comunicación, la manera en que debían satisfacerse los requerimientos básicos de los ejidos, estuvieron de acuerdo en fijar la política para regular la explotación de las riquezas naturales del país y sobre todo se dieron cuenta que estaba de acuerdo en la importancia de la intervención del estado en la economía nacional.[275]

Durante el resto del año Cárdenas siguió anotando diversos asuntos relevantes que percibía en la realidad del país a los que debía prestar atención. Los temas de salubridad, dotación de tierras, mejoramiento de los hogares para obreros y campesinos, el aumento de los salarios y otros aspectos que afectaban a la vida diaria de los campesinos y trabajadores aparecieron entre sus preocupaciones más relevantes.

En un par de ocasiones pasó breves temporadas en la hacienda de San Miguel Regla en el estado de Hidalgo. Este lugar que había sido uno de los lugares de solaz y recreo en medio del emporio minero de don Pedro Romero de Terreros desde mediados del siglo XVIII, era ahora un paraje tranquilo rodeado por bosques y construcciones coloniales. Cabalgando por algunas veredas cercanas se podía hacer un recorrido por tres lagos de distintos colores, y visitar el pequeño pueblo de Huasca o las haciendas vecinas de Santa María de Regla, Alchaloya y San Juan Hueyapan. Esta última tenía un jardín y un vivero de truchas, que impresionaron al General, de la misma manera como lo hizo la barranca de Meztitlán y

---

[274] Lázaro Cárdenas, *Obras. I...*, *op. cit.*, vol. 1, tercera edición, UNAM, México, 1986 (primera edición, 1972), p. 230.
[275] *Ibid.*, p. 234.

la llamada Peña del Aire, que hasta hoy custodia la espléndida vista que se tiene desde justo la orilla donde termina la llanura y empieza la quebrada. En San Miguel Regla, Cárdenas se dio el tiempo necesario para caminar, andar a caballo y repensar temas importantes, planeando cómo debía ser su campaña y revisando documentos del partido, correspondencias y demás.[276]

Entre septiembre y diciembre viajó por los estados de Hidalgo, Veracruz, Puebla, Michoacán, Guanajuato, Coahuila, San Luis Potosí, Aguascalientes y Morelos, y el 6 de diciembre llegó a la Segunda Convención Nacional del PNR en Querétaro. Aunque se temía que el general Calles cambiara la jugada, el general Cárdenas se presentó con la firme convicción de que todo estaba bien planchado y no habría sorpresas.[277] Desde el día 1° se reunieron los 1 172 delegados para discutir el Plan Sexenal.

La comisión elaboradora de dicho plan —conformada por Manuel Pérez Treviño, Juan de Dios Bojórquez, Enrique Romero, Gabino Vázquez, Gonzalo Bautista, Guillermo Zárraga y José Santos Alonso— se dejó asesorar por Graciano Sánchez en materia agraria y por Narciso Bassols en cuestiones educativas. En términos generales era una lista de buenas intenciones más o menos ordenadas, con holgura suficiente para que el gobierno tuviera un amplio margen de maniobra. El catálogo de temas que tocaba era bastante completo. Partía del problema agrario y establecía la necesidad de cumplir cabalmente con el artículo 27 constitucional. Señalaba la necesidad de aumentar recursos económicos para el campo, promover la simplificación de los trámites agrarios y abogar por las dotaciones definitivas. Se pronunciaba por el fraccionamiento de los latifundios, por la redistribución de la población rural y por el fomento a la colonización interior. También reclamaba un digno salario

---

[276] *Ibid*, p. 238.

[277] Lorenzo Meyer, Rafael Segovia y Alejandra Lajous, "Los inicios de la institucionalización: la política del Maximato", en *Historia de la Revolución Mexicana*, vol. 12, El Colegio de México, México, 1978, p. 288.

mínimo, la habitación gratuita para los trabajadores del campo, así como la asistencia médica y entrega de terrenos para cultivos domésticos.[278]

El plan dedicaba un amplio apartado a la nueva organización y a la promoción agrícola, en el que mencionaba la necesidad de impulsar la irrigación y promover la riqueza pecuaria y forestal. La defensa del derecho al trabajo la tomaba en cuenta gracias a la protección de los logros representados por el artículo 123 constitucional, y mencionaba la importancia de la contratación colectiva. También se pronunciaba a favor de la instauración de un seguro social obligatorio.[279]

En cuanto a la economía nacional el tono era notoriamente nacionalista. Recomendaba la nacionalización del subsuelo, estableciendo zonas de reserva minera y evitando el acaparamiento de terrenos para la explotación, sobre todo en las regiones petroleras y agroindustrias extensivas. Pedía la regulación del régimen de concesiones y el establecimiento de normas para las empresas extranjeras. En ese mismo sentido se inclinaba por el control de la competencia entre comerciantes y por el fomento de un comercio y una industria "de beneficio social".[280]

También tocaba el tema de las comunicaciones y las obras públicas, enfatizando la urgencia de construir carreteras, vías de ferrocarril, pistas de aterrizaje y puertos. En este punto llamó la atención la necesidad de crear una marina mercante mexicana, así como una compañía de aviación comercial.[281]

En materia de salud pública aquel plan hizo hincapié en el combate de enfermedades y protección de la salud de los trabajadores y sus familias. El rubro en el que fue más preciso fue en la educación. Además de insistir en el aumento del presupuesto al sistema educativo federal, se pronunció a favor de *a)* la orientación científica de la impartición del conocimiento, *b)* el impulso al compromiso social entre los educandos,

---

[278] *Plan Sexenal*, México, 1934, pp. 24-29.

[279] *Ibid.*, p. 46.

[280] *Ibid.*, p. 65.

[281] *Ibid.*, pp. 73-75.

c) el carácter no religioso y socialista del trabajo escolar y *d)* una mayor preparación de maestros y educadores.[282]

Este plan sexenal también se ocupaba del ramo de gobernación. Enfatizaba la mejora de los servicios de los tribunales, los policías y la beneficencia pública. Se declaraba en contra de la prostitución, las toxicomanías y el alcoholismo. Y en cuanto a la migración se pronunciaba a favor de un mayor control de fronteras y aduanas, aunque se manifestaba a favor del arribo de extranjeros asimilables, de cultura latina, de preferencia agricultores o técnicos.[283]

Ilustración de Salvador Pruneda que acompañaba la edición
del Primer Plan Sexenal (libro *Plan Sexenal*).

En cuanto al ejército el plan era parco. Sólo se refería a la necesidad de atender los cuarteles y las tropas. Lo mismo sucedía en el rubro de las relaciones exteriores, aunque destacaba la propuesta de mejorar

---

[282] *Ibid.*, p. 84.
[283] *Ibid.*, p. 93.

los vínculos con las naciones del continente americano, "sin inmiscuir-se en los asuntos de otros países".[284] Después de ocuparse de Hacienda y Crédito Público, insistía en la mayor orientación social y técnica, y dedicaba un rubro especial a las obras que eran imprescindibles y que se debían construir en las comunidades: "escuelas, campos deportivos, granjas, irrigación, carreteras, reforestación, agua, drenaje, mercados, rastros, hospitales y casas de maternidad".[285]

El plan abarcaba toda acción posible de la administración pública, y lanzaba consignas, establecía necesidades y lineamientos que rebasaban el ámbito político para enfatizar los requerimientos económicos y sociales de un país cimentado en el calificativo omniabarcador de lo "revolucionario".

El 6 de diciembre de 1933, Lázaro Cárdenas protestó como candidato del PNR y se comprometió a cumplir los puntos centrales del Plan Sexenal para ocupar la presidencia de la República Mexicana entre 1934 y 1940. En su protesta manifestó: "Declaro sin subterfugios que asumiré toda la responsabilidad oficial del Gobierno", y señaló que deseaba gobernar inspirado por la acción revolucionaria de las masas. Al concluir su declaración, de manera un tanto farragosa, expuso:

> Considero que los fracasos de los pueblos en sus luchas, ya sean evolucionistas o revolucionarias, [...] no dependerá de la falta de expresión más o menos brillante de sus doctrinas, sino que contribuye en grande escala a estos fracasos la torpeza o mala fe de los hombres que tratarán de llevarlas a cabo.[286]

De esta manera insistía en que eran los seres humanos concretos los responsables de instrumentar los proyectos, y no tanto las doctrinas o sus sustentos ideológicos. Era pues el compromiso del hombre con su

---

[284] *Ibid.*, pp. 97-99.
[285] *Ibid.*, p. 107.
[286] *Ibid.*, p. 115.

sociedad o su pueblo lo que hacía posible la transformación de su realidad. Así cerraba su protesta como único candidato del PNR a la presidencia de la República durante el sexenio que empezaría a finales de 1934 y que terminaría al concluir 1940.

El siguiente paso sería echar a andar la campaña política más intensa y extensiva que hasta ese momento hubiera realizado ningún otro candidato con anterioridad. Ahora tocaba recorrer el país de un extremo al otro. El general Cárdenas se dispuso a ello con su firme empeño y su consabida serenidad.

Bibliografía

Libros

Adleson, Leif, "Coyuntura y conciencia: factores convergentes en la fundación de sindicatos petroleros de Tampico durante la década de 1920", en Elsa Cecilia Frost *et al*, *El trabajo y los trabajadores en la historia de México,* El Colegio de México/University of Arizona Press, México/Phoenix, 1979.

Aguilar Camín, Héctor, *La frontera nómada. Sonora y la Revolución Mexicana*, Ediciones Cal y Arena, México, 1997.

Aguirre Tinoco, Humberto (recopilador), *Colección de Decimas Jarochas de cuarteta obligada,* Casa de la Cultura, INBA, México, l980.

Aguirre, Eulogio P. (Epalocho), *Crónicas de la Revolución. Aportaciones para la historia regional de Sotavento* (compilación y notas de Alfredo Delgado Calderón), Unidad Regional de Culturas Populares de Acayucan /IVEC, México, 2004.

Alamillo Flores, Luis, *Memorias,* Editorial Extemporáneos, México, 1976.

_____, *Memorias. Luchadores ignorados al lado de grandes jefes de la Revolución Mexicana*, Editorial Extemporáneos, México, 1976.

Andrews, Catherine, *Entre la espada y la constitución. El general Anastasio Bustamante 1780-1853*, Universidad Autónoma de Tamaulipas/H. Congreso del Estado de Tamaulipas/ LX Legislatura, México, 2008.

Anguiano Equigua, Victoriano, *Lázaro Cárdenas. Su feudo y la política nacional*, Colección El Libro Oculto, México, 1989.

471

Anónimo, *La rebelión militar contra el gobierno legítimo del Sr. Presidente de la República Lic. D. Emilio Portes Gil descrita y comentada por un observador*, s/e, Estados Unidos, 1933.

Bailey, David C., *¡Viva Cristo Rey! The cristero rebellion and the curch-state conflict in Mexico*, Unversity of Texas Press, Estados Unidos, 1974.

Barros, Cristina y Marco Buenrostro, *Lázaro Cárdenas. Conciencia viva de México Iconografía*, Instituto Politécnico Nacional/Ferrocarriles Nacionales/Siderúrgica Lázaro Cárdenas Las Truchas S.A. de C.V./Comisión Federal de Electricidad, México, 1997.

Basave Benítez, Agustín *México mestizo. Análisis del nacionalismo mexicano en torno a la mestizofilia de Andrés Molina Enriquez*, Fondo de Cultura Económica, México 1992.

Becker, Marjorie, *Setting the Virgin on fire. Lázaro Cárdenas, Michoacan Peasants and the Redemtion of the Mexican Revolution*, University of California Press, Estados Unidos, 1995.

Benítez, Fernando, *El Rey viejo*, FCE, México, 1959.

_____, *Entrevistas con un solo tema: Lázaro Cárdenas*, UNAM, México, 1979.

_____, *Lázaro Cárdenas y la Revolución Mexicana II El caudillismo*, FCE, México, 1977.

Blanco Moheno, Roberto *Tata Lázaro. Vida, obra y muerte de Cárdenas, Múgica y Carrillo Puerto*, Diana, México, 1972.

Boyer, Christopher R., "Revolución, reforma agraria e identidad campesina en Michoacán", en Verónica Oikión y Martín Sánchez (coords), *Vientos de rebelión en Michoacán. Continuidad y ruptura en la Revolución Mexicana*, El Colegio de Michoacán/Secretaria de Cultura/Gobierno del Estado de Michoacán/Bicentenario 2010, México, 2010.

_____, *Becoming campesinos: Politics, Identity and Agrarian Struggle in Postrevolutionary Michoacan, 1920-1935*, Stanford University Press, Estados Unidos, 2003.

Bravo Sandoval, Manuel, *Agustín Orozco Bravo: anécdotas de un Jiquilpense*, INEHRM, México, 1998.

Brown, Jonathan C., "The Structure of the Foreign-Owned Petroleum Industry in Mexico 1880-1938", en Jonathan C. Brown and Alan Knight (editors), en *The Mexican Petroleum Industry in the Twentieth Century*, University of Texas Press, Estados Unidos, 1992.

_____, y Alan Knight (editors), *The Mexican Petroleum Industry in the Twentieth Century*, University of Texas Press, Estados Unidos, 1992.

Butler, Mathew, "The Liberal Cristero: Ladislao Molina and the Cristero Rebellion in Michoacan 1927-1929", en *Journal of Latin American Studies*, vol. 31, núm. 3, Cambridge University Press, Reino Unido, 1999.

_____, *Popular Piety and Political Identity en Mexico's Cristero Rebellion. Michoacán: 1927-1929*, Oxford University Press, Reino Unido, 2004.

Calderón Mólgora, Marco Antonio, *Historias, procesos políticos y cardenismos*, El Colegio de Michoacán, México, 2004.

Caraveo, Marcelo *Crónica de la Revolución (1910-1929)*, Trillas, México, 1992.

Cárdenas, Cuauhtémoc, *Cárdenas por Cárdenas*, Debate, México, 2016.

Cárdenas, Lázaro, *Obras. I. Apuntes 1913-1940*, vol. I, UNAM, México, 1972.

_____, *Obras. I. Apuntes 1913-1940*, vol. I, tercera edición, UNAM, México, 1986.

_____, *Obras. I. Apuntes 1941- 1956*, vol. II, UNAM, México, 1986.

_____, *Obras.1. Apuntes 1967-1970*, vol. IV, tercera edición, UNAM, México, 1986 (primera edición 1972).

_____, *Palabras y documentos públicos de Lázaro Cárdenas, 1928-1970: Mensajes, discursos, entrevistas y otros documentos 1928-1940,* Siglo XXI Editores, México, 1978,

_____, *Epistolario,* Siglo XXI Editores, México, 1974.

Castro, Pedro, *A la sombra de un caudillo. Vida y muerte del general Francisco R. Serrano*, Plaza y Janés, México, 2005.

Ceballos Garibay, Héctor *Francisco J. Múgica. Crónica política de un rebelde*, Ediciones Coyoacán, México, 2002.

Colección de las efemérides publicadas en el Calendario del más antiguo Galván, Antigua Librería de Murguía, México, 1950.

Contreras Valdéz, José Mario, *Reparto de tierras en Nayarit 1916-1940. Un proceso de ruptura y continuidad*, INEHRM/Universidad Autónoma de Nayarit, México, 2001.

Cook, Sherburne F., y Woodrow Borah, *Ensayos sobre historia de la población: México y el Caribe*, vols. I y II, Siglo XXI Editores, México, 1977-78.

Corro R. Octaviano, *General Miguel Alemán. Su vida revolucionaria*, Ediciones T.I.V., México, 1945.

Cortés Máxima, Juan Carlos *De la República de Indios a Ayuntamientos Constitucionales: pueblos sujetos y cabeceras de Michoacán 1740-1831*, Universidad Michoacana de San Nicolás de Hidalgo, Morelia, 2012,

Cortes Zavala, María Teresa *Lázaro Cárdenas y su proyecto cultural en Michoacán*, Universidad Michoacana de San Nicolás de Hidalgo, México, 1995.

Covo, Jacqueline, "El periódico al servicio del cardenismo: El Nacional 1935", en *Historia Mexicana*, núm. 46, vol I, El Colegio de México, México, 1996.

Cuaderno núm. 18 de La historia gráfica de la Revolución 1900-1940, Archivo Casasola, México, 1944.

Cuéntame tu historia 1, Múgica, La Nueva Italia, Gobierno del Estado de Michoacán/ Secretaría de Desarrollo Social, México, 2003.

Cumberland, Charles C., *La Revolución Mexicana. Los años constitucionalistas*, FCE, México, 1975.

De la Cruz, Víctor, *El general Charis y la pacificación de México*, CIESAS, México, 1993.

De los Reyes, Aurelio, *El nacimiento de ¡Que viva México!*, Instituto de Investigaciones Estéticas, UNAM, México, 2006.

De María y Campos, Armando, *El teatro de género chico durante la Revolución Mexicana*, Biblioteca del Instituto Nacional de Estudios Históricos de la Revolución Mexicana, México 1956.

_____, *Múgica. Crónica biográfica*, Compañía de Ediciones Populares, México, 1939.

Delgado, Alfredo, *Viento sobre el potrero. La revolución y agrarismo en el sur de Veracruz*, CIDEHM (tesis de doctorado), México, 2009.

Díaz Arciniega, Víctor, *Alejandro Gómez Arias. Memoria personal de un país*, Grijalbo, México, 1990.

Díaz Babio, Francisco, *Un drama nacional. La crisis de la Revolución. Declinación y eliminación del general Calles*, primera etapa 1928-1932, Imp. León Sánchez, México, 1939.

Diego Hernández, Manuel, *La Confederación Revolucionaria Michoacana del Trabajo*, Centro de Estudios de la Revolución Mexicana Lázaro Cárdenas, México, 1982.

Domínguez López, Carlos, "Una página en la historia militar del Gral. Lázaro Cárdenas", en *Desdeldiez Boletín del Centro de Estudios de la Revolución Mexicana "Lázaro Cárdenas"*, México, 1987.

Dulles, John F., *Ayer en México. Una crónica de la Revolución (1919-1936)*, FCE, México, 1977.

Elías Calles, Plutarco y José María Maytorena, *Informe relativo al Sitio de Naco*, Talleres Gráficos de la Nación, México, 1932.

_____, *Correspondencia personal (1919-1945)*, Gobierno del Estado de Sonora, Fideicomiso Archivo Plutarco Elías Calles y Fernando Torreblanca, FCE, México, 1993.

Embriz Osorio, Arnulfo y Ricardo León García, *Documentos para la historia del Agrarismo en Michoacán*, Centro de Estudios Históricos del Agrarismo en México, México, 1982.

Fabela, Isidro, *Historia diplomática de la Revolución Mexicana*, vol. I, FCE, México, l958.

Falcón, Romana y Soledad García, *La semilla en el surco. Adalberto Tejeda y el radicalismo en Veracruz (1883-1960)*, El Colegio de México, México, 1986.

Falcón, Romana y Raymond Buve (comps.), *Don Porfirio presidente... nunca omnipotente: hallazgos, reflexiones y debates. 1876-1911*, Universidad Iberoamericana, México, 1998.

Fell, Claude, *José Vasconcelos. Los años del águila (1920-1925), Educación, cultura e Iberoamericanismo en el México postrevolucionario*, UNAM, México, 1989.

Fowler-Salamini, Heather, *Movilización campesina en Veracruz (1920-1938),* Siglo XXI Editores, México, 1979.

Francis Patrick Dooley, *Los cristeros, Calles y el catolicismo mexicano,* SEP-Setentas, México, 1976.

Elsa Cecilia Frost, *et al, El trabajo y los trabajadores en la historia de México,* El Colegio de México/University of Arizona Press, México/Phoenix, 1979.

García Maroto, Gabriel, *Veinte dibujos mexicanos,* comentario de Jaime Torres Bodet, Biblioteca Acción, España, 1928.

García, Hugo, "Las utopías de la diplomacia. Julio Álvarez del Vayo y la construcción de la amistad hispano-mexicana 1931-1933", en Manuel Pérez Ledesma (editor), *Trayectorias trasatlánticas (siglo XX) Personajes y redes entre España y América,* Polifemos, España, 2013.

Garciadiego, Javier, Enrique Florescano, *et al, Así fue la revolución mexicana,* vol. IV, La lucha constitucionalista, Senado de la República/SEP/Conafe, México, 1985.

Garciadiego, Javier, *Ensayos de historia sociopolítica de la Revolución mexicana,* El Colegio de México, México, 2011.

Garrido, Andrés, "La fundación del PNR en Querétaro en marzo de 1929", en *La Voz del Norte,* México, 2014.

Garrido del Toral, Andrés, *Crónicas Peregrinas,* Fondo Editorial de Querétaro, México, 2015.

Garrido, Juan S., *Historia de la Música popular mexicana,* Editorial Extemporáneos, México, 1974.

Gilly, Adolfo, *El Cardenismo, una utopía mexicana,* Cal y Arena, México, 1994.

Ginzberg, Eitan, "Cárdenas íntimo: su política de diálogo durante la gubernatura de Michoacán", en Verónica Oikión y Martín Sánchez (coords.), *Vientos de rebelión en Michoacán. Continuidad y ruptura en la Revolución Mexicana,* El Colegio de Michoacán/Secretaria de Cultura/Gobierno del Estado de Michoacán/Bicentenario 2010, México, 2010.

Ginzberg, Eitan *Lázaro Cárdenas. Gobernador de Michoacán,* Colegio de Michoacán, México, 1999

_____, "En la encrucijada de intereses contradictorios: Lázaro Cárdenas y la cuestión clerical, 1928-1932", en *Estudios Michoacanos IX*, vol. IX, El Colegio de Michoacán, México, 2001.

_____, *Revolutionary Ideology and Political Destiny in Mexico, 1928-1932. Lázaro Cárdenas and Adalberto Tejeda*, Sussex Academic Press, Inglaterra, 2015.

Gledhill, John, Casi Nada. *Capitalismo, estado y los campesinos de Guaracha*, El Colegio de Michoacán, Zamora, Mich., 1993.

Gómez Estrada, José Alfredo, *Gobierno y casinos. El origen de la riqueza de Abelardo L. Rodríguez*, Instituto Mora/ Universidad de Baja California, México, 2002.

Gómez Fregoso, Jesús, *La historia según Chuchín*, Amate, México, 2003.

González Alcíbar, Guadalupe Patricia, *Catálogo del General de División Heriberto Jara Corona: Veteranos y Constituyentes*, tesis inédita, UNAM, México, 1987.

González Navarro Moisés, *Cristeros y Agrarista en Jalisco*, vols. I y II, Colegio de México, México, 1992-2001.

González Navarro, Moisés, *Población y sociedad den México (1900-1970)*, Facultad de Ciencias Políticas y Sociales, UNAM, México, 1974.

González y González, Luis, "Una visión pueblerina de Lázaro Cárdenas", en *XVII Jornadas de Historia de Occidente. Lázaro Cárdenas en las regiones*, Centro de Estudios de la Revolución Mexicana Lázaro Cárdenas, México, 1996.

González y González, Luis, *Michoacán*, FONAPAS, México, 1980.

González, Luis, *Pueblo en vilo; microhistoria de San José de Gracia*, El Colegio de México, México, 1968.

González, Luis, *Los artífices del cardenismo*, El Colegio de México, México, 1979.

Grageda, Aarón (coord.), *Seis expulsiones y un adiós. Despojos y exclusiones en Sonora*, Universidad de Sonora/Plaza y Valdez Editores, México, 2003.

Guerra Manzano, Enrique, "Católicos y agraristas en Michoacán: del conflicto al *modus vivendi*", en Verónica Oikión y Martín Sánchez (coords.),

Vientos de rebelión en Michoacán. Continuidad y ruptura en la Revolución Mexicana, El Colegio de Michoacán/Secretaria de Cultura/Gobierno del Estado de Michoacán/Bicentenario 2010, México, 2010.

_____, "Centralización política y grupos de poder en Michoacán 1920-1940", en *Política y Cultura, núm. 16, Estudios de historia de México, Siglo XIX y XX*, Universidad Autónoma Metropolitana/Xochimilco, México, 2001.

Gutiérrez, Ángel, *Lázaro Cárdenas (1895-1970)*, Universidad Michoacana de San Nicolás de Hidalgo, México, 1998.

_____, *La cuestión agraria: revolución y contrarrevolución en Michoacán (tres ensayos)*, Universidad Michoacana de San Nicolás de Hidalgo, México, 1984.

Guzmán, Martín Luis, *Muertes históricas*, Conaculta, México, 1990.

Hermida Ruiz, Ángel J., *La batalla por el petróleo en Veracruz*, Gobierno del Estado de Veracruz, México, 1991.

Hernández Enríquez, Gustavo Abel, y Armando Rojas Trujillo, *Manuel Ávila Camacho. Biografía de un revolucionario con historia*, Gobierno del Estado de Puebla, México, 1986.

Hernández, Rogelio, *Historia mínima del PRI*, El Colegio de México, México, 2016.

Herrejón, Carlos (coord.), *Estudios Michoacanos II*, El Colegio de Michoacán, México, 1986.

Horn, James J., "El embajador Sheffield contra el presidente Calles", en *Historia Mexicana*, vol XX, núm 2, El Colegio de México, México, 1970.

Hu–Deheart, Evelyn, "Solución final: la expulsión de los yaquis de su Sonora natal", en Aarón Grageda (coord.), *Seis expulsiones y un adiós. Despojos y exclusiones en Sonora*, Universidad de Sonora/Plaza y Valdez Editores, México, 2003.

Iglesias, Eduardo y Rafael Martínez del Campo, (pseudónimo de Aquiles P. Moctezuma), *El conflicto religioso de 1926: Sus orígenes, su desarrollo, su solución*, vols. I y II, JUS, México, 1960.

Instituto de Capacitación Política, *Historia documental del Partido de la Revolución, PNR, 1929-1932*, editorial del PRI, México, 1981.

Iturriaga, José N., y Alejandro Carrillo Castro, *Un veracruzano en la Revolución. El general Miguel Alemán González*, Biblioteca Mexicana de la Fundación Miguel Alemán, México, 2011.

Jaurrieta, José María, *Con Villa 1916-1920. Memorias de Campaña*, Conaculta, México, 1997.

José Valenzuela, Georgette, *La campaña presidencial de 1923-1924 en México*, INEHRM, México, 1998.

Katz, Friedrich, *La guerra secreta en México*, ERA, México, 1983.

_____, *Nuevos ensayos mexicanos*, ERA, México, 2006.

_____, *Pancho Villa y el ataque a Columbus, Nuevo México*, Sociedad Chihuahuense de Estudios Históricos/Litografía Regma, México, 1979.

_____, *Pancho Villa*, ERA, México, 1999.

Knight, Alan, *La Revolución Mexicana*, Grijalbo, México, 1996.

Krauze, Enrique, *Plutarco Elías Calles. Reformar desde el origen*, Biografías del Poder, núm. 7, FCE, México, 1987.

Krauze, Enrique, *General Misionero. Lázaro Cárdenas*, FCE, México, 1987.

Lajous, Alejandra y Susana García Travesí, *Manuel Pérez Treviño*, serie Los Senadores, LII Legislatura/Senado de la República, México, 1987.

Las Misiones Culturales, 1932-1933, SEP, México, 1933.

Llinás, Edgar, *Revolución, educación y mexicanidad. La búsqueda de la identidad nacional en el pensamiento educativo mexicano*, Compañía Editorial Continental, México, 1985.

Loyo Camacho, Martha Beatriz, *Joaquín Amaro y el proceso de institucionalización del Ejército Mexicano (1917-1931)*, FCE, México, 2003.

Los caminos de México. The roads of Mexico, Secretaría de Comunicaciones y Obras Públicas/Comisión Nacional de Caminos, México, 1931.

Luján, José María (prol.), *Entrevista Díaz-Creelman*, Cuadernos del Instituto de Historia, serie documental núm. 2, UNAM, 1963.

Macías Richard, Carlos, *Vida y temperamento. Plutarco Elías Calles 1877-1920*, Instituto Sonorense de Cultura/Fideicomiso Archivos Plutarco Elías Calles y Fernando Torreblanca/FCE, México, 1995.

479

Magdaleno Cárdenas, Ángeles, "¿Qué hacemos? Matar a Obregón", en Gerardo Villadelángel Viñas (coord.), *El Libro Rojo*, vol. II, 1928-1959, FCE, México, 2011.

Magdaleno, Mauricio, *Las palabras perdidas*, FCE, México, 1956.

Maldonado Gallardo, Alejo, "Los cardenistas michoacanos: una década de lucha social, encuentros y desencuentros", en Eduardo N. Mijangos Díaz (coord.), *Movimientos sociales en Michoacán, siglos XIX y XX*, Universidad Michoacana de San Nicolás de Hidalgo, México, 1999.

_____, y Casimiro Leco Tomás, *Una educación para el cambio social 1928-1940*, Universidad Michoacana de San Nicolás de Hidalgo, México, 2008.

Manjarréz, Froylán C., *La jornada institucional. La crisis de la política*, Talleres Gráficos/*Diario Oficial*, México, 1930.

_____, y Gustavo Ortiz Hernan (relatores), *Lázaro Cárdenas I. Soldado de la Revolución, II. Gobernante, III. Político Nacional*, Imprenta Labor, México, 1934.

Martínez Assad, Carlos, *Estadistas, caciques y caudillos*, Instituto de Investigaciones Sociales, UNAM, 1988.

_____, *El Laboratorio de la Revolución. El Tabasco garridista*, Siglo XXI Editores, México, 1979.

_____ (coord.), *A Dios lo que es de Dios*, Aguilar, México, 1994.

Martínez Ayala, Jorge Amos, "Bailar para el turismo. La ´Danza de los Viejitos´ de Jarácuaro como artesanía", en Georgina Flores Mercado y Fernando Nava L., *Identidades en venta. Músicas tradicionales y turismo en México*, Instituto de Investigaciones Sociales, UNAM, México, 2016.

Martínez Hernández, Rosendo, *La explotación petrolera en la Huasteca veracruzana, El caso de Cerro Azul, Ver. 1884-1922*, tesis inédita, UNAM, 1990.

Martínez Múgica, Apolinar, *Primo Tapia, Semblanza de un revolucionario*, Gobierno de Michoacán, México, 1976.

Martínez Vásquez, Víctor Raúl (coord.), *La revolución en Oaxaca (1900-1930)*, Conaculta/SEP, México, 1993.

Marván, Ignacio, "Sé que te vas a la Revolución... Lázaro Cárdenas 1913-1929", en Carlos Martínez Assad, *Estadistas, caciques y caudillos*, Instituto de Investigaciones Sociales, UNAM, 1988.

Matute, Álvaro, "La carrera del caudillo", en *Historia de la Revolución Mexicana 1917-1924*, vol. 8, El Colegio de México, México, 1980.

Medin, Tzvi, *El minimato presidencial. Historia política del maximato 1928-1935*, ERA, México, 1983.

Melgarejo Vivanco, José Luis, *Breve historia de Veracruz*, Gobierno de Veracruz, México, 1960.

Mendoza, Vicente T., *Lírica narrativa de México. El corrido*, UNAM, México, 1964.

Meyer, Jean, *Estado y Sociedad con Calles* en *Historia de la Revolución Mexicana. Período 1924-1928*, vol. 11, El Colegio de México, México, 1977.

_____, *La Cristiada*, vols. I, II, y III, Siglo XXI Editores, México, 1973.

Meyer, Lorenzo, *Su majestad británica contra la revolución mexicana 1900-1950. El fin de un imperio informal*, El Colegio de México, México, 1991.

_____, Rafael Segovia y Alejandra Lajous, *Los inicios de la institucionalización: la política del Maximato*, en *Historia de la Revolución Mexicana*, vol. 12, El Colegio de México, México, 1978.

Mijangos Díaz, Eduardo N. y Alonso Torres Aburto (editores), *Revalorar la Revolución Mexicana*, Universidad Michoacana de San Nicolás de Hidalgo, México, 2011.

Moctezuma Barragán, Javier (prólogo y selección de documentos), *Francisco J Múgica. Un romántico rebelde*, FCE, México, 2001.

Morales, Alfonso, *El país de las tandas. Teatro de Revista 1900-1940*, Museo Nacional de Culturas Populares, México, 1984.

Moreno García, Heriberto, *Haciendas de tierra y agua en la antigua Ciénaga de Chapala*, El Colegio de Michoacán, México, 1989.

Moreno García, Heriberto, *Cotija,* Monografías Municipales/Gobierno del Estado de Michoacán, 1978.

Moreno García, Heriberto, *Guaracha. Tiempos viejos, tiempos nuevos*, El Colegio de Michoacán, México, 1994.

481

Múgica Martínez, Jesús, *La Confederación Revolucionaria Michoacana del Trabajo. Apuntes acerca de la evolución social y política de Michoacán*, EDDISA, México, 1982.

Múgica, Francisco J., "Libreta núm 5, 1925 a 1928", en *Desdeldiez*, Boletín del Centro de Estudios de la Revolución Mexicana Lázaro Cárdenas, México, 1989.

Múgica, Francisco J., "Su paso por la Huasteca Veracruzana (1926)", en *Desdeldiez*, Boletín del Centro de Estudios de la Revolución Mexicana Lázaro Cárdenas, México, 1984.

Múgica, Francisco J., *Estos mis apuntes*, Conaculta, México, 1997.

Nava Hernández, Eduardo, *El cardenismo en Michoacán 1910-1990*, tesis doctoral, Facultad de Ciencias Políticas y Sociales, UNAM, 2003.

Nava, Carmen, "La Relaciones Múgica-Cárdenas", en *Memorias de las VII Jornadas de Historia de Occidente* dedicadas a Francisco J. Múgica, Centro de Estudios de la Revolución Mexicana Lázaro Cárdenas, México, 1985.

Nomelí Mijangos Díaz, Eduardo, *La Revolución y el Poder Político en Michoacán 1910-1920*, Universidad Michoacana de San Nicolás de Hidalgo, México, 1997.

Obregón, Álvaro, *Discursos del General Álvaro Obregón*, Biblioteca de la Dirección General de Educación Militar, México, 1932.

Ochoa Serrano, Álvaro, *Los insurrectos de Mezcala y Marcos*, El Colegio de Michoacán, México, 2006.

_____, *Chávez García, vivo o muerto*, Morevallado Editores, México, 2005.

_____, *Jiquilpan-Huanimban. Una historia confinada*, Instituto Michoacano de Cultura, México, 1999.

_____, y Gerardo Sánchez Díaz, *Breve historia de Michoacán*, FCE, México, 2003.

_____, "Los Cárdenas de Jiquilpan. La danza de los negros", en *Afrodescendientes. Sobre piel canela*, El Colegio de Michoacán, México, 1997.

_____, "El corrido y el drama en la gran rebelión mexicana", en Eduardo N. Mijangos Díaz y Alonso Torres Aburto (editores), *Revalorar la Revolución Mexicana,* Universidad Michoacana de San Nicolás de Hidalgo, México, 2011.

_____, *Jiquilpan,* Monografías Municipales, Gobierno del Estado de Michoacán, México, 1978.

_____, *Repertorio michoacano 1889-1926,* El Colegio de Michoacán, México, 1995.

Oikión, Verónica, *Michoacán: los límites del poder regional,* tesis de doctorado, Colegio de Historia de la Facultad de Filosofía y Letras, UNAM, México, 2001.

_____, y Martín Sánchez (coords.), *Vientos de rebelión en Michoacán. Continuidad y ruptura en la Revolución Mexicana,* El Colegio de Michoacán/ Secretaria de Cultura/Gobierno del Estado de Michoacán/Bicentenario 2010, México, 2010.

Olivera Sedano de Bonfil, Alicia, *Aspectos del conflicto religioso de 1926 a 1929,* INAH, México 1966.

Olveda, Jaime, "La rebelión del Mixtón", en *XIV Jornadas de Historia de Occidente; V Centenario (1492-1992) Otros puntos de vista,* Centro de Estudios de la Revolución Mexicana Lázaro Cárdenas, México, 1994.

Pagés Llergo, José, "Cómo fue hecho prisionero el Gral. Cárdenas en 1923", en *Desdeldiez,* Boletín del Centro de Estudios de la Revolución Mexicana Lázaro Cárdenas, México, 1987.

Pani, Alberto J., *El cambio de regímenes en México y las asonadas militares,* Le Livre Libre, Francia, 1930.

Pani, Alberto J., *Mi contribución al nuevo régimen (1910-1933),* Ed. Cultura, México, 1936.

Paoli, Francisco José y Enrique Montalvo, *El socialismo olvidado de Yucatán. Elementos para una reinterpretación de la Revolución Mexicana,* Siglo XXI Editores, México, 1977.

Parker, Robert Alexander Clark, *El siglo XX. Europa 1918-1945,* Siglo XXI Editores, México, 1978.

Pavlioukóva, Larissa, "La huella del artista viajero. Los únicos murales de Gabriel García Maroto en México", en *Crónicas,* núm 2, Instituto de Investigaciones Estéticas, UNAM, 2011.

Paxman, Andrew, *En busca del señor Jenkins.*, Debate /CIDE, México, 2016.

Pérez Escutia, Ramón Alonso, *Historia del PNR en Michoacán*, PRI/Michoacán/INCADEP, México, 2011.

_____, *La Revolución en el Oriente de Michoacán 1900-1920*, Universidad Michoacana de San Nicolás de Hidalgo/Morevallado Editores, México, 2005.

_____, *Resumen histórico de Maravatío*, H. Ayuntamiento Constitucional 1987-1989/Balsa Editores, México, 1988.

Pérez Ledesma, Manuel (editor), *Trayectorias trasatlánticas (siglo XX). Personajes y redes entre España y América*, Polifemos, España, 2013.

Pérez Montfort, Ricardo, "La iglesia cismática mexicana del patriarca Joaquín Pérez", en Carlos Martínez Assad (coord.), *A Dios lo que es de Dios*, Aguilar, México, 1994.

_____, *Avatares del nacionalismo cultural. Cinco ensayos*, CIESAS/CIDEHM, México, 2000.

_____, "Esa no porque me hiere. Semblanza superficial de treinta años de radio en México 1925-1955", en *Avatares del nacionalismo cultural. Cinco ensayos*, CIESAS/CIDEHM, México, 2000.

_____, "La entrevista Díaz-Creelman. Notas sobre el año crítico de 1908", en *XXX Jornadas de Historia de Occidente. México: dos siglos de revoluciones*, Centro de Estudios de la Revolución Mexicana Lázaro Cárdenas, México, 2009.

_____, "La peripecias diplomáticas de un mural o Diego Rivera y la hispanofobia", en Agustín Sánchez Andrés, Tomás Pérez Vejo y Marco Antonio Landavazo (coords.), *Imágenes e Imaginarios sobre España en México siglos XIX y XX*, Porrúa/Instituto de Investigaciones Históricas Universidad Michoacana de San Nicolás de Hidalgo/CONACYT, México, 2007.

_____, *Avatares del Nacionalismo Cultural*, CIESAS/CIDEHM, México, 2000.

_____, *Hispanismo y falange. Los sueños imperiales de la derecha española y México*, FCE, México, 1992.

Plan Sexenal, México, 1934.

Plascencia de la Parra, Enrique, *Personajes y escenarios de la Rebelión Delahuertista 1923-1924*, UNAM/Porrúa, 1998.

Portes Gil, Emilio, *Quince años de política mexicana*, Botas, México, 1954.

_____, *Autobiografía de la Revolución Mexicana. Un tratado de interpretación histórica*, Instituto Mexicano de Cultura, México, 1964.

_____, *Autobiografía de la Revolución. Un tratado de interpretación histórica*, edición facsimilar, INEHRM, México, 2003.

Prieto Laurens, Jorge, *Cincuenta años de política mexicana. Memorias políticas*, Editora Mexicana de Periódicos, Libros y Revistas, México, 1968.

Puig Casuaranc, José Manuel, *Galatea rebelde a varios pigmaliones. De Obregón a Cárdenas. El fenómeno mexicano actual*, Impresores Unidos, México, 1938.

Quintanilla, Susana y Mary Kay Vaughan, *Escuela y sociedad en el periodo cardenista*, FCE, México, 1997.

Raby, David L., *Educación y revolución social en México*, SEP/Setentas, México, 1974.

Ramírez Garrido, J.D., *Así fue...*, Imprenta Nigromante, México, 1943.

Ramírez Rancaño, Mario *El patriarca Pérez y La Iglesia Apostólica Mexicana*, UNAM, México, 2006.

Ramírez Zavala, Ana Luz, *La participación de los Yaquis en la Revolución 1913-1920*, Instituto Sonorense de Cultura, México, 2012.

Ramos Arizpe, Guillermo y Salvador Rueda Smithers, *Jiquilpan 1895-1920, Una visión subalterna del pasado a través de la historia oral*, Centro de Estudios de la Revolución Mexicana Lázaro Cárdenas, México, 1984.

Reséndiz Torres, Sergio, "San José Gracia-Jiquilpan; un caso de economía ganadera", en Carlos Herrejón (coord.), *Estudios Michoacanos II*, El Colegio de Michoacán, México, 1986.

Ribera Carbó, Anna, *La patria ha podido ser flor. Francisco J. Múgica, una biografía política*, Conaculta/INAH, México, 1999.

Rius Fascius, Antoni,o *Méjico cristero*, Patria, México, l966.

Rivera Castro, José, "La Liga Nacional Campesina", en *Signos. Anuario de Humanidades*, UAM, México, 1988.

Rodríguez, Abelardo L., *Autobiografía*, Novaro, México, 1962.

Romero Flores, Jesús, *Corridos de la Revolución Mexicana*, Costa/Amic, México, 1977.

_____, *Historia de la Revolución en Michoacán*, INEHRM, México, 1964.

_____, *Lázaro Cárdenas (Biografía de un gran mexicano)*, IPN, México, 1996.

Romero, José Rubén, *Obras completas*, Ediciones Oasis, México, 1957.

Ruiz Harrell, Rafael, *El secuestro de William Jenkins*, Planeta, México, 1992.

Rutherford, John, *La sociedad mexicana durante la revolución*, El Caballito, 1978.

Salazar, Rosendo, *Historia de las luchas proletarias del México*, vol. I, Avante, México, 1938.

Salinas Carranza, Alberto, *La expedición punitiva*, Botas, México, 1936.

Sánchez Andrés, Agustín, Tomás Pérez Vejo y Marco Antonio Landavazo (coords.), *Imágenes e Imaginarios sobre España en México siglos XIX y XX*, Porrúa/Instituto de Investigaciones Históricas Universidad Michoacana de San Nicolás de Hidalgo/CONACYT, México, 2007.

Sánchez Díaz, Gerardo, "El movimiento socialista y la lucha agraria en Michoacán 1917-1920", en Ángel Gutiérrez, *et al, La cuestión agraria: revolución y contrarrevolución en Michoacán (tres ensayos)*, Universidad Michoacana de San Nicolás de Hidalgo, México, 1984.

Sánchez González, Agustín, *El general en la Bombilla. Álvaro Obregón 1928: Reelección y muerte*, Planeta, México, 1993.

Sánchez Rodríguez, Martín, *Grupos de poder y centralización política en México 1920-1924,* tesis de maestría, El Colegio de Michoacán, México, 1993.

Sánchez, Gerardo, *et al, Pueblos, Villas y Ciudades de Michoacán en el Porfiriato*, Universidad Michoacana de San Nicolás de Hidalgo, México, 1991.

Sánchez, Ramón, *Bosquejo estadístico e histórico del Distrito de Jiquilpan de Juárez*, Imprenta de la Escuela Industrial Militar Porfirio Díaz, México, 1896.

Sandomingo, Manuel, *Historia de Agua Prieta. Resumen histórico en su primer cincuentenario*, Imprenta Sandomigo, México, 1951.

Santos, Gonzalo N., *Memorias*, Grijalbo, México, 1987.

Schlarman, Joseph H.L., *México. Tierra de Volcanes. De Hernán Cortés a Miguel Alemán*, Jus. México, 1950.

Serna, Ana María, *Manuel Peláez y la vida rural en la Faja de Oro. Petróleo, revolución y sociedad en el norte de Veracruz*, Instituto Mora, México, 2008.

Skirius, John, *José Vasconcelos y la cruzada de 1929*, Siglo XXI Editores, México, 1979.

Solórzano de Cárdenas, Amalia, *Era otra cosa la vida*, Nueva Imagen, México, 1994.

Spenser, Daniela, *El triángulo imposible. México, Rusia soviética y Estados Unidos en los años veinte*, CIESAS/Porrúa, México, 1998.

Strauss Neuman, Marta, *El reconocimiento de Álvaro Obregón: Opinión y Propaganda Mexicana (1921-1923)*, UNAM, México, 1983.

Strauss, Martha, "Del abierto repudio a la intervención armada", en Javier Garciadiego, Enrique Florescano, *et al, Así fue la revolución mexicana*, vol. IV, La lucha constitucionalista, Senado de la República/SEP/Conafe, México, l985.

Suárez, Luis, *Cárdenas: retrato inédito. Testimonios de Amalia Solórzano de Cárdenas y nuevos documentos*, Grijalbo, México, 1986.

Taibo II, Paco Ignacio, *Arcángeles. Cuatro Historias no muy ortodoxas de Revolucionarios*, Alianza Editorial Mexicana, México, 1988.

Taracena, Alfonso, *Historia extraoficial de la Revolución Mexicana*, Jus, México, 1972.

_____, *La revolución desvirtuada*, Costa/Amic, México, 1971.

_____, *La verdadera Revolución Mexicana, Décima etapa (1924-1925)*, Jus, México, 1962.

Teja Andrade, Jesús, *Zitácuaro*, Monografías Municipales/Gobierno del Estado de Michoacán, 1978.

Toledo, Liliana, *Usos y funciones de la música en las Misiones Culturales y Escuelas Normales Rurales (1926-1932)*, tesis de maestría, El Colegio de Morelos, México, 2017.

Torres Sánchez, Rafael, *Revolución y vida Cotidiana: Guadalajara, 1914-1934*, Universidad Autónoma de Sinaloa/Galileo, México, 2001.

Townsend, William C., *Lázaro Cárdenas. Demócrata mexicano*, Grijalbo, México, 1954.

Urquizo, Francisco L., *Mexico, Tlaxcalantongo, Mayo de 1920*, Editorial Cultura, México, 1943.

Urrea, Blas (Cabrera, Luis), *Veinte años después*, Botas, México 1937.

Valadés, José C., *Memorias de un joven rebelde*, vol II, Universidad Autónoma de Sinaloa, México, 1986.

Valdés Silva, María Candelaria, "Educación socialista y reparto agrario en La Laguna", en Susana Quintanilla y Mary Kay Vaughan, *Escuela y sociedad en el periodo cardenista*, FCE, México, 1997.

Valdovinos Garza, José, *3 capítulos de la política michoacana*, Casa de Michoacán, México, 1960.

Vasconcelos, José, *Breve Historia de México*, Libreros Mexicanos Unidos, México, 1957.

Villaseñor, Víctor Manuel, *Memorias de un hombre de izquierda*, Grijalbo, México, 1978.

Weyl, Nathaniel y Sylvia, *The Reconquest of México. The Years of Lázaro Cárdenas*, Oxford University Press, Estados Unidos, 1939.

Womack Jr., John, *Zapata y la Revolución Mexicana*, Siglo XXI Editores, México, 1969.

Zalce y Rodríguez, Luis J., *Apuntes para la historia de la masonería en México (De mis lecturas y mis recuentos)*, 2 tomos, s/e, México, 1950.

Zaráuz López, Héctor Luis, "Rebeldes Istmeños", *Boletín*, núm. 22, Fideicomiso Archivos Plutarco Elías Calles y Fernando Torreblanca, México, 1996.

Zepeda Patterson, Jorge, "Los caudillos en Michoacán: Francisco J. Múgica y Lázaro Cárdenas", en Carlos Martínez Assad, *Estadistas, caciques y caudillos*, Instituto de Investigaciones Sociales, UNAM, 1988.

Zuleta, María Cecilia, *La invención de una agricultura próspera. Itinerarios del fomento agrícola entre el porfiriato y la revolución 1876-1915*, tesis doctoral, El Colegio de México, México, 2000.

Periódicos

La Semana Ilustrada México
El Heraldo de México
El Tucsonpage, Tucson, Arizona
El Tucsonense, Tucson, Arizona,
Revista Ilustrada, México
El Nacional Revolucionario, México
Excélsior, México
La Jornada, México
Alma Nacional, Morelia
Boletín Centro de Estudios de la Revolución Mexicana "Lázaro Cárdenas" A.C., Jiquilpan, Mich,
MAPA Revista de Turismo, México

Cortometraje

Aurelio de los Reyes, *Oaxaca* en la colección "Imágenes de México", de la Filmoteca de la UNAM, 2005, *El desastre en Oaxaca, 1931,* cortometraje de Sergei Eisenstein, 1931.

Índice onomástico

491

Comezcésar, Iván, 23
compadre Mendoza, El (película),109
Contreras, Ariel José, 27
Contreras, Irineo, 102
Contreras, Lola, 365
Contreras, Luis, 102
Contreras Ávalos, José, 27, 276
Contreras Valdez, José Mario, 180
Cook, Sherburne F., 44, 474
Córdova, Arnaldo, 27
Córdova, Luis G., 102
Corro R., Octaviano, 238, 474
Cortés, Simón, 341, 367-369
Cortés Máxima, Juan Carlos, 43, 474
Cortés Zavala, María Teresa, 411, 415, 474
Covo, Jacqueline, 399, 474
Creelman, James, 96, 479, 484
Cruz, Juan, 197
Cruz, Roberto, 356-357, 362, 376, 380
Cruz, Víctor de la, 233
Cuando la sombra de la duda se cruza en el camino (película), 26
Cumberland, Charles C., 193, 474
Cusi, Dante, 125
Cusi, familia, 453

Darío, Rubén, 320
De la Hoya, Francisco, 116
Degollado Guízar, Jesús, 370
Delgado Calderón, Alfredo, 234, 245, 248, 471
desastre en Oaxaca, 1931, El (película), 400, 489
Díaz, Amalia M., 371
Díaz, Félix, 104, 184, 189, 215, 231, 233, 241
Díaz, Porfirio, el Dictador, 33, 37, 39, 67, 73, 75, 95, 97, 100, 105, 176, 455, 486
Díaz Arciniega, Víctor, 394
Díaz Babio, Francisco, 379, 476
Díaz Mirón, Salvador, 239

Díaz Ordaz, Gustavo, 24
Díaz Soto y Gama, Antonio, 260, 278, 356-357, 401
Diéguez, Manuel M., 135, 137, 145-146, 160, 179-180, 186, 188, 196, 198, 274
Díez Madrigal, Nicolás, 78
Domínguez López, Carlos, 263-265, 476
Dooley, Francis Patrick, 290, 476
Duarte, Jesús, 249
Dulles, John F., 208, 221, 223, 245, 261, 271, 274, 286, 330, 376, 378, 380, 382, 475
Durán, Leonel, 23
Durán, Modesto, 341

Echeverría, Bolívar, 26
Echeverría Álvarez, Luis, 24, 293
Eisenstein, Serguéi, 400, 489
Elías, Francisco, 431
Elías Calles, Plutarco, 28-29, 144, 148-149, 151-152, 154, 156-157, 159-160, 163, 165-166, 175, 180-182, 189, 191-192, 197, 205-206, 208, 219-222, 228, 232-233, 237, 246, 255, 259-261, 268, 274, 277, 279, 281-285, 290, 304, 309, 311, 313, 317, 321, 330, 339, 343, 352, 358, 361, 363, 364, 374-375, 377, 381, 383, 392, 394-396, 400, 406, 412, 431, 436, 449, 451, 460, 462, 464, 475, 479, 488
Elías Calles, Rodolfo, 28-29, 144, 148, 149, 151-152, 154, 156-157, 159-160, 163, 165-166, 176, 180-182, 189, 191-192, 197, 205, 206, 208, 219-222, 228, 232-233, 236, 237, 246, 255, 259-261, 268, 277, 279, 281-285, 287, 290, 304, 309, 311, 313, 317, 321, 330, 339, 343, 352, 358, 361, 363-364, 374, 375, 377, 381, 383, 392, 394, 396, 400, 406, 412, 431, 436, 449, 451, 458, 460, 462, 464, 475, 479, 488

Lázaro Cárdenas de Ricardo Pérez Monfort
se terminó de imprimir en febrero de 2018
en los talleres de
Litográfica Ingramex, S.A. de C.V.
Centeno 162-1, Col. Granjas Esmeralda, C.P. 09810,
Ciudad de México.